imaginist

想象另一种可能

理
想
国

imaginist

运气的诱饵

[美] 娜塔莎·道·舒尔 著
Natasha Dow Schüll
李奇 译

民主与建设出版社
·北京·

图书在版编目（CIP）数据

运气的诱饵 /（美）娜塔莎 · 道 · 舒尔著；李奇译
. —北京：民主与建设出版社，2021.12
书名原文：ADDICTION BY DESIGN: MACHINE GAMBLING IN LAS VEGAS
ISBN 978-7-5139-3686-6

Ⅰ. ①运… Ⅱ. ①娜… ②李… Ⅲ. ①赌博－研究－拉斯维加斯 Ⅳ. ① D771.288

中国版本图书馆 CIP 数据核字 (2021) 第 207833 号

北京市版权局著作权合同登记号 图字：01-2021-4716

运气的诱饵
YUNQI DE YOU'ER

著　　者 [美] 娜塔莎 · 道 · 舒尔
译　　者 李　奇
责任编辑 王　颂
封面设计 李国圣
出版发行 民主与建设出版社有限责任公司
电　　话 (010) 59417747　59419778
社　　址 北京市海淀区西三环中路 10 号望海楼 E 座 7 层
邮　　编 100142
印　　刷 山东临沂新华印刷物流集团有限责任公司
版　　次 2021 年 12 月第 1 版
印　　次 2021 年 12 月第 1 次印刷
开　　本 635 毫米 ×965 毫米　1/16
印　　张 26.25
字　　数 464 千字
书　　号 ISBN 978-7-5139-3686-6
定　　价 69.00 元

注：如有印、装质量问题，请与出版社联系。

目　录

第二部分 反馈

第三部分　成瘾

第四部分　调整

致谢

写作本书耗时颇长。它最早可以追溯到20年前的一篇毕业论文，论文的主题是拉斯维加斯赌场的设计和管理，那还是20世纪90年代早期，当时赌博行业正经历爆发式增长。论文着重探讨了赌场中逐渐崭露头角的赌博机，这些机器是赌博业设计能力与管理思考的集中体现，其创造性和精准性达到了全新的高度，当时机器正在逐渐成为赌场的主角。攻读研究生时，为了准备博士论文，我重拾这条线索并再次回到赌城，对赌博机成瘾者进行了更为广泛的研究。最终，这两份研究经过融合和发酵，演变成了本书。本书主要涉及的议题是赌博行业技术发展与赌博成瘾者个人体验之间的关系。

在此，我要特别感谢那些与我分享了他们个人经验的拉斯维加斯赌博者和曾经的赌博者。在整个研究过程中，他们为我提供了方向和指引。其中，“三顶点”（Trimeridian）问题赌博治疗中心为我在赌城的实地研究工作提供了良好的基础。同时，赌博成瘾方面的前沿心理学家理查德·罗森塔尔（Richard Rosenthal）、罗伯特·亨特尔（Robert Hunter）及朱利安·泰伯（Julian Taber）在与我交流时，提供了很多指导。同时，我还要感谢那些赌博行业的业内人士——包括技术设计者、赌场老虎机区的管理者以及赌博营销策略专家——他们贡献了宝贵的时间对自己的设计和行业活动进行了反思，并为我进行了详细的讲解。

此外，在书稿多次修改的过程中，很多导师、同事和朋友都为本书提供了支持，丰富了本书的内容。首先我要感谢 Mike Panasitti——我本科论文的合作者，感谢他在初版研究和分析中对我的支持，本书也包含了他对这些现象的一些洞察。还要感谢加州大学伯克利分校人类学系的 Laura Nader 和 Paul Rabinow，他们在上述论文的产出过程中鼓舞了我，作为导师他们提供了不可或缺的指导。我的博士论文也是在加州大学伯克利分校完成的，为我提供指导的是非常棒的一群人类学专家，包括斯特 Stefania Pandolfo、Paul Rabinow 和 Lawrence Cohen。他们每一位都带给我很多启发和指引，还为我的项目提供了非常重要的民族志和分析工具。我要特别感谢我的研究生导师斯特凡尼娅·潘多尔福，她的学术热情和友谊一直鼓舞着我，在我进行实地研究和写作的过程中，不论是品尝成功的喜悦还是遭遇难题的挫折，她的指引都常伴我左右。同时，我还要感谢 Judith Butler 和 Gene Rochlin，他们对我完成后的论文进行了周到和慷慨的指导。

本书中很多观点的成形和完善，离不开众多同行和同事的贡献。除了在学术会议、工作坊或演讲上描述我的工作后从观众处得到的中肯反馈之外，我还有幸得到了来自以下同事的反馈：波·伯恩哈德（Bo Bernhard）、Mariah Breeding、David Buuck、Lisa Davis、Jennifer Fishman、Duana Fullweily、Cristiana Giordano、Uri Grezemkovsky、Maimuna Huq、Nicholas King、Eric Klinenberg、Eduardo Kohn、Andrew Lakoff、Kahwee Lee、Joshua Linford-Steinfeld、Rebecca Lemov、Tanya Luhrmann、托马斯·马拉比（Thomas Malaby）、Lynn Meskell、Aaron Nathan、Anand Pandian、Adriana Petryna、Tamar Posner、Elizabeth Roberts、Stephen Rosenberg、Rashmi Sadana、Sara Shostak、Peter Skafish、Miriam Tiktin、Sue Wilson 以及 Caitlin Zaloom。几年来，他们或与我讨论，或为我提供读者的视角，或与我合作写作，是本书成书过程中不可或缺的伙伴。

我还获得了一些助研项目和科研拨款的支持，没有这些支持，我的研究和写作就无法完成。（很多人问我，我有没有用“参与式观察”的经费去自己赌博，答案是没有！）我博士论文的实地研究获得了一项美国国家科学基金会（National Science Foundation）研究生资助项目的支持，这是伯克利分校为研究生的研究工作提供的一项资助。除了这项大额资助之外，我还获得了 Robert H. Lowie 研究生奖学金、伯克利人文研究基金和 Phi Beta Kappa 研究生奖学金的资助。博士论文的写作过程中获得了 Woodrow Wilson 基金（Charlotte W. Newcombe 博士论文资助项目）、Alfred P. Sloan 基金（伯克利工薪家庭博士项目资助中心）、Doreen B. Townsend 人文科学研究中心以及一笔来自国家科学基金会的科技研究培训基金的资助。同时，圣塔菲的高级研究学院（School of Advanced Research）为我提供了舒适的住所，并为博士论文的最终成稿提供了慷慨的帮助。

将这个项目重新整理成书，始于我在哥伦比亚大学作为 Robert Wood Johnson 基金健康与社会系学者工作期间，这一学术方向的负责人 Peter Bearman 和 Bruce Link 以及我的同事们，为本书提供了跨学科的语境和思路，从而让旧的素材焕发了新的光彩。其中彼得的学术激情和他对我的支持和指导尤为重要。下一个在学术上哺育了本书的基地是纽约大学的国际高级研究中心（International Center for Advanced Study），这一充满活力的机构的领导者是 Tim Mitchell 和 Thomas Bender。我在纽约从事博士后研究期间，同样位于纽约大学、由 Emily Martin 和 Rayna Rapp 领导的科学研究工作坊，为我提供了一个与同行们交流思想、碰撞火花的空间。

普林斯顿大学出版社的 Mary Murrell 是第一位接收我手稿的编辑，不过当意识到自己也要写作一本书时，她将我的手稿交给了她的继任者 Fred Appel。本书的评审者 Lucy Suchman、Emily Martin 和 Vincent Crapanzano 为本书的第一版手稿提供了宝贵的建议。研究赌博行为的学者亨利 · 勒西厄尔（Henry Lesieur）、查尔斯 · 利文斯通（Charles Livingstone）和罗杰 · 霍贝（Roger Horbay）在本书的草稿状态时就进行了阅读，并给出了出色的建议和意见。Rachel Volberg 为本书重要之处的文字提供了充分和入木三分的编辑注释。Mirko Ernkvist、Nigel Turner 和 Kevin Harrigan 审阅了本书关于赌博游戏设计的部分，并帮我对概率编程的重要细节进行了澄清，同样提供过帮助的还有赌博机设计专家迈克·沙克尔福（Mike Shackleford，即有名的“胜率巫师”/ Wizard of Odds）、鲍勃·丹瑟（Bob Dancer）和斯泰西·弗里德曼（Stacy Friedman）。内华达大学拉斯维加斯分校（UNLV）的赌博研究中心使得本书中大部分档案研究成为可能，它出色的员工们还帮助我考证了很多引文的出处。

我在麻省理工学院的科学、技术与社会项目中任职的第一年，本书进入了最终修订阶段。我的同事 Mike Fischer、David Kaiser、David Jones、Vincent Lepinay 和 Hanna Shell 为我的手稿提供了深入的反馈。谢莉·特克尔（Sherry Turkle）在对她编辑的图书《设备的内在历史》（*The Inner History of Devices*）进行“激情的校对”过程中照顾到了本书的一部分内容。人类学系的 Stefan Helmreich 和 Heather Paxson 为本书提供了详尽的批注，使本书大为获益。我还要感谢 David Mindell、Roz Williams 和 Roe Smith 对我的指导和支持。

在本书最后的修订过程中，Stephen Rosenberg 提供了核心的审改意见，Peter Skafish、Mary Murrell 和 David Buuck 也同样提供了帮助。感谢 Jane Staw 和 Dorothy Duff 对我的激励；感谢 Judy Spitzer 对本书标题和封面的精辟见解；感谢 Ayn Cavicchi 在配图、排版和文献引用方面对我的耐心帮助。Marie Burks 帮我完成了井然有序的索引；Dimitri Karetnikov 和 Martin Hoyem 帮我提升了配图的清晰度；Leslie Grundfest 的沉着规划让本书最终得以面世。本书在从概念提出直到成书的过程中，出现了很多意外情况，我的编辑 Fred Appel 却一直保持着出色的耐心。同样要感谢 Jeanne Wolff-Bernstein 和 Magdalena J. Fosse，感谢他们在我处理这些突发状况和繁琐细节时所给予的耐心和关怀。

在撰写本书的整个过程中，学术圈之外的朋友们不断地为我提供着各种重要的观点和启发。在我辗转于从加州到纽约的各个咖啡馆和图书馆写作的过程中，他们虽然做着各自不同的项目，但常伴我左右，不断激励着我前行。他们是：Nicole Alper、Matt Bird、Palo Coleman、Rodney Evans、Paul Grundl、Annie Hewitt、Marcus Johnson、Elizabeth Kolsky、Joshua Kronen、Katherine Lederer、Hillevi Loven、Gabriel Lucero、Miranda McGuire、Elise Mogensen、Anna Moschovakis、Sonia Perel、Cassandra Ritas、Bruno Schüll、Julia Svihra、Pawel Wojtasik 以及 Almond Zigmund，谢谢你们。这里要特别感谢 Almond、Katy 和 Lederer 一家，他们在我驻留拉斯维加斯期间好心地提供住宿；还要感谢纽约的 G 小组，不断给我前进的力量。

感谢我的父亲 Walter Schüll 和母亲 Diantha Dow Schüll，他们在我多次休假写作期间将房子腾出来给我，在任何我需要的时候都会帮我润色语言，同时，他们多年以来一直通过邮件方式为我提供相关的新闻素材。感谢我的丈夫 Moreno DiMarco，他在本书漫长的研究和写作过程中陪伴着我，很多假期因此而取消、改期或产生了其他变故；不过，他自己并不讨厌赌场，这也是他能容忍我的一个原因。我要感谢他的耐心，感谢他阅读了我的很多草稿，还要感谢他对我作品的价值一直坚信不移。我们的女儿 Ginger 是最后登场的，在她的哭闹场中，这本注定不可能完美的图书终于面世，她也让我重新感受到了缘分和概率的神奇和伟大。

本书中一些内容的早期版本可以在以下文章中找到：

“The Touch-point Collective: Crowd Contouring on the Casino Floor.” *Limn* 2, pp. 10–13. © 2012.

“Video Poker.” In *The Inner History of Devices*, edited by Sherry Turkle. MIT Press. © 2008.

“Machines, Medication, Modulation: Circuits of Dependency and Self-Care in Las Vegas.” *Culture, Medicine, and Psychiatry* 30, pp. 1–25. © 2006.

“Digital Gambling: The Coincidence of Desire and Design.” *The ANNALS of the American Academy of Political and Social Science* 597, pp. 65–81. © 2005.

关于信息来源的匿名性

本书中引用他人的话多数来自录音转写，也有少数情况下无法进行录音，此时则采用了现场详细笔记的方式。为了增强可读性，我加入了标点符号，去除了口语中的冗余词汇。因为这些赌博者的访谈记录带有私密性，我使用的都是他们自己选择的化名。同时，为了更好地隐藏他们的身份，我会修改他们叙述中的一些细节。

在引用赌博行业人士的观点时，如果这些引用来自公开发表的行业期刊或行业展会的演讲（在图书馆可以公开查阅或可以在线购买到），那么我会使用他们的真名。在记录我自己进行的采访时，我也使用了对方的真名，除非他们不想记录在案或明确告诉我不要公开他们的身份。在后一种情况下，我会用一般化的匿名描述，如“一位赌博游戏设计师”或“一位赌博业高管”。

引言

画出机器迷境的地图

1999 年秋天，一个工作日的傍晚，莫莉和我正坐在一个房间的落地玻璃窗前。这个房间位于主街车站赌场酒店（Main Street Station）南楼的高层，而酒店就坐落于拉斯维加斯商业区。在我们脚下闪烁着灯火的是延伸四个街区的弗里蒙特大街，正是昔日赌城的中央动脉。大街的一头连着的拉斯维加斯大道霓虹闪烁，这条南北走向的大街也叫“赌城大道”（Strip）。街道的两旁林立着各色商业化赌场，向偏西南的方向绵延 5 英里走向城市的尽头，直到路旁的赌场逐渐被加油站、广告牌和茫茫沙漠取代。天色渐暗，这条声名狼藉的通衢两边，原先略暗的区域三三两两地亮起灯火，标示出近年来发展迅猛的本地客户赌博业的营业场所。

莫莉是这些营业场所中视频扑克游戏的常客，所以获赠了在主街车站店免费住宿一晚的机会。她 11 岁的儿子吉米正横躺在我们背后的床上，眼睛盯着电视屏幕，手里鼓捣着 PlayStation 的手柄。这是他妈妈从前台租来的，以防我们的谈话被吉米打扰。“妈妈，看，我在玩赌城游戏，”吉米在床上说，“游戏里你要开车在赌城各地跑，然后赌钱。”“哦太好了，就这样就行。”她回答。

刚开始工作时，莫莉比吉米大不了多少。当时她父亲是美国军事基地的一名驻地空军军官，而她的工作就是在这个基地的老虎机那儿给人换零钱。莫莉现在的工作是一家米高梅大酒店（MGM Grand）的预订服务员，而这家酒店是拉斯维加斯最大、全世界第二大的综合度假村。我们交谈时，还能远远地看见米高梅仿照《绿野仙踪》设计的巨大矩形绿色玻璃标志在远处熠熠放光。“妈妈，我赢啦！”吉米插嘴道。而 15 分钟后，吉米又用同样兴奋的口气喊道：“妈妈！我已经输了 95 美元啦！”

“我跟他说要小心点，”莫莉说，“他最后可能染上赌瘾。但他不听我的。他总是玩电子游戏,被那些东西迷住了。”她停顿了一下又说：“当然了，我也没给他做出好榜样。”

莫莉回忆起自己是怎么开始赌博，瘾头又是怎么一步一步升级的。开始赌博是在上世纪 80 年代，她刚刚和她的第三任丈夫搬来拉斯维加斯，她丈夫教她在迷你掌机上玩电子扑克游戏。“我爱上了那个迷人的小玩意儿。后来我就开始玩真家伙了。”一开始是周末去赌场小玩几把，后来发展到每次玩视频扑克动辄几小时甚至几天。随着她赌瘾日深，花费也与日俱增，最终到了发的工资两天之内就被机器吃光的程度。她说：“为了有更多钱来玩，我甚至把我的人寿保险都提现了。”

我问莫莉是不是希望赢一把大的，她突然一笑，挥挥手表示否认。她说：“开始玩的时候，赢钱还觉得激动，但我越赌就越明白我的赢面有多小。但明白了也没用，我的意志变弱了，越来越停不下来。现在我要是赢了钱——真的，时不时还是能赢一把的——我就只会把赢的钱放回机器里。有一点很多人总是不明白：**我赌博不是为了赢钱**。”

那么她是为了什么呢？“为了继续玩下去：为了待在机器的迷境（Zone）里，把其他一切都忘掉。”

我请莫莉描述一下什么是机器迷境。她望向窗外的闪烁霓虹，在我们之间的桌面上敲着手指。“就像在风暴眼里一样，我会这么形容它。你能清晰地看到眼前的机器，但世界上其他一切都像在围着你旋转，而且你什么也听不见。你好像不在这个世界了，你进入了机器的世界，那里只有你和机器。”

风水轮流转：赌博机正成赢家

在主街车站店南楼与莫莉交谈之后的几个月，我在另一场谈话中又听到了关于迷境的话题。这一次我正在拉斯维加斯会议中心，在它像迷宫一样的地下室中一间无窗的房间里。我挤在后排，听自全国各地聚集而来的赌博行业嘉宾们分享机器赌博未来的赢利前景。他们讲到了赌博者对“机上时间”（time-on-device，TOD）的渴望，与莫莉自述中对迷境的渴求如出一辙。而各类不断推陈出新的技术手段也在不断地强化着这种欲望。“用上这些新产品后，他们可以真正地进入迷境。”一位顶级赌博机制造企业的赌博游戏设计师这样评论。像莫莉一样，这些行业专家们同样对于迷境状态和它背后的机制有所期待。

我参加的研讨会在世界赌博业代表大会暨博览会（World Gaming Congress and Expo）期间举行，现在这一大会已经改名为全球博彩娱乐展会（Global Gaming Expo），简称 G2E，是赌博行业一年一度的头等盛会（见图 i.1）。2007 年，3 万人参加了 G2E，打破了以往的纪录。他们来了解行业中的最新产品和应用：从视频图像技术到人体工程学手柄，从环绕立体声设备到营销方案，从塑料按键到玩家数据追踪系统。每年的 G2E 通常占地 30 万平方英尺，有 520 到 750 个展位，其中最大、最光鲜的那些被像国际赌博科技公司（International Gaming Technology，IGT）、巴利科技（Bally Technologies）和 WMS 博彩公司（WMS Gaming）这样的设备制造业巨头纷纷占据。2005 年一位参会的记者写道：“在 G2E 上，大家注意力的焦点都聚集在一款核心产品上：老虎机。G2E 见证了老虎机技术的进化史。”[1]

往日的老虎机不过是投币口、拉杆和转轮拼凑起来的简单装置，活像一个抢钱的独臂大盗，而今天典型的老虎机则是在电子化平台上用超过 1200 个独立零件组装起来的复杂机器。“游戏设计是一个组合和整合的过程。”一位赌博游戏设计师告诉我。这个过程需要近 300 人的参与，包括脚本写作师、视觉设计师、市场营销人员、数学家以及机械、视频和软件工程师；这还不包含辅助系统组件，比如触摸屏、

图 i.1 2005 年 G2E 开幕日。图片由 Oscar Einzig 惠予

验钞器和机柜。“现代的老虎机很少由一家企业独立生产，”2009 年 G2E 中一场研讨会的宣传材料这样写道，“它们是由各种不同技术像交响乐团那样组合在一起，共同营造出的一种游戏体验。”[2]

随着科技的创新和进步，赌博体验的进化如影随形。早先的老虎机相当直截了当，玩家下注固定数额来赌一次赔付；而今天的机器则让玩家来选择游戏内容，其中概率、下注大小和特殊效果的组合似乎无穷无尽。[3] 现在的老虎机已经不像过去那样仅仅吃硬币了，更多的时候它吃的是纸币、带条码的纸券，或者读取用芯片或磁条储值的塑料卡。玩的时候，玩家不再需要拉动拉杆，而是改为按下按钮或触屏操作。赌注可以从 1 分钱到 100 元不等，玩家也可以在一局里选择投币 1 到 1000 点。在游戏区里或游戏区上方通常有显示屏或安在玻璃后面的立体滚轮，还有一张“赔率表”，上面写着某些图案或卡片一同出现时玩家所能获得的奖励。[4] 机器的右边，通常安装着显示余额的电子计数器。这些机器都与一台中心服务器联网，所以为赌场还同时起到了数据收集和营销推广的作用。它们不再是一台台独立的机器，而成为了更大的赌场网络中重要的神经节点，用 2007 年一位业内人士的话来说，它们“构成了赌场的中枢神经系统”。[5]

直到 20 世纪 80 年代中期以前，像 21 点（Blackjack）、花旗骰（Craps）这类在铺着绿毡的桌面上进行的游戏还是赌场的主角，而当时老虎机只能挤在角落里，给那些“正牌”赌客的女眷们消磨时间。这些老虎机被摆放在走廊里或电梯、前台的附近，很少配凳子椅子，更像是随手一玩的东西，而绝非赌场之行的重头戏。[6] 然而，到了 90 年代末，它们已经占据了赌场的关键位置，产生的收入是所有“真人赌博”加起来的两倍之多。[7] 在 G2E 的过道和会议室里走一走，你会经常听到有人把老虎机比作赌博业的“现金奶牛”“下金蛋的鹅”“役马”。美国赌博业协会（AGA）、这个行业的商业利益游说团体的主席小弗兰克·J. 法伦科普夫（Frank J. Fahrenkopf Jr.），是这一年度盛会的赞助者。据他估计，2003 年赌博行业所有利润中，超过 85% 来自机器。[8] 他宣称：“是老虎机推动着今日的赌博业。”[9]

老虎机之所以能逆袭上位，成为赌博业中的顶梁柱，有几个因素起了作用。由于老虎机与街机游戏相似，大众并没有把它看成跟真正赌博一样的恶习。在 20 世纪八九十年代，女性和老人在商业化赌博的传播中起到了关键作用。当时各州受经济衰退影响，获得的联邦经费支持也被里根-布什政府削减，于是想要在不增税负的情况下找到新的增收途径。[10] 赌注较低的老虎机正好满足了赌博业代言人及一些政府官员想把赌博洗白成“游戏”的需求，他们希望民意认可这项活动，把玩老虎机看作一种主流的消费娱乐，而不是一种道德滑坡或榨取民众钱财的陷阱。[11] 随着个人电脑和电子媒介的娱乐（如视频游戏）的崛起，消费者对屏幕互动越加熟悉，这进一步促进了机器赌博成为文化常态。同时，老虎机中不断融入的数字技术，也让玩家的体验产生了细微但重要的改变，拓宽了老虎机的市场吸引力。[12] 赌博业的监管规则也随着技术发展同步修正，为这些技术在老虎机上的应用提供了法律保障。

从 20 世纪 80 年代早期老虎机的收入第一次超过桌上赌博后，老虎机在美国赌博业中的文化与经济地位就一路走高。目前，美国有 41 个州许可经营老虎机（2000 年只有 31 个），而且在本书出版过程中，其他各州也在考虑放开授权。1996 年，美国境内有 50 万台老虎机；2008 年这个数字已经接近 87 万台——这还不包含全国范围内各种未经许可的地下市场，如酒台酒馆、货运休息区、保龄球馆和饭店。此外，还有一些是为了绕过本州法律特别设计的老虎机，它们打着宾果游戏机、娱乐机和抽奖机的旗号。[13]

内华达大学的社会学教授波 · 伯恩哈德是拉斯维加斯本地人，用他的话来说，机器赌博的崛起在技术上就像一场桌上游戏的“毁林运动”。在 2000 年国际赌博与风险大会（ICGRT）上，他向听众提道：“就在此时此刻，一定有家赌场正锯断 21 点的牌桌，为老虎机腾位置。”[14] 他的前导师罗伯特 · 亨特尔，这位知名的拉斯维加斯心理学家，研究方向是赌博成瘾，他进一步延展了这个比喻。他把老虎机的蔓延比喻成葛藤。这是一种伏地藤蔓，自从美国在大萧条期间从日本引入了这种植物后，它对美国南方农业区的生态系统造成了巨大的破坏。“适者生存而已。”四皇后赌场（Four Queens）的一位楼层经理这样评价此事。四皇后位于商业区，与我跟莫莉交谈的地方相隔不远。他说这话时，我们正看着一群穿制服的人把坏掉的牌桌从后门搬出，再把崭新的老虎机搬进去取代这些牌桌的位置（见图 i.2.）。[15] 很快，这些机器前就会坐满玩家，而且其中的一些玩家会像莫莉一样，一次玩上几小时甚至几天。

居民赌博：重复性赌客的崛起

本书研究了技术变化对赌博行为的影响，以及赌博者心理体验的变化，我希望通过它们探讨美国过去 20 年间机器赌博快速扩张所产生的重要影响。老虎机在很多地方都是合法的，理论上研究可以在其中任一地点展开，但还是拉斯维加斯提供了最具启发性的背景。

20 世纪 80 年代早期，文化批评家尼尔·波兹曼（Neil Postman）说，

图 i.2　拉斯维加斯商业区四皇后赌场的老虎机大厅。图片由 QT Luonng/terragalleria.com 惠予

要理解美国，只需看看拉斯维加斯。[16] 90 年代中期，赌场大亨史蒂夫·温（Steve Wynn）把这句话反了过来，称“拉斯维加斯之所以存在，是因为它是美国的完美缩影”。[17] 那以后，新闻界和学术界一直在争论，是美国其他地方变得越来越像拉斯维加斯，还是反过来，拉斯维加斯变得越来越像美国其他地方。有些人把赌城称为“新底特律”，因为它在后工业时代经济中的核心地位正像底特律在工业时代一样；但也有人指出，底特律现在也有自己的著名赌场：“汽车城”（MotorCity）。[18] 与这一“拉斯维加斯究竟是反映了美国还是引领了美国”的争论一起，还有另一场讨论：拉斯维加斯究竟是人类创意和技术精妙的集大成者，还是资本主义消费文化堕落的代表。[19] 不论它与美国整体文化的关系是什么，我们都必须承认，拉斯维加斯“已经变成了一个巨大的实验室”，城市历史学家霍尔·罗斯曼（Hal Rothman）和迈克·戴维斯（Mike Davis）在 2002 年写道：“在这里，那些本来就由来自不同行业的资本组成的企业巨头们，实验着娱乐、赌博、大众媒体和休闲消费的各种组合方式。”[20] 在拉斯维加斯这座巨大的实验室里，老虎机可以说既是实验的手段，也是实验的目的。

在机器赌博的发迹史上，一个重要的历史事件是 1969 年内华达立法院通过的“公司赌博法案”（Corporate Gaming Act），这一法案废除了原先彻底、逐一的股东背景审查，允许任何人收购和新建赌场。[21]服务业增长的大背景，再加上筹集资本变得越发容易，都让华尔街对赌城产生了积极的兴趣。随着赌场从有组织犯罪团体手中转移到了上市公司手中，拉斯维加斯经历了史无前例的增长，变成了大众度假和会议的汇集中心。整个 20 世纪 90 年代拉斯维加斯经历了一段被称为“迪斯尼化”（Disneyification）的阶段，在赌城大道两边，由大企业进行融资和运营的大型度假村一个接一个拔地而起。[22] 1980—2008 年间，赌城的旅游人数增加了 4 倍，达到 4000 万人次。火爆的生意令大量的求职者蜂拥而至，使得本地人口在同一时期超过了原来的 4 倍：从 45 万增长到 200 万。[23]

本地大多数居民的生计直接或间接地依赖赌博业。[24] 而赌博业不仅依赖本地居民的劳动力资源，也越来越多地把他们作为收入来源。大拉斯维加斯地区的居民中，有整整 2/3 的人赌博。根据一项研究，这些赌博者中又有 2/3 是重度赌博者（每周不少于 2 次，每次不少于 4 小时）或中度赌博者（每月 1 ～ 4 次，每次最长可达 4 小时）。[25] 这些人在行业内被称为“重复性玩家”（repeat player），与之相对的是游客赌博者，也称“流动性玩家”（transient player）。这些重复性玩家通常赌博的地方，是提供了方便的车位、儿童看护和其他便利设施的社区赌场。82% 的本地赌客像莫莉一样办理了类似车站赌场“登机牌”（Boarding Pass）那样的会员卡，这些卡会记录赌客的赌博量，并相应地赠送免费饮食、免费住宿等积分兑换的奖励。[26] 这些赌客还在加油站、超市、药店、洗车行和其他本地零售店赌博。这类赌博地点催生了“顺便赌博”（convenience gambling）这一术语（见图 i.3）。[27] “我们本地的赌客很有眼力，”一家广受本地赌客欢迎的赌场的老虎机业务经理说，“他们知道自己想要什么，一周会来 5 ～ 7 天。”

本地赌客想要什么？老虎机。而这种偏好是紧随老虎机技术的发展成长起来的。1984 年，只有 30% 的本地居民认为老虎机是自己最喜欢的赌博方式，仅仅十年后，这个数字就陡增到了 78%。[28] 由于这

图 i.3　顺便赌博

上：拉斯维加斯西南的幸运超市（Lucky's Supermarket）中的电子扑克角。

下：拉斯维加斯北部的 AMPM 加油站。

图片由作者本人拍摄

些玩家大规模、稳定重复的赌博活动为赌博机构产生了可观的收入，这些低注的本地老虎机赌客逐渐取代了高注的牌桌游客赌客，成为赌城极具影响力的景观。“这是一座机器之城。”1999 年在宫殿车站赌场（Palace Station），一个鸡尾酒女招待带领我走过一排又一排的赌博机时这样跟我说。[29]

在那一年的行业年度会议上，大家基本一致认可拉斯维加斯本地赌客是国内机器赌博市场中最“成熟”的。一些发言人认为，拉斯维加斯某种意义上是未来的实验性晴雨表，美国其他地方很快也会步其后尘。[30] 七年后，车站赌场系的特许经营店兴旺发展，达到 13 座，且 90% 的收入来自本地赌客玩老虎机，兆头非常吉利。[31]“现在我们发现越来越多的人来赌城大道寻找更成熟的赌博产品，”一位赌场高管说，“他们来自加州、中西部和纽约，本身就是赌场常客。重复性赌博的趋势显而易见。”[32] 如今，全国各州政府为应对经济下滑带来的财政困难，都在推进机器赌博的合法化或进一步拓展已有的机器赌博市场，而赌博机制造商们也在不断开拓新的市场，这样的背景下，上述趋势还会继续。[33]

借赌博活动一窥美国文化

法国社会学家罗歇·凯卢瓦（Roger Caillois）是《人、玩耍与游戏》（*Man, Play, and Games*）一书的作者。他认为，我们可以借游戏一窥文化的基本特性。[34]“要对一个文明加以诊断，可以从其中最流行的游戏入手，这并不荒谬。”他在 1958 年写道。凯卢瓦提出，要对文化进行诊断，可以从其游戏中以下四个元素的组合情况入手：*agon*，即竞争；*alea*，几率；*mimesis*，模拟；以及 *ilinx*，眩晕（vertigo）。他声称，现代文化的突出特征是，其中的游戏，*agon* 和 *alea* 之间的张力特别突出。前者主张坚定个人意志，后者则要求向几率屈服。

1967 年，美国社会学家欧文 · 戈夫曼（Erving Goffman）基于他对拉斯维加斯赌博现象的民族志研究，对美国的文化进行了诊断，而上述张力，正是这一诊断的核心。欧文·戈夫曼曾在拉斯维加斯做21点游戏的荷官，并最终被提拔为赌区经理。戈夫曼认为赌博是一种“人格竞赛”（character contest），在这种竞赛中，玩家们能在面对偶然性时展现自己的勇敢、正直和从容。[35]在官僚科层体制日盛的现代社会，公民们早已失去了在公众风险事件中展现自身人格的机会，而这种对于“行动”或说重要活动的生存式渴求，正好可以由赌博来满足，因为赌博让个体有机会体验参与命运塑造的英雄式行为。戈夫曼认为，赌博并不是要逃离日常生活，相反，它是一个模拟了“真实人生结构”的竞技场，因此可以“让[玩家]沉浸在人生的无限可能之中”。[36]

与这一观点一脉相承的，是人类学家克利福德·格尔茨（Clifford Geertz）在1973年对巴厘岛斗鸡赌博的一个著名解释，他认为这是一种“荣誉之战”（tournament of prestige），这种赌博方式是对社会结构的模拟，将社会结构地位的运转方式暴露无遗。他指出，这一活动乃是一种媒介，通过它，生活的集体存在主义戏剧得以彩排。像凯卢瓦和戈夫曼一样，格尔茨也强调斗鸡中随机性与竞争性之间的协同作用。他发现，一场比赛的结果越难预测，比赛的参与者在金钱和感情上的投入度就越高，他们游戏的程度就越“深”，从某种意义上来说，比赛的意义远远超越了物质上的输赢。[37]陀思妥耶夫斯基在《赌徒》（*The Gambler*）中描述的瑞士轮盘赌桌上的意外获胜，很好地把握了格尔茨的思想，“深层次”赌博游戏是几率、风险和地位的绝妙组合：“因为我赢这局是冒了比命还大的风险的。但我敢赌，于是我又一次证明了，我是男人中的男人！”[38]

凯卢瓦、戈夫曼和格尔茨都在研究中提到了老虎机赌博，但他们都认为那是一种低级的、缺乏社会属性的赌博方式，在文化研究中不值一提。在凯卢瓦看来，它是纯粹的*alea*：一种荒谬的、带强迫倾向的游戏，而且有输无赢。[39]戈夫曼认为，它让那些缺乏社会关系的人“只能对着机器去证明自己的社会人格魅力”；他认为，机器只是在没有人可以对赌时的替代品。[40]“自我的这些赤裸裸的小抽搐出现在世界的尽头，”他在自己研究的最后一行这样写道，“但是伫立在这个尽头的是行动和性格。”格尔茨则将老虎机称为“愚蠢的机械杆”，商贩们只会在斗鸡赌博的外围经营老虎机，提供的是“无脑的、纯靠运气的赌博”，只会吸引“女人、小孩、青少年……穷困潦倒的人、社会底层的人和人格异常的人”。[41]“真正的斗鸡赌客，”他说，“连靠近［这些机器］都会觉得脸上无光。”换句话说，这些机器不能让人成为陀思妥耶夫斯基笔下玩轮盘赌的“男人中的男人”；与资深玩家“精致地沉迷于”荣誉相比，老虎机很是浅薄，缺乏意义、投入和成效方面的深度。格尔茨写道，因为老虎机无法反映出文化的基本准则和关切，所以它不是一个合适的“社会学实体”。

20 世纪 80 年代开始，美国社会（及世界其他地方）的机器赌博开始了戏剧性的翻盘，这让我开始重新检视这个前人不屑一顾的话题；我敢肯定，这一次我们一定能在机器赌博中一窥当代文化独特的价值、性情和专注。但是我们能找到何种线索，又怎么找到它们？与戈夫曼研究的纸牌赌博及格尔茨的斗鸡赌博不同，机器赌博缺乏符号学深度，它也没有丰富的维度供研究者“深入”到可以展现更广大社会的存在主义戏剧。相反，这种孤独的、沉浸式的活动可以让时间、空间、金钱、社会价值都暂时停止运转，有时甚至可以模糊一个人本身的存在感。“坐在机器前，你一切都可以忘记，甚至忘记自我。”一位名叫兰德尔的电子技师这样对我说。他声称赌博并不像大家想的那样，体现了一种空手套白狼的欲望，对他来说，赌博就是为了追求这个“空无”。像前文中莫莉所说的一样，重要的是留在迷境中，这样“其他一切都不重要了”。

文化历史学家杰克逊 · 李尔斯（Jackson Lears）在 2003 年出版了一本关于美国赌博文化的书《空手套白狼》（*Something for Nothing*），他在其中把赌博看作“通往更广阔世界的一个入境口岸”。在其著作的开篇，他描绘了一群沉迷老虎机的赌博者，为了不打断自己的游戏，连尿都直接撒在杯子里。[42]不过对于李尔斯的后续分析，这些机器赌博者其实无足轻重，他的主要论证是，定义国家性格的，是“运气（chance）文化”和“控制（control）文化”之间的强烈张力。其中运气文化的典型是投机的骗子，控制文化的典型则是拥护新教工作伦理的自律者。但在机器赌博者看来，他们赌博背后的动因既非运气也非控制，也非二者间的张力；他们的目标不是赢，而是继续玩下去。

莎伦原来是医科背景，但我们见面时，她正在一家赌场当荷官。她告诉我，“继续玩下去”的价值在于可以牵制住几率：

> 很多人把赌博看成纯粹的几率，你不知道结果是什么。但玩赌博机时我知道得清清楚楚：我要么会赢，要么会输。我不在乎赢钱还是输钱，但有一点像契约一样确定：每放一枚硬币进去，我就能抓五张牌，就能按这些按钮，就能继续玩下去。
>
> 所以，这根本不是真的赌博——事实上，只有为数不多的地方能让我觉得还有可以确信的事，而这里就是其中之一。如果我以为它和几率之类的有关，有几个什么变量在起作用，它们随时能以某种方式引发任何你意想不到的事情，我早就吓死了，根本不敢赌。如果连机器都不能信了，那还不如回到一切都无法预测的人类世界算了。

从莎伦的叙述来看，老虎机这条管道并不会引来风险，让她在其中可以深入扮演富有社会意义的角色，或从“安全而无聊”的人生（戈夫曼语）中解脱出来。老虎机毋宁是一种可靠的机制，它保证了一个与“人类世界”绝缘的安全区，而“人类世界”对她来说则是一个喜怒无常、时断时续、缺乏安全感的地方。机器赌博的持续性某种意义上让变幻莫测的世界暂时安稳，为她提供了难得的确定性，也就是一种像莫莉描述的“风暴眼”那样的区域。一位机器赌博研究者写道：“可以说，玩家们进入了一种悬置生命的状态。”[43]

这种由重复性过程的机械韵律造就的迷境，可以让时间、空间和社会身份都进入暂停状态，似乎让它并不适合做文化研究的对象。但我却认为，这种迷境可以让我们打开一扇窗户，让我们一窥当代美国生活中让人饱受困扰的各种意外事件和焦虑，以及不同的人可能利用何种技术手段来应对这些意外和焦虑。在波及广泛的不安全事件（包括全球变暖等环境灾难、金融危机及动荡的就业市场）中，技术扮演了关键的角色，过去 20 年中，社会理论家们非常关注技术的这一影响力。[44] 一些学者承认，在今天所谓的风险社会（risk society）中蔓延的主观不安全感源于“人造不确定性”[manufactured uncertainties，社会学家乌尔里希·贝克（Ulrich Beck）语]，但很少有人研究我们如何用技术来制造上文中莎伦所论的“确定性”。[45] 虽然不符合直觉，但机器赌博确实可以为研究这个少有人涉足，但意义同样重大的领域提供一个“入境口岸”（借用李尔斯语）。虽然机器赌博明显包含着风险——而且是涉及金钱这一有重大社会经济价值的东西——但这一风险被限制在一个可靠的框架之内，让赌博者可以找到一种自我平衡的模式，而这种平衡正成为日常科技交互中的典型现象。

我们正经历着一个历史性的时刻，此时，人与机器的互动“越发亲密，规模越来越大”[社会学家布鲁诺·拉图尔（Bruno Latour）这样写道]，电脑、电子游戏、手机、iPod 等科技产品成了每个人管理自己情绪状态的工具，并且为我们在自己和世界的不确定性与忧虑之间制造了一个缓冲区。[46] 虽然我们通常认为交互型消费电子设备可以为我们带来更多选择，彼此连接，创造了自我表达的新形式，但它们同样可以帮我们减少选择，断开连接，疏离自我。探讨赌瘾者与老虎机之间的深切纠葛，不仅仅是对这种特定成瘾现象的个案研究，它还提供了另一些线索，有助于理解我们在更广阔的生活“迷境”里面临的困境、趋势和挑战。[47]

人机成瘾

交互式设备的崛起改变了人们的日常生活，同样，机器赌博的兴起也改变了赌博成瘾的面貌。到 20 世纪 90 年代中期，拉斯维加斯参加本地自助组织“匿名戒赌互助会”的人中，绝大多数只玩机器赌博，这与 80 年代相比变化巨大，彼时参加匿名戒赌互助会的人大多玩扑克或赌体育比赛。“在我现在工作的治疗中心，”据波·伯恩哈德报告，2000 年在罗伯特·亨特尔的门诊里，“超过 90% 的人是因为视频赌博而参加治疗的。”[48] 他恳请学术界研究这一快速传播的赌博形式，因为它可能会对赌瘾的沾染、发展和体验产生影响。

然而直到今天，大多数研究仍然倾向于聚焦赌博者的动机和精神病学特征，很少有人研究他们的赌博形式。1980 年，美国精神医学学会（American Psychiatric Association）将“病理性赌博”（pathological gambling）正式列入精神疾病诊断，这也助长了上述趋势。[49] 这一诊断很快更名为“失调性赌博”（disordered gambling），人们把它与失业、负债、破产、离婚、健康状况不佳、监禁等联系在一起，且在所有成瘾中，赌博成瘾者尝试自杀的比率最高（20%）。[50] 参考其他类型成瘾，失调性赌博的症状诊断标准包括专注、耐受性、控制力丧失、戒断反应、逃避和否认（见图 i.4）。[51] 虽然以往的精神病学文献也认为过度赌博是一种精神疾病，但这些文献通常重点关注的是赌博本身引起的伤害和能力丧失，而并不关注赌博者自身的性情特点。[52] 与之相对，1980 年的诊断标准认为赌博成瘾是一种“持久、重复性的赌博适应不良行为”，它强调的是赌博者自己无法控制内心的冲动。如果说过去我们把所有的赌博都看作是潜在的问题，现在的标准则区分了“正常”赌博与“问题”赌博；而因为有问题的赌博者是独特的一类人，所以其他人可以放心地去赌。[53]

对过度赌博进行医学上的定义，虽然在一定程度上缓解了人们对赌瘾者意志薄弱或道德败坏的固有印象，但它更大的影响是让人们不再认为赌博行业是败坏道德、腐化社会的教唆者。[54] 某位批评家一针见血地指出，赌博业拥抱了这一诊断标准，大肆宣扬问题性赌博是“极少数天生有此倾向或心智失调的赌博者才有的问题”。[55] 而这所谓的“极少数”，意思是在任何时间里，总人口中都有 1% ～ 2% 符合诊断标准，同时还有 3% ～ 4% 的人口可以诊断为有轻微的“问题赌博”。[56] 尽管流行的测量方式掺杂了众多的复杂因素，但研究者基本一致认同这些数字。[57] 然而，很多人认为在总人口中测算这个问题未免有失偏颇，

专注	专注于赌博（如沉溺于回忆过去的赌博经历，出现生活障碍或总是计划下次赌博，想方设法筹集赌资）
耐受性	赌的数额需要越来越大才能获得想要的兴奋
控制力丧失	多次尝试自控，减少赌博或戒赌，但都失败
戒断反应	尝试减少或停止赌博时，心神不定、易怒
逃避	用赌博来逃避问题或疏解不良情绪（如无助感、负罪感、焦虑、抑郁）
追损	输钱后常常改天又来，试图“赢回来”
说谎	对家人和治疗师说谎，隐瞒赌博严重程度
不法行为	为筹集赌资做出不法行为（如造假、欺诈、偷盗、挪用公款）
危害社会关系	因赌博而危害或失去了重要的社会关系、学业、工作或职业发展机会
需要解救	因赌博造成过严重的财务问题，要依赖他人的资助纾困

图 i.4　病理性赌博的诊断标准，符合五项或以上即构成诊断。来自美国精神医学学会《精神障碍诊断与统计手册（第四版修订版）》（American Psychiatric Association，*Diagnostic and Statistical Manual of Mental Disorders IV*-R，2000）

因为病理性赌博者、问题性赌博者在赌博人口中的比例要高得多；而在长期（重复）赌博的人口中，这个比例还要高：据某些估计，可能高达 20%。[58] 不论用哪个标准看，问题性、病理性赌博者在赌博人口中的比例都超出常理。而这一高比例所产生的经济结果无人质疑：整个赌博业收入的 30% ~ 60%（太可怕了）来自这些问题性赌博者。[59] 相比于在总人口中进行统计，这些数字向我们讲述了完全不同的故事。

在此基础上，一些研究者进一步指出，仅考虑达到了“病理性”或“问题性”赌博标准的人，可能会产生误导。因为大多数经常性赌客都会在某一天发展出问题赌博的典型表现，即无法控制这方面的时间和金钱并招致负面后果。[60] 他们认为，问题赌博是一个量变到质变的过程，不考虑到这一点，会大大低估问题的严重性。他们离开了主流医学界的研究重点，不再从心理学、遗传和神经生理学的角度孤立地研究这一小群容易产生“赌博适应不良行为”的个体，转而研究商业赌博活动和环境如何为消费者的赌瘾创造了条件甚至激励。

虽然多数问题赌博的筛查手段不区分不同的赌博类型和赌博环

境，但还是有一些研究考虑了这些不同，而这类研究一致发现，机器赌博对赌博成瘾者的伤害最大。“研究电子机器赌博的学术文献中，不批评它的非常少，”两位研究赌博的学者写道，“一方面，没有人质疑电子赌博机为政府和经营者制造利润的超级能力；另一方面，这些机器给社会公众带来的问题也如影随形。”[61] 越来越多的学者、政治家、医疗工作者甚至赌博者自己都开始问同一个问题，这个问题也是烟、酒、武器、汽车、高脂食品等此类消费品经常被问到的：问题到底在于产品，使用者，还是两者的交互方式？[62]

在 2002 年的一系列研究中，第一项发现就是，经常玩视频赌博机的人比其他类赌博者成瘾速度快三四倍（一年即成瘾，而其他赌博者则是三年半），哪怕这些人以前也常玩其他类型赌博却没有成瘾。[63] 另一项研究的几位作者则假设“经常性、高强度的 [机器] 赌博导致控制力受损，并继而发展出问题赌博，是很容易理解、很‘自然’的”，这不说明赌博者有病理性状况。[64] 基于这个假设，澳大利亚的一个独立的联邦委员会在 2010 年得出了一个结论：“赌博者很多只是普通的消费者，他们经历的问题，既是这些消费者自身特质的结果，也在同样程度上是赌博游戏采用的技术、这些游戏的可及性、赌场的本质和行为的结果。”[65]

虽然赌博行业极力反对这一结论，认为它牵强附会又无科学证据，但其实科学家们早就发现成瘾现象是人与物交互的结果。[66] 赌博成瘾领域一位著名的研究者霍华德 · 谢弗（Howard Shaffer）指出：“只要人与某一特定对象或一系列对象（如毒品、赌博、电脑）重复性地交互，且此类交互可以稳定地使人获得自己想要的主观体验变化，成瘾的倾向就会出现。”[67] 因此，他建议成瘾现象的研究者应该“重点关注成瘾现象中人与物之间的关系，而非与成瘾搏斗的人或令他上瘾的对象的属性”。[68] 当我们把成瘾现象看作一种经主体与客体的“重复性交互”而产生的关系，而非仅属于主体或客体本身的特性时，我们就会明白，在成瘾现象中，主体与客体同样重要。

有些人天生比别人更容易成瘾，同理，有些客体（因其药理或结构方面的特性）也天然地更容易催生成瘾或让它愈演愈烈。这些客体的独特效力，源自它们令主观体验产生强烈改变的能力，这些主观体验的强烈改变使一些人欲罢不能。“最可靠、见效最快和最稳定的‘体验改变剂’，有着促进成瘾障碍发展的巨大效力。”谢弗写道。[69] 物质成瘾的研究者早已承认这一点，他们在研究中从不忽略对药物本身作用机理的探索。但是，尽管越来越多的证据显示，一些重复行为和药物刺激的都是同样的脑神经化学通路，但由于所谓行为成瘾缺乏明确的实物基础，科学家和公众都在一边倒地关注成瘾者（他们的遗传、心理特点和生活环境）。[70] 例如，对赌瘾的研究就很少考虑现代老虎机扮演的角色，而这些机器完全满足“可靠、见效快和稳定”这样的描述。

虽然所有赌博形式都包括随机图案组合奖赏，但机器赌博又有其自身的特点：孤独、连续、下注频率高。无须“等马跑完、等荷官发牌、等轮盘转停”的机器赌博，每三四秒就能完成一局。[71] 借用行为心理学术语，在所有赌博活动中，这类赌博的“事件频率”最高。[72]“这是终极的成瘾养成装置”，说这话的是社会学家亨利 · 勒西厄尔，他于 1977 年完成了一部民族志，是以该方法阐述非电子化赌博成瘾的首部书籍规模著作。后来机器赌博日渐流行，勒西厄尔成了一名行业顾问。[73] 也有人把现代视频赌博叫作“人类历史上最具毒性的一种赌博”“电子吗啡”和大家最为耳熟能详的“赌博界的霹雳可卡因”。[*, 74] 谢弗在 1999 年预测：“吸食霹雳可卡因改变了使用可卡因的体验，我想同理，电子化也会改变赌博的体验。”[75] 这是因为视频赌博机“比机械式的更快”，亨利 · 勒西厄尔补充道，“它有可能像精神兴奋药那样起效，就像可卡因和苯丙胺那样。它们能更快地让脑进行‘兴奋—抑制’的循环”。[76] 心理学家亨特尔曾在 1995 年对我说：“《华尔街日报》（*Wall Street Journal*）引用了我把视频赌博机比喻成霹雳可卡因的说法，这让赌博业的人很不高兴，但我认为我的比喻是准确的。可卡因的成瘾史

---

* 霹雳可卡因（crack cocaine），也译作快克（可卡因）。它是自由基状态的可卡因，吸入后可以获得短暂而强烈的快感，被认为是最容易成瘾的毒品之一。——译注

可以往前追溯十年，而霹雳可卡因则只有一年，这与视频赌博者的情况非常相似。”哪怕不提这些耸人听闻的比喻，大多数研究者对各种赌博形式按强度从低到高的排序也是：彩票、宾果、机械老虎机、体育赛事赌博、骰子、扑克，而最厉害的是视频老虎机和视频扑克。[77] 研究赌博成瘾的南希·佩特里（Nancy Petry）曾对记者说：“视频机器操控大脑的能力，所有其他赌博形式都望尘莫及。”[78]

不同形式的赌博，不仅赌博强度不同，产生的主观体验变化也不相同。每种赌博都会在不同的流程和表面环节上将玩家卷入其中：不同的下注顺序和时间要求，奖赏的不同频次和数量，不同的技能要求，不同的行动方式（查册子、勾选项、刮彩票、选纸牌、按按钮），不同的“能量与专注循环”及不同的心理起伏。[79] 例如花旗骰可以产生一种高能量、高度悬而未决的状态，直到被获胜瞬间的欣快打断，但胜利的狂喜很大程度上依赖于他人的社会反馈。相较之下，孤独而无中断的机器赌博，倾向于产生一种稳定的、失神般的状态，可以让人“逃离内在和外在的问题”，如焦虑、抑郁和无聊。[80] 基于在拉斯维加斯的临床经验，亨特尔认为现代视频赌博相比于其他的赌博形式，更容易“加速人的解离（dissociative）过程”。[81] “我的病人跟我描述的体验，”谈到机器赌博时他对我说，“都非常一致地出现了麻木感和逃避心。他们不会提竞争或兴奋，他们只想爬进机器，消失在屏幕里。”

“迷境”一词是个生涩的 19 世纪催眠术语，而我访谈的赌博者则为这个词补充了现代意义：像看电视，像电脑处理信息，像驾驶汽车。“你陷入恍惚，好像打开了自动驾驶模式。”一个赌客这样说。“迷境就像是磁石，它拉你过去，把你吸在那里。”另一个说。[82] 在传记作家玛丽·索杰纳（Mary Sojourner）的描述中，视频赌博就像“一种失神般的专注状态，仅仅是保持这种状态就能带给人莫大的满足”。[83] 正如前文中莫莉和莎伦所说，让她们成瘾的并不是赢钱的机会，而是坐在机器前赌博时进入的那种远离世间纷扰、悬置主体性的平静状态。

上述状态只在人与机器的交互过程中才会出现，因此，想要理解当代机器赌博现象，就不得不“考虑技术的变革，以及赌博者如何适应技术进步带来的各种可能的赌博体验”，研究赌博现象的社会学家理查德·伍利（Richard Woolley）这样写道。[84] 本书中我也正是延续了这一思路，重点关注赌博机的设计以及它们带给赌博者哪些情感上的自我管理。我在赌博者的体验和他们与之交互的“环境—物—软件程序”矩阵之间来回兼顾，过程中采用的方法就是技术哲学家唐·伊德（Don Ihde）所说的“人与技术现象学”和“唯物主义现象学”。[85] 这种方法会避免严格的唯物主义倾向，后者认为技术是一种自发的、决定性的力量；也不只围着人转，而把技术视为一种被动、中立的工具。相反，在研究过程中的每一步，我都会关注客体与主体共同行动的方式，在二者的遭遇中寻找答案。如拉图尔所说，行动不是居于主体或客体之内的某种先定本质，而是二者的“共同创造”（coproduce）。[86] 把这一方法应用于毒品成瘾研究的两位社会学家指出：“在相遇中，吸毒者被一些特定的示能*牢牢抓住，而这些示能能够出现，既与吸毒者自身的行为有关，也与所用毒品的特性有关。”[87] 这一观点认为成瘾是一种“共同产物”，大于产生成瘾的所有因素之和，这与前文中简单勾勒的对成瘾现象的科学理解不谋而合，而对本身就具有交互性的赌博技术来说，基于这一观点来研究相关的成瘾尤为合适。[88]

越来越多的迹象表明，赌博机与赌博成瘾有着某种程度的牵连，于是，AGA 在 2010 年出版了一份白皮书作为战略性回应：《打破老虎机神话》（“Demystifying Slot Machines”）。仿照美国国家步枪协会的著名口号“枪不杀人，人杀人”，这份白皮书断言：“问题不在于被 [玩家] 使用无度的产品，而在于人。”[89] 一位研究者指出，在这份倾向性明显的报告中，机器不过是“一种机制，让本来就存在的心理问题暴露了出来”。[90]《全球赌博业》（*Global Gaming Business*）杂志的一位记者

---

* “示能”（affordance）又称“可供性”，在生态学、设计心理学中，指环境 / 产品能够提供给动物 / 使用者的属性。一般认为这种属性介于主客体之间，它一方面依赖于客观的物理条件，另一方面也离不开动物 / 使用者的主观感受。一个典型例子是，一扇门的设计如果让你一眼就能知道从哪里打开，则它就“显示了它能打开”或具有“可供打开性”。——编注（本书此后脚注，若无说明，均为编辑添加）

说："那些批评赌博业的人忽略了一点，机器不过是没有生命的物件而已。"[91]

不过，拉图尔对上述的美国国家步枪协会口号不以为然，同样地，他也不认同其对立面、同样一边倒的口号"杀人的就是枪"，在他看来，任何物件都并非"不过是无生命的"："你拿着枪时，你就变了；枪被你拿在手里时，枪也变了。因为拿着枪，你变成了另一个主体；因为与你发生了某种关系，枪也变成了另一种客体。"[92]换句话说，杀人的既不是枪，也不是人；只有枪和人在一起、互为条件时，才能共同产生杀人这一行为。顺着这个互为条件的逻辑，我在本书中探讨赌博机成瘾现象，不会将其孤立地归因于赌博者或赌博机，相反，我会探究两者之间的交互过程。

同时，我也不希望读者认为在成瘾问题上，人与机器产生的作用是同质的。不论从人类学、社会学还是哲学和科技史学的角度来说，在人机交互时，人类行动者负有"特别的责任"，特别是那些设定人机交互规则的人。[93]我们可以说赌博者只影响了自己，他们通过玩赌博机，以期调控自己的情感状态；但赌博机的设计师、营销人员和赌场经理们则不同，他们的位置允许他们远在千里之外就能通过技术手段在他人身上催生和维持特定的行为。拉图尔和他的同事们认为，设计是一种"铭刻"（inscription）过程，设计师会把某些特定的使用模式铭刻于产品之中；而在产品与消费者的交互过程中，前者带有的"刻印"会抑制、妨碍某些行为，同时促成、逼出另一些行为。"通过为用户的行为设定参数"，任何产品，自不必提其背后的设计团队，都在扮演着引导用户行为的角色。[94]

赌博机就是一个很好的例子。尽管赌博业的从业者在公开场合鼓吹，赌博机不过是无辜的、没有生命的东西而已，他们却在如何利用技术引导玩家行为上投入了大量的资源和创造力，力图造出能榨取最大"单客日均收入"（revenue per available customer，RevPAC）的产品。在业内，他们对这个野心勃勃的目标直言不讳，在研讨会上说，在期刊上说，在博览会的过道和大厅里也大肆谈论。怎么让人赌博的时间更长，频率和投入度更高？怎么把一时兴起的玩家变成重复性玩家？尽管这些目标与教唆成瘾行为之间的界线非常模糊，但大多数业内人员都在自己的认知上对这两个概念进行了隔离处理，在认知上把自己的逐利设计与赌客可能受到的伤害斩断联系。IGT 任命的“负责任赌博总监”康妮 · 琼斯（Connie Jones）的说法，是对这种情况的精彩描述：“我们的赌博游戏设计师们从不考虑成瘾的事，他们考虑的是如何打败巴利等其他竞争对手。他们是一群富有创造力的人，想让机器创造出最多的收益。”[95] 虽然此话的本意是在大众纷纷指责赌博业有意伤害客户时，为赌博业做些辩解，但她的辩解恰恰公开承认了赌博游戏设计中唯利是图的本质。一句轻描淡写的“赌博游戏设计师们从不考虑成瘾的事”不仅无法为他们开脱，反而昭示了问题的存在。

本书无意对特定的设计师或公司口诛笔伐，甚至不想抨击赌博业这整个行业。相反，从对前文勾勒的成瘾现象的相关理解出发，我会仔细地讨论机器赌博成瘾是如何产生的。它的产生依赖于多种因素的交互过程，包括赌博者、机器的设计意图、价值观、商业赌博环境的作用方式及技术本身。正如本书标题想要强调的，“问题赌博”不只是“赌博者的问题”；这些问题还与赌博机、赌博环境及赌博业的做法脱不开关系。

莫莉的地图

本书参考了我在 1992—2007 年间几次长驻拉斯维加斯时进行的研究，其中 1998—2000 年间，我在赌城连续逗留了 18 个月。研究分为三个阶段，最初是 20 世纪 90 年代进行的民族志及历史档案研究，研究对象是当时企业型赌场蒸蒸日上时期的建筑设计、室内设计及赌场管理实践。[96] 在那次田野过程中，当地人口呈现快速增长，同时很多新型的社区式赌场开门营业，在这个赌博成风、充满赌博科技的城市中生活的人，他们的生活和工作体验让我越发感到好奇。当我不再把注意力放在赌城大道上为游客开办的赌场时，我被机器赌博的无处不在震惊了：广告牌上有它们，杂货店和药店里有它们，饭馆和酒吧里有它们，甚至洗车行里都有它们的身影。

在我研究的第二阶段，几乎我遇到的每个人都认识一两个玩赌博机而产生“赌博问题”的人。顺着这些线索，我找到了很多后来的访谈对象，这些人称自己为“赌瘾患者”“机器成瘾者”“问题赌博者”或“强迫性赌博者”——本书中，这些词的意思基本相同。[97] 其中大部分人是我在参加匿名戒赌会和一家诊所为问题赌博者举办的团体治疗中认识的，后来我成了这家诊所的实习生。[98]

我的访谈并没有局限于某一类型的机器赌博者，如中年群体、玩 25 美分老虎机的中等收入群体等；我也未试图构建统计学上可靠的受访人随机样本，虽然我还是尽最大努力接触了各类不同的人群。事实证明，机器赌瘾群体不论从年龄、种族、教育程度和收入水平来看，都是相当异质的。30—50 岁的白人女性在样本中占比更多，一部分原因是当时拉斯维加斯机器赌博人群的人口统计学特性，另一部分原因是我当时定期参与仅限女性的戒赌会。[99]

社会、经济、生活经历等方面的差异对他们进行机器赌博的方式产生了显著的影响。尽管如此，机器赌博更值得关注的是，同一批赌博机似乎给他们带来了游戏体验的连续性。[100] 举例来说，2002 年我曾经在一天之内访谈了一位自助餐厅的年轻女服务员，她住在城东北的旅行拖车营，以及另一位住西南城郊萨摩林区（Summerlin）封闭式富人社区的男性商人，他年长一些。[101] 女服务员玩的老虎机是 5 美分一注，通常在超市玩，而商人则是在一家设施齐全的社区赌场玩 1 美元一注的。服务员一次就能把自己的工资输个精光，并且为孩子交不起学校的午餐费而焦虑。而商人则刷爆信用卡，并把家里的积蓄挥霍一空，他所焦虑的是能不能在银行账户间辗转腾挪，填补信用卡支出以躲避滞纳金，同时还要拦截邮件通知，不让他的老婆发现自己在赌博上的损失。尽管他们的生活境遇、赌注大小及赌博的财务后果天差地别，他们在描述自己与机器的互动时，所用的语言却惊人地相似。阅读他们的录音转写稿后，我发现两人的叙述在这一点上几乎可以互换。

与机器界面进行长时间、高强度和重复性的遭遇，似乎把他们从不同的人生轨迹中拉入了同一个体验迷境，直接无视了他们本身的差异。

随着研究的深入，我越来越清楚地认识到，想要更好地理解这些赌博者的体验，我必须对他们使用的机器有更好的理解。为实现这一目标，我又一次扩展了研究范围，开始自学赌博机的历史和工作原理，同时开始了解赌博科技供应商的设计方法和营销策略。我在 UNLV 的赌博研究中心花了很长时间，研究赌博机制造业的历年期刊、新闻稿和年报。此外，我还开始参加赌博业技术博览会和研讨会，访谈业内的高管、开发者和营销专家。

与我交谈的业内人士大多比较坦诚，即使我们聊到了他们制造和销售的机器可能带来的一些负面效应，他们也愿意直言相告。他们带我参观各类设施，签各种保密协议，允许我进行深入访谈并录音。在这些访谈中，他们坦诚地谈到了技术设计方法和营销手段，谈到了他们的创新对赌博者产生的不那么好的影响，甚至有人还跟我分享了他们自己玩赌博机的体验。他们谈起这些时，有的漫不经心，有的则深思熟虑，有的心存戒备，有的则态度虚无。虽然他们中的一些人对建筑、设计和营销手段与赌瘾之间可能的关联感到有些不安，但大多数在这两者之间严格地划清了界线。

与此形成鲜明对照的是，我访谈的赌博成瘾者对自己的行为及其后果都有非常深刻的反思。我们对成瘾者的刻板印象是，他们并不知道自己的行为毫无意义且充满破坏性，但实际上他们对自己的困境有非常清醒和深刻的认识。莫莉反思道："是为了钱吗，不是。是为了娱乐吗，不是。是为了困住自己吗，是的：我赌博就是为了忘记自己为什么赌博。你自己一步一步地走入陷阱；身在其中时，会不识庐山真面目。"一位名为卡特里娜的赌博者写信给我，提到她在玩赌博机时"时刻清醒地意识到自己正在自我毁灭"，"虽然人的一部分意识会无可救药地迷失其中，你内心深处总还有那么一点点意识，它敏锐而清醒地知道你在做什么，但你似乎就是无力回天"。[102] 虽然卡特里娜的这点"敏感而清醒"的意识不足以帮她摆脱成瘾的迷境，但她认为这点意识自有其分析价值："我希望能找到这样一个机会，虽然我已经陷得很深，但是一个人还是完全可以迈出自己的处境进行'客观'的分析并产生真正的'洞察'，从而发现外人可能忽视的观点和角度。"本书希望能给我访谈的赌博者这样一个机会。所以，我并未将他们看作堕落或适应不良的消费者；正因为他们自己身陷其中，在本书中我把他们看作"迷境"的专家。而且我认为，这个"迷境"在一定程度上也反映了诸多当代资本主义社会共有的日常体验。

莫莉一直很喜欢画画，在我们访谈快结束的时候，她借来一支笔，在她的"十二步自助"读本中翻过一页，画了一张图来描述在拉斯维加斯生活是什么感觉（见图 i.5）。她一边画一边说，给我描述图上的每个点，以及这个点在她的生活中扮演什么角色。她先画的是左上角的米高梅大酒店，她在这家赌场度假中心的工作是处理房间预订。右边是她回家路上加油的 7–11，有时她也在这里赌几把。旁边是宫殿车站赌场，这家社区赌场是她晚上和周末赌博的地方。画在下面的，是她买东西的超市，在那里她也赌。再下面是一间免费的诊所，她在这里领取药品治疗自己的焦虑障碍。最后，在左下角是匿名戒赌会所在的商业街，那是我们第一次见面的地方。莫莉画出一条路线，把每个地点连接起来，最终画出一个闭环。她停顿了一会儿，想了想，又在环中间画上了她自己，坐在一台老虎机前。

《向拉斯维加斯学习》（*Learning From Las Vegas*）* 一书进行过一项著名的分析，认为赌场的超大号招牌反映了正在崛起的汽车文化，与这一观点异曲同工的是，莫莉也在她路线的每个地点上都写出了大得有些不协调的标注。[103] 然而，我们应该在她的地图上看到的，并不是商

---

* 由建筑师罗伯特 · 文丘里（Robert Venturi）、丹尼斯 · 斯科特 · 布朗（Denise Scott Brown）和史蒂文 · 艾泽努尔（Steven Izenour）合著，下一章会再度提及此书。

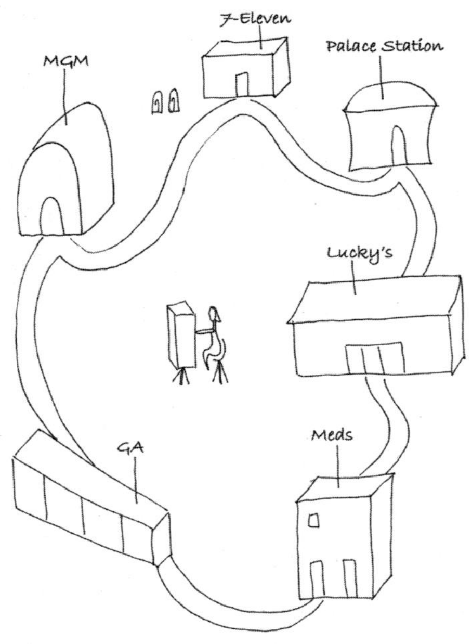

图 i.5　莫莉的拉斯维加斯每日生活地图。1998 年她为本书作者而画

业街的平民主义建筑风格，或者是汽车代表的自由先锋思想，我们应该注意的是沿着这条欲望之路涌现的地点，它们充满诱惑和控制，给了赌博者需要的暂时逃避。[104]“有时我在牧场街上开车，”她对我说，“一抬头就已经到了天堂路，而我根本不记得自己是怎么过去的。在我去宫殿车站赌场或回家的路上，我会失去一段时间，记忆空了一块。在州际公路上开车时，有时我已经开到出了高速匝道，才发现自己转了一个大圈子。”在她的图上，所有的路都没有出口，而是形成了一个闭环，环上是各种各样的节点，可以满足她的恶习或治疗她的恶习。在这个回路之内（也许是之外，这点不太清楚），代表她自己的小人漂浮着，只与一台赌博机绑定。“这是在哪儿？”她画完时，我指着画中的人机对子问她。“哪儿也不是，”她回答，“就是迷境。”

循着莫莉的地图，我们会在本书中探索机器的迷境，以及产生迷境的物质、社会和政治经济环境图景。建筑策略、技术实践、情感状态、文化价值、生活体验、心理治疗技术和有关监管的讨论，所有这些构成了何种动态回路，从而为这个存在主义式的无人之境创造了这样的语境：在其中，赌博者迷失自己，而赌博业则希望获利？本书将莫莉地图中心的人机关系作为分析的重要起点，并逐步扩展分析的视野。[105]在本书的四个部分中，我也会画出自己的地图，每张都会讲述机器赌博回路中的不同部分。

第一部分是“设计”，探讨赌场管理者和赌博机制造商们如何设计赌博环境和相关技术。第一章为读者介绍了现代赌场以赌博机为核心的建筑设计及氛围设计。我们会探讨赌场如何通过对这些设计的拿捏，来引导客人光顾赌博机并不可自拔。第二章关注的是机器的交互界面本身，以及设计者如何一丝不苟地按照玩家身体和感官的脾性进行设计，从而让他们玩得时间更长、速度更快、程度更深。第三章则深入了机器内部，探讨了机械技术演变为数字技术后，赌博行业对于概率的控制力得到了怎样的加强，以及随之而来的，这一演变如何影响了玩家与几率间的相互作用。

第二部分是“反馈”，深入探讨对赌博技术和赌场环境的设计如何即时地响应玩家的偏好和行为模式，并向特定的方向引导这些偏好和模式。第四章探索了赌博软件的创新与玩家偏好的转移之间的动态关系，主要关注从“为赢而玩”到“为玩而玩”的大转换。第五章则探讨随着赌博业的数据追踪、分析和针对玩家偏好进行调整的能力不断增强，他们如何提升机器赌博的沉浸程度。第六章讨论决策与控制感，以及它们在赌博者自我的消解和进入“机器迷境”的过程中所起的与通常认知相悖的作用。

第三部分是“成瘾”，我们将分析的重点从机器和机器的设计转至赌博成瘾者本身。第七章探讨了他们沉溺的机器赌博暴露出来的广义上的问题，包括影响他们生活的社会力量、社会价值和社会期望，尤其是与社会交往、金钱和时间相关的那些方面。第八章则探讨赌博者生活中控制与失控间的动态情况，这些个人生活史中的因素在他们与机器的交互中得到了表达。同时，这些看起来像是特例的动态情况反映了一种超越了个人体验的社会过程、社会倾向以及生存焦虑。

第四部分是“调整”，探索了赌瘾治疗方法的悖论，有一些想要“修复”问题机器赌博的补救法,反而在某种意义上促成了赌瘾的形成。第九章讲述了赌瘾者面临的两难境地，他们在恢复过程中采用的治疗方法，有时与他们利用机器赌博来自我调节的方式似乎没有什么区别。第十章则转向政策领域，讨论围绕机器赌博产生的一系列监管规定，以及关于赌博风险管理的争论：管理赌博风险，到底应该是赌博者自己的责任，赌博行业的责任，还是政府的责任。本书的结尾，我们又追踪了机器赌博和“重复性赌博”向世界其他地方及美国其他地区市场的渗透过程，并探讨赌博业人士和政府相关人士如何处理这种赚钱方式的扩散带来的伦理问题。

第一部分

设　计

每当我们添置50台老虎机时，我总会把它们看作50台老鼠夹。你得做点什么才能抓住老鼠。我们的责任就是从顾客那里榨取尽量多的钱。

——鲍勃·斯图帕克（Bob Stupak），

拉斯维加斯平流层公司（Stratosphere）CEO，1995

除颤器实验

2000年。在拉斯维加斯西北，距离老赌城大道外一群破败的赌场不远的医院区，一座停车场上正有一小群医护人员站在救护车边抽烟喝咖啡。他们告诉我，如果有赌场来电话，那多数情况是有客人玩赌博机的时候犯了心脏病。因为出入赌场的路出了名的难走，所以大家都害怕接到这样的电话。在培训新人的间歇，正在休息的医护人员领队向我列举了进入赌场的重重障碍："最快的路线是从正门的下客区进去，但是赌场不让你从那儿走，特别是赌城大道上的赌场，他们觉得这对生意不好，他们想让赌客感到安全。"所以，医护人员只能留在后面停车场，或从侧门进场。

进门之后，他们又会面临另一个挑战：怎样在迷宫一样的布局中找到目标。"所有地方看起来都一样。你得坐电梯上上下下，没有直达的路线，地毯会引导你四处乱转，让你失去方向感。"找到病人后，挑战又从迷宫一样的楼内布局，变成不愿离开自己座位的赌客。"那些赌客就是不肯挪一挪，好让我们出去。"一名救护员回忆道。有一次，他不得不在两排机器中间的窄过道里为一位病人做静脉置管。

为了缩短病人获救的时间，有些赌场会训练他们的监控人员，在监视器上观察一排一排的机器，看看有没有人发心脏病。1997年，他们更进一步，开始训练安保人员使用自动体外除颤器（automatic external defibrillator，AED）。这些医护人员建议我可以访谈理查德·哈德曼（Richard Hardman），他是克拉克郡的医疗急救服务协调员，也是他推进了赌场的AED项目。哈德曼40来岁，瘦高身材。我们在离赌城大道南端不远的郡火警中心见了面。访谈在他的办公室里进行，那是一间狭小的房间，里面有一个堆满文件的办公桌，天花板上还挂着一台电视，就像医院里的那种。

在1995年的一项工作质量改善项目中，他的部门发现克拉克郡心脏病发作的致死人数是其他地方的近3倍。仔细研究后，他们发现2/3的心脏骤停发生在赌场，并意识到高死亡率与医护人员在复杂的赌场环境中无法快速行动有关。他们虽然在接到电话后4分到4分半钟就可以到达赌场，但找到赌场里的病人却平均要花11分钟。哈德曼指出其中的生死攸关："心脏骤停后，每过1分钟，你的生存概率就下降10%。"

哈德曼联系了一家公共健康机构的研究人员，对方也认为赌场是一个理想的环境，可以用来试验非医护人员使用心脏除颤器的效果，于是两人设计了一项实验研究。接下来，他游说了赌场的管理层购买AED设备，并培训自己的员工使用。这颇费了一番口舌，因为这些管理层担心这些设备使用不当的话，会给赌场带来法律责任。他告诉他们，AED只会在没有呼吸和脉搏的时候触发电击，这个时候已经不可能把事情搞得更糟糕，这样才最终说服了赌场。"不需要你们做任何决断，"哈德曼强调，"AED是自动的傻瓜式操作，会自己分析所有情况。"赌场决定培训自己的安保人员使用AED，因为他们是对场内布局最了解的人。结果表明，这些安保人员响应时间很短，通常只有两三分钟。"最开始他们还有些抗拒，但现在他们已经完全接纳了这项技术。"哈德曼说。

从那时开始，AED已经在拉斯维加斯的赌场中使用了几千次，生还率高达55%，甚至比医院还高，而且远远高于不到10%的全国平均水平。[1]哈德曼在国会为心脏停搏幸存法案*做过陈述，也在国际上发表过演讲。让他的演讲产生压倒性说服力的是一系列AED使用现场的视频。哈德曼告诉我说："赌场通过监控摄像头在不知不觉间为我做了这些视频。"因为这些录像没有声音，他向我表示抱歉，并邀请我坐在他的办公桌前，观看头顶上的电视屏幕，同时自己站在旁边进行实时解说。看起来，他扮演解说的角色已经很熟练了。他会提前告诉我要注意屏幕上的哪些细微动作，而我则聚精会神地看屏幕。同样的剧情上演了三次：三家赌场，三个死而复生的病人，三台妙手回春的自动除颤器。

第一个视频是黑白的。一个荷官要水喝，斜着身子喝水时，在两张牌桌间倒下了。监控被触发后，镜头立即调整了角度，记录下了除颤的过程。第二个视频是彩色的，开始是一个俯视镜头，下面有一个60出头的男人坐在赌博机前。在这之前，他说自己胸痛，于是赌场人员给他拿了氧气。吸氧之后，他感觉好点了。他把牛仔帽重新戴上，说自己不需要帮助，然后开始慢慢地向赌场外走。在他走出去的过程中，七个不同的摄像头捕捉了他的运动轨迹：下扶梯，走过一条悬空走廊，穿过赌场区走出门外。"摄像头之所以跟着他，一方面是想确保他无碍，另一方面也有法律上的考虑。"哈德曼解说道。在他的讲述中，我感到他似乎对赌场监控设施给予了高度评价，不亚于他对AED的称赞；有时我都不清楚这些视频的主角到底是AED还是监控技术。赌场屋顶的一个摄像头追踪这个男人走过了外面的停车场，在他穿行于一排排汽车之间时，镜头拉近了：他昏倒在了停车场。围观者渐渐聚拢，赌场保安迅速拿来了除颤器。他们让设备自动充电，然后操作起来，电击这名男子，直至他恢复意识。7分半之后，医护人员才赶到。"[要不是保安的这

---

* 即Cardiac Arrest Survival Act。美国国会2000年关于心脏停搏幸存法案的报告见https://www.congress.gov/congressional-report/106th-congress/house-report/634/1，其中能找到哈德曼的贡献记录：5月9日，哈德曼博士在广泛配备有AED及接受过相关培训的急救人员的拉斯维加斯赌场里进行了测试，心脏停搏的幸存率从不到10%增长到了惊人的57%。

些动作]他本来会有75%的死亡概率,”哈德曼说,“这还是在停车场,要是在里面,医护人员过去要更久。”

第三个视频最让人不安。监控摄像刚好在追拍这位病人,他当时正在赌桌上玩。他揉了揉太阳穴,向后靠了靠,想要让自己清醒一下——然后突然就晕倒在旁边的客人身上,那位客人却没有丝毫反应。病人滑到地板上,发起癫痫,剧烈抖动,两个过路人帮他平躺下来,其中一个是下班的急救护士。在病人附近,没有几个赌客离开座位。镜头转到大厅并向前推进。不到一分钟,一个安保人员就带着除颤器来到了现场,把设备预热充分,电击了病人两次。到第9分钟急救人员赶到时,病人已经恢复了意识,虽然时而迷糊时而清醒,但已能说话。镜头跟着他离开了赌场。

哈德曼暂停了讲解,提醒我说这些视频里最有意思的现象是众人的反应,或者说是众人的毫无反应。我一直专注地看病人,感到很是不安,直到哈德曼指出众人毫无反应时,我才意识到让我不安的是这个。而就在有人心脏停跳之时,周围的赌客竟毫不在意地继续赌博,就像是把两个不相关的视频叠加在一起一样,这是比心脏病突发更令人不安的地方。哪怕一个意识不清的人就躺在自己脚边,甚至碰到了自己的椅子,这些赌客仍然继续玩着。

第一章

俘获内心的室内设计

建筑、氛围和情感的设计

在访谈赌场老虎机区经理时，我经常听到赌博者不可自拔的故事。哪怕洪水淹到脚面，或者火警震耳欲聋地在耳边尖啸，也无法引起他们的注意。从赌场的监控录像中可以看到，一些赌博者赌到兴头上时会浑然忘我，完全无视周遭环境和身边的他人，哪怕是有人就要死在脚边也不会多看一眼。莫莉就在某天晚上见证了这样的事，当时她正在一排排机器中寻找空位，结果发现两排机器的夹道中，有个人正躺在地上，周围围着一小圈人。“那人心脏病发，救护人员正拿那种会放电的东西救他，”她回忆道，“每个路过的人都忍不住看一眼，但我却注意到了旁边老虎机前的一个女人。她眼睛紧盯着屏幕，不错过任何一次操作。整个过程中她都在玩，一秒不停。”医护人员使用除颤器，是想帮一颗停止的心脏再次跳动，而这个玩家在老虎机上维持的却是另一种跳动状态，这种状态用迷境封住了她的视听，将她从周围发生的事情中隔绝了出来。“你好像不在这个世界了，”莫莉曾经这样描述迷境，“你进入了机器的世界，那里只有你和机器。”

退休的电信工程师丹尼尔发现，他在迷境中的隔绝周遭环境之感，正与周遭的赌场环境设计特点有直接的关系：

> 这种状态从我开车去赌场的路上就开始了。我人在开车，心却早已飞到了赌场，想象自己来回寻找机子的情景。开到赌场停车场时，我已经跃跃欲试了。走进大门时，我已经渐入迷境。所有的声音、光线、气氛，以及在机器过道间行走时的体验，都在帮我进入状态。而当我终于落座在老虎机前开始游戏时，我好像已经不在这个世界了，周围的一切都渐渐退散。

在丹尼尔的体验中，那些在迷境中“退散”的建筑设计及现场氛围，恰恰对他“进入状态”起了作用。本章我们就从丹尼尔的见解出发，去探索一下赌场室内设计与迷境中的内心状态之间的关系。

再向拉斯维加斯学习

1972 年，建筑师 R. 文丘里、D.S. 布朗和 S. 艾泽努尔合著了《向拉斯维加斯学习》。他们在书中指出，拉斯维加斯这座城市和它构造出的环境有着重要的文化意义，是平民主义建筑形态的实验基地。[1] 他们在书中反对精英主义观点，认为建筑不应该起潜移默化输出社会价值和行为典范的作用，而应该学习拉斯维加斯，让建筑列立公路两旁，建筑于是自动成了本土化流行文化的丰碑和汽车时代的自由先锋。他们在这本里程碑式的著作中指出，现代主义建筑风格呈现着乌托邦式的整体性做作，而拉斯维加斯的建筑挣脱了这一路数，转而全然表达一种对“共同价值”和“现实条件”的回应，充满了民主精神。

现代主义建筑为提升平等交融性（communitas），纷纷加高天花板，引入开敞的空间，大量增加窗户和采光，拥抱利落的极简主义美学，而这时，赌场却反其道而行。它们低矮的沉浸式室内设计风格、模糊的空间边界及错综复杂的迷宫之感，为的都是容纳“与他人无明显连接的大群匿名个体”。[2] 与其他公众空间一样，赌场设计正切合了普通美国人的心理需求，即“在一起，却彼此独立”。对此，文丘里和他的合著者这样解释：“赌场空间及子空间的设计结合了黑暗性和封闭性，从而带来私密感、安全感、专注力和控制感。低矮的天花板下这些迷宫般的走道，隔绝了外面的阳光和空间，让置身其中的玩家失去对时间和空间的感知。一旦进入其中，人就会不知身处何处，今夕何夕。"[3] 社会学家戴维·里斯曼（David Riesman）曾经有些绝望地指出，我们大多患上了"群体性孤独"（lonely crowd）这种社会病，赌场的空间设计并不假意标榜自己在治疗这种疾病，相反，它迎合美国大众的逃避主义敏感神经，满足他们的需求，而不做任何评判。[4]

《向拉斯维加斯学习》出版时，恰逢内华达州通过了公司赌博法案。这一法案的通过带来了新的一波赌场开发热潮。这波热潮在 20 世纪 90 年代进入高潮，其标志是海市蜃楼酒店（Mirage）取得的惊人成功。这是一家热带雨林主题的度假酒店，是雄心勃勃的年轻赌场大亨史蒂夫·温在 1989 年利用垃圾债券投资兴建的。这一投资大获成功，引其他公司纷纷效法，纷纷在赌城大道两侧配置产业，于是那些在文丘里等人的书中得到盛赞的、风格独特的建筑，迅速被庞然大物级的企业化度假酒店取代。这些大型设施每一处都经过精心的计算和拿捏，无一处闲笔，讲究的是"整体环境设计"。不管这些酒店在主题上如何花样百出——从波利尼西亚热带雨林风，到神秘古埃及风，再到意大利湖畔小镇风——它们的室内设计却是从一个模子里刻出来的，所有的设计都指向利润最大化这一目标；真要"向拉斯维加斯学习"的话，我们从中会学到另一套东西。[5] 正如弗雷德里克·詹姆森（Fredric Jameson）在 1991 年为《向拉斯维加斯学习》写的书评中指出，文丘里等人太过急于批判现代主义建筑，以至于没有看到他们遇到的建筑身上正兴起"晚期资本主义的文化逻辑"。[6] 虽然这些建筑确实没有汲取现代主义的灵感，也不承载道德观念和公民意识，但它们并未掩饰自身的工具属性。现代主义建筑提倡的是自控力和社会和谐，而拉斯维加斯的建筑则取而代之，主张自甘堕落和企业利润。

现在的赌场与那时无异，其"商业本土风"满足的是人群的逃避主义需求，但满足这一需求背后还有更大的意图，即引导这些需求。在被问到"人体工程学"这个观念如何影响赌场设计时，一位业界顶级设计师这样回答提问的学者:"关于赌场设计，有一点必须知道的是，赌场的全部重点就在于让人从前台走到赌场里面去。"然后他进一步解释了他的公司"基于体验"的建筑设计理念："我们尝试影响人群的运动、流动模式，以此引导用户的体验。"[7]虽然谈到这些策略在自己赌场中的应用，温显得轻描淡写，说海市蜃楼酒店的成功秘诀源于"迷惑而非狡猾"，但实际上他的每一处赌场，从概念到完工，从墙体处理到背景音乐，都经历了不遗余力的设计。[8]例如，在设计了海市蜃楼酒店的图纸(见图 1.1)之后,他并不急着开工,而是找来设计顾问、前赌场经理比尔·弗里德曼（Bill Friedman），请他提改善建议。弗里德曼的实用主义赌场设计哲学，我们这就详细讨论。

弗里德曼是行业里特立独行的赌场设计大师，他在 1974 年出版了关于赌场管理的开山之作,确立了自己的业界地位。[9]在之后的 25 年里，他为自己的下一本书进行了调研，这本出版于 2000 年的史诗级巨著厚达 630 页，且有个大胆的标题：《用赌场设计碾压竞争对手》(*Designing Casinos to Dominate the Competition*)。在书中，他把赌场称为迷宫，而且把意思说得非常清楚，确保读者明白："迷宫（maze）这个词很合适，因为我所信赖的《美国传统英语词典》上说，这个词的来源是'让人迷惑、混淆',词典上给迷宫的定义是'由互相连接的通路(如园林小路)组成的复杂的、通常让人迷惑的网络：例如单线迷宫（labyrinth)'。"[10]与温不同，弗里德曼说到迷惑，并不是为了掩饰自己设计的狡猾，反而是为了凸显它。弗里德曼所说的建筑结构上的迷惑，与《向拉斯维加斯学习》中描述的"复杂迷宫"非常相似，但他并不认为这是后现代平民主义的表现，而是与应用行为主义息息相关。[11]"就像花衣魔笛手让所有老鼠和小孩跟着他走一样，"他写道，"恰当设计的迷宫也能魅惑成年玩家。"[12]

虽然弗里德曼的迷宫理论不是当代赌场设计中唯一影响深远的理论，[13]但它给予了机器崇高的地位，于是，在分析赌场室内设计和机器赌博者内心状态之间的关系时，机器成了一个很好的出发点。迷宫本身及其迷惑策略有一个明显的意图：促成并调节机器赌博造出的超

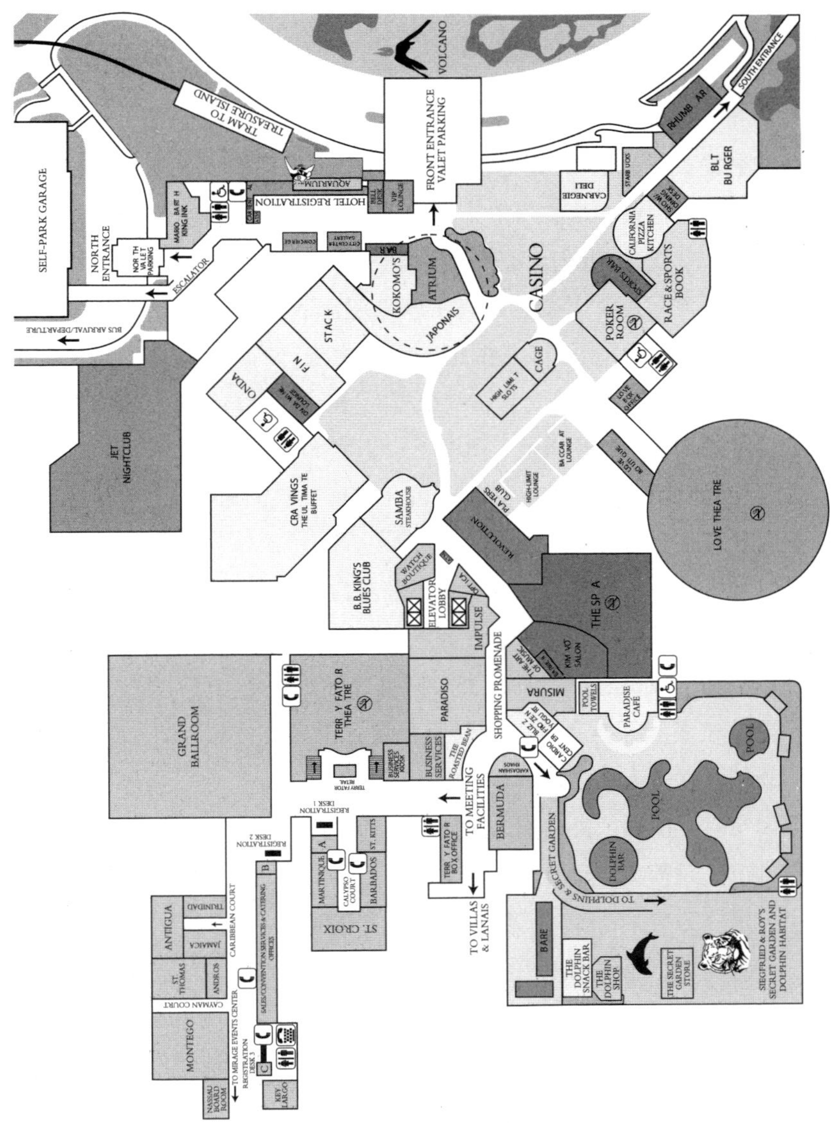

图 1.1　海市蜃楼赌场（史蒂夫·温建于 1989 年）的设计方案。图片来自 vegascasinoinfo.com

离凡尘的迷境。

迷宫的设计

弗里德曼在书中批评了“赌场老板和经营者、建筑师、室内设计师和装潢设计师们”，说他们的设计过于依赖主观偏好和高高在上的设计概念，而没有从实用主义的角度来思考，什么设计会促进或妨碍赌博。他写道：“他们的概念和提案，没有考虑到赌博者独特的行为目标和行为方式。”[14] 而他自己在识别这些行为目标和行为方式上的专业性，不仅来自他 20 年来在 80 家赌场中进行的深入彻底的实证研究（外加对 1931 年至今的历史资料分析），也来自他自己曾经作为老虎机成瘾者的切身体验。因此，他在书中引言部分就确立了自己的权威地位：“我能理解玩家的动机和体验，因为 25 年前我戒赌之前，自己也是个无可救药的赌鬼。”[15]

通过分析自身作为机器赌博成瘾者的切身体验，弗里德曼进一步指出，赌博者追求的赌博，是“向内关注自己的私人领域从而忘却周围的一切”。他坚称：“只有最能满足这种私人化内省体验的设计师、市场营销者和运营者，才能吸引并留住最多生意。”弗里德曼坚信，赌场的设计是为了迎合赌客敏感的逃避主义心态，这与文丘里和他同事的观点异曲同工，只不过弗里德曼的目标并不是谴责现代主义的做作，也不是简简单单地为了满足客户的需求。他的目标是创造环境，引导用户行为，从而满足赌场经营者榨取利益的目标。

与整个行业优先考虑经济效益一致，弗里德曼几乎把全部注意力放在了机器赌博者身上。很多室内设计师仅仅将老虎机看作吸引顾客进入赌场的道具，而弗里德曼则认为，整个赌场环境的设计目标应该是吸引顾客玩老虎机。“如果各家赌场唯一的共同点是把老虎机作为特色经营项目，”他写道，“这就充分说明，对玩家来说，老虎机就是一切。”[16] 尽管承认自己冒犯了专业装潢设计师的敏感神经，但他坚持认为单调的环境设计是最好的：“机器不应该隐藏起来，也不应该被抓眼球的室内装潢掩盖，相反，我们要最大限度地把装潢抹除，让机器凸显自己的存在。”[17] 2009 年赌场设计小组研讨会上，一位赌场经营者直率地表达了类似的想法，他说："我不希望任何人走进赌场后盯着天花板看——天花板又不赚钱。"[18] 所有的环境设计都不应该分散机器得到的注意力，而应该把赌客的注意力吸引到机器上，并让它保持在那里。从天花板的高度到地毯的图案，从灯光亮度到过道宽度，从音响设备到温度调控，弗里德曼认为，所有这些要素的设计，都应该有助于赌客进入机器迷境带来的内心状态。为了实现这一目标，他提出了一个全面的设计策略，包含 13 项设计原则，并注册成商标，叫"弗里德曼赌场设计原则"（Friedman Casino Design Principles）。

收缩的空间：构建、分割、掩体

根据弗里德曼，赌场设计的主要任务是安排"周围区域的空间关系，安排装有老虎机的方盒结构的形状和感受"，从而帮赌博者进入"避世的、私人的游戏世界"。[19] 他说："虽然玩家喜欢在熙熙攘攘的赌场中赌博，但是他们想要从这种最初吸引他们的热闹中孤立出来，进入自己的私密世界。"[20] 为满足赌客的这种孤立需求，弗里德曼在建筑布局上使用了空间消除法则（The Law of Space Elimination）。

与反现代主义的《向拉斯维加斯学习》一样，弗里德曼也指责主流设计师轻易地假设客户需要高大宽敞的空间感。"抽象来说，宽敞听起来是不错，能让人联想到一种隐私感，感觉自己的领地可以不受他人侵犯。表面上看，宽敞带来了自由，甚至有一点独立的意味，意味着可以自由活动，有一种富足的性质。"[21] 但他的实证研究却得出了不同的结论。在追踪了不同赌场的"步行流动模式"和"设备使用率"，并记录了顾客在机器上停留的时间之后，他发现最赚钱的赌博机总是出现在"隔绝的飞地"里，要么是藏在小小的"凹室、休息处、拐角"里，要么是隐蔽于"角落和缝隙"。[22] 赌博者也证实了弗里德曼的观点。"我会被角落吸引，"莫莉回忆道，"在那里我觉得安全，可以进入自己的世界。"莎伦则会把双腿架在机器两边，用自己的身体画出边界，为自己打造一个小世界。而丹尼尔则说："我不喜欢后背朝外，我喜欢钻进自己的小小洞穴。”

弗里德曼的结论是：“[玩家]最想避开的元素，就是宽阔。”[23]而宽阔的表现形式是“过多的水平与垂直空间，及过分的可见深度*”。[24]如头顶的空旷会“消散能量”，让个体感到暴露和焦虑。[25]弗里德曼把一家没有践行空间消除法则的赌场称为“完全开敞、自由伸展、天花板高高的停机库”。[26]另一家失败的设计被他称为“空虚的大海漫过无数排机器”。[27]为说明赌场没有消除空间会落入哪些陷阱，他画了史蒂夫·温的金银岛赌场（Treasure Island）老虎机大厅的示意图，说它是“本州最广阔无垠的老虎机海洋”（见图1.2上）。在这张图上，一名女性在机器边徘徊，抓着自己的钱包，有些恐惧地回头看向赌场深处，她的身体语言说明她似乎想要逃离这个机器大军，因为它似乎“就像海面一样无限延伸”。[28]弗里德曼认为，这种空间设置会引发存在主义式不安，既不会吸引赌客坐到机器前，也不能帮他们进入渴望的迷境。

空间消除法则指出，设计师必须“约束”空间，为玩家创造出庇护之感。[29]（弗里德曼认为赌博本身是“开放的”“无差别的”“无边界的”“广阔的”“无穷无尽的”，而这些特征正是赌博的环境中要消除的。[30]）一种方法是把大厅“分割”成各个紧凑区域，每个区域都与其他地方隔离，互相也看不到。[31]可以运用像遮篷、镶板、罩子、吊顶这类建筑元素将空旷的空间分割开，从而产生一种封闭感和“感知掩体”。弗里德曼说：“每组这类元素都在感知上对下方的机器形成包围之势。它们能在人的想象中创造出一些线条，与下方的机器连接起来。这样就可以在心理上把这个区域与赌场的其他部分隔离开来。”[32]文丘里和他的同事们也曾注意到赌场室内设计的这一点，认为“子空间的设计带来私密感、安全感、专注力和控制感”。遵循这一逻辑，海市蜃楼酒店的设计师们在整个赌场内设立了很多低悬的提基小茅屋式棚顶，从而划分赌场的空间，并“在9.5万平方英尺的空间中创造私密的感觉”。[33]正如1993年海市蜃楼酒店的一位总建筑设计师向我

* 可见深度（visible depth），指视线中细节呈现的程度。

图 1.2
上：金银岛赌场的结构效果图，它是内华达“最广阔无垠的老虎机海洋”。出自比尔·弗里德曼的《用赌场设计碾压竞争对手》(2000 年) 第 259 页，用意是体现赌场设计中没有消除空间的后果。
下：成功的“空间消除”示例，通过设备阻塞、遮挡视线及盘绕的迷宫式布局来消除空间。图片来自 flickr.com，作者未知。

解释的："这些悬垂的棚顶让整个空间显得尺度更小，而人喜欢聚集在低矮的东西下面。站在赌场任何地方，你都永远不会感觉到这地方实际有多大。我们这样做，就是为了控制你的感知。"[34]（见图 1.2 下）

注意力聚焦：盘绕、线索、曲线

弗里德曼还建议了另几种约束空间和控制感知的方法，包括"设备接近性"，即"客人一进门，赌博活动就扑面而来"；还有"设备阻塞"，即机器"密实地塞在一起"，让玩家挤在其中有一种被包裹的感觉。弗里德曼强调赌博者"喜欢拥堵和盘绕的布局"，他建议："在满足舒适和安全的前提下，过道和走廊越窄越好。"[35]赌客关注空间及相关技术的带宽越窄越好，或说越待在迷境里越好。

但这个方法有一个十分微妙的平衡，空间限制也可能过犹不及，弗里德曼也承认："当所有多余的空间都从建筑设计和室内布局中消除之后，客人们可能很难知道自己在哪儿，自己想去哪儿。"如果出现了这种迷失状态，他们会"漫无目的地乱走，眼神空洞地张望"。[36]要抵消这种迷失效应，"机器的阻塞也必须有其章法"。其中的关键是创造一种"有结构的混沌"，而不要形成"让客人讨厌的骚乱"。[37]弗里德曼许诺："迷宫就是一切问题的答案。"[38]

他解释道："迷宫的布局方式，可以让眼前的机器牢牢抓住客人的注意力。在短小、狭窄的过道尽头，机器扑面而来。盘绕的死胡同式路径在让人下意识避免撞上机器的同时，也强迫人注意到这些机器。只要客人有一点赌博的可能性，迷宫就会把它激发出来。"[39]虽然盘绕的迷宫常与迷失方向联系在一起，但实际上弗里德曼的迷宫通过将空间收缩和结构化，可以引导顾客沿特定的路线前进，牢牢抓住他们的注意力，把他们导向精心布置的路标，引导他们向着最终的目的地前进。而这个目的地能反映——从而也能激发——他们内心的赌博倾向，让他们停下、坐下、玩起来。

正如赌博机把玩家的注意力聚焦在下一局游戏或下一次转动，好推动玩家不断玩下去一样，建筑迷宫通过截断顾客的视线，拉着他们不断前进。“行人只能看到正前方很短距离内的东西……[他们] 向哪个方向都看不到太远，不论是向前、向旁边还是向上看。”通过“部分地阻断视线”，室内布局可以“吸引 [行人] 继续向赌博设备的更远更深处走去”。[40] 弗里德曼建议设计师们可以暗示前面有什么，但提醒他们，决不能提示过于清晰，或让客人看到赌场的深处，因为这样可能会让客人丧失进一步深入的兴趣。[41] 例如，如果走道过于开敞，或在颜色上不统一，则可能会引导客人径直穿过赌场，而不进入赌博区。弗里德曼把这个现象称为“金砖路效应”（讽刺的是，米高梅的绿野仙踪主题赌场正好有一条别具特色的金砖路，完美地诠释了这个词）。

虽然赌场的迷宫布局不应该过分明确地告诉客人前面有什么，但也至少要告诉客人这里是半路，以防客人停下来，而把客流继续引向机器。“需要设计出线索来提供强引导性。”弗里德曼强调。一位赌博业作者在行业期刊的文章里描述了通向凯撒皇宫赌场（Caesars Palace）正门的通道。这是一个“界定不清、让人迷失的空间”，经常产生交通堵塞。应用了空间线索之后，通道的设计问题得到了解决：“[他们] 在墙壁裙脚上安装了一条灯带。这些灯缓慢地连续闪烁，在潜意识中创造出机场跑道灯的效果，就像引导飞行员降落跑道的快速闪灯一样。这些光给了客人焦点，引他们来到赌场入口……作为线索引他们穿过走廊。”[42] 另一位室内设计师也认为：“你要尝试在赌场各处都建立焦点，这样才能让客人一步步深入‘老鼠夹’。”[43]

除了线索之外，赌场的走廊还用曲线来引人进入。弗里德曼指出，赌客们“讨厌直角转弯”，因为“慢下脚步，转 90 度进入一个老虎机过道，需要下一个决心”。[44] 一位业内人士回忆，减少“锐利的线条”并引入“频繁弯曲的线条”在 20 世纪 80 年代中期就成了赌场设计中的重要策略。[45]“无中断的、曲线形的路径最是重要。”在 2009 年 G2E 的一个研讨会上，一位建筑师这样说。[46]

弗里德曼建议，曲线应该从赌场外就开始。“赌场的入口应该有招徕的作用，应该通过曲线连至大街或人行道。从街上开车进入赌场应该毫不费力。”[47] 就像莫莉的地图上那条连接各处的平滑道路一样，曲线路径上应该没有直角，没有停止标志。拉斯维加斯赌场大道的很多部分已经变得步行街化，因此赌场外部的走道和长长的传送带已经把曲线理论扩展到了行人尺度。这些走道和传送带延伸到人行道上，把街头的客人送进赌场。[48] 弗里德曼曾经给一处赌场入口走廊的直角加上一点曲线，而后，他“被行人行为的改变程度惊呆了”：走进赌场的客人数量从 1/3 上升到将近 2/3。[49]

在赌场内部，“过道应该通过渐变的、温柔的曲线和角度不断弯曲，让方向的变动非常平滑”。[50] 通向赌场区的走道“应该逐渐收窄，这样客人就注意不到前进方向的变化，等发现时，他们已经沉浸于赌博活动的私密世界之中了”。[51] 赌场的布局有引导的作用，而曲线则通过“抹平”边缘和转角的方式，温和地、渐变地让客人尽量在不知不觉间接受引导，而不会在转角处停留、切换路线或思考自己的行动。理想的场景不是玩家们“在顺着通道蜿蜒而行时思考他们看到的东西”，而是他们“不带明确目标地四下张望，希望某样东西会激发自己的赌博欲望”。[52] 赌场布局设计的目标，是将客人保持在一种易受暗示、易被渗透的状态，从而更易受赌场环境提供的刺激物的影响。

情感调节：感官气氛的营造

一旦客人在赌博机前坐下，机器就从赌场环境手中接过了引导工作，这一点会在下章详述。但即使这时，环境也仍然扮演着某种角色，只是现在，建筑设计的影响变小，氛围的影响变大。布局设计中的曲线、线索和阻塞此时已不再影响客人，起作用的变成了“赌场气氛学”（casino atmospherics）。这个词最早由两位来自 UNLV 酒店管理学院的行业顾问提出，指的是“与服务设施的内外部环境相关的可控事项”，如温度、灯光、颜色、声音和气味，它们可以“引发客户的情绪和生理反应”。[53] 他们指出，这些事项可以有力地调节客人的“情感体验”，不仅可以帮赌场把客人引到机器前坐下，还会帮他们沉浸在迷境之中，一直待下去。

我们知道，吉尔·德勒兹提出过一个概念，他认为情感（affect）是感官、能量和注意力的各种活跃状态，虽然我们意识不到，却对我们的行为有巨大的影响，而气氛应该就是在人意识不到的时候能发挥最大的作用。[54] 与赌场的空间设计一样，氛围设计也将情感看作是主动的、动态的，而非被动或静态的，对情感善加利用和引导，可以为赌场带来丰厚的收入。[55] 一项题为“拉斯维加斯赌场环境气味与老虎机使用”的研究发现，如果一个区域的老虎机被微妙地施以特定的好闻气味，则此区域的收入可以足足提升 45%，而在另一区域施用也很好闻但种类不同的气味，则收入没有提升。[56] 这位研究者猜测，特定的气味可以产生某种“与环境融洽的情感状态”，从而让人玩得更久；特定气味“与特定的环境相匹配时”，可以“促进某些行为”。[57]“对一般认为不发生意识加工的动物进行条件反射实验后，”他写道，“我们发现，条件反射似乎不需要意识的参与。”[58]

弗里德曼的建议也遵循了这个逻辑，认为最好在潜意识层面向玩家传递信息，这样他们就会“简单地跟着感觉走”。[59] 气氛中的所有元素都要调整，任何一个都不能过于突出，以免让客人分心或产生压力。提到温度时他写道：“温度不过是高几度或低几度，就可能把客户赶走。”[60] 同样，“过度的装潢会使客人的赌博时间减少”，而“明亮鲜艳的颜色、不协调的配色也会给客人的感官施加压力”。[61] 弗里德曼宣称，他在识别“过度装潢”方面具有独一无二的能力，“我对周围的环境极为敏感。我很难容忍过亮的灯光、过响的声音、空旷开阔的设计，以及不恰当或自相矛盾的设计线索”。[62] 在灯光问题上，他解释说，如果天花板和墙壁的光源亮度显著高于环境光的水平（图 1.3 左栏），则人的“感知系统”必须花费额外的能量来处理这种不平衡。“这种额外的能量消耗最终会让客人感到身体疲惫，因此玩家虽然可能并未意识到原因，却仍然经常会提早离场，回来的可能性也大大下降。”[63] 为了避免这种感知能量的隐性消耗，灯光必须稳定均衡。对于照明来说，亮度并不是唯一重要的因素，从某种角度来说，角度也非常重要。对赌场消费者的研究表明，如果光直接打在赌客的额头上，他们的能量会消耗得更快。

与灯光一样，声音既不能太大吵到客人，也不能太过轻柔；最重要的是，声音一定不能反射（图 1.3 右栏）。弗里德曼的解释是："声音通常只在从室内墙面上反射回来时，会干扰客人，[因为]客人无法确定回音的声源。"[64] 正如赌场的空间布局和视觉呈现上不能让人迷失方向一样，声音也不应该是"单调、无方向、杂糅成一团的噪声，像是从所有地方同时发出一样"。弗里德曼发现，他可以通过观察赌客的面部表情来看出声音是否产生了负面影响："如果你到了一个赌场，有响亮尖锐的噪声从四壁反射回来，你可以看看赌客脸上的表情。他们会面有倦容，紧张且痛苦。而在那些声音自然、没有反射的赌场中，我从来没见过这样的脸。"[65]

还有一个声音因素是音乐，必须细心地控制音乐，才能鼓励客人消费。一个名为 Digigram 的公司提供了一项技术，可以按一天的不同时间、根据客户的不同组成来选择背景音乐。该公司提出，赌场经理可以"在每天中午为一类客人播放舒缓的音乐，然后可以在上客率高

英尺烛光		分贝	
1	黑暗	66–68	寂静
2	微光	69–73	安静
3	弱光	74–77	中等
4–5	中等	78–81	嘈杂
6–7	明亮	82–83	喧闹
8	非常明亮	84–87	吵闹
9–10	极其明亮	88–95	震耳欲聋
11–15	特别明亮		
16–20	超级明亮		

图 1.3 比尔 · 弗里德曼的赌场环境中最佳照明和声音等级，单位是英尺烛光（距离光源 1 英尺处的照度）和分贝。摘自《用赌场设计碾压竞争对手》，比尔 · 弗里德曼，第 625 页

时逐步加快节奏。你们能控制赌场的氛围”。[66] 这家公司引用的一些研究指出，在零售空间中，消费者的步行速度、停留时间和消费金额都受声音因素的强烈影响。[67] 另一家赌场音乐供应商 DMX 音乐的副总裁曾告诉记者 :“我们的目标是帮助 [赌场] 刺激赌客对赌场的环境产生响应。”[68]

与其他气氛因素一样，音乐要想达到调节消费者行为的最佳效果，也不能太过突出。曲调熟悉、速度舒缓、音量和节奏上变化不大的音乐，可以很好地“编制”客人的行为，而且不会被客人意识到——Digigram 公司称这类音乐为“功能性音乐”。[69] 与曲线的转弯和平衡的光源一样，这类音乐从声学上为客人的感知系统提供了细微、平缓的感觉输入，促使他们持续漂浮在迷境状态中。而在这些因素上变化过大的音乐则会干扰赌博行为，因为它（用一位赌场设计分析师的话来说）“恢复了……你的认知状态，让你可以去做理性的决策”。[70]

赌客们对建筑空间和环境氛围的察觉越少，就越容易沉浸在赌博之中。[71] 同样，随着游戏一把接一把，赌客的投入程度加深，他们对于不平衡的、有其他干扰因素的环境氛围也会越来越不敏感。社会学家格尔达 · 里斯（Gerda Reith）写道，赌博可以“抹掉周围的环境”，让空间“收缩到一个单点，失去延展性”。[72] 在机器赌博的例子中，这个“单点”就是机器的屏幕——而且它不太是空间参照点，而更像是空间的出口。“我会进入隧道视野，然后真的听不见、看不见周围的任何东西。”一位退休的核地质学家洛基这样说。“如果认真考量这一时刻，你会发现屏幕变成了唯一的存在。”弗里德曼写道，机器赌博的玩家在游戏时会进入“另一个位面，他们会失去对现实的感觉，仅仅存在于当前一刻，仅为下一次下注而活”。在这“另一个位面”中，物质世界中的具身存在（embodied existence）被抛弃了，换来的是永恒流淌的重复游戏。然而，在这个“超离凡尘的迷境”的形成过程中，真实世界中的建筑和氛围因素起了不可或缺的作用。

当客人的有意识意图与赌场的情感设计相冲突时——比如赌博成瘾者想要抗拒赌博机的吸引时——这些设计就容易被发觉了。2002 年我参加过一场匿名戒赌会，一位自称托德的小伙子描述了自己的经历。他在那天早些时候要穿过赌场与朋友一起吃午饭，而简简单单步行穿过赌场的过程中，环境诱惑简直像酷刑一样难以忍受。从他一脚踏入赌场大门的那一刻开始，赌场的建筑和环境设计就与赌博机一起，在他身上激发了强烈的心理和生理反应：

> 一进赌场大门，我当场就开始浑身发抖。当我开始穿行，周围的声音一个劲儿冲击我的神经系统，让我简直快发疯了。我告诉自己要目不斜视，直接走过去，但我不知道要往哪个方向走。我停下来问人——她是负责换零钱的，正在一台老虎机前给客人找零。我对自己说，不要看机器，不要看机器。我又向前走了一点，但仍然是迷路状态，于是我又停下来问另一个人，她也在给客人找零。我对自己说不要看，不要看。最终，我走到了自助餐区，但我朋友还没到，于是我就坐在长椅上，眼睛盯着地面，尽力不去听周围机器的声音。后来，在出来的路上，我的眼睛找到了所有我喜欢玩的机器：我清楚地知道它们在哪儿，可我根本就没来过这家赌场。我呼吸急促，几乎是夺路而逃。

在本章开头，赌场的物理环境产生的情感吸引呼应了丹尼尔赌博的欲望和意图并加以强化，而托德的体验则与之形成了鲜明的对比。套用上面气味研究中的说法，他体验到的是“与环境不融洽的情感状态”。赌场的迷宫设计就像是花衣魔笛手，它诱惑的曲调与托德戒赌的决心产生了对抗，于是托德的“神经系统”（用他自己的话来说）就受到了巨大的冲击。

◇◇◇

前文提到，《向拉斯维加斯学习》呼吁建筑设计应该顺应客人敏感的逃避主义心态。而所谓基于体验的赌场设计正是这样做的，只不过它没有采用平民主义的形式。我们甚至可以说，当代赌场的独特工具性与规训机构颇有相似之处。赌场设计公司迪莱昂纳多国际公司（DiLeonardo International）总裁的话可以作为这一点的证明。他曾以理所当然的态度声称，他的赌场设计受到了哈佛设计学院其他同学的影响，而这些学生“研究的是如何在监狱和其他公共设施的设计中应用环境心理学”。[73]

然而，赌场这些曲线平滑的走廊、低调隐蔽的角落、灯光柔和的老虎机迷宫，与死板且让人不适的现代规训机构的建筑设计又不全相同。哲学家米歇尔·福柯称后者为“一种用于改变个体的建筑：对避居其中的人产生作用，对他们的行为加以控制”。[74] 虽然赌场的结构、装潢和环境氛围的设计确实想要影响客人的行为，但它的作用方式是诱惑而非限制，是奖励而非惩罚，是引导而非改变。比尔·弗里德曼及其他关注体验的赌场设计师们主张，不要让客人适应建筑和环境，而是让“建筑不断适应人”，按一些人的说法，这样可以产出一种“人体工程学迷宫”，从而引发“快乐的囚禁”。[75] 虽然这些久坐在赌博机前按按钮的赌客看起来与温顺的工厂工人、士兵、囚犯或学生一样，但他们不是规训空间中那种有自觉和自我审查的警醒主体；相反，他们从心所欲，自甘堕落，用弗里德曼的话来说，他们沉浸在“小小的私人游戏世界之中”。

既然如此，我们怎么去定义赌场环境的独特工具性？德勒兹在1990年提出，在西方社会，规训曾是权力最为优势的表达模式，但这一模式已经发生改变，某种程度上说已经被另一种“控制”的逻辑取代，这种新逻辑的作用方式不依靠限制和束缚，而是对连续、动态的“流动”——包括资本、信息、身体和情感的流动——进行管控。[76] 与规训带来的惩罚性服从不同，这种控制不要求主体如此行事，也不试图制造或管理这样的主体。正如我们所见，赌场设计遵循的原则是一位行业领军人物所说的“沉浸范式”，它让赌客进入一种去主体的、不受打断的行为状态，进而对前面引用的那些专家顾问说的“情感体验”

进行激励、导引，最终从中获利。哲学家和人类学家的说法是，当代资本主义的特征在于策略性地调动消费者的情感能力并从中获利，而商业赌场设计就是一个很好的例证。我们在下一章会看到，这种沉浸范式和它的情感调节逻辑，不仅影响赌场的环境设计，还影响了赌博技术本身。

第二章

打造体验

“玩家中心设计”的生产力经济

赌场环境精巧的建筑设计和氛围设计，可以将客人吸引到机器前，而机器本身则负责让客人持续玩下去，让迷境状态不断继续。现在，目标不是在空间中影响客人的行动，而是把客人牢牢固定在一处，并对他们的游戏过程进行管理。按赌场管理顾问莱斯莉·卡明斯（Leslie Cummings）的说法，赌博机“通过技术手段得到持续的赌博生产力”。她是这样解释的：

> “生产力”一词通常用于描述“每个工人的产出”这类指标……但是“赌博生产力”指的是每个客人每个时间段内的下注（赌博）行为。“促进”是指对赌博行为的加强和促进，使得玩家相比于期望值玩得更快、更久，每个时间段内使用赌资（下注）也更多。[1]

按卡明斯的分解方式，促进持续的赌博生产力，要考虑三个互相影响的行为：提升频率、延长时间和增加花费。本章会依次探讨这三个因素。

把赌博看作一种主流企业“生产力”的观点起源于20世纪，伴随它的是大众休闲的崛起以及消费在资本主义经济中地位的提升。赌博业摆脱了它在工业时代的“无生产性”和“浪费”的印象之后，成长为自成一体的行业。[2] 如前文所述，从那时起，赌博业就开始引入类似制造业在 19、20 世纪发展出的劳动时间管理和能源管理技巧。[3] 然而，这些管理技巧被巧妙地修改了，因为在它们新应用到的商业领域中，生产力活动（即“下注行为”）不是由企业付酬的劳动，而是由消费者自愿购买的体验。

在前一章中我们讨论了当代资本主义主导下的赌场空间设计，与其中基于情感的设计倾向一致，赌博机的设计者也越来越关注赌客的身体、感官和认知倾向。根据一个业内知名的价值生产模型，赌博行业追求的是从客人主动的游戏行为中获利，记者兼赌博研究者朱利安·迪贝尔（Julian Dibbell）将其概括为“骰子资本主义”（ludocapitalism）。赌博机的设计者也遵循了这一模型，依顾客的偏好调整赌博业的生产机制。[4]

“做玩家想要的”（What Players Want）。2006 年 WMS 公司提出了这个短短的营销活动口号，很好地概括了“玩家中心”的赌博机设计理念。同年 G2E，这句话出现在高高的立柱上，出现在广告牌一样大的显示器上，在连接参展公司的过道中也随处可见。“[这句话] 不仅仅是个口号，”一张挂在接待处的巨型海报这样写道，“而是一种完全独特、连续的游戏开发方法的成果。”虽然号称独特，以玩家为中心的赌博机设计其实是在遵循用户中心主义的大趋势。所谓用户中心主义，是一种希望通过提升用户体验来产生价值的产品设计思路，或者用社会学家奈杰尔·思里夫特（Nigel Thrift）的话说，是“挖掘新的现象学基底”。[5] “经济的整体趋势是从创造商品和提供服务，变为创造体验。”一位 WMS 代表在 2009 年 G2E 上这样说，援引的是一本商业畅销书《体验经济》（*The Experience Economy*）中的观点。[6] “这才是我们应该做的：**打造体验**。”他对在座的同行们这样呼吁。

体验已经成为了赌博业最流行的语言。我曾在 2007 年听一位老虎机制造商说：“**我们在每一步都考虑玩家的体验**。”2008 年也有一位赌场经营者说：“我们在创造**迷境体验**上做得非常棒”。[7] 我们在下一章会探讨游戏背后的内部机制、算法和软件是怎样驱动赌博本身的，但在此之前，本章会先探讨玩家在赌博时直面的赌博机交互部件是怎样践行玩家中心设计的，它们包括：按钮和入钞口、声音和视频设计、人体工程学控制台和座位部件，以及财务办法和用户接入技术。一位业内人士曾这样告诫同行："不要把附件看作附属品，而要把它们看作体验中不可分割的一部分。"[8] 为了引发频率更高、时间更长、强度更高的赌博行为，赌博机界面的设计师们非常关注迷境体验背后的现象学需求。

提升频率

速度是迷境体验的重要元素。一位名为谢莉的中年税务会计师告诉我："我玩得很快，不喜欢等，只想知道结果。如果机器很慢，我会换一台快的。"一个名为朱莉的大学生说："我通常单手玩，你甚至可能连牌都来不及看清，我玩得就是这么快。"（她边说边睁大双眼，盯着面前想象中的屏幕，食指快速按动。）赌博成瘾者好像觉得速度快是一种技巧，即便这可能让他们错过本来能赢的机会。[9] 我们在引言部分见过的莎伦回忆说："有时候我玩[视频扑克]机器会玩出一种节奏，让我错误地弃掉能赢的牌。感觉保持步调比赢钱更重要。"

赌博者认为，"保持步调"对于迷境体验来说至关重要。"速度能让人放松。"罗拉这样说，她是自助餐厅的服务员，也是四个孩子的母亲。兰德尔则说："好像也不是兴奋，而是平静，就像是镇定剂。它让我进入迷境。"他是一位年近 50 的电子技师，长年嗜好那些能让他通过高速度来逃避生活的东西，比如摩托车、直线加速赛车和视频扑克。他反思说："很矛盾的是，这种速度反而让我慢下来。我在动，也在冒险，但这两样都让我感到平静，有种机械感。"他发现，这种由机器带来的速度感，提供了一种可预测性，让他的赌博过程更有结构和规程，风险于是变成了节奏。赌博者只要保持自己速度稳定，就能一直悬置在迷境模式之中。

要通过速度达到悬置状态，需要很多技术条件，而且这些条件还会随时间而改变。历史上一个关键的改变是把赌博机由齿轮驱动的拉杆变成了电子按钮（见图 2.1）。WMS 的总裁在 1992 年提到这一改进时说："你可以把手就放在按钮上，永远不必移开。"[10] 卡明斯也提道："这对促进游戏产生了巨大的作用。用拉杆，平均每分钟玩 5 局，也就是每小时 300 局。而如果玩家用的是按钮，玩的局数就会翻倍，从每小时 300 局升到 600 局。"[11] 赌博机引入视频技术后，这个频率进一步提升，因为不再需要等待机械转轮完成旋转。视频扑克的熟赌客每三四秒就能玩一手，每小时达到惊人的 900 ~ 1200 手。[12] 在虚拟转轮快速"转动"的"视频老虎机"上，也能达到相似的频率。[13] 其中一些机器则根本没有按钮，而是安装了非常灵敏的触摸屏，在手指真正接触屏幕之前就能检测到手指的接近。"赌博机是一种非常快速的吃钱机器，"一位巴利的代表这样说，"每局游戏耗时不会超过三四秒。"[14]

图 2.1　一位赌博者的手放在电子扑克终端上。他的大拇指搭在入钞口，其他手指可以很方便地按到"发卡""抽牌""赌最大"等按钮。图片由作者拍摄

在提升赌博速度上，老虎机上“吃钱”部件的革新，与按钮和触摸屏一样重要。在20世纪六七十年代老虎机引入币仓之前，一个赌客如果赢了超过20个币，就必须先停下来，等服务人员确认他赢的钱，付钱给他，然后才能继续玩。老虎机设计的先锋沃伦·纳尔逊（Warren Nelson）在1994年回忆说：“这不仅仅让赌博慢了下来，它还给人一种终止的感觉，好像游戏结束了……这会促使客人停止赌博，揣着赢的钱走出赌场。”[15] 币仓可以把最多200个硬币自动吐到托盘里，于是提升了“这些赢来的钱又被赌回机器里的概率”，同时还保证了赌客的势头不被打乱，而这对赌博体验的顺畅性至关重要。

入钞口的引入进一步提升了赌博机的游戏速度，因为玩家可以把大面额的钞票投进去，并看着数字显示器中提示的点数下注，而不用停下来把币一个一个投进去（见图2.1）。把金钱去金钱化，变成一种随时可用的点数，这不但让人忽略点数的真实币值，变得更易下注，同时由于玩家无须再把一堆硬币从换币处搬过来，游戏速度也就不再受玩家运动协调能力的限制，这也进一步提升了赌场的收入。“有些玩家运动协调能力不好。”某赌博游戏设计公司的一位代表指出。[16]“如果你的机器要吃五六个硬币，玩家就要花时间投币进去，还要确认投币成功”，一位赌场营销人员也同意这一观点，“有时他们投得太快，硬币掉了，赌场赚的钱就会变少。”[17] 一家行业杂志1985年高兴地宣称，在无币老虎机上，玩家可以“直接开玩”，[18] 同时还会“持续玩”，因为现在玩家让赢的钱回到机器中要比兑换出来更容易。在20世纪90年代，嵌入式入钞口成了行业标准，使赌博操作时间下降了15%，同时下注金额提升了30%。[19] 后来，我们还会看到行业向所谓的无现金赌博转变，玩家不用硬币或纸钞，而是用游戏票和磁条卡赌博。这进一步扫清了投币带给游戏的阻碍。

正如本章开头所言，赌博业花费了巨大的心力，发挥机器赌博中动觉因素和时间因素的作用，使机器赌博成了一种像是流水线生产一样的经济模式。这种模式与19世纪的工厂及相关的现代规训环境（学校、军队、监狱等）中使用的行为管理一脉相承。米歇尔·福柯在写到这类行为管理技术时说："每个动作都被赋予了方向、倾向和时长，它们的顺序也是事先确定的……问题变成了如何从时间中榨取更多有效时段（moment），再从每个时段中榨取更多有用的劳动力。"[20]要从个体身上榨取经济价值，就必须精准地引导他们的行为，使其嵌入一种可量化的时间框架。1860年，某工厂一位车间经理对卡尔·马克思说了一句著名的话："时段，是构成利润的元素。"[21]呼应这种时间管理逻辑，卡明斯也写道："把无效时间和没有产出的动作从赌博的各个阶段中修剪掉，[这样才能让]客人在每个时间段内玩得更多。"[22]就像管理流水线工人的行为一样，对机器赌博者行为的管理也致力于把尽量多的身体动作压缩在尽量小的时间单元之内。

1939年，哲学家、文化评论家瓦尔特·本雅明引申出一个类比，把赌博比作流水线工人的那种重复性、序列化、加速化的劳动过程。他写道："赌博时，甚至人的身体动作都与自动化作业的工人相似，因为如果没有快速下注和摸牌的手部动作，赌博就无从玩起。机器运行中的一顿，就像是赌博游戏中的一掷。"[23]他认为，赌博者被无休止的赌博所困，就像工人被流水线无休止的运行所困（这个场景在查理·卓别林的电影《摩登时代》中有精彩的演绎）。不过，玩家坐在以他为中心的赌博机前，似乎陷入了另一种游戏，用本雅明转述马克思的话来说，他们不是挣扎着"让自己的行动配合流水线那种单一恒定的自动运行"，而是自己设定自己的游戏步调。从这一点来看，他们的体验也与谢莉·特克尔在20世纪80年代所描述的早期视频赌博游戏不同。她当时写道："步调永远不是你自己的。游戏的节奏属于机器，是由程序决定的。"[24]

20世纪90年代末，硅博彩公司（Silicon Gaming）推出了"动态游戏速率"功能。这一功能允许用户自己控制游戏步调，是赌博机众多创新中的一个典型例子。这个功能被整合进了"百丽幻影"（Phantom Belle）型视频扑克机。它在主屏幕上方有一块辅助显示器，其中呈现着一只活动、悬空的手，代表荷官。[25]这只手会根据赌客的游戏步调发牌：玩家慢，发牌就慢，玩家快，发牌就快，而面对速度最快的玩家时，则干脆隐藏掉手的动画。在 2000 年的赌博业展会上，赌博游戏工程师斯泰西 · 弗里德曼向站在展位中的我们展示了这一功能。他解释说："你玩得慢，它就发得慢。你快起来，它就会自动检测并自动适应。"动态游戏速率的专利申请中清晰地说明了"适应性控制方法"的设计思路，指出"当玩家想要以快于正常的速率游戏时，他会加快自己与机器的物理交互（如投币、选择、拉动拉杆），如果这种加速得不到机器的响应，他就会感到一丝挫败，游戏体验就会受影响"。但游戏如果可以"根据玩家的输入调整自身，就可以创造出一种玩家与机器间更为强大的交互方式"。[26] 在设计上，这种动态游戏速率功能会在玩家中断游戏后重置，以便准备好适应下一个玩家的速度。

基于体验的赌场设计会"持续地对建筑进行调整"以适应客人的空间运动，同样地，以玩家为中心的赌博机设计也会不断适应玩家特有的下注金额和速率。虽然在工厂设定和设计设定两种方式中，机器的最终目标（即动态游戏速率专利书中所写的"提升机器的采购者通过机器获利的速率"）没有变化，但后者让机器的调整从工厂转移到了赌场。而在赌场的语境下，机器操作者的主观状态获得了强烈的关注：他的欲望、挫败、愉悦和交互感。[27]

延长机上时间

重复性机器赌博者不仅想要速度，还想玩得尽量久。用赌博业的行话来说，他们想要的是"机上时间"，而这又与赌博业持续产出利润的目标相合。一位顾问告诉我："关键是游戏的时长，我希望你在人类可能的范围内尽量长时间地待在那儿，这就是所有的关窍，是你最终输掉的原因。"[28] 一位赌博机设计师也表达了类似的观点："基本上，就是怎么把客人吸引到座位上然后让他们待在那儿。我所做的就是努力让客人觉得舒服，像包在茧里一样。"[29]

为创造出这种舒适安稳的茧，设计师们给机器增加各种配置，以满足玩家可能产生的各种需求。多年以来，赌博机面板上新增的种种黑盒子、面板插件和额外按钮，体现的就是赌博机不断预测用户各种需求的努力。一位拉斯维加斯酒馆老板在店里安装了老虎机，他说："你要的是一种环境，让客人坐在你的机器前就能得到他们想要的一切。"[30] 一些赌博机还集成了"多种赌博体验"，好让玩家"完全不用离开座位，就能在一台机器上探索、浏览、尝试一系列不同的游戏。"[31] 有些赌博机自带宾果票打印机，这样在宾果游戏间隙里来玩赌博机的客人就不用浪费时间起身买宾果票。还有一些加装了小小的嵌入式电视屏。卡明斯在 1997 年解释说："这些不断涌现的系统，让玩家可以在同一台机器上边赌博边看电视节目（包括闭路节目）以及进行个人通信。这样玩家就不需要离开赌博区域了。"[32] 虽然这些功能的有效性值得探讨——因为它们可能干扰玩家的"持续的赌博生产力"任务——但是这些设计反映了赌博业的焦虑：他们非常担心赌客会离开座位。一位赌博机设计者对我说："在业内观点看来，要结束游戏离开机器只有三个合理的理由：上厕所、赶去看演出和没钱了。"[33]

为了让赌博不因次要的理由停止，赌博机在 20 世纪 90 年代加入了电子菜单，玩家于是可以把服务请求键入提供制式选项的面板，直接且迅速地提出特定需求，如换零钱、点饮料或机器报修。而附近佩戴着"振动呼叫装置"的工作人员则会立即响应。卡明斯写道，以这种方式，"玩家可以通过他们正在玩的机器，直接发出服务请求"。[34] 后来的版本中出现了"服务窗口"或"电子服务生"的形式，玩家可以在一个中心化的管理系统中输入命令，系统再去调配真人服务员。加装了这类沟通渠道的机器，可以让玩家直接向赌场发送当前的需求，再加上更好的技术资源，使赌场可以把潜在的干扰转化为继续游戏的契机，从而在可能的中断前先发制人。

为了延长机上时间，除满足玩家有意识的需求之外，还有另一套策略在潜意识层面起着作用，它很像是赌场建筑和氛围设计中的情感吸引。这些策略在行业展览和行业出版物中获得了越来越多的关注，它们把一台赌博机看作其自身的现象意义上的强大微环境。举例来说，巴利的注册产品"私人领域"机柜，就像是在响应赌场室内设计语言中的“私人游戏世界”及玩家口中的“迷境”。这种赌博机的设计是，屏幕深嵌在一个盒式结构里，从而使玩家与外部世界隔离，创造出一种私人剧场，“消除干扰，让玩家沉浸在自己的私人游戏环境中”。而2007年G2E的研讨会材料里写道：“[机器]成了环境本身，灯光、指示及音响系统一应俱全。”这场研讨会的主题是“提升赌博机生产力：创造一种环境”。

与赌场室内设计师一样，赌博机设计师也努力找到氛围强度的平衡点，好让玩家保持在迷境的情感平衡状态中。一位业内专家写道：“我们可以操纵的元素有五种：颜色、灯光、动画、音响和空间。每一种都可以成为助力，也都可以成为阻碍。老虎机图形上的追光如果跑得太快，玩家就会紧张；跑得太慢，则会让他们昏昏欲睡。机器的声音如果太大，玩家会耳朵痛；如果不够大，那么整个空间的能量水平就会不足。”[35] 2006年的G2E研讨会上，一位嘉宾这样说：“刺激客人的感官，肯定是过犹不及。”这场研讨会的主题是“感官过载：老虎机的灯光、声音和运动”。

为避免过度的视觉刺激，老练的设计师们会避免过分招摇、过分明亮的指示灯设计，也不会让它们高出机器太多，以免把客人的注意力从机器上吸走。同样地，他们也不会让指示灯闪烁得过于频繁、过于不稳或过于缓慢。他们会谨慎地将屏幕微微模糊化，以减少闪烁。图形工程师们的色板在很短的时间内就从256色升到了数百万色，因而他们需要煞费苦心地设计赏心悦目的色调、图像和动画，以免对玩家产生干扰或刺激，一点点也不行。WMS最近还引入了一批带有“情绪灯光”功能的机器，它会根据游戏的结果编排灯光，从而促进玩家的游戏活动。在2006年“做玩家想要的”营销活动中，WMS在G2E的杂志广告中这样写道：视觉应该“与玩家想要的一致”。

这次广告营销活动涉及三种人类感官：视觉、听觉和触觉。广告中分别用一名女性的眼睛、耳朵及以手触摸赤裸后背的三张全幅特写代表这三种感官（见图2.2）。在当年的WMS博览会展厅上方的大屏幕上，这三个身体局部还用了更惊人的尺寸循环播放，像是在宣扬它

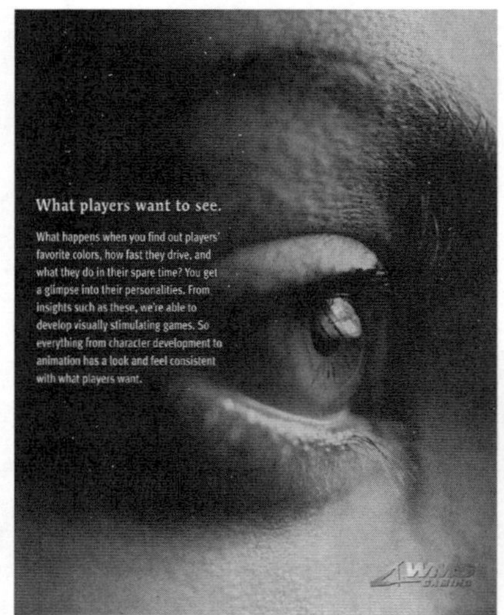

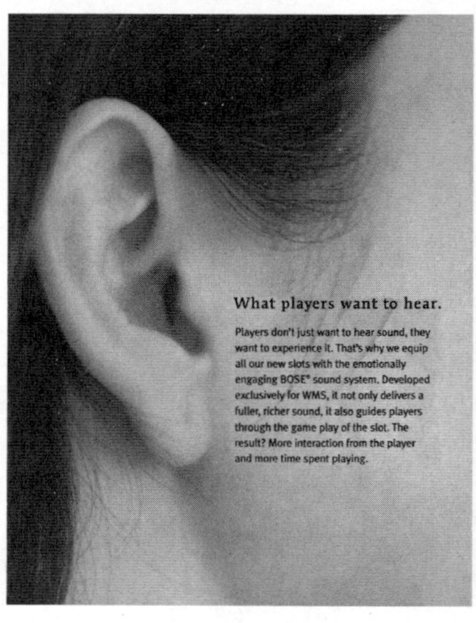

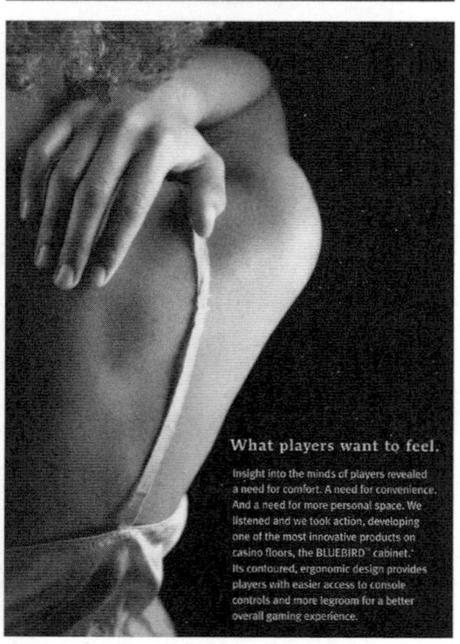

图 2.2 WMS 赌博游戏有限公司，“做玩家想要的”广告策划。刊印于 2005 年 G2E 会刊

们在设计过程中的首要地位。在大屏幕下方的展厅里，每一排参展机器的一侧都连着一台 1.5 米高的等离子电视，不间断地播放着上述视频。这场营销的观点非常清晰：为了让赌客沉浸在游戏体验中从而提升生产力，提升老虎机的“情感捕获力”（用奈杰尔·思里夫特的话来说）

是非常重要的，因此要让机器的功能与玩家的感官协调一致。[36] WMS在这一方法上的最新迭代被称为“体验式设计”，其重点在于“一系列提升用户体验的感官创新”。

科技的进步，对关注感官体验的设计潮流起了推波助澜的作用。正如图形设计师可用的色数和像素数呈指数增长一样，十年之间，音响工程师从每局游戏使用15种声音进化到每局使用平均400个独特的“声音事件”，每个声音事件都经过精心校准，好推进游戏的进行又不打扰玩家的注意力。[37] 赌博行业的顾问戴维·克兰斯（David Kranes）写道，设置合理的情况下，声音“确实可以让玩家充满能量，让他玩得更久”。[38] 一位长期机器赌博者也总结说：“如果声音对路，我会玩得更久。上周末，我玩的机器被关了声音，虽然它玩着还不错，但我还是换了机器，因为我受不了没声音的机器，找不到该有的顺畅感。”

在硬币机时代，赌博业的声学方法论还很粗糙，声音仅仅用于招徕顾客，并显示一定会有人赢钱。例如，赌场经理会在老虎机上加装不锈钢托盘，赢钱掉落的时候就会发出声音，从而刺激客人来赌。[39] 在当前这个无硬币时代，音响工程师们会用数字音轨模拟硬币哗哗掉落的声音。有一个设计团队“把几个不同的25美分硬币掉落金属托盘上的声音合成一个，再加入1美元硬币的声音使前者更丰满”。[40] 当代声音技术与过去的区别不仅仅在于数字化，更在于声音的功能。因为当代声音技术不仅仅在于使声音扩大或“丰满”，还在于对声音进行控制，从而对赌博者产生一系列起引导作用的不间断线索流。一个典型的例子是非凡科技（Incredible Technologies）的“连玩”（ContinuPlay）：一种“奖励连续游戏的声音技术”。正如WMS关于声音的广告所说的，“玩家不只想听到声音，更想体验声音。因此，我们给所有新老虎机都装上了情感表达力丰沛的BOSE音响系统。它不仅有更为饱满丰富的声音，更会在玩家玩老虎机时起引导作用”。而这种引导作用会促进“玩家与机器更多地交互，花更多的时间在游戏上”（见图2.2）。

敏锐的音响工程师早已知道，为了提升机上时间，声音的弱化和均衡与声音的强化一样重要。比如在20世纪90年代后期，新秀公司硅公司的音效总监极有先见之明，他通过程序控制，使该公司视频老虎机上所有的声音都以人人喜爱的 C 音播放。为确保个性化声音能与赌场现有的声音平滑融合，他对多个赌场老虎机区进行了声音采样，目标是“在惯有的声音中加入一个更好的新音轨，而不是跟它们对着干”。[41] 与此类似，其他设计师还尝试通过降噪技术减少声音产生干扰的可能性。克兰斯告诉我们，把音箱直接放在玩家面前，创造出一个音锥，是“减少声音干扰”从而减轻玩家疲倦的一个好方法。[42]

与视觉和声音技术一样，不断涌现的触觉技术也试图调节和引导赌博者的体验。为证明“连接上用户的触觉，可以产生比单纯的视觉和声音更强的吸引力”，浸入科技公司（Immersion）引入了触觉反馈技术，“在人机界面上整合了触觉”，造出了“会触摸回来的触摸屏”（见图 2.3）。触摸屏幕时，玩家会触发屏幕后的电磁振荡器，而每个振荡器都带有独特的振动触觉特征或“效果”，每种效果有不同的频率、波形、波幅和时长。屏幕上的图形像是被按下去又弹起来，就像真的按钮一样，还回应给玩家即时的咔嗒声、冲击感、振动及反推的感觉。这些效果让玩家在每一次操作时都得到“笃定的交易确认”，从而创造出“更为直观、自然的多感官体验”，延长玩家的游戏时间。[43] 这一“电容触屏系统”（浸入科技后来将这一系统改叫了这个名字）会确认玩家的每一个动作，从而“增容”持续的赌博活动。

通过视觉的一致性、听觉的和谐感、触觉的确认感，设计师们让科技元素密切地呼应人类的感官，以期延长机上时间。人体工程学功能也有助于延长机上时间，其手段是让机器与人体尽量契合。举例来说，WMS 广告中的“做玩家想要感受的”，讲的不仅是手指与屏幕的触点，而是考虑了玩家的整个身体。在女性的赤裸后背旁，广告词这样写道:“曲线玲珑的人体工程学设计，让玩家更容易完成控制台操作，双腿亦有更多空间舒展，从而整体提升游戏体验。”（见图 2.2）

为实现同样的目标，早些年间，一家叫 VLC 的公司设计出一款机柜，其屏幕倾斜角度为精准的 38 度。他们有一则广告，标题为“不要让玩家的疲倦减少你的利润”，解释了背后的设计思路：

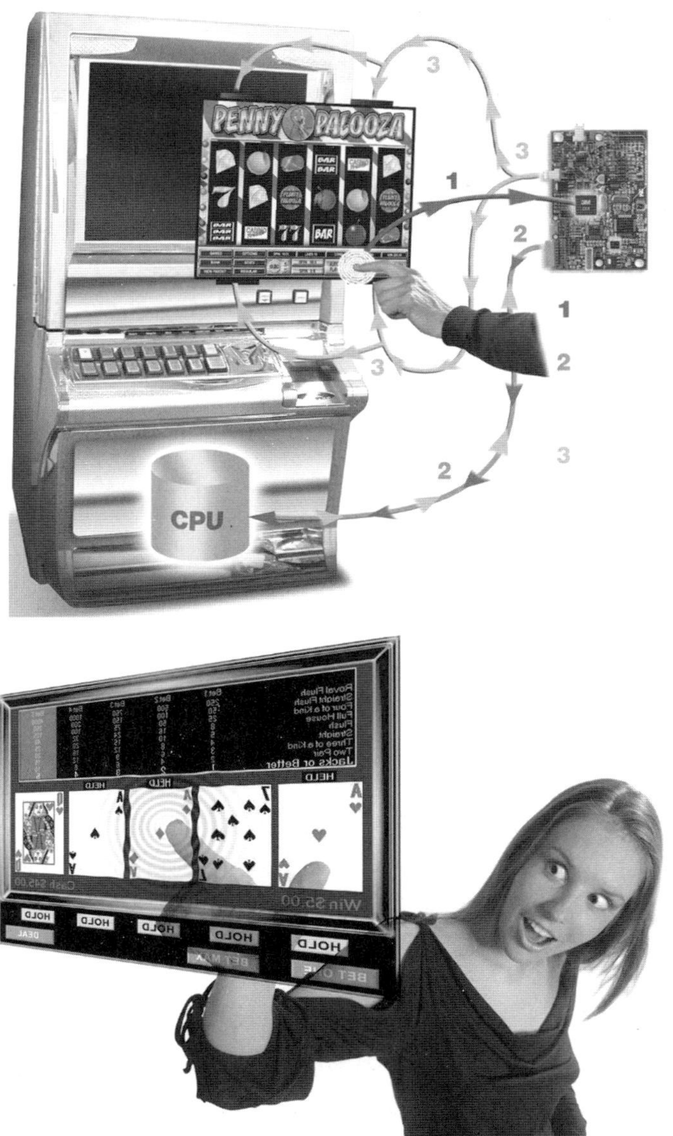

图 2.3
上：3M 的微触电容触感（Microtouch Capacitive Touchsense）技术。图片可在 3m.com 下载
下：会触摸回来的触摸屏，浸入科技出品。图片由浸入科技惠予。Copyright © 2009 Immersion Corporation. All rights reserved

> 为什么我们要强迫玩家身体前倾？这根本就不舒服。我们应该让玩家离屏幕更近，近到他们的后背可以舒适地靠在椅背上（这很容易，因为我们的“无按钮”触屏在玩家和屏幕之间没有设置障碍）。现在，因为不会瘫坐在自己的座位里，他们就不容易觉得疲劳了。

VLC 没有“强迫”用户坐直身体，而是通过调节玩家的身体倾向进行支撑设计，从而阻止玩家瘫坐。他们达成时间延长的方法是把机器与人之间的“障碍”拿开，并让机器和人“舒适”地组合在一起。IGT 在 2003 年也开发了一种类似的顶部倾斜式机柜，引用其产品创意总监在个人网页上的话来说，是因为 IGT“意识到自己以工程为中心的设计文化下生产出的机器，对玩家来说并不总是最舒服、最好用”（见图 2.4）。他还回忆说，通过这一“小小的改进 / 革”，整个行业的设计师都更倾向于“把曲线引入机器设计”，以适应人体的自然曲线。[44]

整个行业对曲线的偏爱反映在 2005 年 G2E 的一个研讨会中，其主题是“造出更好的老鼠夹：人体工程的科学”。研讨会上，一位“原电子”博彩公司（Atronic Gaming）的代表描述了他们公司的“电动情感”（e-motion）机器。总览全球焦点小组的数据后，他们发现，玩家会抱怨，在没有支撑的情况下伸手按键会引起胳膊酸痛，而且身体靠在机器的尖角和硬质金属外壳上也很不舒服。她对听众说：“如果从玩家舒适性的角度来看这个问题，那么一切都应该是平滑和圆角的。”为提升用户体验的平滑性，“电动情感”的原型机安装了聚氨酯腕托、左撇子和右撇子的按钮，还有可上下移动、游戏控制区可倾斜的触屏，让玩家能“方便地够到所有游戏控制区”。奖励卡的插入口调低了，免得这些卡片上经常拴着的弹力绳（以防卡片丢失）挂到玩家的胳膊，影响游戏。入钞口也调低了。“你想要玩家能尽量方便地塞入钞票，根本不需要抬胳膊。”试运行期间，电动情感机器展现出了令人惊讶的“上座率”及机上时间。用一位业内记者的话来说：“人体工程学让老虎机玩家的生产力更高了。”[45]

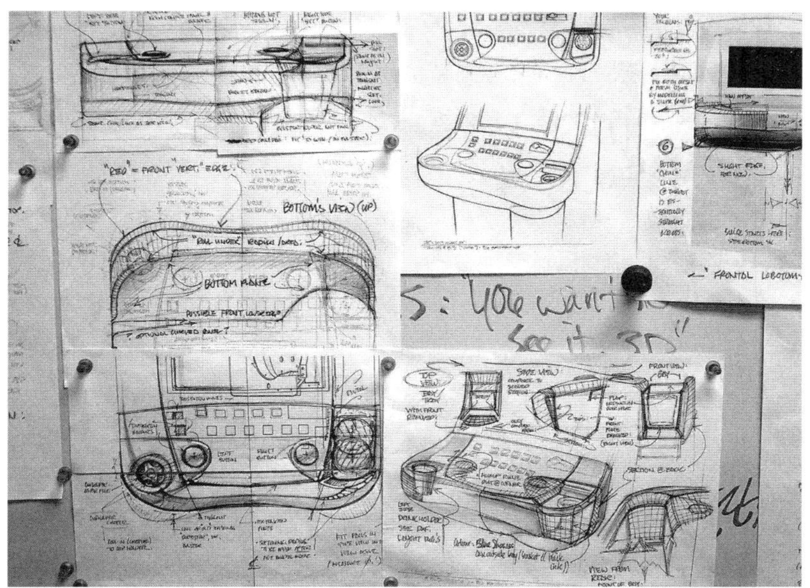

图 2.4　磁性白板上展示了 IGT 人体工程学赌博机原型的不断改进，这一曲线优美、顶部倾斜的机柜是 2003 年生产的 AVP。在其个人网站上回忆这一项目时，IGT 的创意总监写道："IGT 认真反思了自己以往的设计，意识到自己以工程为中心的设计文化下生产出的机器，对玩家来说并不总是最舒服、最好用。"设计的目标是："从人体工程学和用户偏好的角度，而不是从生产便利的角度，重新考虑所有部件的摆放和位置。"图片由 NKA 设计公司创意总监尼古拉斯 · 柯尼格（Nicholas Koenig）提供

赌博业重视客人的舒适度，巴利甚至把"舒适"一词用在了 2009 年产品商标里："舒适区控制台"。但行业并不是一开始就理解舒适与利润的关系。1987 年，"加瑟座椅"（Gasser Chairs）的 CEO 注意到，赌场运营者刚刚意识到"客人在赌场中从头到尾都要非常舒适"这个问题。[46] 当时赌博业正涌现出一些让技术和环境适应人体的努力，这也是 80 年代人体工程学（工效学）变革的一个缩影。当时，个人电脑在服务业劳动和消费者经济中正变得越发重要，让人适应机器的努力正让位于让机器适应人。[47]

与工作环境中类似，在赌场，人体工程学设计最初的焦点是座椅。早先，老虎机还被当作没什么油水的边缘化产品时，是为短暂的站立

游戏而设计的，因此基本不配座椅。虽然到了 20 世纪 80 年代，凳子椅子已经成为标配，但设计主要侧重于结实耐用，而非舒适程度。[48] 这一点在 80 年代中期发生了改变，彼时，加瑟开始在赌场环境中引入办公座椅的人体工程学规则，“一丝不苟地研究座椅相对拉杆的高度”，在设计椅子时，“在与人腿主动脉接触的地方，消灭棱角生硬的边缘：它们会阻断血液循环，让双腿‘睡着’”。[49] 加瑟本人也在 1987 年评论说：“如果客人本来血液循环就不好，那情况就更糟糕了。”他说自己公司的椅子尤其对年长的客人有好处，他们“在老虎机前一坐就是几小时”。这种说法直白地将赌博者的血流与他们投进赌博机的时间流和金钱流联系在了一起：人体工程学就是经济学。加瑟的竞争对手加里 · 普拉特（Gary Platt）也持同样的观点，在“超舒展游戏”（X-tended Play）系列座椅的广告中，他表示：“人体工程学设计会提升机上时间。”

和人体工程学赌博机设计一样，赌场的人体工程学座椅也在随时间不断进化。2006 年，红石赌场（Red Rock）的老虎机经理曾这样吹嘘：“我们的坐凳棒极了。它们都是最尖端的产品，下面都有滑轮，能方便地推进推出……[它们的]高度都可以调节，你可以调到自己舒服的位置。而你起身时，它们还会自动恢复到初始状态。”[50] 在他们一些最新的游戏中，IGT 还把电容触觉逻辑整合进了座椅部件，座椅会配合游戏中的事件产生细微的振动和脉冲，在身体层面确认客人的游戏体验。这些把座椅功能与赌博机功能整合起来的振动座椅，其开发和设计流程已被 IGT 注册为商标，称为“人机界面”（HMI）。描述通过这一综合性流程产出的某个产品时，IGT 写道：“产品的每个方面都经过权威行业设计专家的评审，确保了极致的舒适性、方便性和可玩性……从座椅高度到按钮的触感，再到键盘的倾斜角度和屏幕尺寸，我们的工程师设计出的机器可以大幅度地提升玩家的体验。”

用一位业内人士的话来说，提升体验就是“靠体验赚钱”，也就是把体验转化为公司的利润。[51] 在阐述人机界面的思路时，IGT 也直言不讳：“客人身体和心理上舒适了，就会坐更长时间，这也就直接意味着营业收入的增长。”[52]

强化资金流动

赌场室内设计师通过消除建筑空间中的障碍，引导客人找到老虎机，同样地，赌博机设计师通过消除阻碍下注行为中身体、时间方面的顺畅性的因素，来促进“持续的赌博生产力”。到目前为止，我们已经探讨了按钮、触摸屏和人体工程学是如何服务于这一目标的。本章要讨论的最后一类辅助技术——现金处理及存取系统，则是通过使客人的金钱存取变得更为流畅，来提升“生产力”。更确切地说，玩家继续赌博的冲动与这一冲动的实现之间存在时间间隙，而他们把这一间隙尽量缩短，不给玩家时间思考，不让玩家在暂停的间隙自行产生停手的念头。一位行业顾问在《赌场企业管理》（*Casino Enterprise Management*）杂志中发文，向读者提了一个问题：“如果目标是吸引顾客来玩老虎机，让他们投币开始游戏，输掉这些钱后还要继续，那我们是不是很应该让投币装置运行得完美无缺？”[53] 在被赌博者称为迷境、被行业称为“持续的赌博生产力”的生命悬置状态中，保持资金流不断，与赌博的速度和时长一样重要。在过去的 25 年间，关于资金流动的技术取得了长足的进步。

直到 20 世纪 80 年代中期，机器赌博者如果输光了钱但还想接着赌，就必须离开自己的机器，在赌场里找到一台 ATM 机取钱，然后还要去装着铁栅栏的兑换处，或找到推着硬币车的流动兑换员，把钱换成一卷筒一卷筒的硬币，最后才能重新开始游戏。开始游戏前，他们还要把一卷卷硬币拆开，然后一枚一枚地投币。虽然纸币入钞口和数字计点器的出现淘汰了累赘的硬币，但是它们并没有解决赢钱**支付**时的问题。一名老虎机区的经理曾告诉我，在硬币时代，保持机器的币仓里装满钱，非常重要。一旦玩家中了头奖，“他们想马上拿到钱，因为即使只等 3 分钟，对他们来说也像 20 分钟那么长。他们不想让自己的机器停下。所以我们必须想尽办法，以最快的速度把币仓装满”。

会员计划解决了赢钱支付的耗时问题，对办理了会员的客人来说，他们赢来的钱可以直接打到会员卡里。同时，会员卡也让赌资充值更为方便。现金系统公司（Cash System）有个名为“现金俱乐部”的项目，赌客可以注册一个账号，绑定自己的信用卡、借记卡，把账户信息直接导入自己的会员卡；赌资耗尽时，他们可以在赌场的 ATM 上直接从银行卡向会员卡转账，回到赌博机就能下载到相应点数。与之类似的还有一个名为“个人银行家”的系统，玩家要向一个账户预存资金，然后就能在老虎机上直接支取。

出现于 1999 年的“票进票出”（Ticket-in/ticket-out，TITO）技术，现在已经为大多数赌场采用。有了这项技术，客人即使没有办理会员卡，也完全用不着硬币。他们赢钱时，赌博机会直接打印带条码的纸条，这些纸条可以在自助服务柜台兑换为现金，也可以立即在其他机器上使用。[54] 通过减少机器的“空闲时间”（即浪费在换硬币、操作硬币及等待赢钱支付的时间），TITO 很快证明了自己的赚钱能力，使赌博的整体速度和幅度提升了惊人的 20%。[55] 这项技术一经引入，各家赌场就纷纷向赌客推广这种完全“无现金”的赌博系统，称它可以“让玩家前所未有地方便：不需要排队换币或等待赢来的钱付到手上，也不需要端着装硬币的沉重塑料杯或被硬币弄脏手了”。[56] 对于赌场来说，这项技术不仅提升了赌博的收益，还提升了成本的效率，因为赌场的员工不再需要修理卡壳的投币口，不再需要为玩家换硬币，也不再需要在赌场里到处运输硬币或把硬币投进数币机了。同时，由于占地方的兑换处被小巧的自动兑换柜台取代，TITO 还让赌场获得了更多的空间，可以放下更多的赌博机。[57]

这些自动兑换柜台已逐步发展为“一站式”多功能 ATM，把一系列与取现相关的模块融合在了一个单元之中。早在 1997 年，赌场就配置了有借记和预支功能的 ATM 机，允许客人超过每日支取的额度“想取多少取多少”。美国银行（BOA）的一位代表说：“当客人达到 ATM 机支取上限时，我们的系统允许客人从名下的信用卡额外取现，无须提供 PIN 码。”[58] 后来，全球取现公司（Global Cash Access）推出了一个新系统，内含了第一张专为赌场设计的信用卡。这种阿利瓦（Arriva）卡把客人在赌场预支的现金看作“娱乐消费”，不会像一般信用卡那样因取现而对客人收取高额手续费或立时计息，相反，这种取现还附赠持卡者积分。[59]这种卡片即办即得，几分钟内就能为客人提供最高 1 万美元的额度。全球取现公司十分留意如何让客人流畅地从自助柜台获得现金，他们这样描述自己的努力：

> 我们不会拒付[玩家们]，而是提示他们超过了每日上限，但同时会问他们要不要尝试用 POS 机刷借记卡。这样用钱的额度就多了。而如果出于某种原因，客人连这一限额也超出了，我们会进一步问他们是否考虑信用卡取现。我们的限额高多了。我们尽力给客人更多的用钱机会，可以用借记卡，可以用 POS 机刷借记卡，也可以用信用卡透支。[60]

通过程序编制，这些 ATM 让玩家可以绕开取现时可能出现的任何困难，即使最初的提现请求被拒绝，系统也保证玩家能够继续完成交易。[61]

赌博者们证实，从银行账户和信用卡账户取钱这些选项往往会加速赌资耗尽，尽管他们也因此能在迷境中停留更久。南希是一家本地医院的护士，因赌博而破产。她认为自己之所以玩赌博机那么凶，与赌场引入 ATM 脱不开关系。1995 年一个周日的上午，在她家访谈时，她这样对我说：“我以前是自己带现金，钱用完我就没有选择了，只能离开。但有了那些 ATM 后，一切都不一样了。”她从一大堆信件中抽出一沓厚厚的银行对账单，展开放在我们之间的厨房桌子上。她翻看着这些对账单，找到了一个例子。她一边把对账单掉转 180 度好方便我看，一边说：“这是上个月一个周四晚上的事。”在左栏下方，对账单列出了五个半小时之内连续多次 ATM 取现的记录，最早的记录是晚上 9 点。第一次取现是 100 美元，接下来是 60 美元，然后是 40，40，40，20。到这里，她已经达到了 300 美元的限额。午夜之后，限额刷新，她又开始取现，直到第二天的限额也被用光。凌晨两点半她离开时，银行账户总余额只剩 109 美元。如果算上她 11 次取现的手续费，她当天一共输掉了 627.50 美元。

这份对账单不仅是财务和取现时序的记录，还是南希主观上深入迷境的记录。从字里行间我们可以看出她赌博时的情感起伏：急不可耐的冲动促使她去 ATM 取现，而取现之间的时间则悬在迷境之中。进入迷境的状况由钱的状况而定；第一次进入迷境由赌博机促成，第二次则由 ATM 机促成。两种机器共同作用，不仅控制了她的情感，还让她的钱流进了赌场的户头。一位名叫卡特里娜的赌博者曾写信给我，信中她写了自己的体会："与这些机器互动时，你会跟现实世界脱节，真金白银悄悄地就变成了游戏币。我发现 TITO 这类新系统更是进一步助长了这种倾向，因为它们让与现实脱节的过程更为平滑了。"正如赌场室内设计师们用精心准备的声音和光线引导玩家的体验，但又不被他们注意一样，TITO 及配套的金融工具让金钱在赌博者眼中随手可得，同时掩去其日常生活的价值，让这些真金白银更容易转化为迷境中的通货。

对赌博业来说，真正的终极金钱系统要能让玩家充值时不离开机器，无须停止游戏去取款、转账、充值或透支。到 1997 年，玩家已经可以直接在赌博机上查询自己的账户并充值游戏点数，每日限额 1000 美元。[62] 但是内华达州一直拖到 2003 年才批准了这项技术，因为州法律禁止赌博机上安装 ATM 功能（因为这可能促进"冲动赌博"，使问题赌博严重化），而这项技术已经非常接近这条红线了。[63] 但是其他司法辖区没有这种法律限制，所以赌博技术公司一直在研发可以直接接入金融系统的赌博机。

例如，现金系统公司就与巴利合作，引入了"强力现金"（Powercash）系统。使用这一系统，玩家可以从多种渠道（支票账户、信用卡、借记卡等）支取资金，并直接充值赌场会员卡，整个过程无须离开赌博机半步："使用强力现金系统，交易直接在赌博机上完成，让你的玩家花更多时间赌博。"[64] 全球取现公司也与 IGT 合作，设计了一个能与 TITO 协作的取现系统，叫"出票借记设备"（Ticket-Out Debit Device，TODD)。TODD 在老虎机上加装一个小型终端，客人可以在上面刷借记卡，输入指定金额，这些钱就直接充值进赌博机。与一般的

ATM 不同的是，只要银行账户里有钱，充值就没有限额。[65]

在禁止赌博机加装 ATM 功能的司法辖区，这一技术演化为另一种独立的版本，叫“电子借记交互终端罩机”（EDITH），可安设在每排老虎机的尽头。[66] EDITH 无须把取现功能融入赌博机，也能拉近二者的距离。还有更进一步的移动 ATM，比如现金系统公司出品的手持式无线设备：“赌场的客人只须在名为‘驻足游戏’（Stay-n-Play）的移动设备上刷身份证、信用卡或借记卡，然后在收据上签名即可。”[67] 虽然内华达禁止了此类移动设备，但它们在其他州已投入使用。而赌博业期望的是，最终所有赌场都用上此类设备。[68] 欧洲赌场还有一种常见的操作方式：允许消费者使用自己的移动设备（智能手机、iPad 等）向赌博机无线转账。美国的赌博业也期望一旦监管“跟上技术进步的步伐”，这一创新能应用于本土市场。2010 年 IGT 的一份白皮书写道：“监管已成为阻止客人在赌场中更为方便地使用资金的唯一因素。”[69]

同时，一家名为“自动货币设备”（Automated Currency Instruments）的公司也在尝试打破银行机器与赌博机器之间的隔阂，但走的是另一条路：设计一种 ATM，让它“成为赌场娱乐体验的一部分”。在这种银行与赌博结合的机器上，“[ATM] 机器会播放消遣内容，让客人在等候交易完成的过程中保持兴致和娱乐状态”。[70] 这家公司不是在赌博机上加装 ATM 功能，而是在 ATM 上加装娱乐功能，这样取钱的行为就成了赌博游戏行为。

不对称合谋

马克思主义有一个观点，认为工业生产中的工厂工人们，在操作机器的过程中与自身发生了异化，而福柯则认为，人与这种规训性机器操作之间的关系，与其说是异化疏离，不如说是连接，在这一过程中“与生产工具的强迫性连接”使人体与其操作的客体对象结合在了一起。[71] 虽然在当代的赌博人机关系中，连接是比异化更合适的形容，但这种连接不是“强迫性”的，而是一种合谋，合谋的一方是机器的结构与功能，另一方是赌博者的认知、情感和身体机能。

这种从强迫到合谋的转变，印证了德勒兹的理论。他把现代社会刻画为一种“资本主义变异”，原有的规训和限制的逻辑让位给了另一种控制逻辑，这种新逻辑着眼于一步步控制身体、情感和资本的连续流动。[72] 虽然机器赌博者是在封闭的赌场空间内活动，坐在静止设备的控制台前，重复着同样的一系列操作，但他们所用的点数是流动的，这让他们进入迷境那流动的超然世界，也让他们在点数枯竭之前都是赌场的“持续生产力”。迪贝尔在评论他所谓的骰子资本主义现象时说：“教科书式的资本主义剥削，与被剥削者的游戏欲望，两者以一种具有生产力的方式和平共处。”[73] 思里夫特也写道：机器赌博是一种情感经济，是当今价值生产的诸多表现形式之一，它“既是自愿、无酬、乐在其中的，同时又有剥削性”。[74] 赌场的设计想要实现持续的生产力，而赌博者想要的是持续地隔绝于迷境之中，双方一拍即合。在赌博业的利润优化过程中，赌博者本身成了合作方。

研究所谓“体验经济”的学者已经感受到这种“合作”的趋势，在这种合作中，企业的关注点“与消费者的关注点空前一致”，而产品的生产也变成了一种动态的“共同创作”过程。[75] 例如社会学家米歇尔·卡隆（Michel Callon）与合作者就把消费品的设计描述为一种连续调整的迭代过程，“我们追求的是一种非常紧密的关系，关系的一方是消费者的愿望和期待，另一方是企业的供给”。[76] 他们把这种关系理解为一种对称的“供需合作”，其中企业与消费者站在齐平的位置，以基本平等的关系合作，为的是共同满足各自的欲望。企业说的是用户中心主义，而这些社会学家把这翻译为“企业供给和消费者欲望的相互适应”。[77]

不过，对企业的设计师们鼓吹的这套“对称性”说辞，本章持某种更加怀疑的态度。赌博机技术中以玩家为中心的设计，以及它对消费者的欲望、情感和身体的不断适应，虽然不是传统意义上的剥削——因为两者互相利用的过程并非强迫而是合谋，并不带来异化——但也不是对称的。在这场合谋中，赌博者和赌博机各自的贡献并不平等。

相反，在“玩家想要的”和赌博业各种提升生产力及效率的方法之间，有的只是表面的结盟，它掩盖了企业与消费者目的间的天壤之别。

对深度机器赌博者来说，赌博体验本身就是目的，这一“自成目的”的迷境超越了一般价值，“继续赌博的唯一奖励，就是赌博体验本身的延续”。[78] 相反，对赌博行业来说，迷境只是达到目的的手段，虽然它本身并没有价值，但可能衍生价值。实现这种价值的方法是“促进”迷境的进入速度、连续性和强度。前文引述的卡明斯的观点，精确把握到了马丁·海德格尔在一篇关于技术的文章中对“促进”的阐述：“促进本身永远是从起始指向另一事物的推进，即指向以最小的成本获得最大的产出。”[79]

实际上，赌博者只是想永远悬置在迷境之中，而这种驱动力被赌博业通过技术手段引向了另一个方向，这个方向的归宿就是倾家荡产。Cyberview 公司的希尔薇 · 利纳尔（Sylvie Linard）曾这样建议她秉持玩家中心主义的同事们：“你越好地调整优化机器适应玩家，他们就越会玩到熄火（extinction），这会转化为利润的大幅增长。”[80] 她所谓的“熄火”，就是指玩家钱财耗尽。到那时，机器就不会继续响应玩家的需求了，双方这场“合谋”的不对称性就浮出水面。赌博者不仅**不可能赢**，而且**不是为赢而玩**，但赌博业则从头到尾都是为赢而玩（其目标用卡明斯的话来说是“形成玩家行为的持续循环，导向大额下注，从而让赌场经营者相对玩家拥有最大的赢面”）。[81] 玩家与赌博业的关系，甚至算不上两种价值系统的冲突，而更像是一种不对称的相互依存：一方是榨取价值的系统，按市场规则出牌；另一方则并不追求价值，而是追寻稍纵即逝、可以让他们悬置市场规则的迷境。“人不再被 [工厂] 限制，”德勒兹写道，“而是被负债包裹。”[82]

第三章

被程序控制的概率

魅惑的计算

我决定去学校学老虎机科目——如何拆卸和组装机器：部件、接线还有所有的小零件。我成了老虎机机械师。我对机器的电子和数学原理非常上手。我学了很多。我睡着觉都能把这些机器拆散再装回去。我的毕业成绩是学校有史以来最高的。

我原以为学了老虎机的工作原理就能揭开它们的神秘面纱，就不会再受到它们吸引，因为我都了解它的五脏六腑是如何工作的了，彻头彻尾地了解。但事实相反，即使把它们大卸八块再拼装成型，你还是不懂它们为什么有那么大魔力。只有一件东西我没自己组装过，就是芯片。机器中有这么一个神秘的芯片，它带动转轮，完成洗牌，但没人跟你解释它是怎么回事。

我的赌瘾一点都没减轻。我上课的学校以前有几台装好的机器，休息时间我会去玩两把。后来我在一家老虎机制造公司找了份夜班工作。于是我组装老虎机，然后在午饭时间上街把钱赌光，用的老虎机就是我自己装起来的那些。

——罗丝

赌场的室内设计负责把客人引到赌博机上，赌博机交互界面的优化负责让客人花钱更多、玩得更久，但让客人欲罢不能的真正推手，却是隐藏在机器之内的输赢机制。罗丝原本以为了解老虎机的内部工作原理就可以减轻老虎机的吸引力，所以她才成为了一名老虎机机械师。在上面的引述中，她认为这一计划没能成功，都要怪没人给她解释那个“神秘的小芯片”。这个芯片包含了老虎机的几率脚本，用一位设计师的话说就是包含了一系列联动的计算操作，“使几率可运算”，从而决定每一局的结果。这种计算脚本有两个非常不同的功能：编程时，它使几率/运气更具预测性，让赌场经营者获知长期的可预期累计收益；而在玩家实时游戏时，却让几率变得极为迷惑、不可捉摸。[1]

20 世纪初，社会学家马克斯·韦伯提出：“人类已经驱逐了[诸神]，在早年间似乎由运气统治的一切，都被人变得理性化，变得可计算、可预测了。”[2] 他预言，算力和预测力会将世界“祛魅”，因为“再无神秘、不可计算的力量起作用”。[3] 赌博机既是韦伯式祛魅的例证，同时又给它来了一个反转。从某种意义上说，赌博机是祛魅的工具，因为它是“复杂的计算设备，可以将赌客的筹码以一种非常精确、刻度化和‘科学’的方式重新分配”，从而使机主能操控几率来赢利，并精确预估长期收益。[4] 而玩家实际赌博时，机器却成了魅惑的工具。齐格蒙·鲍曼（Zygmunt Bauman）说“人类[有一种]拒绝预测、拒绝理性辩护的自发的驱力、冲动和倾向”，赌博机正激发了这些特性。或者用韦伯的话来说，赌博机激发了“回避计算的非理性、情感性元素”。[5] 从这一点上说，赌博机不但没有脱离“神秘、不可计算的力量”的范畴，反而被充分赋予了这种力量。

现代赌博机具有魅惑性的方方面面并不意味着它在设计过程中没有做到祛魅，实际上赌博机正是祛魅过程的直接产物，用研究风险的社会学家乌尔里希·贝克的措辞说，它是“有意制造的不可计算”[6]，或借人类学家兼游戏研究学者托马斯·马拉比的话说，是“人为的（contrived）偶发性”。[7] 一位韦伯学派的学者在论述“不列颠国家乐透”（British National Lottery）时写道：“理性逻辑和流程本身就可因其内在而（重新）带上魅惑色彩，或成为（重新）魅惑的工具。（重新）

魅惑本身可以是一门全然理性地组织起来的生意。”[8] 韦伯自己也写道：“人不再需要借魔法来祈求神灵，技术手段和计算即可提供这项服务。”[9]

本章中我们会看到，赌博机调节运气的“方法与计算”具有隐蔽和不透明的特点，它们在用户心中激起的魔力和惊奇之感与这一特点有很大关联。与围桌而坐、规则与运气都透明的扑克类赌博不同，赌博机的内在机制和胜率永远深藏在盒子里。[10] 一位内华达州的赌博业监管者在提到老虎机时指出：“内华达只有一种赌博方式是玩家不知道胜率的。没有一家赌场会同意把胜率贴在老虎机上，因为这样做就会抹去神秘感、兴奋感、娱乐感和赌博的冒险感。”[11] 他的这番评论暗示，有意地迷惑玩家，是赌博机诱惑力的关键所在。

IGT 的设计与工程副总裁曾把赌博机称为“美丽的金库”，本章我们就顺着罗丝的脚步一探这些“美丽金库”的内部，试着通过逆向工程的方式理解赌博机的计算逻辑，理解这些逻辑如何将几率转化为魅惑，进而为赌场带来利润。[12] 浮现在我们眼前的叙事，是人对几率的控制越来越强（从赌博业的角度来说），赌博业用技术把呈现在赌博者眼前、与赌博者交互的东西，与实际控制输赢的机制环环分离。用马拉比的话来说，赌博随机性的人为性质，已经从掷骰子、洗牌一类的“显性”方法转变为由计算机程序控制的“隐性”方法。[13] 这一说法显示适用于赌博机，鉴于早期老虎机的机械装置已被数字底层取代。社会学家理查德·伍利写道：“赌注的商品性本来就十分短暂，而计算机化使其更加去物质化了。”[14] 追溯赌博机由机械转向电子的历程，可以让我们清楚地看到，在芯片及其程序这一微观层面，赌博行业与赌博者之间的关系有多么不对称。

从机械到电子：设计“真正的新神”

19 世纪晚期的美国工业革命中出现过一种投币式售货娱乐机，当代赌博机就是它的近亲。当时的机器投币后可能吐出食品、汽油、糖果等商品，有时还可能得到一些非实物货品，如魔法口诀、命理预测、

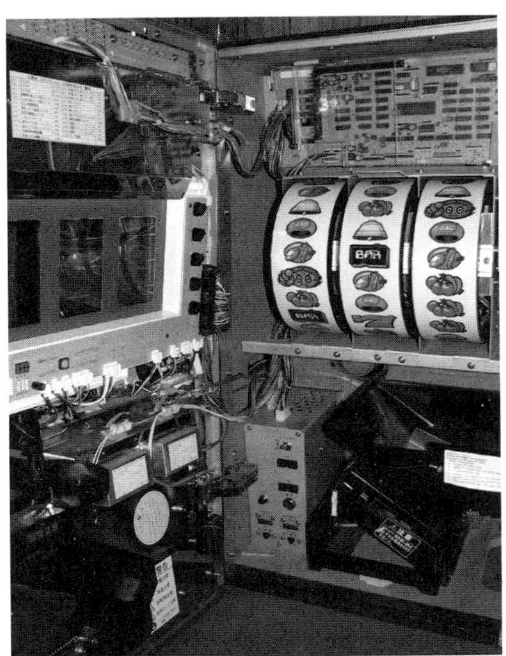

图 3.1
上：IGT 位于内华达州里诺市的老虎机组装线。图片可在 IGT.com 的媒体页面下载。
下：三转轮老虎机内部视图，2009。图片来自 bigstock.com，摄影：罗丝·佩特尔（Rose Petal）

爱情测试或人生建议。[15] 与这个投币售货机近亲不同，赌博机让钱本身成为奖励目标，并在交易的过程中加入运气元素：消费者无法提前知道机器会提供多少回报，还是根本没有回报。这个配方给赌博承办商带来了巨大成功。“像它这样用如此小的投入，花如此小的力气，就可以产出如此惊人回报的机器，以前从没出现过。”一位社会科学家在 1950 年写道。[16]

最早的现代赌博机发明于 19 世纪 80 年代早期的布鲁克林，以扑克抽牌为原型。这装置可以放在柜台上，共有 5 个轮鼓，50 种扑克牌面，玩家拉动拉杆后，5 个轮鼓会转动起来，在同一视窗中显示 5 张牌面。后来此款机器的不同版本在美国的香烟摊和酒吧流行开来，其中有一些是把纸牌粘在 5 个转轮上。当时这种机器被称为“镍币老虎机”（nickel-in-the-slots）。中奖组合有很多种，而当时的机器还没有识别和分发对应奖励的能力，所以那时是由安装机器的店铺提供各色各样的奖励，包括酒、香烟、现金等。[17]

1898 年，一位颇有机械天赋的巴伐利亚移民查尔斯·奥古斯特·费伊（Charles August Fey）让自动赔付成为可能。他把嵌牌的 5 个转轮缩减为 3 个，从而把可能的中奖组合减少到自动赔付机制可以应付的数量。一年后，他把扑克牌换成了图案，推出了著名的“自由钟”（Liberty Bell），这就是现代转轮式老虎机的原型。它有 3 个装了弹簧的转轮，每个转轮上有 5 种图案：马蹄铁、钟、红心、黑桃、方片。[18] 当 3 个钟的图案在中心中奖线（payline）上匹配成功时，机器就会吐出 10 枚镍币的奖励。这些转轮在一个金属支撑轴上转动，支撑轴则连着拉杆和制动系统。同时为了增加悬念，机器还加装了一个定时条，从左到右逐一停止转轮的转动。在 1905 年前后，被称为“老虎机界的亨利·福特”的赫伯特·斯蒂芬·米尔斯（Herbert Stephen Mills）增加了每个转轮上的图案或说“停止位”的数量，从 10 个增加到 20 个，从而降低了玩家中头奖的胜率，这样他就可以提高头奖的金额，并依旧保持赢利。[19] 他也扩大了视窗的范围，这样玩家就可以看到中奖线上下两行的图案，从而更有可能产生“近失”（near miss）的体验，即看到中奖图案就在中奖线上下，从而产生“差一点点就赢了”的感觉。

几乎就在老虎机刚开始流行的时候，它就被美国的节制运动列为一项恶习，成为了打击目标。从 20 世纪头十年开始，改革派就经常手持大棒打击“自由钟”及其后来者，还有一些城市和州对它们发布了禁令。然而反赌博法律大部分要么被无视，要么被绕过，赌博机技术的进化从未停止。在禁止老虎机的司法辖区，它们通常伪装成口香糖售卖机，把转轮上的图案换成水果（樱桃、柠檬、橙子等等），然后提供一些能兑换成现金的奖品。这类天才的伪装手段让老虎机在禁令期也蓬勃发展，并在 30 年代大萧条时期达到了应用巅峰，那时老虎机的收入成为维系加油站、药店等小店铺活下去的救命钱。[20] 二战后的几年间老虎机发展兴旺，直到 1951 年约翰逊法案（Johnson Act）出台，杜绝了老虎机非法州的老虎机黑市。至 60 年代，除了在内华达州和军事基地尚有幸存，老虎机在其他地方皆遭取缔。

1963 年，老虎机经历了一次巨大变革。电子机械技术的融入使老虎机制造商可以用电动马达和带开关的电路板来控制转轮的转动，而不再需要机械的弹簧和齿轮。[21] 转动机制不再依赖转轮，于是老虎机的输赢不再受倾斜、摇晃等物理作弊手段的影响。[22] 一位历史学家写道，一旦机器的稳定性得到保障，“设计师们马上转移了注意力，开始研究如何发挥机器的最大潜力来吸引和留住玩家”。[23] 不仅赌场管理者喜欢这种新机器防作弊的特性，玩家也喜欢新机器的电动币仓，因为它们能前所未有地赔付最多 500 个硬币，即赔付的金额更大、频率更高了。

1978 年，数字微处理器（带存储功能的电脑芯片）登上了机器赌博的舞台，进一步推高了赌博机的安全性和吸引力。像马达和开关取代了齿轮和弹簧一样，这一次，转轮的驱动力变成了电子脉冲。这一技术的发明者在专利申请书中阐述了这一设计的理念：“这项技术很有价值，因为它会造就这样一种娱乐设备：从玩家的角度看，其操作方式与机械式老虎机别无二致，但机器却……无法被干扰。”[24] 虽然玩家还是与转轮互动，但是他们摇出来的结果却是由一个电子元件决定的，其中的机制对玩家完全不透明。

这种如前文罗丝所说的“神秘的芯片”被编入了一种数学算法，它执行特定的评分模式，遵循预先设定的赌桌赢率或称“庄家优势”，并与一个随机数生成器（RNG）协同产生每局的结果。即使赌博机闲置，RNG 也会以约 1000 次 / 秒的频率生成可能的牌面或图案组合。[25] 这个装置永远运转，不管有没有人在玩。当玩家拉动拉杆或按下“转”的按钮开始游戏时，机器的程序“轮询”RNG，为每个转轮拿到一个此时此刻恰好生成的随机数。生成的随机数通常在 1 到 40 亿之间，它们会被输入到算法中进行翻译（这一过程在计算机编程中称“间接层”或“间接引用”），翻译为微处理器中“虚拟转轮”的停止位。[26] 被选中的虚拟转轮位随后会传达给物理转轮，形成相应位置。所有这些都是瞬间完成的，此时转轮还在转动。1980 年，一位记者如是解释：“操作机器需要你拉动拉杆，但拉完后你就不是在赌博了，而只不过是激活了一个读数器。”[27]

机电技术融入赌博机的一年之后，法国哲学家和社会学家雅克·埃吕尔（Jacques Ellul）提出，技术已经越发自主，削减了制造和使用它们的人类的重要性。他在 1964 年写道：“人类缩减到了催化剂的水平，变得像投入老虎机的假硬币 [假代币] 一样：人启动了过程，但并没有参与其中。”[28] 埃吕尔后来很可能在电子化老虎机中看到了机器自主性的更多证据，因为玩家在这里真的仅仅是自动化机器过程的催化剂。

然而，赌博机公司小心翼翼地维护着玩家的错觉，让玩家以为与自己互动的仍然是真实的机械转轮机制，从而让玩家一直觉得自己参与的是一个反馈鲜活而直接的游戏。例如，有些公司最初改装了新机器，“加上了弹簧和配重来模拟原来的手感”。[29] 巴利公司的总裁在 1981 年这样指引玩家：“下次你玩巴利的老虎机时，可以很慢很慢地拉动拉杆，感受一下转轮是如何回滚的……我们花了很大力气保留这种手感。我们在转轮中保留了机械连接。”[30] 转轮的呈现和小心营造的拉杆“手感”激发出一种机械的因果性，这恰是数字老虎机缺失的。虽然今天的老虎机已经少有拉杆（带拉杆的也被称为“遗留拉杆”），但这些机器展示出的转轮转动还是不断暗示着玩家，有一些机械机制在直接响应着他们的行为。

在视频老虎机上，保留这种错觉的难度更高，因为它们完全数字化的转轮是靠电脑动画“转”起来的。然而赌博机制造商们也找到了方法，让它们看上去也是三维的。WMS 的透光转轮技术 * 将机械转轮与视频转轮进行了“联姻”，公司在半透明的屏幕后方放置了实体的空白转轮，它们转动时，屏幕会向这些转轮上投影出细节丰富的图案。一位公司代表在描述这种混合技术时说：“我们想确保不会疏远无论视频玩家还是机械玩家。”[31] 与之类似，巴利的透明转轮技术（现更名为交互转轮技术）“模糊了视频转轮与机械转轮间的界线”，它是在真实的电机转轮上方叠加一块屏幕，在奖励关卡产生出“好像是浮在转轮之上的动画效果”。[32] IGT 拥有专利的真深度转轮技术，工作方式有些不同，是“极为聪明地将两层或更多层的液晶显示器叠加”，从而产生“真实深度”的视效。据他们说，同样的方法曾应用于制作“多图层的战区地图”。真深度转轮技术可以“创造出有真转轮的老虎机的幻象，因为它们在外观和振动方式上都模拟了机械式老虎机”。[33] 有点自相矛盾的是，数字技术的进步反而让赌博机可以更好地伪装成机械式赌博机，传达出一种并不存在的物理功能感和可控度。

为了强化这种虚幻的控制感，一些老虎机允许玩家手动停止一个或所有的转轮，无须等到它们转完，方法是按一个“停止”按钮，或再按一次“旋转”按钮，或在屏幕上触碰一个或多个转轮。[34] 虽然游戏的结果还是在最初按下“旋转”按钮的一瞬间就决定的，但使用这种“停止”功能的玩家似乎觉得自己可以对结果产生影响，情况表明，他们在这类机器上赌博的时间要显著高于其他机器。[35]

---

* 本段中的技术，原文为：透光转轮 Transmissive Reels，透明 / 交互转轮 Transparent/Interactive Reels，真深度转轮 REELdepth（Reel/“转轮”，与 Real/“真实”同音）。

为产生同样强烈的功效，视频老虎机的次级“奖励游戏”会邀请赌客执行一些他们似乎可以控制（实际上并不能）的操作。例如船锚博彩公司（Anchor Gaming）在2000年推出的“拍大财”赌博机（Strike It Rich）就为玩家提供了一个奖励游戏，游戏的目标是用一个轨迹装置引导保龄球的路线。虽然这个装置允许玩家在屏幕上抓起保龄球，瞄准并投向虚拟的瓶子，但在模拟投球结束之前RNG早已决定了球的落点。IGT的赛车主题奖励游戏也与此类似，游戏中，玩家可以通过操纵杆控制赛车，让他们有一种影响着赛车运动的错觉。按2000年的一份产品宣传资料上的说法，之所以要有这些游戏，是为了让玩家产生“自己可以控制事件结果的感觉”。[36] 虽然我们可能认为这种感觉更像“祛魅”而非“魅惑”，但它实际上让赌博者产生了一种自己可以让赌博机“活起来”的感觉，感觉自己可以用某种魔法影响机器对几率的决定——但同时这个几率对玩家而言仍然是神秘不明的。

这种不透明的内部运算如何决定和输出结果，在赌友圈子中引发了大量的好奇和猜测，最好的证据就是网上论坛中对这个话题数不胜数的讨论。罗丝评论说：“知道它是电脑化的其实并没有解答任何疑问，只会让它更加神秘。”《赌场玩家》（*Casino Player*）杂志上的一篇文章在开篇写道：“哲学中的重大问题之一，就是机械的、有形的人体，怎么容纳了瞬息万变的心智。最终我们得到了一个简单解释，就是我们的机械身体中居住着‘灵魂’或‘神性’。今天的老虎机也是如此。”[37] 提及RNG这种瞬息万变、幽灵一样的意志时，业内有些人把这个模块称为“真正的新神”。[38] 一位设计师告诉我：“RNG不过是运行在电脑芯片上的程序，但看大家的反应，你会觉得它是在施咒。”

研究科技问题的学者发现，人类喜欢给电脑化的设备赋予能动性（agency），一如早年间机械的自动装置也被赋予了这种能动性。露西·萨奇曼认为，这一倾向与电脑的“内部不透明和行为难预料”有关。[39] 正如谢莉·特克尔观察到的，如果电动玩具不按前后一致的可预期方式行动，孩子就常会把玩具拟人化，并跟她说“一个东西如果会作弊，那肯定是活的”。[40] 特克尔认为，特定机器对用户的吸引力大小，直接与它展现出的不可预测性和活物感相关。而老虎机本身就向用户展现运气，它与电脑技术结合，就成了格外有魅惑性的联盟。这些数字赌博机既是程序的设定，同时又表现得反复无常，比前代的纯机械产品对玩家的吸引力有增无减。[41]

玩家对老虎机的输赢结果有极大的兴趣，特别是有很多玩家关注 RNG 的工作原理，所以赌博机教学在纸媒和网络上发展成了一桩稳健的生意。各类大众赌博杂志中充满了博眼球的文章标题，如《机器之谜》《闹鬼了》《超感》等（赌博者在其中分享他们进行机器赌博时的“超限体验”），而这些标题旁边往往还有“老虎机统计学入门”“老虎机的迷思与误解”“知识就是力量”一类专栏，希图打消赌博者的迷信，告诉他们老虎机并不是故意为之。在《只谈老虎机》（*Strictly Slots*）杂志的“新手角”专栏中，作者写道：“RNG 不是活的。它只不过是按照预先安排的规则咔咔产生数字而已。它不知道你是输是赢，也不知道有没有人坐下来玩。这些它都不关心。”[42]

但是专家们经常提到这样的情况：不明内情的赌博者会因为运气不好换机器，却马上看到另一名顾客在他那台机器上第一局就赢钱。这时他们会觉得是新人“偷走了”本该属于自己的运气。专家们解释说，事实上即使他一直玩同一台机器，也几乎不可能与新来的赢家在同一毫秒按下按钮，触发 RNG 生成同样的赢钱号码。一位设计师评论说：“很多人信誓旦旦地说他们知道按下按钮的准确时机，能确保某事发生，但事实并非如此。”[43] 一位曾是赌博机设计师的畅销赌博书作者指出，即使赌博者知道 RNG 的“周期”模式——确实有些人知道——他们也无法在这个周期中“捕捉”到特定的结果：“人的平均反应时间是 50 ～ 350 毫秒，而赌博机的机械和电气延迟也会在不同局的游戏中有 16 ～ 50 毫秒不等的差异。”[44] 他表示，人类处理信息并做出反应的能力，与数字技术在这方面的能力是不匹配的。我们可以说，这种不匹配恰恰反映了更大的不对称性，它存在于赌博设计师与玩家之间，也存在于祛魅的技术与魅惑状态之间。

降低胜率：虚拟转轮映射

即使有人掌握 RNG 的工作原理，随后发生的事仍然会让他如坠云雾。一个随机数从近 40 亿个可能结果中生成，再转换成物理转轮的停止位，而停止位参与形成的最终可能结果相比随机数是大大减少的。这一过程难以理解，性质隐蔽；在赌博机的提示与显示下（如转轮停止的时间延迟），它看起来真真切切，但实际全非如此。这进一步迷惑了赌博者，让他们看不到游戏体验中的真正因果。从生成随机数值到转轮停止，这中间发生了什么？赌博机器编程大师约翰·罗比逊（John Robison）写道："我们不是直接取用随机数资源，而是加入了一个中间步骤，在这个中间步骤中，你可以做很多神奇的事。"[45]

其中一件"神奇的事"叫虚拟转轮映射，这个在 1982 年取得专利的技术可以独立于机器的真实转轮，直接控制游戏的胜率。这一发明的初衷，是为了克服物理转轮结构的长期局限。虽然数字微处理器已经把物理转轮变成了电脑设定结果的单纯显示器，但它们包含的停止位数量还是与其"真实机器之魂"或说"虚拟"转轮逐一对应——到 1970 年，每个转轮已有 22 个停止位。因为每台赌博机上可能的组合有 22×22×22=10648 个，因此如果每个转轮上只有一个头奖图案的话，头奖的胜率就是 1/10648。因此，1 美元机的头奖不能超过 10648 美元，否则就有亏钱的危险；为保证赌场利润，头奖必须小于 10648 美元。

那么赌博机制造商如何绕过这一限制，或者用圈内的说法，如何"降低胜率"？他们曾尝试扩大转轮的尺寸以容纳更多图案，也试过增加转轮的数量，但玩家会避开这些机型。玩这些转轮更大或更多的机器时，玩家能直观地感受到自己的运气因为图案的增多而减少。另一个降低胜率的办法是把物理转轮换成视频显示的模拟转轮，这样就可以容纳无穷多的图案和空白。随着上世纪 70 年代电子游戏的兴起，这一点成为了可能，但当时客人们还不熟悉屏幕技术，所以并不信任这种机器。虽然这种不信任到 90 年代中期就会消解（我们会在下一章讨论），但数学家兼发明家英厄斯·特尔内斯（Inges Telnaes）在当时就提供了一个漂亮的过渡方案:虚拟转轮映射技术,也称“超比例转轮”或“加权转轮”技术。[46]

使用这种技术的赌博机仍然让每个转轮显示 22 个停止位——11 个空位和 11 个中奖图案——然而这些机器的虚拟转轮可以任意设置,随设计者的需求支持任意多的停止位，有时多达数百个。与所有电脑化老虎机一样，当赌博者按下“转”或“赌”的按钮时，一个数值当即由 RNG 生成，再转化为虚拟转轮的一个停止位，而所有停止位被选中的几率是相等的。然而，因为虚拟的转轮停止位多于实际位置，必须编写一个后续的“映射”程序来把 RNG 选出的虚拟停止位转换成实际的位置。在这一中间步骤中，设计者能做的“神奇的事”就是把绝大多数的虚拟停止位映射到实际转轮上低赔付或零赔付的空位上，仅把极少数映射到赢位（见图 3.2a、b）。[47]

这种实际转轮和虚拟转轮之间的不平等，使得赌博机制造商能更为精准地控制赌局结果，从而允许赌场将头奖金额大大提升，同时将头奖的实际胜率大大降低。[48] 比如有一台机器，它的每个虚拟转轮有 64 个停止位，而其中只有一个头奖图案，那么 3 个转轮都停在头奖位置，即中头奖的概率，只有 1/（64 × 64 × 64），或说 1/262144。这样，这台机器就可以把头奖金额提升到 262144 美元,同时保证赌场不亏钱。而如果每个虚拟转轮配置 512 个停止位，那么头奖的概率将变成渺茫的约 1/134000000，这样赌场就大可放心提供二三千万的巨奖，又能保证长期赢利。[49] 这种数学上前所未有的灵活性给了赌博机有史以来最神的“发挥空间”（即开出巨奖的可能），使得其市场吸引力倍增。这一技术的专利最终被 IGT 购得,IGT 的一位员工说虚拟转轮映射“对赌博行业的革命性意义不亚于查尔斯 · 费伊发明老虎机”。[50] 用业内专家弗兰克 · 莱加托（Frank Legato）的话说，这一发明“是老虎机市场勃兴的第一推动力”。[51]

如果说理解了 RNG 就理解了转轮的转动其实与游戏结果无关，那么理解了特尔内斯的映射技术也就理解了转轮本身也与游戏结果无关。在向美国专利与商标局提交的申请中,特尔内斯对此毫不掩饰:“在

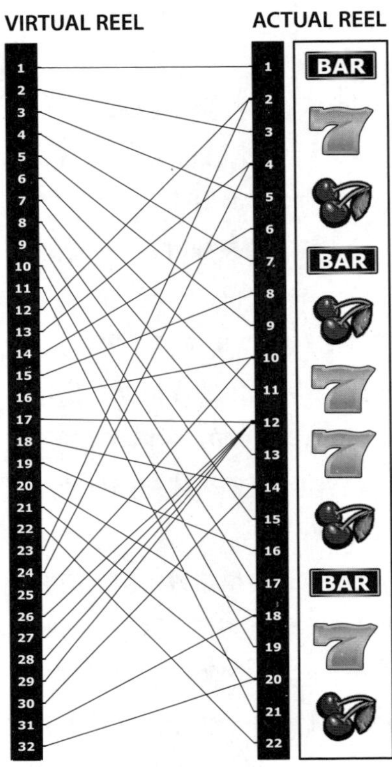

图 3.2a　虚拟转轮映射的教学示意图。机器有 32 个虚拟停止位和 22 个实际停止位。32 位的虚拟转轮（左列）中，前 11 个位置映射到了实际转轮（右列）的 11 个图案上，但剩下的都映射到了空白位，这样，获得赢位的几率就比表面上要低。此外，通过一种称为“集聚”的方法，头奖图案上下的空白位会获得远高于正常比例的映射数。这样，头奖的图案出现在中奖线上下的机会就高于单纯情况，强化玩家的“近失”之感。图片由游戏星球公司（Game Planet, Inc.）提供

这一发明中，物理转轮只是随机数生成的游戏结果的一种展示，与游戏本身无关，这与标准的老虎机不同。”[52] **与游戏本身无关**：虚拟转轮映射让玩家与游戏的交互，与决定游戏结果的机制之间的距离进一步拉大了。这一技术的影响甚至超过了 RNG，让游戏开发者的创造力不再聚焦于机器的结构（拉杆的手感、转轮的尺寸等），而聚焦于数学化编程。历史上第一次，赌场终于有可能通过重设软件而非修改硬件来改变赌博机的概率了。[53]

虽然赌博机开发者已经不再依赖实体的转轮停止位，但他们小心地保护着用户的感知，让玩家在与机器交互时继续依赖显示给他们的转轮，以从中牟利。转轮已经不再行使过去的机械职能，它的新功能

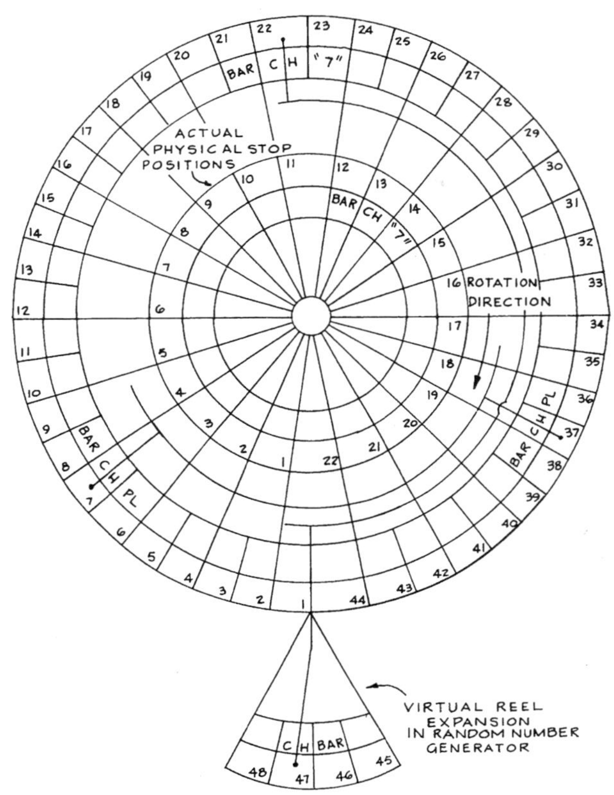

图 3.2b　虚拟转轮的图表展示。US Patent No. 4448419，英厄斯 · 特尔内斯，1984

是通过视觉魅惑来扭曲玩家的感知。只存在于芯片中的、胜算对玩家极为不利的“转轮”，被映射到玩家眼前实际转动的转轮上，使玩家的胜算看起来比实际大得多（通常有 4 个头奖图案，如图 3.2a 所示）。虽然表面上玩家看到的每个图案有同等几率被选中，但实际情况并非如此：实体转轮的背后是大得多的虚拟转轮，后者把决定映射出来，前者只是后者的视觉传达。特尔内斯对他扭曲玩家感知的意图直言不讳：“设计机器很重要的一点，是让它**感知上的胜率比实际的大**。”[54]

软件算法专家凯文 · 哈里根找到了一个方法，可以精确算出感知上的胜率比实际大了多少。他分析了有 64 个停止位的虚拟转轮，发现如果将其按它映射到的22位实体转轮来对待，那玩家会有297%的胜率。[55]他认为机器对胜率的歪曲——或称“物理转轮扭曲因子”（PRDF）——有效欺骗了人类的感知系统，促使玩家玩得更久。

虚拟转轮映射技术操控感知，极大地扭曲概率，这让一些人觉得它是一种高科技的出千方式；它没有通过灌水银的方式“给骰子加料”，也没有通过加牌“给扑克注水”，但它用数字程序手段进行了欺骗。[56]按内华达州相关法律，“出千”即改变“运气因素”和决定游戏结果的“选择方法或标准”，其中包含“使用设备计算概率”。[57]无论虚拟转轮映射是否符合这一定义，至少它已经触犯了博彩管理委员会的规定，因为它没有“准确地呈现游戏结果”。各类消费者保护法禁止使用误导性图片，而赌博业的规定实际是这些法律的变体。[58]而如前文所述，特尔内斯的专利凸显了这一发明的误导能力，或者说“展现出大于实际胜算之几率的能力”。

当时的情况是，在内华达州博彩管理委员会（NGC）就这一专利技术应用于赌博机而发起的听证会上，赌博业内诸多举足轻重的人物表示反对，认为这项技术实现起来，会在诸多方面具有视觉欺骗性和不道德性。当时两个最大的制造商IGT和巴利的代表们纷纷提出，这一技术向玩家传达了歪曲的结果。巴利的总裁在证词中指出：“从视觉的角度看，这对老虎机玩家产生了误导作用。”他解释说：

> 转轮式老虎机之所以自诞生起就成绩斐然，原因之一即是玩家在几次拉动拉杆的过程中，可以直观地看到所有转轮上的所有图案，并在心理上感知到有些实际的组合随着时间的推移一定会出现。在我们看来，如果一台老虎机的一个机械转轮上画着四个“7”，而电子程序只把它们当作一个7来算，那么玩家的视觉就是在被误导。[59]

IGT的法律顾问也同意这一点，认为“此类机器存在欺骗问题”。[60]

虽然业内人士对这一新技术满怀担心（当然，与其说他们是担心欺诈问题，不如说是不想引入新的竞争），虚拟转轮映射技术还是获得了批准。NGC 的首席律师后来回忆此事时说，它“偏离了标准，但可以接受”。[61] 听证会上，一位在场委员强调，玩家早就知道机器会搞欺骗，他总结说：“我看好这种机器。我会投赞成票。我觉得这一概念是让人兴奋的。”[62]

委员会最终为虚拟转轮映射技术做了背书，这令老虎机可以提升头奖金额，对老虎机在美国赌博市场中的蹿升起了决定性作用。拉斯维加斯的四皇后赌场安装了 100 多台这种设备，很快就获得了非虚拟转轮老虎机两倍的利润。[63] 其他州也想在这些收益上大捞一笔税金，于是紧随内华达州的这一监管“金标准”，也很快批准了这种软件。这一过程得到了一些第三方的私人检测和认证实验室的襄助，其中就有国际赌博实验室（GLI），“业内几乎人人都直接称其为‘实验室’”。[64] IGT 在 1989 年获得了特尔内斯专利的独家使用权，它以各种创造性的新方式应用这一技术，并状告其他制造商侵权，借此迅速升为业内霸主。[65] 2002 年专利过期后，这一软件就成了全行业的标准。1997 年的时候，转轮式老虎机（在今天一个普通赌场的赌博机区，它们能占到 35% ～ 40%）中的 80% 就都使用了这一算法。[66]

谁如果今天再提虚拟转轮映射技术的感知扭曲问题，就会遇到各方踢皮球：主法官们认为这一方法不算诈骗，因为所有执行监管的实验室都认可它；而像 GLI 这种监管实验室则说，它们的工作不是详查机器是否违反消费者保护法，而是应赌场经营者的要求测试机器的性能；而制造商和赌场老板们则称监管条例又不是他们制定的。[67]

重新配置损失：近失

虚拟转轮映射技术不仅用于扭曲玩家对游戏胜率的感知，还用于扭曲他们对损失的感知，因为它会创造“近失效应”。通过一种称为“集聚”的技术，游戏设计者把超出正常比例的虚拟转轮停止位映射到物理转轮上紧靠获胜图案的空位上，这样一来，这些空白位出现在中间中奖线上时，获胜图案会恰好出现在中奖线上下，出现概率远高于正常的随机水平（见图 3.2a）。[68] 哈里根曾计算，在他分析的 64 位虚拟转轮机上，玩家每手后在中奖线上下看到获胜图案的概率，会让他们误以为游戏的赔付率或说可能的“玩家收益率”在 192% 到 486% 之间（1988 年，一位行业分析师在分析 IGT 的机器时，甚至得到了 250% 到 1000% 这样高的数字）。[69] 他把这种概率感知的扭曲称为“中奖线窗口上 / 下扭曲因子”（PWDFa/b）。

在 1984 年的那场听证会上，IGT 的法律顾问曾提出集聚和“近失效应”的问题，他提醒大家：“头奖标志在中奖线上下出现的次数是计算机中实际次数的 4 倍……这可能是这些机器成功的原因。因为这里引入了实际上不存在的图案，我认为这是虚假广告。”[70] 然而他也把自己的另一个观点记录在案：如果这项虚拟转轮的技术获批，“那我们当然希望可以这样做，因为我认为这是一种竞争优势”（实际上 IGT 确实这样做了，并获得了巨大的成功）。

有人提出，更准确地说，“近失”其实是“近得”“差一点点就赢了”，这种把损失感重塑成了潜在的成功，从而使人玩得更久。[71] 一项研究的参与者评价说：“这种感觉让你想按下按钮继续玩。你活在希望中，因为你已经很接近了，你想继续尝试。你差不多看透了其中的规律，只须再把握好时机就行。”[72] 为什么“近失”会有这么强的驱动力，行为心理学上有很多解释。其中一种是“挫败坚持理论”，它认为近失状态“对紧接下来的行为都产生了一种鼓舞和促进作用”。与之相关的另一种理论是“认知遗憾”理论，它认为玩家通过马上再玩一把来规避差一点点就赢的遗憾感。[73] 行为心理学家 B. F. 斯金纳 1953 年写道：“差点中头奖会提升个体继续玩下去的概率，虽然这种强化机制不花机器主人一分钱。”[74]

赌博行业声称，北美的机器不造成近失效应，但这种说法是基于对近失效应非常随意和狭窄的定义。这个定义源自 1988 年的法律听证会，当时一家叫环球娱乐（Universal）的日本公司在其美国竞争对手的要求下进行了 NGC 听证。[75] 环球娱乐当时生产了一款非常成功的转轮式老虎机，用一种新颖的方式产生近失效应：在向玩家显示转动结果之前，机器会先检查玩家的输赢，如果输了，机器会启动一项次级操作，把输掉的结果直接在主中奖线上展示成差点赢的样子（比如前两个都是 7，最后一个 7 刚好在中奖线之下）。[76]

环球娱乐公司提出，它的竞争对手也在通过前述的集聚技术制造近失效应，“编程者只须在虚拟转轮上加载更多的差近失场景，这些场景就会更多地出现”。[77] IGT 的法律顾问大方地承认：“是的，我们在中奖线的上下设置了不易察觉的诱导，而玩家只看到表面状况。”[78] 然而，一位博彩管理委员会的代表在证词中说，这类近失场景是“自然出现的”，因为它们来源于机器虚拟转轮的设定，这种设定在转动前就存在，而不是在转动后才由次级软件施用的。环球娱乐反驳说，不论这种近失是“自然出现”并在“表面”上呈现给玩家的，还是由次级软件执行并呈现在主中奖线上下，其效果对玩家来说都是一样的。环球辩称，唯一的差别只在技术手段，他们的手段更先进而已。作为本案的一部分，环球娱乐公司提出在内华达大学资助一个电脑化技术的教授席位，并建议由获此资助的教授担任委员会的教育顾问，因为委员会现有的监管条例和专业意见都是基于传统机械式老虎机的。[79]

委员会最终判环球娱乐败诉并修订了监管条例。新条例规定，赌博机中每个转轮的结果须由 RNG 单独决定，且这些决定须如实呈现给玩家：“游戏的结果一旦选定，游戏设备就不许可再引入可变的次级机制来影响呈现给玩家的结果。”虽然虚拟转轮映射也是一种计算过程，而且发生在 RNG 选定停止位之后，因此也可以说成是起着“次级偏差系统”的作用，委员会却认定这种内建的近失效应制造法不影响几率的纯粹性。美国赌博法律的权威 I. 纳尔逊 · 罗斯（I. Nelson Rose）如此评价这一决策：“内华达州的划界是，中奖线处的近失效应可由电脑产生，其他一切都不行。”[80]

长期以来，人们把这一决策看作是“取缔”近失效应。当时委员会的首席律师埃伦 · 惠特莫尔（Ellen Whittemore）今天仍把“禁止”近失效应看作她职业生涯最重要的成就之一。但事实上，在 1989 年听证会下结论时，委员会真正做的事情是将“近失效应”合法化了，只要产生机制是虚拟转轮和集聚技术就可以，而这一技术当时在行业中早已根深蒂固。在怀疑者看来，委员会这一决策其实是披着“禁止”的外衣对赌博行业大开绿灯。在他们的监管之下，赌博业大肆创造了一系列误导性设计策略，而这又大大促进了赌博业的繁荣。说得更阴谋论一些，这次法律程序的结果或可看作是在保护美国的赌博企业，打压其国外竞争对手。稍微宽容一点的观点是，由于长期以来接触的都是机械赌博机的设计范式，这些委员对眼前的数字技术原理无法做到充分理解。不论真实情况是哪种，委员会的决议都将监管干预的重心聚焦于随机数的生成机制，而忽视形塑随机性表达和玩家感知的新方法，这就为放行此类方法奠定了基调。[81]

早期的视频老虎机不需要虚拟映射功能，因为它们没有物理转轮，所有转轮都是虚拟的。为了在这些老虎机上创造近失效应，赌博机开发者干脆多加了些虚拟转轮，让左侧的转轮有更多的获胜图案，简直要被“撑死”，往右则逐渐“饿死”，这样玩家在观看转轮从左到右依次停止的过程中就很容易产生“刚好错过”的感觉。[82]换言之，虚拟转轮映射是在每个转轮上垂直地制造近失效应，而多转轮视频老虎机则是在不同转轮之间“水平地”做文章。这一技术称为“不平衡”或“不对称”转轮（虚拟转轮映射中则称“超比例”或“加权”转轮），它是法律允许的，因为它遵守了“每个转轮的结果须由独立的随机过程决定”这一规定。不过随着视频老虎机的“转轮”数量越来越多，这一技术渐渐衰退，因为转轮多组合就多，会自然地产生近失效应。当今的视频老虎机设计者还应用了一种称为“挑逗条带”*的技术，让玩家感受到比实际更大的胜率。这种技术会在视频转轮“转动”时增加高分图案比例，但在转轮停止时则用低分图案取而代之。[83]

从虚拟转轮映射中的超比例转轮，到视频老虎机的不对称转轮，从停止键和操作杆带给玩家的虚幻控制感，到挑逗条带传递的虚幻胜

* teaser strips，其中 strips 又有“脱衣舞”之义。

率，这些方法得到了企业、法律和监管体系的全部支持，让赌博机的设计者对实际胜率和几率的呈现有了更强的控制力，同时却用“控制感幻象”来魅惑玩家。对玩家而言，这些方法是在扭曲对胜率的感知，引发近失效应。在这些堪称有意设计出的魅惑之中，精心调校的几率操纵技术扮演了“真正的新神”，俘获了大量受众。

从祛魅到魅惑

韦伯在 1922 年这样问道：“[理性化] 是否意味着我们对自身生存境况的理解超越了美洲的印第安人？”[84] 他认为恰恰相反，伴随理性化的过程，我们对技术的设计、打造和运作越发无知。他指出：“除非是物理学家，否则一个坐在有轨电车里的人根本不知道电车是怎么动起来的。他也不需要知道。只要知道自己可以‘依赖’电车的行为，他就满意了。他也依照这一预期来调整自己的行为。但他对于如何生产电车才能让它运转毫不知情。”如我们在本章开头所看到的，罗丝已经感到她再也无法“依赖”赌博机的行为了，于是试图理解赌博机的运转是如何制造出来的。她希望把赌博机开膛破肚、大卸八块，这样也许能减轻自己的赌瘾，但这个愿望实现了吗？假如她也学会了微处理器芯片的原理——这是老虎机技工学校唯一没教给她的科目——这份知识会最终为她祛魅赌博，熄掉她不灭的赌瘾吗？

罗杰 · 霍贝曾是加拿大安大略省的一位赌瘾治疗师，上世纪 90 年代后期，他开始设计软件来为赌博者和政策制定者讲解赌博机知识。他告诉我，他的动力源于自己身为赌瘾治疗师及培训其他治疗师过程中的挫败感。不论他怎么讲解机器内部的机制，能理解的人都非常少，人们尤其不理解赌博机怎么就操纵了概率和随机性，或者用前面马拉比的话来说，“人为的偶发性”。“‘为什么它可以既随机又有加权倾向？既然是概率，为什么庄家注定会占优势？’大家对这样的问题转不过弯。”霍贝回忆说。遇到电脑科学家哈里根后，他们两人决定开发自己的老虎机模拟器。“我们的想法是，不如我们自己做赌博游戏，让它全程对用户透明，让用户真的看明白典型的老虎机是怎么运作的。”

但是设计这样一款教学软件既不简单也不直接。各赌博科技公司以知识产权为由，拒绝让他们看到“支付表和转轮条带表”（简称“PAR表”，有时也称“概率会计报告”），而只有从这些材料中才能看到游戏的胜率是如何配置以及虚拟转轮是如何映射的。[85] 霍贝说：“他们的保密工作非常严。哪怕是买了机器的赌场也无法从制造商那里拿到PAR表，这些表都锁在保险柜里。”于是他和同事就去各种行业展会开展侦察，尽量搜集商家展位呈现的信息。最终他们去了美国专利局，拿到了很多公开的老虎机专利。[86] 他们把这些专利拿回自己的实验室，雇了鉴证科学家通过逆向工程推导背后的数学。最终发布的教育软件名为“安全于玩”（Safe@Play），它可以让玩家探索老虎机的内部，了解它们的真实工作原理。用户可以“展开转轮”或“拔出微处理器”来观察RNG如何工作。这个软件“揭秘了赌博机的隐秘特征”。[87]

作为一名资深赌瘾治疗师，霍贝承认，自己这个为赌博者祛魅的项目仍然有其局限性甚至荒谬性。“即使我们通过教育手段揭秘了赌博机，[强迫性赌博者]依然会玩。”我请他进一步解释。他说：“因为一旦上了赌博机的钩，就会有另一种东西冒出来，让你欲罢不能：万念俱灭，唯它独尊。”霍贝所说的“另一种东西”就是迷境的致命钳制。玩家开始玩的时候，可能是因为对运气心存侥幸，而机器的程序也确实会强化这种魅惑性的感知扭曲，但迷境上场之后，就碾压了这一切。正如在引言中莫莉告诉我们的那样，一开始可能是赢钱的希望引诱她不断玩赌博机，但在这样的过程中，她发现机器可以带她进入迷境，而比起赢钱提供的有限奖励，这种不间断、不缩减的“可能性”状态更胜一筹。在霍贝看来，赌博机隐秘难测的诱惑力只是“钩子”，而非“钳子”，用他的话说，只不过是“早期诱捕机制”或“迷境的免下车通道”而已。他认为，这种诱捕机制利用了新赌客的认知期望，让他们玩得足够久，从而最终使他们自我最大化的目标“赢钱”，转变为自我消解的目标“迷境”。推广自己的软件时，霍贝认为它主要是一种预防手段，一种“防止开上成瘾坡道的路障”。他告诉我，一旦玩家进了连续赌博的循环，“任何理性行动都没有了意义”。

赌瘾人士都非常清楚，他们在迷境中毫无理性可言，就算对赌博机这个小方盒的内部机制了如指掌也没什么意义。自助餐厅服务员罗拉说：“我对它的机制不好奇，也不惦记。我知道机器是电脑控制的，知道它们有芯片，但这真的不重要——事实上，我玩的时候根本不想这个事情。我一点也不关心，我只想看后面的牌。”税务会计师谢莉也说过同样的话：“虽然我跟其他人讨论过机器的工作原理，甚至还和造机器的、给机器编程的人聊过，但我玩的时候从来不会想机器里面的事。”前文提过的电子技师兰德尔曾检查过机器的内部，也知道它们的存储芯片是如何工作的。“我算是个挺聪明的人，有理性的。但只要一赌博，理性就被抛去了九霄云外。”罗丝最终也意识到，自己的赌博机揭秘计划徒劳无益：“拿到学位后，我理解了机器内部的一切。每次开始玩的时候，我都会意识到这些知识，会在脑中画出电脑内部的运作详情。但接着我就会把脑袋里的这些知识关掉。”

很多赌博机设计师说到自己玩自己设计的机器时，都常会指出这种“关掉”知识的现象。设计机器时，他们受计算理性的统御——他们为机器选择颜色和声音，设计复杂的数学算法，计算赔付率和风险概率，仔细研究机器的性能指标（用韦伯式的语言来分析，他们试图让“早年间似乎由运气统治的一切，变得可计算、可预测”）。然而，当他们自己赌博时，计算理性就烟消云散了。船锚博彩公司的约翰·瓦列霍（John Vallejo）对我说：“虽然在统计上我知道自己的机会有多少，但很惭愧，我自己玩的时候还是会忍不住冒风险，做迷信行为……尽管知道不可理喻，我还是有一种期待感；尽管知道机会渺茫，我还是忍不住去冒险。”巴利的一位设计师也有同样的感触：“这些游戏的数学算法都是我设计的，但这没用；我自己玩的时候还是会做冒险的非理性行为。”正如萨奇曼在她关于人机关系的书中所写：“知道概率并不影响我的赌博行为。当我在机器前坐下时，基本上那些知识就变得无关紧要了。哪怕是对知道［机器内部工作原理］的人来说，电脑都有一种‘不可还原性’，这在人造物品中是独一无二的。”[88] 电脑化的赌博机似乎有了自己的生命，即使对其设计者也是如此，它变成了一种魅惑的能动主体，而不仅仅是零件装配起来的东西。硅博彩公司的加德纳·格劳特（Gardner Grout）描述了机器的“能动感”如何增强了他的游戏体验：“我常会主动屏蔽关于机器的知识，因为一旦我告诉自己这里的事件是完全随机的，与我的行动毫无关系，那我就无法获得自己想要的游戏体验了。所以某种意义上，我把心里的那部分知识关掉了。就好像我是在欺骗自己一样。”

在人与赌博机的接触中，发生的是多项欺骗性幻觉。业内的设计师主动引入技术来欺骗赌博者，有时他们为自己的欺骗策略担忧（如上文在博彩管理委员会前的证词），有时又坚持以“这是用户自己想要的”来为这些策略辩护。而赌博者也在这份幻觉中扮演了合谋的角色，为进入所追寻的强迫性状态，他们会“关掉”自己对赌博机内部机制的一切知识。上一章我们讲了感官上、情感上的“不对称合谋”，而这里发生的事也一样。只不过在本章的情境中，这种不对称存在于两种取向相遇之时，它们都关乎几率的魅惑力，但在实践、认知和时间等多个层面都截然不同。

设计师的取向是计算和理性，着眼于统计的远景，那里有赌场的利润保证；而赌博者的取向则是体验和情感，聚焦于每次转动后不可预测的结果。随着赌博的深入，玩家越来越不关心输赢，只想继续游戏。有两位赌博研究者澄清说，这并不是说重复性赌博者在玩赌博机时的行为“没有逻辑”，因为“他们的策略仍然复杂、有适应力、凭直觉而动”，只是这些策略“并不出于贪财，也不依赖对胜率的‘理性’计算”。[89]这一点我们在后面的章节还会进一步探讨。另一位研究者写道，虽然“玩家可能‘知道’胜率很小，久赌必输”，但另一种“认知可能在主导赌博过程，特别是当机器就是为了这种效果设计出来的时候”。[90]在计算与直觉、理性与情感的裂缝中，赌博业追求利润，而赌博者则追寻迷境。

第二部分

反　馈

不同类型的机器很容易匹配不同类型的社会。这不是因为机器在做判断，而是机器表达了生产和使用它们的社会形式。

——吉尔·德勒兹

鼠民

一位名叫达琳的赌友在一家戒赌网站上贴出了如下活动记录：

凌晨3点，几乎只剩我一个人。我必须去厕所，但又不想离开机器。

凌晨5点，还没走。被烟熏得够呛，饿得要死，膀胱绞痛，屁股坐得生疼。

早上6点，总算站起来了，穿上外套，但还是不想走。让服务员帮我看着机器，我去撒尿。尿出来时舒服得差点哭了。在厕所的镜子里看到自己的脸，吓了一大跳。我再也不想看到这张脸了：这张孤注一掷、烟熏火燎、饥肠辘辘的脸，属于一个连上厕所和回家都做不到的女人。接着玩——穿着外套站着。

早上8点，吃早餐的人陆续来了，我害怕碰到熟人。终于回家了……

我是怎么走到这一步的？整整15个小时？除了照顾自己的孩子们，我这辈子还从来没连续15个小时做同一件事。我早就过了那个年纪，已经是当奶奶的人了。可我算是个什么奶奶？一个没有自制力的傻瓜。竟会被那些东西催眠、陷住。可到底是什么东西？机器？音乐？灯光？到底是什么？

我的人生可说鲜亮——没有酗酒、没有吸毒、无须奔忙也不被碾压。几个孩子也都不错，小有成就。也碰上了几次好机遇。我的生活一直甜蜜美满，幸运无比。我不理解。

达琳关于机器引诱自己堕落的帖子得到了很多回复，其中不乏同情与鼓励，但她的问题——到底是什么——却无人回答。她又问了一次：

你们都说“感同身受”。真的吗？还有其他人体验过这种挪不动步的感觉？为什么会这样？谁能解释机器施加给你的这种沦陷感、催眠感？这些感觉不是想象出来的，对我来说，它们实实在在——我真的没法起身离座。你们知道这股力量有多强吗？我连上厕所的力气都没有！

各条回复再次对达琳这种类似“瘫痪”的体验表示了理解，但还是没人回答她的问题。一个赌博者写道：“我能理解你的感受，过去我也整天整天坐在视频扑克机前。”另一个写：“我也是坐在机器前起不来。”再一个写：“我就像被粘住了一样，经常一坐就是整整 10 小时，不出意外几乎就上不了厕所——有时真的就不去。”还有一个写道：“我懂这种感觉。过去我也坐在赌场那个天杀的椅子上，身体根本不听使唤。只有钱都用完了我才会走，走时恶心得要死。”

达琳对这些同情的回复并不满意，她继续追问：

我仍然对这个“催眠”现象很感兴趣。有人能解释这是什么原理吗？为什么我们这些人会陷入这种瘫痪之中，时间、责任心、逻辑甚至运动能力都被擦个干净？尿急却不去，这绝对不正常，但这种事偏偏就在我和很多别人身上发生了。

一位女士的回复比较偏医学诊断风格，列出了症状和相关的生理学解释：

你描述的这些长时间赌博后的症状，如头晕、恶心等，可能与下列因素中的一个或数个有关：缺乏进食、缺乏睡眠、咖啡因过量、排泄不当、久坐、感官刺激过度（铃声、灯光），及输赢引起的情绪起伏。值得一提的是，女性强迫性赌博者通常会经历反复的膀胱发炎及真菌细菌感染（久坐、饮水不足、不去排尿）。

然而这种临床风格的推测与前面的回复一样，没有回答达琳的核心问题。她还是不放弃：

我还想了解另一件事：视频赌博机的催眠效应。我不相信有什么东西能有这么强的成瘾效果，但我的直觉告诉我，这一整套东西的设计初衷就是钩住我们、牢牢钩住。能让我们进入那种恍惚状态，这些机器和相应的赌场环境肯定是做了手脚的。

最终，网站上出现了一篇不一样的回复：

达琳呀，亲爱的达琳，

老虎机不过是人类版的“斯金纳箱”！他们钉住你的手段没有什么神秘，机器就是为这个设计的。它利用了操作性条件作用原理。最早研究条件作用的是B. F. 斯金纳的大鼠实验。我相信你还记得小学时学过的：把大鼠放在箱子里，隔绝箱外的刺激（就像赌场一样！），箱子里有一个拉杆（或踏板）。大鼠碰拉杆，会得到一颗食丸，就像老虎机赢了可以吐硬币一样。于是大鼠学会了，只要压拉杆，它就能获得奖励（正向强化）。

接下来狡猾的部分来了。如果大鼠每次压拉杆都能得到食物，那就没什么新鲜的了：它只会在饿的时候压动。但实验的条件作用过程不是这样的。这里就要说到所谓的“间歇性强化”了。简单说，间歇性强化的意思是奖励（食丸）是随机给出的：有时大鼠什么也得不到，有时得到寥寥几颗，有时则得到一大堆（听起来是不是很耳熟？）。它永远不知道自己什么时候能得到食丸，所以就压拉杆压个没完，一遍一遍又一遍，哪怕什么也没得到。于是老鼠发展出了强迫性行为，你也可以说是上瘾。这，就是老虎机所依赖的、以及你为什么会依赖它们的原理。

达琳回复说：

老天！！！这回答太赞了！我觉得好像上了一堂行为心理学补习课！虽然之前不太懂“条件作用”和“响应式对话”到底是怎么回事，但我早就知道这些机器里有猫腻，把“正常”人骗进陷阱……你把我心里的事实写明白了！

也许我们应该成立个小团体，就叫“鼠民”，因为我们也不知道掉出来的是甜食丸还是毒丸。我现在闭上眼睛，就能看到一只61岁的母老鼠，她精疲力竭、可怜兮兮、饥肠辘辘、口渴难耐、膀胱肿胀、毛发蓬乱、龟裂的皮肤沾满烟渍、衣服又皱又垮，趴在某台天杀的老虎机上，永无止境地拉那根拉杆，希望再来个什么小丸……

这篇关于间歇性强化的帖子不仅满足了达琳的疑问，还在论坛上进一步引发了一系列行为主义倾向的感伤，这种言辞在这个论坛还是首次出现。在接下来的几周里，“鼠民”不断冒头。一个赌博者说：“我赌博的时候就像是被鼠夹夹住的老鼠。”另一个说：“对，我觉得自己就像个鼠民，钱输光之后从一个漆黑的地洞里钻出来。”在赌博者的帖子中，除大鼠之外，信鸽、猕猴、巴甫洛夫的流口水的狗都不断客串登场。一名男子写道：“我觉得我就是排在最开头的一只动物，每次都第一个跑去压杆，看奖品是什么。”

第四章

市场匹配

创意、强化、习惯化

1998 年的主街车站赌场。我和莫莉一起坐在她获赠的酒店房间窗前。她回顾了自己的赌博发展史。故事从 20 世纪 80 年代中期开始，起点是她丈夫教她在一台手持设备上玩视频扑克。“在那台了不起的小机器上，我磨炼了自己的技巧，比如用什么规则来做决策，比如拿到两个 4 的时候留着 K 还是留着 Q。我上瘾了，真的上瘾了。”后来她升级到了真正的视频扑克机，然后升级到一个叫“狂野二点”（Deuce Wild）的版本，接下来是“双奖”（Double Bonus），最近又升级到“三倍乐”（Triple Play）。在这个最新版本中，她可以用一手牌同时玩三局不同的游戏。她对我解释说：“三局游戏就有三种不同的结果——这有点像是耐受性，喝酒的那种耐受性。我对游戏强度的要求越来越高，但总有机器能满足我。”

此后再在谈赌博机的情境下听到“耐受性”一词，是 1999 年的赌博业年度大会。当时来自全国各地的业内专家齐聚一堂，共商“视频赌博的未来”。一位研讨嘉宾说：“技术正在渗透进社会各个方面，人们对自身周围的技术习以为常，对他们来说，使用这些设备已成日常规范——事实上，他们已经开始期待技术。人对技术的耐受性正在提高。”[1] 他对“技术”一词的用法与莫莉不同，莫莉用这个词表达自己在赌博技术不断强化背景下的依赖性，而在这位嘉宾则是要表达市场有能力适应赌博技术的创新及随之而来的游戏复杂性提升。研讨会的主持人说："人们正在适应越来越复杂的游戏。"[2]

不论我们把这个现象称为成瘾性也好，适应性也罢，莫莉和这位研讨嘉宾所说的耐受性，都受游戏"赔付计划"的重大影响。所谓赔付计划就是一套数学脚本，它决定了以怎样的频率展示（或不展示）输赢结果。[3]在这一点上，今日赌博研究者的发现，与20世纪中叶的行为心理学家对信鸽和大鼠进行实验后得出的结论别无二致。特定"奖励计划"强化行为的效力主要不取决于当事者净收益或净损失的大小，而更多与发放或扣下奖励的频率及模式有关。[4]我曾向久在IGT的一位高管请教，为什么一些游戏比其他游戏更容易让人欲罢不能，他指给我一本教材，内容是B. F. 斯金纳的行为强化理论，或称"操作性条件作用"理论。[5]有趣的是，1953年斯金纳就从另一个角度出发，把赌博机作为最强有力的强化计划的例证：在赌博机上，当事人永远不知道奖励会在什么时候出现，会有多少。[6]

按前文中自称"鼠民"的论坛发帖人提到的模式，此类计划的奖励既要足够频繁好吸引玩家继续，又不能过于频繁而导致单个设备赔钱。斯金纳写道："赌博企业按照一种计划给出奖励来维系赌客继续，但长期看，赌场支付[出去]的钱会比赌客下注的钱少。"[7]他描述了如何"拉伸"强化计划，好在赌博者开始输钱时依然能延长赌博时间："这种拉伸可能是偶然的（手气一开始很好，后来一点点变坏，这种情况就可能培养出全情投入的赌博者），也可能是被胜率的操控者有意摊薄了赢面。"[8]上一章分析的虚拟转轮映射技术，其发明让赌博机开发者不再依赖于机械转轮的结构特性，从而赋予了他们额外的胜率操控力，并让他们能实验新型的赔付计划。而在本章我们会看到，视频技术的应用给了开发者更大的自由度，机械转轮已完全无须在考虑之内，这使开发者能把实验推向更远，并开发新的游戏，其奖励计划能更为高效地拉伸赌博时长，摊薄赢面。

从钩子到钳子

前文提到的赌博游戏设计师尼古拉斯·柯尼格说："数学是我的矛尖。"这表示，老虎机背后隐藏的数学编程是"钩住"玩家注意力的关键。但数学不仅仅是魅惑玩家的钩子或"长矛"（体现为近失效应、对胜率感知的视觉扭曲等），它还是一柄加固的钳子。柯尼格继续解释说："他们一旦上钩，你就会想一直从他们身上捞钱，直到榨干所有。钩刺已经深入他们的皮肉，你这时会大力收钩。"如果换一种不那么冒犯的比喻，他会把数学的钳制力比作一种温柔的劝说。"玩家就像躺在你的数学模型上休息，而你要做的就是让他们舒服；他们在一套看不见的结构中投入了大量金钱，所以你需要让他们感到可以信任这东西。赌博机要通过发放奖励来传递这种信任。"IGT 的 CTO 也持同样观点，他认为重要的是让玩家"喜欢数学带来的感觉"。[9] 在我们访谈期间任巴利高管的马库斯·普拉特（Marcus Prater）也表示："数学是留住玩家的关键。"[10]

为增强赌博游戏的数学钳制力，各机器制造公司专设了部门，招聘诸多经验丰富的数学家来搞所谓的数学农场，模拟各种不同的赔付计划的效力。这些模拟运算为基于人口统计学的精细运营提供了指令，用普拉特的话说就是"使数学匹配市场，计划类型匹配玩家类型"。他告诉我："有可能两台机器在外观上非常相似，但指挥其运作的概率公式完全不同。"他说换个视角来看，人类也一样："不同类型的人在不同的机器和不同的数学中发现自我——这是个完整的生态系统。"通过调整游戏的数学配置，设计师们希望能在赌场的人机环境中匹配到更广范围的个人偏好。普拉特说："我们理解人类，再为他们创造不同的数学算法。"（见图 4.1）

说到玩家类型，按当时船锚博彩公司的约翰·瓦列霍的解释来说就是："基本上是相对的两极，和之间的几档不同梯度。"一极是行动派，也称头奖型或为赢而玩型玩家。他们为了能大赚一笔，即使输很多钱也在所不惜，所以他们喜欢"高波动性、低中奖率"的游戏。这

图 4.1 赌场行业杂志的独家特稿“老虎机玩家脑子里在想什么”。
图片由《赌场杂志》(*Casino Journal*)提供

类游戏提供大额奖励，但可能很长时间一点奖励都没有，只回报那些敢于冒险和耐力十足的玩家。[11] 瓦列霍说：“他们不喜欢小打小闹。他们愿意花几百美元，因为他们的目标是头奖。”另一极是逃避派，也称机上时间玩家或为玩赢再玩型玩家，他们为了经常赢些小钱以便玩得更久，愿意放弃中大奖的机会，所以他们喜欢“低波动性、高中奖率”的游戏。这类游戏的程序会经常给一些小甜头（或者用斯金纳学派的话来说，给一些强化）。[12] 这类游戏被形容为“点滴式”“磨人式”“细水长流式”游戏，会把玩家的预算一点一点啃啮干净。瓦列霍评价说：“有些人就是喜欢这样慢慢淌血。”

普拉特向我展示了当时巴利正在研发的两款机型的赔付图，说每个机型对应“一类不同风险偏好的受众”。其中一张图上有一系列高耸的峰值，归零的速度也相对较快，它代表着大额低频的中奖及玩家的机上时间更短；另一张图则是缓缓的长坡，峰值出现频繁但数值较小，它满足的是更为厌恶风险的玩家，允许他们在更长的时段里平稳地玩下去。普拉特解释说："在两种机器上，你最后的结局都一样：钱包清空。只不过第二台机器花的时间更长，你的钱被吃得更慢（见图 4.2 上，柯尼格手绘的示意图）。"在长时积累的赌博之后，两类游戏最终都是赌场赚钱；它们的任务是调制出特定的风味以适应市场的不同偏好。一位赌博游戏设计师兼顾问写道："这是一种平衡，需要我们认真关注游戏到底是怎么玩的，玩家又是什么感觉。"[13]

本章中我们会看到，这些赌博游戏开发者的数学调整，不仅仅是简单地观察既有的不同市场偏好并迎合它们，更会大力塑造市场的偏好。在一种紧密的反馈回路中，游戏的强化计划围绕玩家的偏好进行调整，而玩家的偏好也因长时间地反复接触特定的"几率配方"而改变。IGT 会给自己将入职的技师一本指导手册，其中写道："玩家、市场和游戏特性都是动态的，自有其风尚和趋势。新的游戏不断推出，市场也不断动态变化。技术在变，玩家也在变。"[14]

下面的几页中，我们就来看一条具体的演变线索，看它怎样形成自赌博技术格局与市场风气的相互影响和共同变迁。从 20 世纪 80 年代开始，随着赌博的合法化和"重复性赌博"的兴起，高中奖率的数学模式渐在赌博游戏开发者和玩家中流行开来。一方面开发者了解到这类游戏能为赌场带来更高收益，同时赌博者也发现，这类机器能为他们提供更长的机上时间——至少看上去如此，因为这些机器会一点点"吃空他们的钱包"，而不会大起大落（见图 4.2 下）。[15] 虽然双方的这些了解大都出自偶然——开始时仅是制造商的一点数学微调引起了玩家的一些反馈——但从那以后，整个行业就开始有策略地引导（或者用业内的话来说是"迁移"）玩家去玩这种一点一滴、慢慢出血的游戏类型。一位业内人士把这种以量取胜的策略称为"赌博业的开市客（Costco）模型"。[16] 于是，赌博机制造商们大搞匹配演练来"提供优秀的数学体验"（普拉特语），立刻就适应了用户并提升了他们的游戏强度。贵族赌博公司（Aristocrat）的一位营销经理在提到其公司越

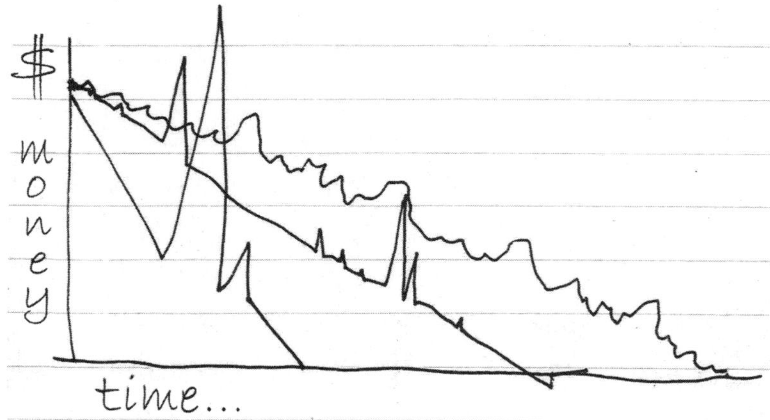

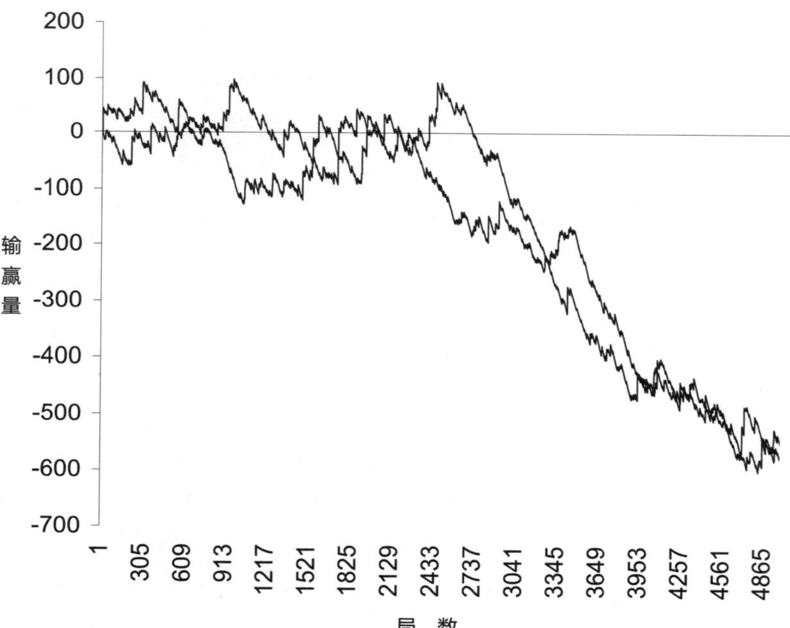

图 4.2

上：三种不同游戏的趋势投射，假设起始赌资相同。最短的一条线代表了“高波动性、低中奖率”的游戏，最长的线代表“低波动性、高中奖率”型，中间的线则代表中等的波动性和中奖率。赌博游戏设计师尼古拉斯 · 柯尼格为本书作者绘制。

下：同一台赌博机上两位不同玩家的模拟结果，假设庄家优势仅为 5%。该图跟踪了两个玩家的 5000 局游戏，游戏时间约为 4—8 小时（依机器速度及操作速度而不同）。下坡代表“流失率”（churn），即赌资随时间而减少的速度。虽然两型玩家都有赢钱，但由于赢来的钱又被重新投入赌博，赌场最终会逐渐蚕食玩家的战果。假设每局下注为 3 美元，两个玩家在本段游戏期结束后的损失为 900 美元。图表由赌博分析师奈杰尔 · 特纳绘制发复杂的游戏时说:“行业在成熟,玩家在成熟,需求也就越来越多。”[17] 玩家被纳入了这场“成熟化”的进程，对游戏强度的耐受性也随之越来越高，这进一步刺激了设计师们一再挑战新的强度。

为玩而玩：视频扑克

1998 年一个星期三的下午，罗拉和我在“山姆镇”（Sam’s Town）的赌博区见面，然后穿过一排排赌博机向自助餐区走去，还有几分钟就该换班去那边了。“吃好玩好！”一排机器上方的标语这样写着。“牛排之夜！”另一条标语写道。山姆镇位于拉斯维加斯东南一处安静的十字路口，伫立在一片沙漠之中。自 1979 年开业以来，它一直是面向本城人口的赌场中最受欢迎的一个。与其他主营本地客户的赌场一样，它吸引顾客的方式是提供免费餐券和针对大额赌客的会员优惠计划。那天下午，赌场既不满也不算空。赌博机玩家三三两两地坐在赌场中，每排机器前只坐着一两人。我们路过他们身边时，罗拉对我说：“大家玩的时候基本不跟人说话，所以你不管坐在哪里，都是与世隔绝的。”

山姆镇的赌场区规划得简单直接：又长又窄的一排排机器，视线很好，过道直来直去。面向本地人的赌场，其布局原则与面向游客的赌场在一些关键点上非常不同，这些原则出现于 20 世纪 70 年代晚期，以适应当地的人口膨胀。虽然度假游客可能会在迷乱的空间中感到兴奋，在身处蜿蜒如迷宫的赌场建筑中时会产生一种神秘感，但本地赌客对这种室内设计毫无耐心。1993 年，某设计团队的一位成员对我解释说:“本地人希望一切都标示清楚，路线明确。他们只想赶紧停好车、走进来、开始赌——他们想像牲口那样排成一排。”他记得曾经有家受欢迎的本地赌场跟赌城大道上的那些奇妙主题度假赌场学习，尝试了环形的赌场布局，但收入损失巨大，于是不得不改回了原来的方格子布局。“本地人根本受不了那个。他们想要最快路线。”[18] 有可能是对那些游客赌场的迷乱布局审美疲劳，也有可能他们已经明确知道自己要什么，这些本地的赌场常客只想最直接最方便地找到机器。本地市场的赌场设计追求的不是魅惑，而是方便和习惯。[19]

在面向本地人的赌场中，视频扑克机占绝大多数，这也反映了本地赌客的强烈偏好。1979 年，也就是山姆镇开业的那年，IGT 选择了这里作为其扑克机的首发地。[20] 他们抱着实验的想法在前门摆了 12 台扑克机，但出乎所有人意料的是，这些机器一夜之间获得了巨大的成功。一位设计师回忆说："当时一天 24 小时都有人在那排机器前，排着大队玩。"这些机器吸引玩家的地方，正是当时多数业内人士认为会让玩家讨厌的点：在机器赌博中引入"技巧"。一位研究赌博业历史的学者写道，这是"一个全新的性能"。[21]

标准视频扑克机的控制屏上会一字排开地向玩家展示 5 张牌。要开始游戏，玩家须按下"发牌"钮，RNG 就会从一副 52 张（如果包含百搭牌，也可能更多）的虚拟牌里"发"5 张给玩家。每张牌面在屏幕上出现时，都会在下方有一个"留牌"钮（见图 4.4 左上）。玩家选择留下及弃掉哪些牌来组成赢面大的手牌，然后按"抽牌"按钮替换弃掉的牌。机器会再从 RNG 中取数（不过这次是从虚拟牌堆里剩余的 47 张中抽牌），并把新换的牌显示给玩家。玩家赢多少取决于不同的牌面组合，如三条（8-8-Q-8-3）还是同花（如 5 张都是方片）。[22]

视频扑克机打开了新的市场，吸引了那些对纯靠运气的经典老虎机不感兴趣的人。用一位赌博游戏开发者的话来说，它"颠覆了赌博机的总方程"。一位久居拉斯维加斯的本地人说："在老虎机上，你只是拉一下拉杆，然后等转轮停下来。根本没有参与感。"这位玩家玩了很多年真人扑克，在视频扑克机上市不久后就换成了后者。虽然表面上看，需要做出抉择和使用技巧的视频扑克机与迷境的游离状态相左，但实际上抉择和技巧提高了玩家的投入度，把原先老虎机上被动等待的体验变成了强烈的互动性参与（第六章会详解这一悖论）。

鲍勃 · 丹瑟是一位通过"利用赌博业的微小漏洞"赚了几百万的玩家，为那些也有志于赌博发家的拉斯维加斯本地玩家开设了多期工作坊。鲍勃认为视频扑克玩家与老虎机玩家完全不同："老虎机玩家只想搭车，视频扑克玩家则想自己开车。"他把这两种人叫"不同的动物”，认为两类人正好对应了游客与本地人的分别，即不常玩的新手与经验丰富的重复性玩家的分别。瓦列霍说：“游客想要新鲜感、惊喜感和娱乐感。他们喜欢无需技巧、按下按钮就出结果的游戏。游客市场中不太复杂。”贵族公司的创始人曾告诉一位记者说：“游客市场和本地市场是两个完全不同的情境。游客们你给什么他们就接受什么，但本地人对你给的未必买账。”[23] 在赌博行业看来，偏爱视频扑克已经成了重复性赌博者“成熟”的标志，他们对铃声、哨音和纯乎运气的传统三转轮式老虎机已经无感，就像他们对扭曲的通道和游客赌场花哨的内饰已经无感一样。普拉特在 1999 年对我说：“视频扑克是本地玩家的选择。”

本地人之所以被视频扑克吸引，不仅仅是因为它涉及抉择过程，还因为它给资深玩家提供了胜率上的自由。[24] 硅博彩公司的加德纳·格劳特解释说：“你玩得越好，赢的比率就越高，最终你要达到设计允许的胜率极限。”带着一丝敬仰的口气，他承认他自己的客户在他设计的游戏里打败了他：“有些人的分数高到我不敢相信。这些游戏都是程序实现的，我应该是最厉害的才对，但玩家轻易就能把我打败。他们玩的时候卡片走得飞快，我看都看不清，但他们做的选择都对！”那些足够熟练的玩家能利用最优游戏策略获取更长的机上时间，对偿他们的技巧的不是捧走头奖，而是延长游戏时间。

IGT 公司早在 1978 年购买了视频扑克的专利后，就在行业中获得了竞争的有利地位（当时 IGT 的名字还是 SIRCOMA），公司的游戏开发者意识到玩家很重视机上时间，于是找到了利用这种重视的特有方式。视频扑克的开发者之一，思·莱德（Si Redd）解释说：“如果你拿 100 美元去玩老虎机，那么你只能玩一个小时左右，但视频扑克机的设计初衷就是让你可以用同样的 100 美元玩两个小时。”[25] 视频扑克之所以能让游戏时间翻倍，在于其赔付计划（或说奖励发放模式）的设计。视频扑克的近亲机械转轮老虎机可以摇出高额头奖，但也容易让玩家一段时间毫无所获，很快输光离场；视频扑克则不同，它提供了多种多样的奖励，但其中很多额度不大。传统老虎机的平均中奖率只有 3%，但是新的视频扑克机中奖率则高达 45%。按斯金纳所说，这种计划恰恰可以延长对某行为的坚持。[26] 比起三转轮老虎机，视频扑克机虽然在单位时间内收到的下注额只有一半，却能带来两倍收益，因为赌博者的游戏时间变为了四倍。这种机上时间的配方让赌博业在本地的重复性玩家身上尝到了甜头，因为他们通常“时间比钱多”。[27]

在山姆镇初次亮相的十年后，视频扑克机的贡献已经在拉斯维加斯本地人赌场的赌博机总收入中稳稳地占到一半以上。[28] 除了赌场之外，它也成了遍布全城的“便利”赌摊的重要收入来源，包括饭店大堂、酒吧柜台、加油站、自助洗衣店、药房和超市。这些场所过去从没凭传统转轮式老虎机获利，因为它们对本地人缺乏吸引力，又需要时常检修。而视频扑克吸引和保留本地赌博常客的能力，无机器能出其右，检修维护成本又很低。本城人口的快速增长为视频扑克机带来了巨大的本地市场。[29] IGT 的网站在提到这段历史时说：“视频扑克机当时太受欢迎了，所以原本的立式款式还被改造成了吧台款，为当地酒馆带来源源不断的现金流。”[30] 1983 年一位本地赌场经营者告诉记者：“我们在拉斯维加斯酒吧里有超过 500 台机器，其中只有两台是 [转轮式] 老虎机。虽然我从没想到我会看到这么一天，但至少对去酒吧的本地人那样的熟手玩家而言，传统老虎机已经时日无多了。”[31]

1984 年，视频扑克机上市仅 5 年，当时拉斯维加斯居民中已经有 32% 表示视频扑克是他们最喜爱的赌博游戏；到 1998 年，这一比例已升至 54%（游客中这一比例仅 11%）。[32] 本地市场对这种强互动、注重机上时间的游戏的偏好已然成型，同时新的游戏设计逻辑也证明了自身的正确性。

像 IGT 发给老虎机新人技师的指导手册上所写，“玩家、市场和游戏特性都是动态的”，那么视频扑克的设计到底是怎么与玩家涌现的偏好共舞、一起进化的呢？赌博相关的法律规定，RNG“抽取”的

一副虚拟视频扑克必须正好有 52 张牌，因此视频扑克利用数学对胜率的创造性再配置，与我们在机械式老虎机及视频老虎机那里所见的类似：扩展转轮，直到囊括几百个图案。[33] 瓦列霍解释说："对视频扑克这样的游戏来说，它们的数学宇宙是有限的，你能玩出的花样只有那么多，即它们在统计意义上的灵活性并不高。"视频扑克设计师们能做的，只有改变不同赢牌组合的赔付金额，于是原始游戏版本的各种变体很快就出现了。例如在前面莫莉提到的"狂野二点"变体中，2 是百搭牌（这样赢面上升而赔付金额则相应下降）；在名为"双奖"的变体及类似的"双双奖"中，四条（炸弹）的奖值特别大。提升中小奖项的奖值，可以加大玩家的赢率，同时增加强化作用的产生机会。（我们在第一章认识的赌场室内设计师比尔 · 弗里德曼也表示："频繁的小赢应该对顾客有更好的强化。"[34]）

紧跟视频扑克支付计划变化的是赌博者的策略，他们似乎集体改换了游戏目标，从中头奖变为追求不大的胜利。多姆·蒂贝里奥（Dom Tiberio）是巴利的资深数学家，他在闲暇时间也赌两把。他说："只要你玩得够多，你就会渐渐开始了解机器的支付逻辑。我们这些本地人发现，玩四条的赢率比在传统视频扑克机上要高。这样你就能玩更长时间了。"本地玩家不再一心想玩出"皇家同花顺"（5 张牌的最大同花顺）拿头奖，而是冲着那些赢钱少一些但更容易赢的牌面努力，这种牌面被业内称为"够得到的头奖"。一位工作多年的超市老虎机服务员也对我提到了玩家不再追求皇家同花顺之后的改变："过去，我的不少客人会对机器发火——打骂机器、砸玻璃；这种现象大大减少了……我想这是因为他们不再那么追求头奖，所以就算失手也不会那么愤怒。"蒂贝里奥在 2000 年对我解释说，随着赌客行为的这种改变："制造商开始聚焦于所谓的'支付计划的上中段'，所以现在你能看到很多此类机器。"那一年，在斜穿本地多处居住区的一条漫长大道边立起了一块赌场广告牌，它问开车人："为何忠于'皇家'……"开出一大段后，另一块广告牌上接着写："……明明能赢四条？"

1999 年，亨特尔评论说："简直就像赌博的大众已经对头奖（皇家同花顺）有了耐受性。”他接着写道：

> 视频扑克刚面市时，典型玩家会吹嘘他们出过多少个皇家同花顺，或一天之内出了多少。现在大家已经不太这样了。现在最流行的扑克机可以说已经挤走了别种机器，它们的程序是吸引玩家来玩四条、双奖和三倍乐，而非皇家同花顺的。这些牌面的强化力道小于皇家同花顺，但它们的强化频率更高……对逃避派赌博者来说，这是最完美的强化方式，因为他们不在乎赢钱——他们在乎的是能玩多久就玩多久。我想各赌场已经意识到了这一点。

亨特尔所描述的现象就是一种相互响应的调整过程。赌博行业“意识到”最忠实的客人追求的是延长游戏时间，因此对机器进行了相应的校准，同时这些客人也“学到了”（用蒂贝里奥的话来说）如何校准自己以适应新机器。[35] 机器更精准地适应着市场的倾向，市场的倾向也随之改变。这种动态过程是反馈机制产生的一项精微调整。提升游戏的赢面，就提升了机器对玩家的强化频率，而玩家期望的变化又推动了后续的设计创新，进一步提升了强化频率。

这种市场偏好和游戏设计之间精微的相互塑造动态作用，明显地体现在了拉斯维加斯赌博成瘾人口的构成变化上。至 20 世纪 90 年代初，在亨特尔诊所治疗赌瘾的人中，约 97% 的女性和 80% 的男性只玩视频扑克，随着更多男性开始玩赌博机，这个数字还在提升。[36] 过去，典型的赌博成瘾者是老年男性，通常赌体育赛事或扑克，赌上十年才会去寻求治疗和帮助；现在，典型赌瘾患者变成了 35 岁的女性，有两个孩子，玩视频扑克不到两年就开始寻求帮助。[37] 随着新赌博类型的出现和发展，强化模式进而赢利模式从很难出现的高额奖金变成了持续出现的小额奖金，一种新型的赌博者开始走向赌瘾舞台的中心。这种新型赌瘾以极端的方式体现了在更广阔的市场上“逃避派”对“行动派”、追求机上时间对追求波动性的吸引力优势——这一趋势在接下来的十年中还会持续发酵。

更加顺畅的旅程：视频老虎机

虽然在20世纪80年代拉斯维加斯的重复性机器赌博者中，视频扑克最受青睐，但大多数赌博者对电脑化的屏幕游戏保持着警惕，他们仍然坚持着自己对机械转轮式老虎机的偏爱。虽然在虚拟转轮映射技术的帮助下，这些老虎机可以给出更高额的头奖，但是它们的支付频率毕竟太低，无法支持规律的、长时间的游戏。要想理解美国赌博者如何大范围地转向“机上时间”式赌博，我们可能要先研究一个不同的赌博市场。在那里，一种不一样的视频赌博形式正崭露头角，最终占领了整个美国市场。这种新形式称为“多行”视频老虎机，它找到了一种全新的方式来提升中奖概率、机上时间及强化的频率。

1951年，美国通过了《约翰逊法案》，规定内华达州之外禁止开设赌场，这一法案导致了绝大多数本土主要老虎机制造商的倒闭。巧合的是，颁布这一法案时，澳大利亚的新南威尔士州刚好颁布了赌场合法化的法案，使新南威尔士很快就成了世界第二大老虎机市场。一个名为“贵族”的赌博公司快速占领了市场，成为本地老虎机制造商的领跑者，并在接下来的几年内迅速获得了国际知名度，被视为行业的技术创新者（如今它在全球市场上的地位仅次于IGT）。90年代，澳大利亚的赌博企业与腰包干瘪的澳政府携手合作，希望重振当地经济，因此老虎机得到了政府监管的松绑。几乎一夜之间，老虎机就占领了全国的社区活动中心和各种俱乐部，一个蓬勃发展的本地赌博市场被创造出来。[39] 到1998年，超过80%的澳大利亚人有过赌博经历，40%是经常性赌博。[40] “在这里，你被老虎机撞的概率要比被车撞的概率还大。”这话来自一位美国的赌博机开发者，当时他正在1999年的G2E上参观贵族公司精美的展厅。那一年，澳大利亚的老虎机数量占到了世界总量的1/5，人均拥有的老虎机数量是美国的5倍。[41] 即便如今，澳大利亚仍是所有允许赌博的主要司法辖区中人均机器数量最高的，大约每 80 名澳大利亚成年人就能分到 1 台赌博机。[42]

但澳大利亚几乎没人玩视频扑克，机械老虎机也极为罕见。相反，几乎所有赌博机都是视频老虎机，直到最近，这些机器还被美国人称为澳版 / 澳式老虎机，而澳大利亚人则通俗地称之为“扑扑机”（pokie，起于基于扑克的初代机械赌博设备）。[43] 视频老虎机遵循了巴利在 60 年代末机械老虎机上推广开来的“翻倍”方案，即允许玩家每次下注多枚硬币（通常是 3 枚，也有 5 枚的），每多一枚硬币都能让玩家在赢钱时收获翻倍。[44] 1968 年，巴利引入了一种多中奖线（或称“多线”）机型，允许玩家针对视窗上出现的上中下 3 行中奖线（每行三个图案）下注。[45] 下注一枚硬币可以激活第一行中奖线，下注两枚可以激活上中两行，3 枚则激活全部 3 行。很快，五线版本就进入了市场，在原来的基础上加入了两条对角线，就是将窗口中的 3×3 图案矩阵的对角线连起来。这种游戏提供了超过 50% 的赢率，即每次转动有 50% 以上的机会至少在一条线上获得胜利组合。这意味着玩家的钱可以用得更久，也意味着更久的机上时间。同时，这也意味着这种机器产生的强化效果是普通单线游戏的 5 倍。

到 70 年代初，多线翻倍机已在美国司空见惯。但是，机械转轮的物理参数，限制了这一方案的进一步扩展。不过美国的玩家和制造商并没有勇敢地拥抱可以解决这些问题的视频游戏版本。与此同时，澳大利亚就是另一个故事了。贵族公司发现，视频游戏机发展迅速，已经威胁到了机械式撞球游戏机，因此该公司在赌博技术方面选择了视频的道路。[46] 1987 年，贵族公司发布了一款视频老虎机，在视觉上和手感上都酷似市场上最流行的两款机械式老虎机。这款视频机器马上获得了巨大的成功。受其鼓舞，贵族公司进一步开展了视频技术上的实验，以创造出奖金更小但更高频的支付计划，吸引那些下注金额不高的重复性玩家：在 90 年代澳洲放开监管之后，这类玩家占到了澳洲赌博市场上的绝对多数。

1993 年，贵族推出了第一款 9 线视频老虎机。在这台机器上，玩家不是在一条线上下注 3 枚硬币，而是 9 条线的每条上都可以最多下注 5 枚硬币，即一手最多可以下注 45 个币。很显然，这种机器的吸引力不在于要花更多的钱才能获得最佳胜率，而在于出现获胜组合的概率大增，让玩家可以玩得更久。在后续的迭代升级中，中奖线的数量持续上升，不仅有直线，还有折线。因为使用了视频的方式，加入（或者更确切地说是模拟）更多的转轮，在同一个转轮上显示更多的图案，都非常方便。此外，视频还能轻易地让中奖线变成闪烁的彩色，方便玩家看到本来不那么明显的胜利组合。[47] 图 4.3 展示的 2006 款机器有 5 个转轮，4 行图案，有 50 条可以下注的中奖线。

每多加一条中奖线，视频老虎机的获胜频率和强化指数都会上升，而同时上升的还有它的人气。虽然在这类机器上通常更少有机会赢头奖，但同时，遭遇一连串坏手气、快速输光的风险也大大地降低了。即使在输得精光确实会很快发生的时候（如果下注够大、游戏速度够快的话），它也是逐渐发生，通过一系列小步骤的累积来完成的，从而保证玩游戏的流畅节奏。很多我访谈过的设计师会称之为“更加顺畅的旅程”（见图 4.2 上）。1999 年贵族公司的某位代表这样评价多线老虎机：这种游戏能“让玩家产生自己的下注物有所值的感觉，但仍会快速榨干他们的钱包。”[48]

无论这些机器是真的延长了玩家的机上时间，还是仅仅制造了这样的感觉，它们的玄机都在于：机械式老虎机玩一局，要么什么都没有，要么获得比下注金额多得多的回报，而多线游戏只是支付的频率增加了，但支付的金额通常小于下注金额。[49] 一位赌博游戏设计师兼顾问写道：“通过创造一种收获小于下注的‘胜利’，我们在给了玩家一种胜利感的同时还能继续收割 [他们的] 钱包。”[50] 为了传达这种“胜利感”，赌博机使用的视听反馈——彩色闪烁的线条、声音、音乐——与实际赢钱的时候一样。船锚公司的兰迪·亚当斯（Randy Adams）说：“感知上，你总是在赢，但实际上并不是，你下注 25 个币只赢回来 15 个，下注 45 个赢回 30 个，如此反复。”

与虚拟转轮映射及“近失”效应相同，这里的关键是“感知”。然而在这个例子中，机器所传达的感知不仅仅是赢钱的盼头，因为某

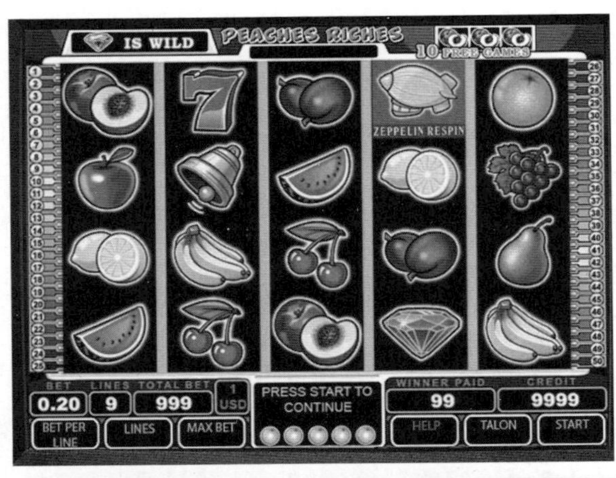

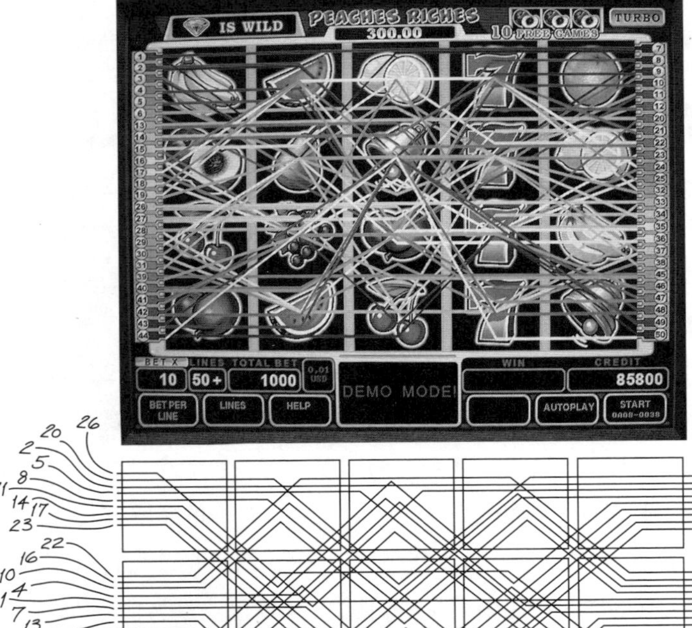

图 4.3

上：一台 2006 款 50 线视频老虎机，游戏前后的状态。图片由本书作者拍摄

下：一台 3 × 5 显示格式的赌博机的 27 线中奖设计图示。US Patent No. 5580053，菲利普·克劳奇（Philip Crouch），1996

种意义上说，它真的满足了这种盼头。而是，它们创造了一种新的“貌似胜利”（与近失效应不同），把输钱的真相掩盖了起来。一组研究者称之为“伪装成赢的输”（LDW）。[51]多线视频老虎机的细微又激进的创新恰恰在于此：它们可以把输伪装成赢，这样玩家即使在一直输钱也能感受到赢钱的强化作用。硅博彩公司的一位设计师向我解释说：“正向强化掩盖了输钱的真相。”合成出这种强化作用的，是关联着“赢”的氛围和一些感官线索，如灯光、音乐、视觉图像等。赌博者感受到的这种稳定的部分“胜利”，不像中头奖那样会扰乱或抑制游戏节奏，相反，它迎合了“为玩赢再玩”的赌博模式，迎合了“机上时间”这一目标。[52]

多线视频老虎机的“强化潜能”还与另一个因素进一步发生化合反应：多线老虎机能让玩家感受到一定程度的控制力，因为他们可以在一系列复杂的按钮中进行选择，改变他们下注的中奖线数和投币数，这让他们品尝到了视频扑克机中的那种诱人感觉——参与其中的决策感——但又并不要求他们真的掌握什么技能。[53]借用本章开头的在线赌博者论坛的话来说，这些机器让“鼠民”们自己参与建造了自己的斯金纳箱。一位澳大利亚的学者指出：“通过在老虎机上下注多条中奖线，玩家可以提升强化的频率，同时减少没有强化的局面出现的数量。”[54]在所有中奖线上都下注，不仅可以保证更为稳定的回报比率，它还起到了“保险”的作用，以防出现玩家看到没有下注的线出现胜利组合时产生后悔的感觉。[55]一名澳洲的长期老虎机玩家卡特里娜评论道：“某种意义上，每局游戏都变成了一场迷你抽奖。实际上，对每一条线都下注，就像是把一期彩票全都买下来，根本不合逻辑。但为了‘以防万一’，你还是感到必须在所有中奖线上都下注。”

◇◇◇

起初，美国的赌博业还有些担心，视频老虎机选项复杂，结果难料，可能不适合美国市场，毕竟这一市场在 20 世纪 90 年代中期还主要是由游客构成的。一位抱持怀疑态度的赌博游戏开发者在 1997 年对我说："澳大利亚的市场比我们的成熟，那里的玩家对那些新型机器上复杂到无法想象的组合了如指掌。"同年的行业会议上，一位来自巴利的代表与我一起站在贵族公司展厅中的一排排视频老虎机前，他坦诚地对我说："我就是做这行的，但连我自己都不理解它们。"沿着过道再往前走就是 IGT 的展厅，一位 IGT 的代表认为澳大利亚市场有如此的成熟度，主要在于那里的赌博频率。船锚公司的瓦列霍更试图从文化角度来解释："那边的人玩的频率很高，一周四五次。我想这是个学习曲线的问题。而典型的美国玩家不熟悉复杂的游戏，因为美国人不喜欢思考和谋略，他们喜欢一切都直截了当。但随着人们对复杂性越发适应，我们也在向澳大利亚模式迁移。"巴利的普拉特也同意这一观点："澳大利亚的市场有点像这边拉斯维加斯的视频扑克市场，这里的玩家每周去三次赌场，也能理解这些机器的支付计划。也许随着这类机器的推广，美国市场也会向那个方向发展。"

"我们北美愿意重复澳大利亚的经验吗？"1999 年的行业大会中有一场"视频赌博的未来"研讨会，主持人在会上问了这个问题。[56] 贵族公司的市场营销总监回答说："视频赌博已经逐渐在美国的多个允许赌博的司法辖区都打开了局面。但每个地区的接受度还处在不同的发展阶段。"[57] 最先接受贵族公司生产的多线赌博机的美国司法辖区是印第安人保留地及中西部地区。"莫西干阳光"（Mohegan Sun）是康涅狄格州一家由印第安人部落经营的老虎机赌场，其副总裁原本以为这种新机器不会吸引"技术倾向不强的顾客"，但结果出乎他的意料，新机器吸引了不同年龄、不同性别、不同阶层的客人。[58] 内华达州博彩管理委员会在 1996 年批准了多线赌博机的使用，此后，拉斯维加斯的赌场管理者也经历了同样的惊喜。[59] 1999 年，宫殿车站赌场负责老虎机运营的副总裁说"老年顾客爱上了它们"，她发现，那些年逾古稀的玩家本来只玩宾果游戏，现在开始玩上了澳式老虎机。她说："我们有很多本地客人，钱不多但每周来三四次，他们是为了机上时间而来的。视频老虎机是一项重大转变。"[60] 2004 年度行业大会的一位与会者建议，为了加快市场对这些新机型的适应速度，可以先把视频老虎机的结构和数学模型应用于传统的三转轮或五转轮的（非视频）老虎机上；这可以创造出一种“过渡产品”，让客人们适应这种形式，方便客户的转化。这位研讨嘉宾说：“这是一个迁移玩家的好方法，可以让适应过程更为顺利。”[61]

随着用户向视频老虎机的适应迁移形成趋势，中奖线的数量也出现暴增。2005 年 G2E 上，贵族公司推出了一种 50 线的视频老虎机，以庆祝公司成立 50 周年，2007 年又出现了一种 100 条中奖线的机器（公司新闻稿说这种机器“包含了一种新型中奖线指示专利，可以帮客人更好地理解和使用”）。为了进一步增强视频老虎机所谓的“翻倍潜能”，贵族出品的“真力转轮”技术加入了“支付转轮”，每次转动后，这些转轮上的数字化图案相对彼此的位置都会改变，这样玩家就可以既赌水平线也赌垂直线，也就是可以赌“支付转轮、中奖线以及两者的组合”，这产生了 243 种不同的获胜可能。[62] 贵族公司官网告诉我们:“绝大部分玩家会在五个真力转轮上都下注。”另一种采用了“散点”模式的机器走得更远，它甚至不需要图案在任何方向上形成直线。引入了这种“散点”功能的真力转轮技术升级为“超真力转轮”，获胜组合的数量达到了惊人的 3125 种。

一些机器制造商的创新则走上了别的“方向”。例如，非凡科技的“盘绕响尾”（sidewinder）机型是水平转动的，其“倾角支付”机型则可以从第一排任意一个图案开始，斜落直到右下。WMS 在其“环绕支付”机型中引入了三维游戏，使得“中奖线可以从五个转轮中的任意一个开始，再环绕回来，创造出了此前绝无可能的胜利组合”。[63] IGT 则推出了“多线玩乐”（MultiPlay）型视频老虎机，把屏幕分为四个象限，每个象限都有一个迷你多线机，每个迷你机都有“极高的基础命中率”。[64] 每个象限都独立运转，产出四个不同的结果。这个 2009 年推出的机型，表现好到“爆表”，其中一个大受欢迎的机型更是给了玩家 200 条可以下注的中奖线。卡特里娜说：“中奖线的数量已经远远超出了你的掌控极限，你已经记不清是赢是输了。你还没有来得及仔细看屏幕，手就已经又按下了‘开始’。”

中奖线的数量屡创新高，赌博者每局可以下注的点数也越来越多（某机型上可达1000注之多），但赌资的面值则产生了断崖式下跌。视频老虎机兴起以前，赌博业中的大多数人都认为赌资的典型面值会从25美分上升为1美元。他们认为5分和1分硬币已经过时，只有服务于穷人、老人和风险厌恶者的低端大排档才会使用。但让他们意外的是，不但高面值的玩家开始转向了5分和1分的机器，而且由于一局游戏有了多种下注选择，这些玩家反而输得更多了。1999年“视频赌博的未来”研讨会的主持人讲到，有位焦虑的赌场经理雇他去追踪1美元面值的玩家，因为这些玩家一夜之间就从他们常玩的机器边消失了。他调查后发现，这些人降级到新一代的25美分机上去了，但是因为每局下注点数很多，加上玩的时间大大变长，这些人平均而言每天会输掉400美元之多。[65]

到2000年，5美分币已经取代了25分币，成了最常见的游戏面值。就像1美元玩家转移到了25美分的多线机型，并付出更多时间和金钱一样，原来的25美分玩家也转移到了5美分面值的机型上。一位游戏开发者这样说：“这些机器并不是创造了5美分玩家，它们只是让25美分玩家和1美元玩家的价值（指赌场的营业收入）更大了。”另一位开发者指出：“如果你一次下注90枚5分币，那5分游戏就不是5分游戏了。”[66]紧随5美分游戏，1美分游戏也接踵而至。在澳大利亚的某些市场，2分及以下面值的游戏创造了机器赌博90%的收入。2008年的内华达，1美分机器仅占18%，但考虑到这一数字在2004年还只有6.3%，2000年时则不到0.2%，这就是惊人的增长了。[67]数字微处理和虚拟转轮映射技术让赌博游戏开发者得以控制胜率，从而可以提升头奖的金额并推动老虎机的流行，而多线视频老虎机则让开发者可以把下注本身分割成无限小的单元，从而既延长玩家的赌博时间，又提高了赌博业的收益。一位IGT的开发者说：“频率这么高，机上时间这么长，玩家爱上了这种机器。他们真的可以玩上一整天。”[68]

在机械转轮式老虎机时代，鼓励玩家“玩上一整天”低面值的硬币，会被当作是糟糕的营销策略，但到了视频老虎机时代，赌博业发现收益与赌客下注的面值无关，而与赌博的体量相关。AC Coin 公司的一位代表说："只要给玩家提供合适长度的机上时间，他们就会留下来玩下去。"本章前面提到过的柯尼格已经强调过通过机器的数学属性来建立客户的信任一事有多重要，他说："如果你太着急，让他们输得太快，他们就会离开。"[69] 柯尼格以他的母亲为例讲了一段小插曲，来解释机上时间与获利的关系："如果我妈妈在我设计的某个游戏里下注了 20 美元，然后马上输掉，她肯定气疯了，我也就永远失去了这个客户。想要把她的所有钱都拿到手，最好的方法不是这样立刻拿走她的第一笔 20 美元赌资；相反，每次我都让她赢回大部分钱，这样她就会一直玩下去，直到输光为止。"无论是赌博者还是赌博行业，大家看重的已经不再是一次能赢多少钱，而是转到了时间能持续多久，或说从波动性转向了体量（见图 4.2 上）。[70] 2003 年贵族公司的一位营销经理告诉记者："我们在 G2E 参展的机器中，有一半以上是 1 分钱面值的，这直接体现了行业转向 1 分机以提升机上时间的趋势。"[71]

1 美分赌博游戏的复兴不仅依赖于视频技术，还获益于新的钱币处理技术。1 分币本身很薄，所以赌博机的币仓处理起来很难，会造成卡币、赔付数额错误等问题。虽然纸币入钞口和货币符号化系统可以让 1 美分游戏变容易，但要想支持每局可以下注多达 500 枚 1 分币的新兴设计，还须有更多的技术改进。为了从 1 美分币上获利，赌博业必须先找到方法消灭 1 分币本身。2000 年，IGT 的"轻松乐"（E-Z Play）等机型引入了票进票出技术，淘汰了投币和入钞机制，意外地推动了 1 分币的去实物化。虽然玩家们并没有立即拥抱 TITO 技术，但当他们渐渐接受了低面值的多线游戏，并了解到 TITO 可以帮他们更方便地玩此类游戏后，玩家们对这一技术就有了好感。这一点让当年刚取得牌照进入内华达市场的贵族公司在美国牢牢站稳了脚跟。

贵族公司在拉斯维加斯采取了独特的策略。杨（Young）告诉记者："我们的战略很坚定，把目标客户定位于重复性玩家而非过路玩家。所有人都说必须占领赌城大道，但是我们不这样定位。我们说，我们要包围赌城大道，把我们的产品放到人们经常去玩的地方。然后赌城大道自然就会使用我们的机器了。”[72] 虽然赌博业中大部分人仍然认为内华达本地市场喜欢视频扑克和 25 美分面值，但贵族公司坚信自己可以用低面值的澳式视频机撼动这一现状。[73] 他们也确实成功了，表现在到 2005 年，车站赌场的老虎机中有超过 30% 变成了 1 美分机。当年，一位行业记者报道说："1 美分的狂潮，是在拉斯维加斯本地市场表现得最为盛大。"[74] 到了 2008 年，拉斯维加斯会议和观光局（LVCVA）第一次在居民问卷中将"1 美分"加入了"最喜欢的赌博面值"的选项。当年，虽然仍然有 43% 的本地人玩 25 美分游戏，但已有 23% 的人最喜欢 1 美分游戏，22% 选 5 美分游戏，数字不容小觑，而两年后，25 美分玩家比例降至 38%，而 1 美分玩家升至 29%。与面值下降同时发生的还有每局游戏投币数量的上升。2008 年，本地赌博者每局游戏平均下注 15.5 枚硬币，相比于 10 年前的 4.5 枚有了显著提升，至 2010 年，这个数字更是达到了每局 25 枚。[75] 与视频扑克的趋势类似，本地视频老虎机玩家的下注行为也在随技术的变化而改变，符合前面亨特尔所说的"耐受性"形成。正如澳大利亚社会学家理查德·伍利所总结的："随着新的下注选择和游戏特性的出现，赌博者的行为也被不断重塑。"[76]

在澳大利亚，绝大多数的赌博者都是重复性玩家，几乎所有的赌博机都是视频老虎机，那里的赌博成瘾群体也展现了这种"行为重塑"的后果。公共健康研究不断证实，问题赌博者喜欢多线和低面值的游戏，他们的游戏风格是所谓的"最少最多"（在每条线上下注最少或不多的金额，但是下注最多的中奖线数量，这样可以获得稳定的奖励，但奖励的金额会下降）。[77] 其中一项研究发现，这些人将近 90% 的游戏时间花在了 1 分面值的游戏上，而他们的输局有 2/3 是拜这些机器所赐。[78] 如记者马克 · 库珀（Marc Cooper）在 2005 年所说："新一代的赌博机不出意外地培养了新一代的赌瘾者：这些玩家不会为大赌注的掷骰子或翻牌带来的肾上腺素飙升而振奋；他们是神游物外的逃避型玩家，他们想通过永无止境的转轮游戏，实现渴望已久的平静麻木的状态。"[79]

加大剂量：技术的耐受性

虽然低面值、多中奖线视频老虎机已渐在拉斯维加斯的本地赌客微观生态中取得了一席之地，但在本地最规律、赌博时间最长的赌客中，首选仍是视频扑克。维系视频扑克这一统治地位的是其诸多创新，比如有些视频扑克机明显地模仿了多线老虎机的“翻倍”方案。[80] 仅“视频扑克的公认王者”IGT 一家，如今就提供 50 种不同版本的视频扑克游戏。[81]

其中最流行的就是“多手”视频扑克，它借用了视频老虎机的切分翻倍策略。[82] 第一款多手视频扑克游戏是 1998 年推出的“三倍乐抽牌”，它让玩家可以一次玩三局游戏，下注的数量也是三倍。[83] 其发明者厄尼·穆迪（Ernie Moody）回忆说：“当时这个想法凭空出现，醍醐灌顶。要是玩家的一手牌可以从三堆里抽，会怎么样？抽到一手好牌，那最好了；而如果抽了烂牌，你也有了更多的机会把它变好。”[84] IGT 的网站上写道：玩家再也不用 [同时] 玩两台机器了！它指的是有些常客为了增强游戏体验，喜欢开两台邻近的机器一起玩。通过把三手牌浓缩进在同一局中，这种机型不仅加快了游戏的速度，也提升了胜利的频率。与视频老虎机一样，这种策略可以增强游戏的强化计划，不过这里不是增加中奖线、转轮或者奖励关，而是增加牌堆的数量。

与本章前面莫莉的自述类似，电子技师兰德尔也描述了自己的赌博轨迹是如何追随视频扑克形制的发展共同演进的。故事在三倍乐扑克游戏处达到了高潮：“最开始玩的时候，他们的游戏只有‘杰克高手’*，后来他们推出了狂野二点，然后是奖金扑克（Bonus Poker）、双奖。然后才是三倍乐：一局里可以玩三手牌。”穆迪回忆说：“只要玩上了多手视频扑克，就很难回到单手的游戏了。”[85] 而莫莉的此种困境则在一次梦境中表达了出来：“我正在赌场里逛，找合适的机器。它们都是单手的视频扑克。我看见了一台三倍乐机器，但是有人在我前面坐

* Jack-or-Better，取义“大过大奖”。

下了。我试了其他几台，但都有点问题：不是太慢，就是输太快，或者就是觉得这台不对。”兰德尔也表达了自己对三倍乐机的类似渴望：

> 三倍乐机简直是史上最伟大的发明。我再玩不了杰克高手了，也玩不了狂野二点、奖金扑克了；我能玩的只剩下了双奖和三倍乐。其他的东西已经满足不了我了。我很好奇未来会怎样——五年后，是不是能一局玩十手？？

在我与兰德尔交谈之后，三倍乐确实又进化了，变成了五倍、十倍、五十倍甚至一百倍（见图 4.4）。与三倍乐一样，这些版本中，来自每堆牌的最初手牌都一样，而玩家选好了要保留哪些牌后，替换的牌则从多个不同的牌堆中产生。IGT 的官网这样描述“百倍扑克”：“这是扑克的极致。同一屏幕，百种手牌，每手十注。”而 50 倍扑克，相比于单手版本，游戏速度要快三四十倍，也更有可能中奖。原先平均 80 小时才得一见的皇家同花顺，现在两三个小时就出现一次——同时还有很多小赢。[86] 这种速度和奖励频率的提升不但没有造成玩家刺激过载，反而使游戏节奏更为顺畅。视频扑克专家鲍勃·丹瑟告诉我：“你可以体验更加顺畅的旅程，而单手扑克的体验更加颠簸。”[87] 这一说法与人们对多线视频老虎机的说法如出一辙。兰德尔提到自己玩多手视频扑克时说：“现在出了头等奖我眼都不眨，我的节奏一丝不乱。”用行为主义语言来说，他已经适应习惯了“事件频率”的更高量级，从而对游戏中出现的运气峰值产生了一种耐受性（或者说响应性下降）。

根据我们的研究，在此番翻倍风潮中，若论谁能拔得头筹，则非拜占庭式的旋转扑克（Spin Poker）莫属。它将澳式老虎机的多线属性与视频扑克的多倍选择结合了起来，给玩家显示了一个像老虎机一样可旋转的扑克手牌的矩阵，当转轮停下时，赢牌会从包括对角线和之字线的全部 9 条线中计算（见图 4.4 右下）。“三倍旋转扑克”让赌博者能在同一屏上玩三局旋转扑克，将这种混合了玩家决策感和高胜率的特性推上了一个新高度。IGT 在宣传这款游戏时直白地指出了增加

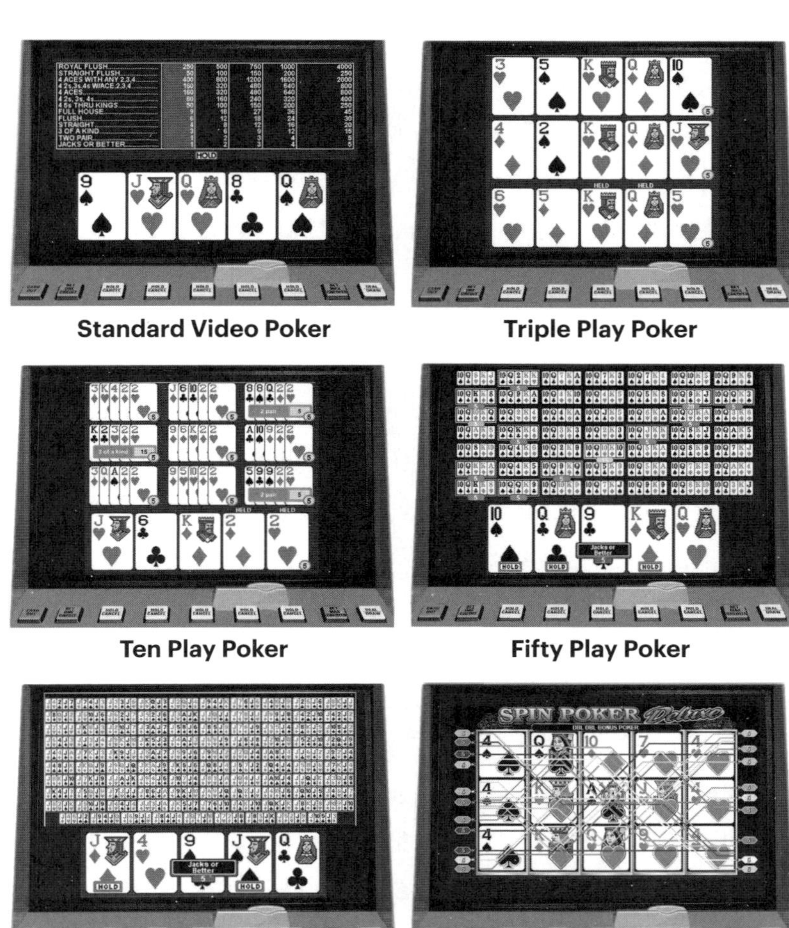

图 4.4　左上至右下：视频扑克的复杂性不断增加。图片由 Action Gaming/VideoPoker.com 惠予

中奖线和降低面值的趋势，称“三重旋转扑克是此种进化的必然结果”。

在这场进化的背后，一边是设计师们不断做文章，让机器容纳的中奖线、转轮、牌堆和硬币数持续攀升，减少游戏的面值，精心设计回报公式并分散奖励分布，从而令赌博者的长期投入最大化。另一边，则是赌博者不断地适应，不断达到耐受度的新高，这反过来又推动了设计者在未来的创新中进一步加码。我们已经讲过，设计师们认为这一反馈回路的主要推动力是用户偏好的“成熟化”：“快一点快一点，让你的游戏再快点——玩家适应和厌倦的速度都在越来越快”，Cyberview 的希尔薇·利纳尔如是说。[88] 但赌瘾患者则坚持认为这一过程的主要推动力是机器本身。正如莫莉在前文中告诉我们的：“我不断渴求更高的游戏强度，也不断有机器来满足我。”在她看来，她的赌瘾源于人与机器的不断适应，她的需求变化（进入迷境所需的条件）因为机器设计在不断“满足”她而得到了推动。[89]

赌博者大都能准确地描述出，技术的进步是如何一步一步提升他们的耐受性的。比如澳大利亚的赌博者卡特里娜，她记得游戏设计中一些看似无关紧要的小改变是如何一次次推高她的适应水平的。在 2008 年寄给我的一封信中她写道：“我接触电子赌博机已经 20 年了。现在回想，我记得当时我玩单线游戏就可以满足，后来很快要玩 9 线游戏才好，而现在我要玩 20 线的。我现在已经习惯了，现在再去玩老款的话，难免会不满足。”[90] 卡特里娜已经意识到，自己能适应的机器赌博强度有特定的范围；强度过低或过高，就会因为刺激不足或刺激过载而产生不耐受状态。而在不耐受状态下，她无法体验到重复性机器玩家通常会体验到的迷境状态，也就不能“迷失自己”了。

2006 年的 G2E 上，一组玩家给房间里座无虚席的行业代表们分享了他们各自对各新款机器的耐受阈值。主持人指出：“为什么我这么喜欢 1 美分老虎机，一个重要的因素是我可以自由选择想玩多少条线。不过我暂时还不准备玩任何 100 条线的游戏。”一位上年纪的女士告诉听众：“我呢，25 条线以下都可以。我愿意试试 40 线，但我真的真的会离 100 线游戏远远的……钱烧得太快了。只要我一周玩两次以上，每次玩 6—8 小时，我的钱包就会被榨干。”这两位女士都提到了中奖线的数量上限，超过这个上限，她们自己的舒适区就会被打破。第二位女士还讲了线数过多会扰乱她习惯的金钱与时间之比。同时，二人也都承认，随着对偶发性和强化的新强度的适应，她们的舒适区也会上移（主持人说的是“我暂时还不准备玩任何 100 条线的游戏”）。

在写给我的信中，卡特里娜详细描述了重复性赌博过程中，特定的机器事件是如何持续调整她的行为，将她的赌博推向新高的。她说规律“开始涌现”时——或说她感到如此时——就是自己上钩的时刻：

> 如果不经常玩，或玩得不深，那么赌博机的重复性过程就不会对你产生太大影响。但如果你玩得很频繁，那么机器上的一切都会持续作用于你，你会对“随机性”中出现的大量不同场景都熟悉起来。每次在机器前坐下时，（如果你玩了很多年的话）以前成百上千次的记忆就会向你涌来……然后某种大致的运作规律开始涌现，你发现自己开始期待一些东西。

卡特里娜认为，她的赌瘾是在机器的强化程度不断小幅增加的情况下，一种认知上和情感上的持续适应过程。赌博业之所以能在这一过程中屡获先手，并不仅是因为我们所说的“机器耐受性”或习惯化，而是因为技术的创新在培养耐受性的同时也在打破耐受性：在更新换代中不断引入出人意料的赌博强度新增长点和新的惊喜元素，从而刺激卡特里娜这样的玩家也进一步调整自己的内在预期。

为形象说明上述过程，卡特里娜提到了视频老虎机的一个常见特色，并讲了它如何影响了自己的赌博行为，那就是所谓“奖励关”或“免费转”。这类特色就是，随机向玩家提供一种动画奖励关，从中玩家可以赢得奖励、或赢奖的机会甚或至少可以免费玩一次，而所有这些结果，都是在增加机上时间。[91] 这种“游戏中的游戏”与基础游戏的赔付计划动态地协同，形成第二层强化。卡特里娜回忆说：“最初，奖励关只是新奇，又一个还过得去的创新而已，当时我完全没想到去了解这些奖励关能让我的游戏行为产生怎样的改变。但不久我就发现，某台机器如果不带这个特色，我连看也不会看了。”这种新奇元素开始让游戏的其他方面黯然失色：“到了那种，普通游戏已经丧失了一些吸引力的程度。虽然普通游戏也还是重要的，但它们已经变成了达到某种目标的手段，就像是等奖励关到来之前的打发时间。”于是，她本已习惯了的普通游戏变成了仅仅是“打发时间”，所以继续玩，是因为她在期待着不知什么时候会来的免费一转。

卡特里娜也解释了这种偶发的奖励关在点数渐少时的重要性：

> 当点数开始变少时，你会开始越发期待和关注奖励关。它们的奖励远大于正常游戏，这让它们变成了某种救星。一旦奖励关出现，你会有种如释重负之感。如果 [这一转的] 成果还不错，你就能满意一阵，对奖励关图案的关注也会下降一些。

对于偶然出现的奖励关，卡特里娜的易感程度时高时低，起起伏伏。严重时，她对奖励关（及其带来的“如释重负之感”）的渴望，会让她早已熟悉的常规老虎机游戏相形见绌。

从多年的经验中，她仔细总结出了赌博中与奖励关相关的几种可能“场景”：

> 因为奖励关的出现不可预测，有时候你可能把好几百美元扔进机器里也遇不到一次，而有时你像是“受宠”了似的，经常遇到它们，还有的时候你会间断地遇到奖励关。根据每台机器游戏时间的不同，以上三种场景可能循环但乱序地出现。

这些不同的场景不仅影响了卡特里娜的外在行为，还深入地影响了她的内心状态。她以一种敏锐的现象学视角描述了自己的游戏过程：

> 有时，与奖励关有关的图案经常出现，但是凑不出实际的奖励关。这种情况下，你会极度关注代表奖励关的图案。这些图案出现在窗口中时还伴随着特定的声音，这也潜移默化地强化了你对它们的关注。随着这些奖励关图案和音乐的出现，你的情绪也跟着起起伏伏。如果你的期望和关注不断累积，但最后又常以这种挫败的方式收场，那么你就很可能苦心孤诣，最后耗尽点数。虽然与此同时，你的内心在反复犹豫是否按下“结

> 算”按钮，但这很难，因为思考的同时你还在不停地按下按钮，也在盼着发生点什么，比如奖励关出现了……
>
> 一旦走到了无法回头的地步，你一般也就不关心是否要结算[点数]了。有时点数就要耗尽，结果奖励关突然出现了，但如果它不出现，你的点数也用完了，你会有不同的后续动作。有时你会离开，但更多的时候你会投入更多的钱。此时奖励关可能很快就来了，把你又推进了新一轮游戏。这一切都非常快。奖励关不过是加剧了你的螺旋下坠。

赌博机的声响、音乐和不知什么时候会出现的奖励关：这些偶发的游戏事件都对卡特里娜产生了条件化作用，影响着她的体验、预期和行为。[92]而她的游戏过程则永远是螺旋下坠的轨迹：在与机器连续、迅速和响应式的互动中，她失去了停顿和空间，没了思考和收手的机会。

卡特里娜描述的这最后一种与奖励关有关的场景，分明是在昭示“迷境”：那个超越偶然、完全沉浸的神秘临界点，那个机器赌博者们的永恒追求。对卡特里娜来说，要进入迷境并在其中待上一阵，必须要具备以下一系列特定环境：

> 最好的场景是奖励关来得比较规律，甚至正常游戏的成果也不错，结果就是你的点数积累得很高——就是那种，你感受到的局面就是理想场景。而这就是特别容易进入迷境的状态，因为你可以玩很长时间，点数又不会减少很多——点数可能上下波动，但整体维持在较高的水平。于是你可以放松下来，让自己“迷失”在游戏中，完全不希望它结束，而反讽的是，这是种危险的“安全”状态。当然到了某个阶段，情况也免不了开始急转直下。

在卡特里娜的理解中，迷境是同时既“安全”又“危险”的——点数起伏不大，玩家的情感状态也同样波澜不惊，但这两者随时都可能没了势头、一蹶不振。要获得迷境状态，玩家必须刚好位于临界点上，保持着节奏在危险边缘摆荡，于动荡中得舒适，于惊讶处寻适应。[93]

正如我们所见，这一临界点总是不断发生变化，它取决于赌博业的技术创新与玩家之间的动态互动。这种互动与经济学中的供需关系法则非常不同。经济学认为市场的需求（理性消费者的稳定偏好）影响供给，最终达到二者的平衡。[94] 在这里，重复性机器赌博行为可以看作两种不同反馈模式的不对称交互：赌博的个人遵循的是“负反馈”逻辑，他们为了达到迷境的内稳态，必须不断调整自己的行为；而赌博行业和赌博机设计者则遵循“正反馈”逻辑，他们在不断推高赌博者达到迷境所需的赌博强度。[95] 两种反馈模式的不对称作用，催生了行业的不断创新和赌博者耐受性的不断提高。

第五章

实时数据

玩家行为的追踪和引导

一天晚上，我在水晶宫赌场（Crystal Palace）玩时，一个男人在我身边坐下，对我说："你知道吗，这台机器是我发明的。"我问他："你怎么发明出来的？"他说："我就是访谈了一些像你这样的人，问他们觉得机器应该做什么、不应该做什么。我总是和各种各样的人聊，不管去哪儿，我总在收集可输入的数据。"哦，这台机器是他的创造，他想听反馈。听我讲游戏感受他很兴奋。我说："这个产品真棒，它造型优美，引人入胜，而且每十分钟就会给你点小东西，你还不用投币——我讨厌被硬币弄脏手。"我帮了他，因为我给了他可输入数据。

——罗拉

在这一行你总能听到兰迪·亚当斯的大名。巴利的马库斯·普拉特说："他是个厉害角色，是发明家阁下。"亚当斯在船锚博彩公司的同事们则说："他是创意天才。"[1] 在 1999 年的 G2E 大会上，一位嘉宾在研讨会发言上不无钦佩地说："兰迪·亚当斯简直就是知道怎么钻进 50 岁女人的心里，找出她们想要什么。"某一天，在看完热拉尔多·里韦拉（Geraldo Rivera）的访谈《拉斯维加斯，美国幻想曲》（*Las*

Vegas, the American Fantasy）的重播后，我联系了亚当斯的秘书。在片子里，里韦拉采访了本地心理学家罗伯特·亨特尔，之后就开始用他的男中音介绍起赌博行业及各位业界翘楚，说他们把“赌博的艺术研究成了一门科学”。里韦拉介绍到了亚当斯：“创意丰富的赌博游戏设计师兰迪·亚当斯是操纵人心的大师，他通过升级赌博机技术，牢牢俘获了今日的视频游戏一代。亚当斯是老虎机之王。”

船锚博彩的公司总部位于拉斯维加斯机场附近“飞行员路”上的一片综合办公大楼里，离巴利和其他公司都不远。在其大堂展览室中，时不时地会响起一阵鼻音很重的女声：“休想得逞！休想得逞！”听起来像是那里展示的机器中奖励关卡的配音。亚当斯来晚了，乍一看好像是吉恩·怀尔德（Gene Wilder）演的威利·旺卡*：年近50，胡须刮得很干净，身材矮小，介于金黄和灰白之间的头发在他脑后蓬成一大团。他带我穿过走廊来到他的办公室，这间办公室有很多窗户，一张大桌子上铺满了赌场设计图和赌博游戏宣传册。

在他把自己甩进超大号的皮椅时，一名年逾古稀、肚子隆起的瘦高男人慢步走进了房间。亚当斯指着他对我说：“这位就是视频扑克机的发明人了。”他叫斯坦·富尔顿（Stan Fulton），现任船锚公司董事会主席，在IGT初创时就参与了视频扑克的研发。[2] 富尔顿则指着亚当斯说：“这位就是老虎机界的米开朗琪罗了，这里坐着的就是。”他用浸信会布道师那种穿插着戏剧性停顿的口气继续说道：“他的一生，献给了，发现客户所需，再向客户提供，这些所需。”

“说得好。”亚当斯说。

“对他来说，”富尔顿并没有说完，手也继续指着亚当斯，“所谓愉快的晚上，就是随便吃口东西，然后去赌场问人问题：‘你为什么喜欢这台机器？’”富尔顿转了下头，紧紧盯着我：“你为什么喜欢这台机器？”说完，他慢慢转身走出了办公室。

---

* Willy Wonka，电影《查理和巧克力工厂》中的工厂主。——译注

◇◇◇

上一章我们已经讲过，由于赌博业不断追求“适应市场”，于是行业的产品一直处于持续的调整再调整之中，以便适应玩家偏好的变化。本章我们关注的重点不再是以玩家为中心的产品，而是以玩家为中心的设计过程。我们将聚焦于赌博业以多种手段收集玩家、特别是重复性玩家的信息的过程。与机器设计一样，在过去 20 年里，这些收集方法也取得了重大进步。1988 年 IGT 的一则广告就体现了当时方兴未艾的玩家中心设计思路对信息获取的重视，广告中有一排赌客站在他们最喜欢的机器旁（见图 5.1），图片下方的文字是：

> 这些人以及千千万万像他们这样的玩家是我们最好的老师，他们教了我们很多如何制作最成功的赌博游戏。正因为如此，赌场老虎机的管理者才会花那么多时间观察玩家，倾听他们的声音。我们发现了玩家喜欢什么、不喜欢什么。杰出公司的驱动力，往往是贴近客户的那些属性，而非技术或成本。或者说，我们 [与玩家] 站得越近，就越能在行业中保持领先。[3]

虽然随着时代的发展，IGT 广告中这种“观察和倾听”的方式已经被新兴的信息与通信技术带来的用户行为追踪和市场营销的新方法所取代，但这种“贴近客户”的基本倾向有增无减。一位 IGT 设计师在 2004 年重申了这一观点：“我们决不能脱离玩家、闭门造车，而是必须和玩家不间断地连接。”[4]

到了 21 世纪，这种与客户连接的信念已经深入人心，2006 年 G2E 加入了名为“现在：听玩家一句话”的主题研讨会，就是一个绝佳的例证。此类会议尚属首次，会议引入了公开焦点小组座谈的形式，由普通的赌博者（一名大学生，一对 50 多岁的夫妇，一位四十几岁的单身女性）来分享他们对“玩家体验本身”或说“机器上发生了什么”的洞察。研讨会的说明写道：

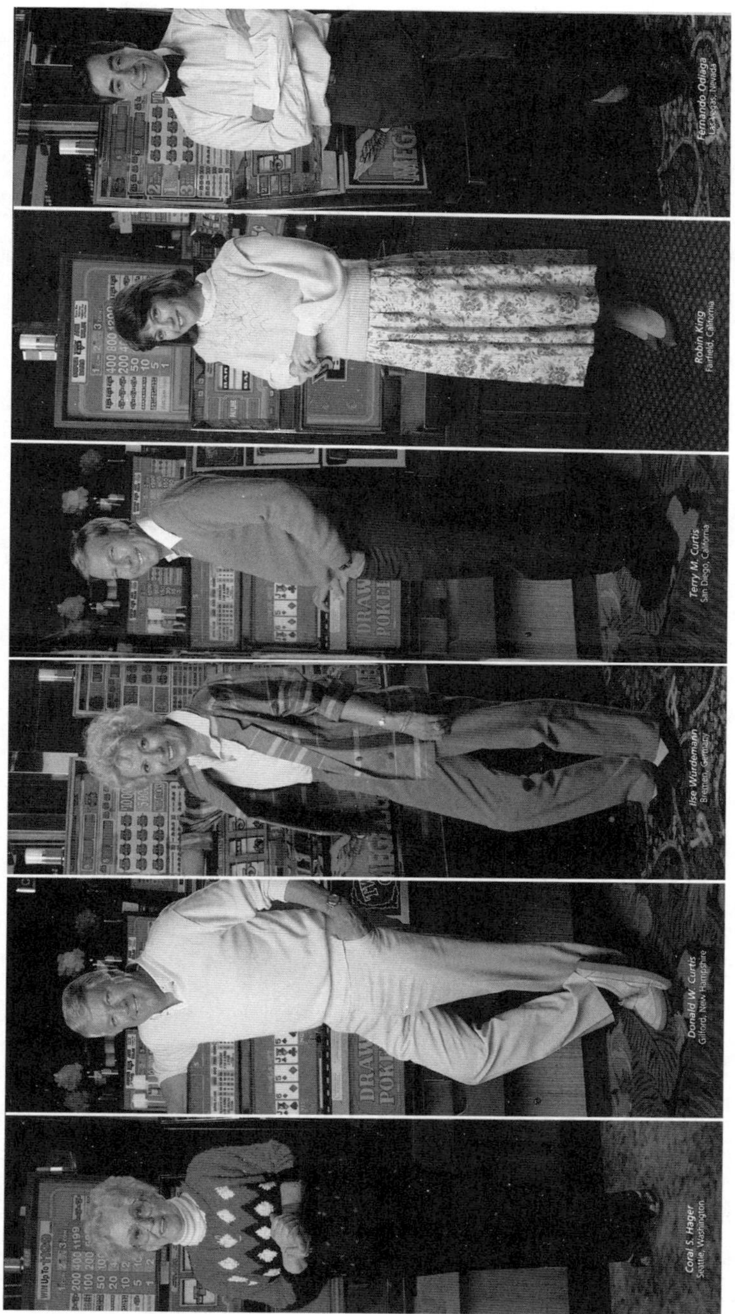

图 5.1 IGT 广告，刊于 1988 年 4 月的《赌场游戏》（*Casino Gaming*）杂志

> 本次大会中有无数的行业专家来分享他们对赌博游戏及营销的看法，但是终端用户怎么想呢？本次研讨会中会有经验丰富的老虎机玩家向老虎机运营管理者、市场营销专家和其他听众分享他们的感受和观点，分享他们心目中的成功赌博体验如何而来。来向真正的“专家”学习吧。

1988 年 IGT 的广告还仅仅把玩家当作被动的“老师”，而此时玩家已被当作十足的“专家”，来向赌博业“分享”他们的洞察了。他们的专业性源于与赌博技术的亲密接触，而他们公开披露此类专业信息，则可让他们未来的赌博体验有望被设计方打造得更上一层楼。这场吸取所谓“客户情报”的行业活动，是由主体和客体共同推进的，重复性玩家在设计与体验的反馈循环中陷得更深了。

从直觉到分析

虽然前面提到的 G2E 研讨会上公开焦点小组的形式很新颖，但焦点小组本身早已经是赌博游戏开发者的必备策略了。在焦点小组访谈中，参与者会与新型机器交互，并给不同的特色打分，打分有时会用到“感知分析打分器”（perception analyzer dials），与竞选活动中测量民意的工具非常类似。硅公司的加德纳·格劳特给我讲了 1998 年他们公司开发“香蕉拉玛”（Banana-Rama）游戏时请的一次焦点小组。“我们完全没想到，那些玩家对奖励屏上的动画猴子有那么大意见。”这些猴子在游戏中坐在树上向外张望，转轮转动时，它们会看向转轮，转轮停止后又会转回头来看玩家。如果玩家赢了，它们就会开心大笑、手舞足蹈，如果没赢，它们就面无表情地瞪着玩家。参与测试的玩家中，有些人觉得这“太诡异了”，颇有抱怨。格劳特回忆说：“当时不是所有人都有意见，而且重做图像和动画成本太高了。于是我们就加了些东西，玩家可以给猴子呵痒让它们发笑，或者往它们头上砸椰子。”

很多年下来，大量业内人士已经对焦点小组在赌博游戏设计中的价值失去了信心。“人家告诉你他们要什么，但你做出来后却没人买账。这完全是错误。他们并不知道自己真的想要什么。”[5] 今天，焦点小组已经很少用于指导开发，更多是用于“验证直觉”。一位 IGT 的高管是心理学硕士，他告诉我，跨文化人类学的一些方法，如参与性观察，对游戏设计更为有用。兰迪·亚当斯也同意这个说法，他对我说：“你可以拿着笔记本电脑坐在一群玩家前面，给他们做个 PPT 演示，让他们用遥控键玩玩看，但用这种方式你什么也学不到。只有赌场才是试金石。”2000 年，约翰·瓦列霍向我描述了他与船锚公司的同事进行常规田野考察的方法：

> 整个赌场就像是我们的大型焦点小组。我们会坐下来玩几把，参与到玩家中去，问他们对我们的机器有什么想法。整个团队的人都会参与其中——就算是对音响工程师，了解客户也像对其他团队成员一样重要，连团队里搞数学的人也会花上几小时观察玩家，向他们问问题。想了解玩家究竟想要什么，你必须亲身体验。

亚当斯也跟我分享了他在田野调查中的风格，颇让人想起在本章开头罗拉所回忆的场景。“我会去赌场找台机器坐下来，再转头跟身边的人说：‘这机器是我设计的，所以我才坐在你旁边玩了 20 分钟，这就是我的工作。我想跟你说说我的新游戏的设计梗概——我想听听你的想法。’然后对方什么都会告诉我。”

1999 年，一位资深赌博游戏设计师也说起过这种技巧，语气中带着自豪与自矜：“亲身在赌场里混过的人才算是上过前线，能轻松把那些新来的 MBA 甩下老远。MBA 们接受的商业训练把他们培养成了井底之蛙。我根本不用什么指标或饼图就能分分钟打趴他们。”亚当斯的描述也体现了这种牛仔式的自吹自擂：

> 有些大公司进入这个行业，看到我们这副神气样子，就以

> 为能抢走我们的生意。但事实是，用传统 MBA 那套企业管理方法在这里根本行不通。要是他们来做，肯定会把整个设计流程割裂开来，不同的焦点小组和不同的委员会负责不同的功能特色，为了讨论颜色和声音没完没了地开会，要把一个产品推向市场要花老长老长时间——特别官僚主义。

在 20 世纪八九十年代，虽然老虎机制造商们也会时而做一些标准化商业研究，但对设计过程而言，这些研究仅是补充，绝非核心。除了偶尔组织焦点小组外，他们有时还会拍摄玩家的赌博过程来分析，向他们展示设计示意图并记录他们的反应。有时他们还会整理一些玩家偏好的数据库，为设计决策提供参考。在新赌博机研发成功进入赌场后，他们还能从机器内置的自我监控装置中获得关于市场的“实时数据”并进行实时评估。但这些研究在施用及收集数据方面，都没有使用系统的科学性方法。亚当斯对此只是耸耸肩说：“我们吸取所有能找到的信息，我也希望所有这些都很科学，不过斯坦叫我老虎机界的米开朗琪罗自有他的道理：我更像艺术家，而非科学家。”

为了说明这种艺术气质的、带有偶然性的设计过程，来自硅博彩公司的一位视觉艺术家介绍过某款游戏，其中的鱼形图标会几次改变颜色，最后怀里会抱着一只萨克斯风。“背后没有真正的原因和逻辑：就像在广告和营销中一样，人人都有其观点，但都无所谓对错，完全是主观的。”普拉特也提到，巴利的一个设计团队曾花了整整一个月的时间来完善一款游戏里的“叮”声音：“目的是让它从吵闹变得悦耳。但是我们没有依赖任何的规则或测试，只是听到我们自己满意为止。我们也不知道为什么有些声音就是有用，但我们就是知道”。他反思这一策略时说：“我们有些人在行内做了十年、二十年、三十年了，足以知道什么有用。这不是科学而是直觉，关乎的是本能。”

然而在最近的十年中，直觉在赌博业中日渐式微。一位行业分析师在 2008 年写道：“猜想和直觉的时代可能已经到头了。”[6] 直觉地位的衰落不仅体现在游戏设计上，也体现在赌场运营上，就如另一位行业分析师所写："随着一批'新生代'赌博业高管的崛起，赌场原本依靠'判断力和直觉'的经营模式正被现代管理技术取代。"[7] 巴利的布鲁斯 · 罗（Bruce Rowe）就是这批新生代经营者的典型代表之一。他是毕业于哈佛的 MBA，并认为自己是"分析型"人才。在 2007 年的 G2E 上，他告诉我："坦率讲，这行中很多技术人才不是分析型的。"据他估计，行业中 1/3 的技术人才只有高中学历，还有 1/3 只有大学学历，而取得 MBA 的寥寥无几。他提出，这种人才结构是有问题的，因为当代的赌博业已经进入了极为复杂烧脑的"组合数学"时代，其中需要进行决策的地方数不胜数：如何动态地将合理数量的游戏进行组合，每种的数量要多少，它们的定价、摆放位、庄家优势、面值设置等等。[8]（正如我们在上一章中见到的，仅面值一项就包含了数量庞大的选择；过去的赌注范围还相对狭窄，75 美分到 1.5 美元，而现在这个范围变成了 1 美分到 10 美元。如果考虑多币视频老虎机，同一局游戏的选项都会变化多端。）罗断言，要做好这些决策，"必须使用分析的方法"。不久我就意识到，他所说的"分析"是指利用软件分析客户的行为数据。他告诉我："现在没有科技的帮忙，已经几乎无法做出这些决策了。如果一个分析师认为他凭直觉和假设就能做出客观合理的决策，那他一定是愚蠢。"他说科技的作用在于"在复杂的选择矩阵之中，用理性的分析找到真相"。

随着"接近客户"的工作不断被分析软件取代，传统游戏设计中的艺术式默会作风正逐步退出舞台中心。本章后面的篇幅将主要探讨近年来赌博业开发和应用的数据收集及分析技术，其中包含了玩家行为追踪系统，数据可视化及行为情报软件，以及经运行于通信网络中的可下载游戏配置实时检测玩家偏好并进行调整的能力。这里的每一种工具都能让赌博业更好地进行产品与市场的精确"匹配"。哈拉斯赌场（Harrah's）的 CEO 加里 · 洛夫曼（Gary Loveman）评论说："这是一个我们此前无力探寻的全新世界，是科学对直觉与预感的替代。"[9] 洛夫曼本人拥有麻省理工学院管理学院的学位，在成为 CEO 之前曾任教于哈佛商学院。

玩家行为追踪的兴起

在从直觉到科学的转变过程中，玩家行为追踪系统起了至关重要的作用。受当时正逐渐兴起的飞行里程和信用卡积分项目启发，这类系统首次出现于 1985 年的大西洋城哈拉斯赌场。[10] 会员玩家会拿到一张纸卡，每次获得头奖时，工作人员都会在卡上打一个孔。收集到足够多的孔后，可以用这些卡片兑换餐食或其他奖励。赌博行业很快发现，这些会员卡不仅为他们带来了丰富的用户数据（其他行业已经在使用这些数据），还是一种很好的激励手段，积分奖励的方式可以提升用户忠诚度。[11] 于是他们把整个系统电子化了，为每位赌博者发放带有个人信息磁条的塑料卡，每次游戏时玩家都可以把卡片插入老虎机。很多玩家用彩色弹力绳把这些所谓的会员卡挂在腰间或脖子上，而它们会把玩家与一个中央数据系统连接起来。数据库会记录玩家每次下注的大小，输赢情况，按老虎机按钮的频率，什么时候休息以及购买了什么饮食。以往的积分只记录一次赌博内的累计下注，而现在则是根据玩家以往所有的下注来累积积分。事实上，过去赌场管理者只能关注到下注金额高的客人，而这种新的追踪科技让下注金额低的“重复性玩家”也进入了他们的视野。

用 1990 年一位行业记者的话说，通过追踪玩家的机器赌博数据，赌场管理者能获得客户的“关键信息”。[12] 他指出，赌博机不再是一台台孤立的游戏盒子，而是连成了一片“电子监控设备”网络。艺术史专家乔纳森 · 克拉里（Jonathon Crary）在观察当代各种视频娱乐方式时指出，虽然终端仍旨在吸引玩家关注和沉溺，但这些机器同时也具有了“以提升产生为目的，监视、记录、对比玩家专注行为的能力”。他认为：“位于所有屏幕前的专注行为，日益成为持续反馈和调节过程中的一环，它们就发生在福柯所说的‘持续监控的网络’之中。”[13]

不过，玩家追踪中的监视，起效方式不同于福柯描绘的那种全景敞视监视，后者广为人知的代表是赌场的隐藏摄像头。赌场摄像头的目的是不间断地盯紧赌博者（及赌场雇员），制造出揭露和惩罚作弊行为的威胁气氛，在这种规训设定下，被监视者的知晓也是监视的一部分，让他们心中产生一个内在的摄像头，时时检查自己的行为。[14]然而，用户行为追踪技术则是在完全不干扰用户游戏的情况下进行一览无余的监视，一边给予玩家奖励，一边收集线索来让这项技术诱使玩家玩得更久；这种情况下，玩家最好不知道自己被监视了。

被追踪的赌博者并没太被看作个体意义上的主体，而是被看作德勒兹意义上的“分体”（dividuals）：他们变成了一个个特质和习惯的集合（与卡号、代码、密码及个性化算法联系在一起），并可以系统地与他人的相应集合进行对比，以便赌场更精准地识别不同的市场利基并做针对性营销。[15]赌场还可以把玩家数据与其人口统计学数据进行对比分析，拼凑出用户的画像，从而进行个性化的游戏推荐，针对用户的独特品位进行精准营销。虽然在分析过程中玩家被拆分成了细碎的数据，但在营销过程中，他会被重新组装成一个独特的个体，并可从所有视角接受检视。2007 年 G2E 上的一位演讲嘉宾说，有了用户行为追踪，赌场终于可以一窥“宾客众生相的全貌”了。[16]哈拉斯的商业发展高级副总裁理查德·米尔曼（Richard Mirman）说：“我监控一切，看到一切。”[17]

最初设计时，这种系统只能追踪玩家在一家赌场的数据，但不久之后它就拥有了跨越空间的能力，把小酒馆、超市、药店和便利店的赌博机都联网了起来。1997 年，一家主要服务于康涅狄格州的美国原住民赌场福克斯伍兹（Foxwoods）提出了一种构想：“完全无现金的环境，客人们用 WC[Wampum Card] 作为一卡通，可以在度假村及本地社区进行任何消费。”[18]这种把整个“本地社区”作为实时数据收集场所的构想，使得用户行为追踪突破了赌场的物理边界。[19]与之类似的是哈拉斯的“全面奖励”（Total Rewards）计划，它可以把全美范围内所有旗下连锁赌场的追踪结果集中在一个中央数据库中。[20]

2000 年我访谈过的一位赌博机开发者猜想，未来的追踪卡可能不需要再插入机器来启动识别；机器会自动在带着卡片的玩家走过时就自动检测，玩家在特定区域内的全部行动轨迹皆可无缝追踪。“想象一下这种数据。它一定非常精彩，所有人的流动都一览无余。”6年后，车站赌场旗下的红石赌场承办的一场行业会议上，参会者试用了“射频识别”（RFID）技术。[21] 这项技术最初用于监控犯罪分子的行动轨迹，而后很快应用到了零售业，用于追踪消费品购买过程。用于赌场中时，RFID将追踪芯片嵌入玩家的会员卡中，以实时追踪其运动轨迹。[22] 通过整合交易数据与运动轨迹，赌场可以“分析客人的每一步动作”。[23]

但是到底怎么分析呢？如何应用“人的流动轨迹”才能指导赌场做出对游戏、空间布局或营销活动的改进？过去，所谓的运营调整不是基于试错，就是基于“随机迁移”（stochastic migration）之类的映射模拟技术：在这类模拟中，赌场会基于对真实行为的取样（典型方式是由记录员观察记录）创造出一些理论个体，将它们置于模拟环境中，再制造一些设计变化，如把一排机器向左移几英尺或扩大游戏区域的入口，而变化前后，赌场都会全程追踪这些理论个体。[24] 对这种技术来说，最大的挑战在于如何从真实的客户行为中获取足量的正确信息来预测特定的设计变化带来的效果，而用户行为追踪技术面临的则是不同的挑战：如何从有着海量信息和细节的不间断实时数据流中获得有意义的洞察，如何读懂这些不断增长的原始信息洪流？

“洪水泛滥”，是一家专攻赌场数据分析的公司用来比喻数据分析过程的醒目措辞：“这些用户行为和交易数据的大潮能用来发电，将洞见和获利推向新高度呢，还是把你的管理人员淹没？”[25] 在2007年的G2E大会上，一位数据分析专家向同行们强调了这些信息洪流有多么巨大：“你的赌场每秒就奔涌出2万个[行为]模型。”[26] 2008年，另一位数据分析师也提出同样的观点：“我们拥有的数据太多了，这些不同的系统都在收集数据……但怎么整合它们，把数据变成知识？”[27] 这种规模的信息，单独工作的分析师很难采集，更难分析，即使这些分析师组成小团队也一样。这些数据中隐藏着肉眼不可见的行为模式，全然无法利用直觉或者逻辑来判断；只有大规模的数据处理才能发现这些模式，以及如何用这些模式来赢利。科技需要更多的科技来帮忙。

行为分析学：可操作的情报

随着行为追踪技术的兴起，赌博业开始面对一片信息深海。为了帮从业者在这片海洋上航行，越来越多的行为分析软件被开发了出来。例如，蝴蝶游戏公司（Mariposa，现为 IGT 合作方）开发的数据可视化系统承诺，其用户可以摆脱零敲碎打的作坊式市场营销，而“完全理解并预测玩家的行为模式”。[28] 公司的宣传手册上写道：“想象一下，你能根据预测模型找出最优的赌场配置。数据可视化让你能真正地看到客户都是谁、从哪儿来、喜欢玩什么……一切还都是实时的。”[29]

在这个系统上，赌客们被显示成国际象棋兵子那样的小图标，整齐排列在赌场平面图上（见图 5.2）。点击图标或“玩家定位器”，就可以打开这个玩家的详细资料，显示此人在特定时段内光顾了多少次，通常周几来、几点来。对有配偶的玩家，还会显示争取出其配偶的赌博习惯。赌客的“自述偏好”显示在他们的“计算偏好”上方。以玩家“海伦”的资料为例，她自述喜欢 50 美分一转的直立式转轮老虎机，但计算偏好显示她实际上喜欢在竖屏视频扑克机上玩 1 美分或 2 美分面额的游戏。这一软件的网站把这种洞察力当作其卖点，说赌场管理者可以“比玩家自己更了解自己”。在屏幕的右上角，赌场的现场经理可以点击“查看实时数据”，随时观察海伦正在玩什么。

有家公司叫“计算范式”（Compudigm，已与巴利合作），它开发了一套名为“视觉力量”（seePOWER）的商业情报工具，按该公司在某次新闻发布会上的说法，这套工具的特长是分析多名赌客的数据，从而展现出群体的“倾向与偏好”。这一技术能把大量的玩家追踪信息转变成彩色热力图，从而对顾客的群体行为兼做实时和跨时段的显示（见图 5.3）。此种可视化的实现方式是：晚间，行为追踪信息被下载到数据仓库，在数据仓库中按某赌场指定的参数进行“刷洗”，从而使相关信息能够回答以下类型的问题：带孩子的三十几岁女性喜欢在一周的哪一天及一天中的什么时间来玩？退休的男人喜欢玩什么机器？以可视形式呈现后，这些信息就会成为技师们所说的“可操作的情报”，此类有组织的数据可以帮管理者洞察到本不明显、却更有利于赢利的赌场区域配置，或获悉新的市场推广方向。

因为“利用了人脑理解图片和动画的速度远远快于数字这一能力”，视觉力量系统让赌场管理者可以快速捕捉到本来难以发现的规律与异常。[30] 在 2007 年 G2E 上，蝴蝶游戏的一位代表用笔记本电脑向我展示了这一软件。她拉出一张题为“女性游戏时长”的热力图，里面展示的是某赌场中女性玩家 24 小时内的行为数据。深红色的色块标示出了被玩时间最长的机器，而颜色逐渐变黯淡的其他色块则标注着周围被玩得少的机器——浅红色代表 16 小时、粉色 12 小时，橙色 8 小时，依此类推（见图 5.3，已黑白化）。在延时动画中，这些深浅不一的等温线会随不同机器上的活动密度起伏而变化。用连续五天同一区域的数据做成延时动画后，我们就会发现一个奇怪的规律：每天晚上差不多同一时间，30 岁以下的女性顾客会从一排热门机器的一边换到另一边，或是一起离开，此时她们原有的位置会被 50 岁以上的男性占据。进一步调研发现，这个时间是赌博区附近表演厅的滑稽剧结束的时间，看完表演的男人们会过来玩，并骚扰年轻女性。这个参会代表告诉我说：“没有计算范式公司的软件，他们就永远不会发现这个问题。”针对此事，这家赌场设立了“一个全新的女性玩家保护区”，里面设有她们喜欢玩的机器，并通过邮件大力推广了他们的“老虎机避难新区”。利润不仅恢复如前，还有了新的增长。

为了给定向营销活动提供更多信息，视觉力量的数据可视化还突破了赌场物理空间的局限，除了生产“内部地图”之外，它还会进一步勾勒目标群体的行为，从而产出“外部地图”。“比如说我们想看看 55 岁及以上的女性赌客的利润率。那么她们是谁？住哪里？我们怎样才能更好地锁定她们？”计算范式公司的代表演示了一张未知城市的动态地图，题为“一层 · 小老太太们 · 会员卡上记录的游戏时间”。随着地图左上角的钟表指针不停地转动，整个城市闪起颜色深浅不一的脉动，标出了在一天的时间里，在某赌场一层开始赌博和结束赌博的老年女性赌客的家庭住址。凌晨时分，图上会散布一小堆一小堆的

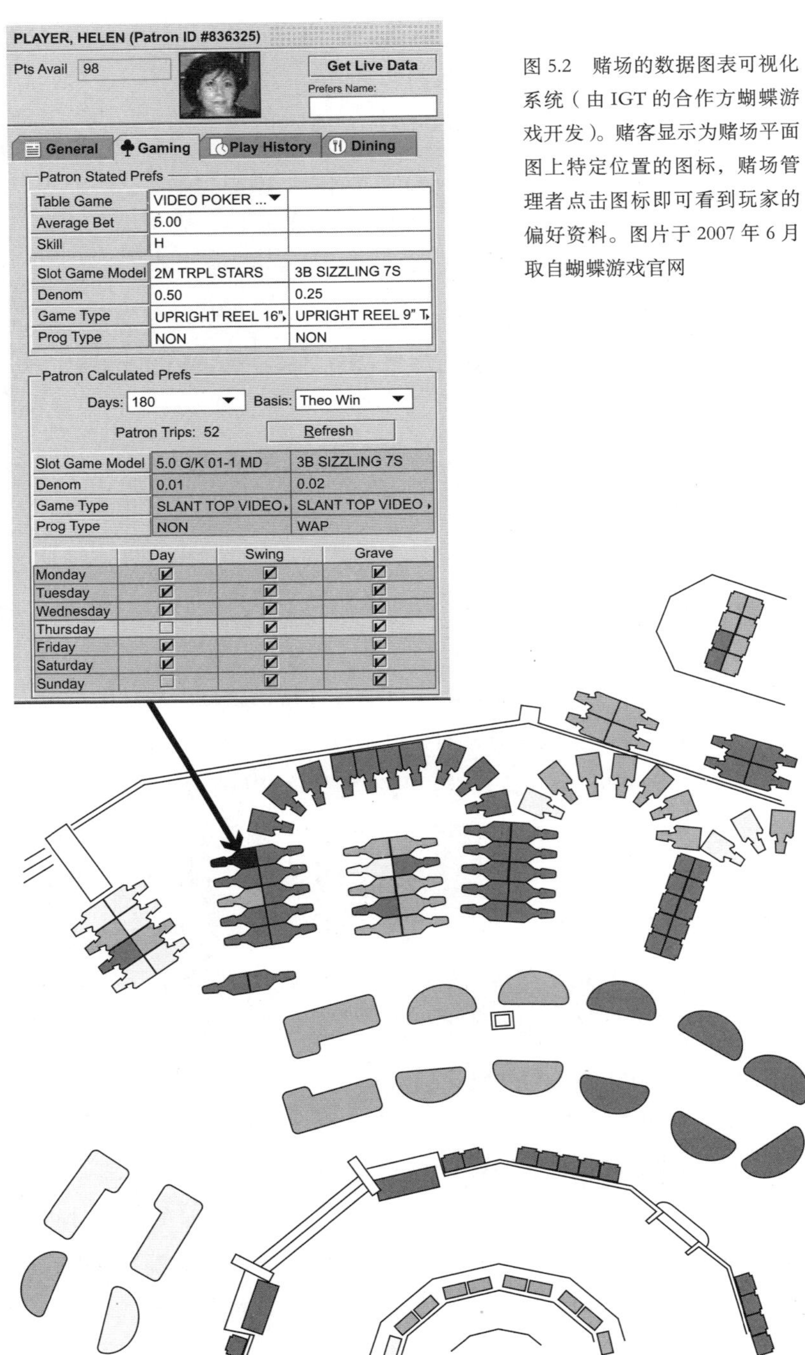

图 5.2 赌场的数据图表可视化系统（由 IGT 的合作方蝴蝶游戏开发）。赌客显示为赌场平面图上特定位置的图标，赌场管理者点击图标即可看到玩家的偏好资料。图片于 2007 年 6 月取自蝴蝶游戏官网

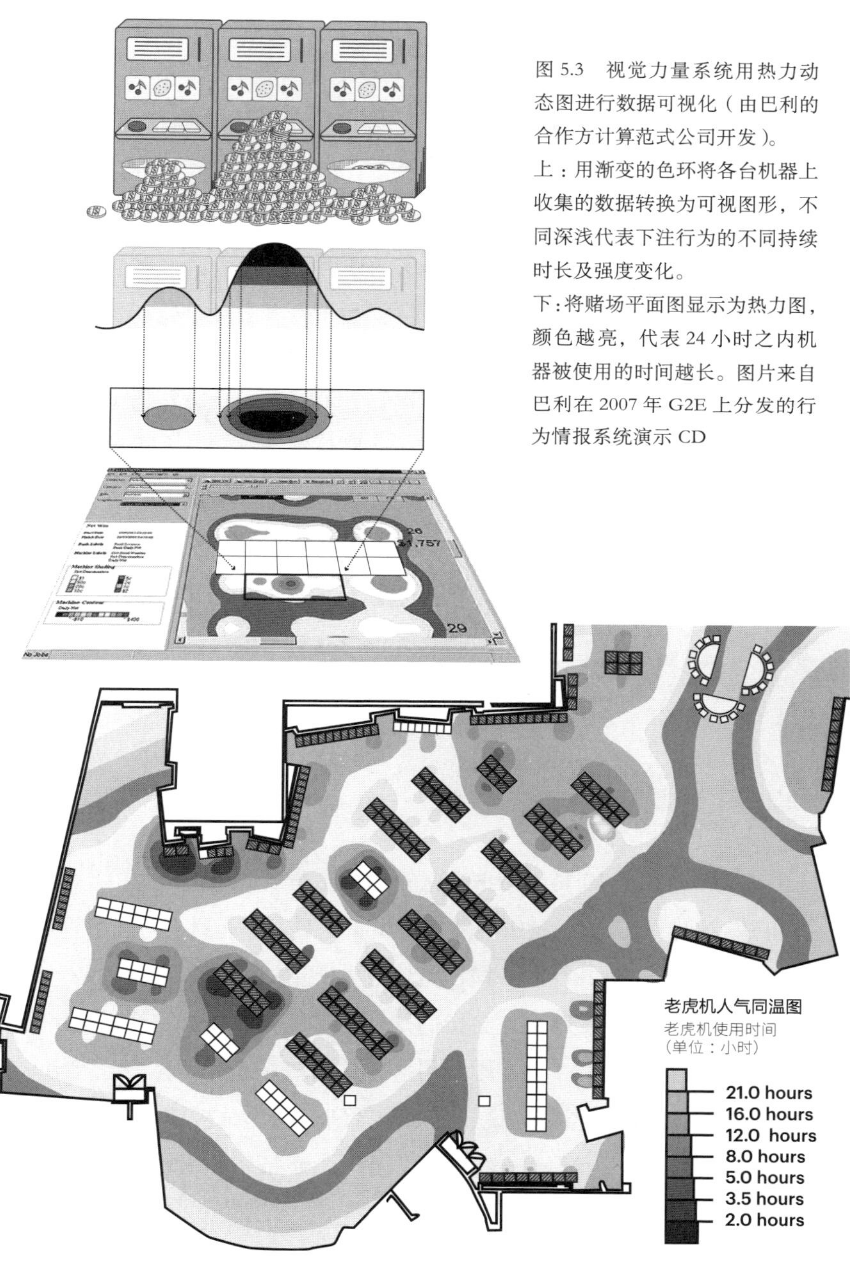

图 5.3　视觉力量系统用热力动态图进行数据可视化（由巴利的合作方计算范式公司开发）。
上：用渐变的色环将各台机器上收集的数据转换为可视图形，不同深浅代表下注行为的不同持续时长及强度变化。
下：将赌场平面图显示为热力图，颜色越亮，代表 24 小时之内机器被使用的时间越长。图片来自巴利在 2007 年 G2E 上分发的行为情报系统演示 CD

色点，有红色的中心就代表这处社区正在赌博的玩家非常多。从早上8点开始，地图的中心夸张地绽放出一朵亮红色的花，在上午11时开至最盛，而后又在傍晚收缩；而整个城市中仍会有三五成群的“小老太太”们分散各处，彻夜不休地赌博。有了这种信息的加持，赌场们可以根据这一细分市场中玩家的赌博时间表来量身打造促销活动。

计算范式公司夸口说，使用他们的软件8个月内，大多数赌场都获得了近20%的收益提升。那些直接把数据仓库安装在现场的赌场可以“用精确到分钟的信息武装自己”，因此能“在整个企业的范围内实时处理原子级的数据”。[31] 他们的宣传册封面上画了两只巨大的手伸展在赌场上方，托起了一个水晶球般的大气泡，里面是一个男人在玩老虎机。马克·安德烈耶维奇（Mark Andrejevic）在其针对商用监控与数据采集系统的研究中表示：“随着用来分类、锁定、排除消费者的算法越发复杂难懂，他们在市场营销者面前越发无所遁形。”[32] 下面我们会看到，这些算法在识别和分析行为趋势与偏好时，不仅可以针对玩家细分市场，还会直接锁定每个个体玩家。

触达点：关系管理

从早期的玩家会员卡系统到最前沿的数据管理软件套装，这些玩家追踪技术不仅为市场营销的复兴提供了工具，更起到了“关系管理”的作用。与其他服务行业一样，赌博业中所谓的“关系”不过是一种好听的说法而已，实际上，它指的是一种有策略的数据交换，让用户让渡个人数据的权利，企业则利用这些数据更好地对顾客进行营销并提升其“忠诚度”。举例来说，蝴蝶游戏所产出的分析就是一种“‘建立关系’的完美工具”，一种“形成闭环，确保会员计划的效果达到最佳水平”的方式。用户追踪技术之所以能“建立关系”，不仅仅是因为它们能收集信息，从而个性化地吸引玩家，还因为它们能把此类吸引力直接传递给游戏中的玩家。用科乐美游戏（Konami Gaming）一位代表的话来说：“科技正在让这些全新的触达点成为可能。”[33]

想要分析和“触达”玩家，前提是玩家要自愿参与到会员计划中来，因此赌博行业会齐心协力地争取尽可能多的会员注册。赌场中有整整70%的客人使用会员卡，而且这一数字还在稳步增长（在拉斯维加斯本地赌场，这一数字超过80%）。如果赌博者没有用会员卡，像蝴蝶游戏和视觉力量这样的系统就会识别出这些玩家，这时老虎机经理就可以派出销售人员说服其注册办理一张。2005年G2E大会上，一位用户追踪技术的倡导者告诉听众：“匿名玩家会增加你的成本，而会员卡玩家则不一样：你知道他的动机和喜好。从精准营销的角度来说，就像是你可以拿来复枪直接击中他；而如果他不用会员卡，你就像是一边拿着霰弹枪在屋子里扫射一边想：我怎么才能打到这家伙？”[34]

为了让玩家觉得标名挂号好过做个小透明，赌场把追踪玩家的会员计划描绘为一种方便的服务形式和积分领奖的手段。一位业内人士在2008年说过：“会员计划是为了给玩家一个理由把数据交给你，让你用它们赚钱。”这种说法赤裸裸地揭露了所谓“关系”背后的逐利动机。[35]安德烈耶维奇写道：“互动不一定是双向的，更多时候，它不过是用便利性换取用户信息，让用户把信息自愿甚或不知情地交出来，而信息收集的形式也正变得越发巨细靡遗。”[36]

一个最明显的“不知情交出信息”的例子就是巴利采用的方法，它可以在玩家连会员卡都没有办理的情况下追踪他们。这一系统在赌博机上加装了与中央数据库连接的微型摄像头，并引入了生物识别系统，当玩家开始游戏但没有用会员卡时，摄像头就会“捕捉玩家的图像，并与其游戏过程一并保存”，创造一个“某甲”玩家档案。虽然赌场并不知道顾客的实际姓名，它仍然可以长时间地追踪他的行为，从而“纵观一个玩家的整体价值”。[37]通过“用户不可见”的方式，这一系统让赌场对无卡顾客也有机会进行关系管理。

为了把玩家关系管理出最大的收益，赌博业必须了解这些关系的具体“价值”。在2008年的G2E上，哈拉斯的一位高管提出了如下问题：“某位顾客与你的关系是什么？你与他的关系又是什么？这位顾客能让你赚钱吗？”[38]巴利的罗也问过：“某玩家对我来说，价值等级如何？”[39]通过统计建模，赌场基于不同的参数把玩家分成“梯队”，并为每个梯队标记“客户价值”或“玩家理论价值”，其基准是玩家有可能带来多少理论上的收入。在一场名为“顾客评级：重新定义客户价值”的研讨会上，一位专家分享了他自己衡量顾客价值的体系，他建议赌场为每位客人打一个“近期分数”（他上一次光顾离现在有多近）、一个“频率分数”（他光顾的频率）和一个“金钱分数”（他花了多少钱），然后就可以基于这些变量施展算法，打造出个性化的营销策略。[40]哈拉斯的理查德·米尔曼曾对一名记者说：“我们希望让每个客户关系的价值都能最大化。”[41]

哈拉斯的玩家价值判断统计模型是业内最先进的，类似于预测股票未来价值的模型。这家连锁型赌场基于人口统计学信息，将客人细分为 90 个群体。他们发现，与客户价值相关性最强的是赌博频率、赌博类型和每转 / 每手的下注金额。“高速”玩家（按机器按钮手速极快的玩家）很容易受到诱导赌得更多，因而对公司格外有价值。[42]玩家价值预测算法会设置一套日历和预算系统，用来预测一个玩家什么时候会赌博，会赌多少钱，并生成“行为调整报告”，向赌场建议何种诱惑对他们可能有效。玩家如果“逾期”未至，会收到邮件提醒，接下来就是电话跟进。哈拉斯的 CEO 加里·洛夫曼告诉记者：“我们会激励他回到曾有的频率模式中。”[43]

哈拉斯甚至还开发了一套方法来计算玩家的“预期终生价值”，即玩家在整个一生中可能输给这家赌场门店多少钱。最有赚头的客户会受到特殊优待，例如他们的电话会被优先接听：负责处理电话的系统在收到一串来电号码后，会根据客户数据库来衡量致电人的价值，再根据其价值等级安排该来电在接听队列中的排序。通过这种方式，“根据他们对赌场的价值，每位玩家都会各得其所”。类似地，巴利也用收集到的客户数据指导其“以玩家为中心的奖励计划”。作为比较，“以游戏为中心的奖励”是机器随机奖励当前正在玩的玩家，无论他是谁；与此不同，“以玩家为中心”的系统根据每个人不同的消费模式将玩家分类，再提供相应的奖励。这一系统的一则广告这样写道：“建立更深入、更有利可图的玩家关系，让你的营销费用发挥最大价值。”

2005 年，哈拉斯开发了一套新方法，可以在单次游戏的过程中即对玩家的价值进行测量、反馈和优化。他们使用了一种巴甫洛夫式的实时关系管理系统，软件把玩家的数据输送给算法，算法会算出该玩家还能输多少钱才会开始不高兴，从而为其量身定制“痛点”。当软件察觉到玩家体验正逼近其“痛点”阈值时，它就会派出一位“幸运大使”为玩家发些奖励，如餐饮优惠券、演出票、赌资代金券等。[44] 一位销售代表解释说：“当你接近痛点的时候，幸运大使就会出来说：‘看来你今天运气不佳呀。我知道你挺喜欢我们这里的牛排店的，拿着这张券，你可以和你丈夫一起来吃牛排，我们请客。’这样痛点就不痛了，这次赌博就变成了开心的体验。”[45] 代金券的作用就是让赌客小“赢”，从而激励他们继续玩下去。

与隐藏的次级奖励关一样，幸运大使是主游戏强化计划的助攻，目的是增强主游戏钳住玩家的吸引力。然而奖励关是由程序预先指定随机出现的，而幸运大使则是针对玩家数据的动态响应和定制。有人曾经质疑，这种奖励输钱的玩家好让他们玩得更久的方法是否道德，他们指出，在玩家游戏过程中改变游戏的数学概率是违法的。[46] 然而，这一系统严格说是一种营销手段，所以不在法律监管的范围之内。但不论如何分类，这种技术确实让赌场有办法把历史数据与实时数据整合起来，对玩家的情感进行监控，并通过策略性的算法干预和时点干预来“优化”玩家的情感，使其不断玩下去。

一位斯坦福大学的教授发明了一个更为技术化的版本，让哈拉斯的幸运大使进化成了一款名为“微视力量”（Micro seePOWER）的手持设备，拿着它，赌场员工就能随时了解每个玩家的游戏体验情况。这款设备与计算范式公司的系统进行了整合，屏幕上显示一张黄色的小脸，不同的表情会标示出关于当前玩家价值的关键信息（见图 5.4）。例如，脸上的两只眼睛离得很远，意味着当前的是高利润玩家，而眼睛离得很近则说明当前玩家无利可图。如果面孔朝下，则意味着玩家的手气正差，可能需要一点外力推动（以奖励的形式）来吸引其继续

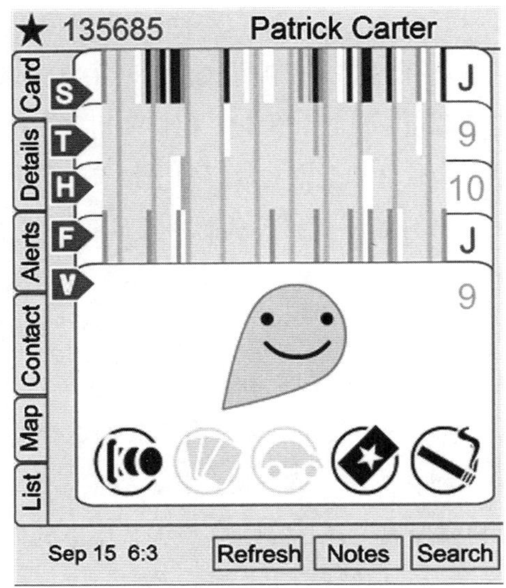

图 5.4 微视力量（Micro seePOWER），一种实时显示“玩家价值”的手持设备。图片来自巴利在 2007 年 G2E 上分发的行为情报技术演示 CD

玩下去。巴利的一位代表告诉我说：“赌场员工自己无须做任何计算，机器都为他们算好了。”与赌场全局数据可视化技术一样，这项新技术把原本难以理解的大量玩家行为信息转化为可立即采取行动的有效情报，让赌场经理把赌客看得清清楚楚。[47] 再面对坐在屏幕前游戏的玩家时，经理们不用再依靠直觉，只要看自己手里的屏幕就行，屏幕上代表赌客的表情符号清晰易懂。一位行业分析师写道：“可视化分析让你能在做商业分析和预测时剔除个人情绪和猜测。”[48]

但赌客们却仍在“个人情绪和猜测”的直觉范围内。以我们在上一章结尾认识的卡特里娜为例，她离自己的实时数据中展开的事件太近，因而无法发现其中的模式并制定策略。她完全没有尝试预测未来的收益，而是陷入了一种永恒的现在时：在游戏的迷境中，统治她的是情感适应而非理性分析。赌客和赌场各自的能力本就不对称，赌场熟知机器的胜率，能够进行统计计算来预测机器有望获得的长期收益（不论是情感收益还是经济收益），而这些，赌客们都做不到。现在又出现了这种不对称性的加强版写照：赌场“了解”赌客，能够进行多种详尽的分析，对游戏环境进行实时调节，依靠这样的了解，他们可能获得更多的收益，而赌客依然什么都不会。

网络化赌博：灵活的控制力

在本书首次即将付印之时，可下载的赌博游戏正在登上舞台。赌场们正“把互联网的力量接入赌场”，从而为赌博行业提供了一种把实时数据转化为有效情报的新方式。[49] 这种新方式也称网络赌博或基于服务器的赌博游戏，在使用这一技术的赌场中，游戏不再存储在一台台机器中，而是从在线的服务器（或比喻为“点唱机”）下载。一位记者这样解释这一技术：“过去，更新老虎机是一项复杂的操作，需要打开机器、更换内部的计算机芯片，还要把显示器玻璃换成宣传相应游戏主题的款式。这项工作……从订购部件到修改机器，会耗费数千美元。”[50] 而使用像 Cyberview 公司的“指—点—变”这样的系统，赌场在 20 秒之内就能调整完毕游戏元素（如游戏面额、庄家优势乃至字体的大小等等）。以适应赌客们新生的或变化了的偏好。[51] IGT 的安迪·英格拉姆（Andy Ingram）说：“我可以让我的游戏自动适应 [顾客]。”[52] 赌场中的游戏内容将不再是静态的，而会根据用户当前的情感和行为变化“动态响应”。

网络赌博的这种动态响应，说明“它的设计初衷不仅仅是改善游戏部署系统，同时也是要为 [赌场] 运营者提供一种分析赌场业绩的工具”。[53] IGT 的一位代表解释了其中的持续反馈过程，分析机制正是借此提升游戏部署系统效能的：“先在赌场中进行游戏的部署，然后就可以对这一部署进行分析，进而决定如何调整和改进；通过这一机制，我们能时刻根据用户的反应进行调节。”这是一个“如何适应、调整、重新设计、重新部署”的问题。Cyberview 在 2008 年被 IGT 收购，它是第一个获得可下载赌博技术监管许可的公司。其管理层强调这一系统为赌场管理者带来了“灵活的控制力”，使他们可以实时地对市场的变化进行侦测、理解和响应。灵活的控制力这一概念与机械工程（更一般而言是控制论）中的“自适应控制”概念异曲同工：这种控制方式可以对情境的变化自行适应，而无须拥有应对这些外在情况的先期经验。更确切地说，它应和了“灵活专业化”的兴起，或者说从福特式的大规模标准化生产向另一种模式转化的趋势，即根据用户不断变化的需求和一时的兴致而不断调整其产出。[55]

对于安装了可以从在线服务器下载游戏内容的赌场来说，其管理者不再需要猜测未来客户的偏好，因为他们有能力在这些偏好发生的同时改变游戏以适应市场。[56] 2006 年，这一技术最先在金银岛赌场测试时，老虎机区的一位主管说：“整个白天都是本地赌客多，于是我们就多下载一些视频扑克；而晚上则可以多下载一些老虎机游戏。”[57] 有能力实时侦测并响应客户的行为和流动模式之后，赌场可以在高峰时段提高赌场胜率，平峰时段再调低，也可以把业绩不好的游戏统统换掉，这样就可以保证随时都有更为充裕的客流。Cyberview 的一位代表说：“这会消除营业额的高峰和低谷，平整掉业绩的起伏。”实时数据加上实时的游戏部署机制，“可以让收入流更为平滑”。[58]（与玩家喜欢平滑稳定地输钱一样，赌博行业也喜欢平滑稳定地赚钱。）

同时，当内容可以下载时，机器本身就会变小变薄，这样赌场中的“机器占地”就会减少，从而减少运营成本，因为赌场管理者“不再需要为缩减的这部分空间配备员工或支付空调照明电力等费用”，因而赌场的收益会进一步提高。[59] 此外，因为此时赌场中的每台机器都可以提供同样丰富的游戏种类，所以赌场需要的机器数量少得多了，但可以服务的赌客数量却大大提升。在一篇标题为“未来赌场”的行业技术综述中，作者借用了第一章里比尔 · 弗里德曼描述赌场空间的用词，他写道：“未来赌场不必再是容纳着老虎机汪洋的超级大厅，相反，赌场可以把机器垂直向排成高区和低区，或者沿水平面分割为多个微小区域。”[60] 这些次级区域可以针对不同的人口和族群进行特别设计，满足他们在空间、氛围和文化等方面的不同偏好，从温度到灯光亮度再到装潢以及天花板高度都可以个性化设计。例如，老年人区在设计时就可以考虑“拄拐杖的、步行的、坐轮椅的和踩电动滑板车的人”，同时，“每个微环境还可以为迎合不同的文化而打造，设计不同的机器、标志、员工制服、地毯、墙纸和天花板。”[61] 机器还可以为墨西哥五月节或中国春节这类事件虚拟“换肤”，这样一来，各种不同类型“人群动态和偏好都能获得满足”。[62]

可下载赌博技术对赌场的帮助，不仅在于满足不同群体的偏好，还在于能通过向机器控制台传输个性化内容来满足玩家个体的偏好。一些人相信，未来机器的传感器将可以在每位顾客路过时就自动启动他最喜欢的游戏，在游戏中直呼玩家的名字，来促使他继续玩下去。而有些人则有些担心，如果这种新的“灵活的控制力”被客户所见所知，他们会不会感到不自在？2006年的G2E大会上就有一位听众问道：“人们会不会觉得在被背地里的技术手段控制？”而2007年的会议上，一位老虎机运营总监指出：“人们早就认为我们在办公室里装着一个大按钮，可以一键更换游戏，有了网络赌博系统后，这种想法就准确了，现在我们真的有了按这个大按钮的能力。”[63] 2008年的会议上，IGT的一位代表也提出了类似的担心：“既然玩家已经认为我们在地下室装了更换游戏的大转盘……那么他们一旦发现我们其实正在建这个大转盘，会怎么想？”[64] 既然机器赌博者早就怀疑“有人在幕后调整游戏设置”，那么怎样才能让他们愿意接受这种新技术？[65] Cyberview的托德·埃尔萨瑟（Todd Elsasser）提出了一个解决方案：

> 不要背着顾客做这事——不要在他离开去买杯水的时候改动游戏。我们应该做的是，让玩家主动要求调整。从技术上说，在幕后对游戏做一定程度的调整不太困难。但是让玩家自己要求调整，才是可下载赌博技术带来的根本变化。玩家可能不想要巨额头奖，而想要很多返现和顺畅的游戏体验。我们可以提供选项，让玩家一眼就能看到。给他选择权——“告诉我们你想要什么，然后你就可以自己选”。让这件事成为玩家完全自主的选择。这样玩家就能更好地告诉你如何针对他进行营销。让

玩家拥有完全的控制力。[66]

埃尔萨瑟提出，通过邀请玩家主动设置自己的游戏，给他“完全的控制力”，就可以抵消掉玩家被控制的恐惧。这背后的逻辑是，与其冒着“鼠民”发现斯金纳箱的风险，不如让他们自己设计斯金纳箱。

Cyberview 的首席运营官希尔薇·利纳尔也用另一种方式阐述了这一策略：“玩家非常聪明，所以我们为什么不开放和透明一点，让他们与 [赌场] 运营者合作，和我们一起为游戏添砖加瓦呢？既然有些玩家喜欢‘免费转’，有些喜欢互动奖励关，为什么不让玩家成为公式的一部分，请他们按需为自己打造游戏？这里的问题是，要不要把他们看作成年人，邀请他们一起参与。”[67]《未来赌场》的作者也有相同的思路：“随着玩家越来越有知识，他们可以根据自己在任一时间点的喜好自行选择 PAR 表、中奖频率和波动性。不难想象，未来的玩家也许可以借助一个简单的游戏生成器，自己开发自己的游戏。”[68]

目前，网络赌博系统虽然允许玩家从在线游戏库中自行选择游戏下载，但可供下载的游戏的属性（面额、强化计划、波动性等）都是根据市场整体偏好事先设定的，而不是根据每个玩家的游戏过程实时产生的。换句话说，虽然可下载的赌博系统可以响应群体的数学和审美偏好（由群体成员的偏好加权平均得来），却暂时还不能实时地响应特定个体玩家的偏好。IGT 的里奇·施奈德（Rich Schneider）说：“现在，老虎机在做 [游戏] 决策时全未考虑当前玩家的实时数据，而我们知道玩家一定不会满足于此。”。如果能让玩家参与到游戏元素的设置过程中，那么网络赌博系统的“灵活的控制力”或说适应力就会上一个新台阶，让行业从粗放的“广播式推送”时代进入到精细的客户定制化时代。[69]这里再次引用《未来赌场》中的一段话：

> 玩家可以在系统内指定“自己的游戏”，系统就会把游戏下载到玩家任选的设备上。玩家大可以随时开始或停止游戏、换机器甚至去而复返，无论是一天之内，或是跨越几天的时

> 间，甚至在不同的时间但只要是同一个连锁赌场的分店，都可以……不难想象，未来玩家可以把游戏永远玩下去。[70]

施奈德说 ：“想象一下，我们知道每位玩家喜欢什么游戏，还把这些都给他们。哇哦！给他们想要的东西，在他们想要的时候给，或者在我想给的时候给。”[71]

游戏开发者看重的是允许玩家自己设置游戏后，可以获得关于玩家的知识。利纳尔提到 ：“你将能够更深入地倾听用户的声音，因为如果他们选择让自己的机器做一些有趣的事时，你就能学到东西——你从玩家想要的东西中学习。”[72]“玩家想要的”再次成为赌博设计反馈回路中的关键元素，而这一回路正在不断趋近闭环。从观察、倾听，到玩家追踪，到行为情报软件，再到可下载的赌博系统——其中的趋势都是让玩家越来越多地（用前文中利纳尔的话来说）“成为公式的一部分”。让玩家可以自行组建自己的游戏，是“以玩家中心”思想的最前沿体现。这种能力可以让赌博行业满足统计常模之外的、每个玩家自己的独特喜好，让赌博机成为个性化的奖赏机器。

在利纳尔和埃尔萨瑟的眼中，机器赌博的未来在于为玩家提供自助餐式的丰富选项，让玩家成为自己游戏的设计师，但并非所有业内人士都信服同样的乐观想法。一方面，随着赌博业掌握的“灵活的控制力”不断增强，一些赌博游戏开发者担心玩家会感到自己被操控 ；还有些人则担心，让玩家控制游戏的设计，他们可能会迷失在选项的海洋之中。例如，他们可能会在面对长长的游戏清单时出现选择困难——不仅是操作上的困难，更重要的是选择本身的困难。2004 年，一位资深的老虎机运营经理布奇 · 威彻（Butch Witcher）就提出 ：“他们可能找不到自己想要的那个，因为选择太多了。”[73] 2007 年，行业先锋米克 · 罗默（Mick Roemer）也问道 ：“玩家真希望有更多选择吗？有时被给予过多选择，玩家反而会困惑，可能无法沉入迷境之中。”[74]

而一位澳大利亚的游戏开发者则并不担心顾客会不喜欢众多选项，因为澳洲的市场已经证明，玩家有能力适应复杂性。他说 ：“他们会来赌场，从目录中选游戏，然后说‘我要这个游戏，搭配这个面额和绿色的背景’;这不会成为问题。”[75]但是这个目录应该长什么样?巴利的布鲁斯·罗会警惕过于庞大的选项列表。“在不造成决策瘫痪的前提下,我们能给玩家多少选项? ”[76]进而他提到了心理学家巴里·施瓦茨（Barry Schwartz）的畅销书《选择的悖论》(*The Paradox of Choice: Why more is Less*)。WMS 的艾尔·托马斯(Al Thomas)也提到了这本:“有个概念叫‘选择的暴政’(the tyranny of choice)，是说你给一个人的选择越多，他就越难选出称心如意的一个，所以其实你得帮他做决定。”他强调，消费者选择权的最终形态绝不是有无限选项的点唱机。和业内其他人一样，他认为亚马逊的在线畅销书榜和苹果 iTunes 的在线音乐商店才是指导用户做选择的榜样。“它们不是简单地把所有歌曲或图书堆在你眼前，而是为你的选择导航，它们会提建议，帮你决定哪些东西适合你。”[77]关键在于对选项进行梳理和引导,“帮用户做决定”。

2009 年，非凡科技推出了一套不联网的老虎机选择指导系统，名为“万能波动”(Versatile Volatility)。这一系统通过简单地询问玩家你想怎么赢钱,来“揭开数学的神秘面纱”。玩家有三个选择:经常赢（即波动性低,机上时间长)、稳定赢（中等波动性）和赢大的（高波动性)。这一系统基于一套名为“灵活数学”的软件运行,其灵活性也名副其实。一位评论家认为,它“可以给赌场运营者和玩家他们最想要的东西——控制感”，接下来，他又说了一句颇有争议的论断:“万能波动的出现，是为了教育玩家，并给他们赋能，让他们更有控制感。”[78]该公司的官网上坚称，该系统的特性“证明了给视频老虎机的玩家赋能是可能的，更重要的是，这还会帮赌场获利”。一位开发者说，他们设计的目标是让玩家:“看到一点点背后的东西。程度不足以让他们感到迷惑或害怕，只是刚好可以让他们说:‘好了，我不喜欢玩大的，我更喜欢小打小闹一点，所以我要选择这种游戏体验。’”[79]另一家名为“塔洛内华达”(Talo Nevada）的公司也开发了一种方法让老虎机适应赌博者的游戏步调偏好，而这家公司的老板是玩家行为追踪系统公认的发明者。塔洛内华达的方法不是为赌博者“赋能”，好自己选择自己的波动性，而是利用了玩家追踪的方法来“测量玩家喜欢什么样的步调，并让游戏迎合他的心愿。”[80] 在未来的网络赌博系统上，玩家的选择到底会有多大或多小还未可知，而同样有待认清的，是玩家在做这些选择时会获得多大的赋能或接受多大的引导。

不论玩家是不是能直接与网络赌博系统沟通，告知后者自己的喜好，系统却是一定可以直接与玩家沟通的，其方式不限于提供个性化的游戏选择，还包括个性化的营销手段。实际上，可下载的赌博游戏会将游戏界面变成实时营销及其他玩家关系管理手段的窗口。一位业内代表指出：“我们实际上已经侵入了赌博机，让它们变成了我们客户关系管理（CRM）系统的核心部分。”在 G2E 一场名为“新发明、新体验、新效能”的研讨会上，一位演讲嘉宾提出：这种新的营销方式与邮件推广不同，与蝴蝶游戏或视觉力量等用户行为分析工具所加持的更为一般的营销活动也不同，而是将营销信息流直接植入游戏过程，是“一种在玩家游戏过程中就与其沟通的实时营销手段”。

IGT 的施奈德解释得更为详细：“现在，我们为 [赌场] 运营者提供了一种工具，让他们能在消费者实际消费产品的过程中与其对话并对其营销。”IGT 的游戏内营销系统名为“体验管理”，它牢牢把握住了赌博行业的一大心愿：把技术创新、消费者体验与利润效率三者结合起来。[81] 这一系统的设计“让 [赌场] 运营者能够在每一个触达点上优化玩家体验”，从而也“优化”赌场的收益。其功能就像是前述的“幸运大使”系统的全数字化版本。一位业内高管说，这一软件让赌场可以“在玩家决策的关键时间点与其对话，从而对他们的游戏行为产生实质影响。”[82] 例如，赌场可以在玩家到达自己的“痛点”时立即给予奖励。WMS 的马克 · 佩斯（Mark Pace）说：“我可以刚刚好在那一瞬间生成一个奖励并呈现在玩家的屏幕上。我可以实时地设计玩家的体验。”[83] 与赌场的室内设计、机器硬件和游戏软件一样，追踪系统和营销系统的设计初衷，也是响应玩家的游戏体验，进而塑造这一体验。

◇◇◇

在整个赌博行业都忙着给赌场新配网络赌博系统并期待它们带来新体验时，无线赌博，或称“移动”赌博，正在另一边悄然兴起。[84]可下载游戏技术让玩家在赌场任何区域都能玩到想玩的游戏，而无线赌博技术则让玩家在穿梭于各个区域时也能把游戏随身携带，玩个不停，例如玩家在游泳池边或排队等自助餐时都可以玩。在拉斯维加斯的一些赌场中，玩家如果在某台实体机器上正玩到一半时想要或必须去该机构的其他地方，是可以把游戏转移到一台特制的手持设备上带走的。这些便携设备起了可穿戴赌博技术的作用，在全部物理空间中都陪伴着玩家，把以玩家为中心的思想提升到了新的高度。赌场正期待着监管放宽的一天，让他们可以通过内置 GPS 功能或“加密狗”（赌场发放的小项链般的东西）把顾客的手机整合到赌场系统中来。[85]无线赌博让游戏可以在物理空间中自由流动，因而有能力“把赌场的每一寸空间都变成营收的增量引擎”。换句话说，它可以让赌博者的持续生产力移动起来。

同时，实时数据的收集，以及基于这些数据的营销，也会移动起来。在 2007 年的 G2E 上，一位来自微软的研讨嘉宾指出：“它不仅是一种互动体验，还是一座 CRM 的金矿：你在和机器交互，而我同时收集可观的数据；只要你继续在我这里玩，我就会尽量抓取更多信息来为你定制游戏体验。”[86]知道客户在赌场中的精确位置让赌场可以开展“基于精准位置的移动营销”，例如在客人走向某个特定赌博区域时向他们发放优惠券，鼓励他们在那里赌钱。[87]

业内预测，不论是移动赌博，还是对已有的玩家追踪、行为情报及可下载赌博系统等技术的精细化，都会在未来为赌场提供对客人、对技术及环境越发灵活的控制力。1990 年，正当数字信息和通信科技走入人们的日常生活之时，德勒兹就描述了所谓的“控制社会”，而本章讲到的客户追踪和营销技术正是基于这些科技发展起来的。用网络基础设施武装起来的当代赌场，正是这种“控制社会”的典型代表。

同样在1990年，一位赌场业评论家指出，正在兴起的玩家追踪系统拥有光明的未来："玩家在赌场中的力量将被化约并重新分配，让赌场管理者在操纵玩家的习惯上拥有更多控制力。"[88] 这种"操纵上的控制力"已经进化为一种联网的实时监控和调节系统。在2004年的G2E上，一位赌博游戏设计者告诉听众："你能完整地追踪玩家全部的历史反应，并且能回答这个问题：我们有没有成功引导他们做我们想让他们做的事？"这个系统已经拥有了灵活的适应性，一边把方向盘交到玩家手里，一边又决定着他们往哪边转；在把控制权"完全"交到玩家手中（指尖）的同时，又通过老虎机的数字转盘后台去引导玩家的手。正如在控制型社会中那样，这个隐形的通信技术网没有"规训与惩罚"，而是进行着煽动和奖励。德勒兹写"被控制的人在轨道中波动起伏，处在一片连续的网络中"，换个说法也许就是，他们身陷迷境之中。[89]

这种控制依赖对行为的追踪，而赌博业不仅是这种追踪技术的典型代表，也是其前沿开拓者。1999年，谷歌、亚马逊、Facebook等互联网大公司在消费者监控方面的创新还不为人所知，一份赌博行业杂志就已经声称："知识就是力量，而把这句话展现得最有力的恐怕就是赌博业。"[90] 很多监控和营销创举都是在赌场率先应用，然后才扩展到其他领域，如机场、金融交易机构、购物中心、保险机构、银行，以及国土安全局等国家机构。[91] 为什么赌场经常成为追踪与控制方面的创新工厂和实验田？一位业内人士提供了一种解释："我们行业的独特优势在于，我们每周或每个月就有几百个触达点，每年则成千上万。因此这里的数据丰富性，其他领域无法比拟。"[92] 正如本章所展示的，赌博业不断追求获取并调动这种"丰富的数据"，这已然演变成了赌博行业与赌博者之间的不对称合谋的另一种表现。在不断精细化的递归循环中，受追踪的玩家在不断助力新的机器、空间和服务的打造，用常见的业内术语来说，是"玩家发起的行为"产出了更适合玩家的机器、空间和服务。[93] 赌博者的情感状态和行为方式，一边塑造着赌博体系，一边被该体系塑造。

第六章

完美的偶发性

从控制到冲动

心理学家米哈里·契克森米哈伊(Mihaly Csikszentmihalyi)让“心流”（flow）一词流行了起来，它指的是一种沉浸状态，身处其中，人的注意力会高度聚焦在某项活动上，时间的流逝感消失了，日常的烦恼和担忧也随之不见。他写道：“心流让我们可以从日常琐事的混乱无序中逃离。”[1] 契克森米哈伊指出了心流的四个“前提条件”：首先，相关活动的每一时刻都必须有小目标；第二，实现目标的规则必须清晰；第三，这一活动必须能给出即时反馈，这样参与者才有确定感，随时知道自己的境况；第四，活动的任务必须要求一些操作技能，这样能同时给予参与者控制感和挑战性。[2] 如我们所见，机器赌博满足每个特性：每一手牌或每次转动都给了玩家一个小目标；规则有限且定义明确；下注并知道结果只需几秒钟，这就让玩家的行为得到了即时的反馈；转轮停止按钮，响应式触摸屏及多行、多币的操作方式等，让玩家有一种有能力控制偶发性的感觉，让他们在玩游戏时更投入，而视频扑克更是真的需要技巧，从而更强化了这一效果。[3]

所以毫不意外，高强度机器赌博产生的“迷境”与心流中标志性的身心易变和去主体化效应如出一辙。赌博者“忘记了自我”，只感觉在随着机器指定的编排而舞蹈；就像登山者会觉得自己与山石融为一体、舞者觉得自己被音乐“牵动”一样，赌博者觉得自己“被机器操控”。[4]但是，赌博者的体验与契克森米哈伊书中的艺术家、运动员、科学家等完全不同。对这些专业人士来说，心流状态让他们更热爱生活，帮他们恢复状态，让他们更充实，是一种“人类的巅峰体验”，增强了日常生活的自主性。而重复性赌博者则正相反，他们体验到的心流状态让他们精力枯竭、无法自拔，而且损害了他们的自主性。[5]是什么引起了这种关键差异？

契克森米哈伊也承认，任何一种心流活动都有“潜在的成瘾性”，会诱惑人们去依赖心流的力量，借以悬置消极的情感状态，如无聊、焦虑、迷惑等，这些状态也被契克森米哈伊称为“精神熵”（psychic entropy）。[6]尽管如此，为了与其书中的存在主义倾向保持一致，他把这些依赖性归因于个人的倾向，而具体心流活动的一切自身特点都与此无关。着意于自我实现的人，会参与积极的、不成瘾的心流活动（他称之为“向前逃避”），他们创造新的现实来超越既有现实的限制；而喜欢逃避社会的人则倾向于参与消极的心流（“向后逃避”），他们不断重复一些行为来麻痹自己对现实的体验，而这些重复行为又绝少将他们引向赋能性质的情感状态或新的可能性。[7]契克森米哈伊声称，对心流状态成瘾，源头不在促成心流的中介，而在于其背后的动机。逃避是向前还是向后，取决于主体而非客体。

把成瘾刻画为一种主观问题是合理的，但并不全面。如本书开篇提出的观点，成瘾是主体与客体间的长期互动引发的现象，互动的双方都很重要，只是起作用的方式不同。在前面几章中，我们深入探讨了机器赌博如何通过材料和算法上的设计，促成并调节玩家的心流状态，从而促使其产生“持续的赌博生产力”。契克森米哈伊也承认，一些特定的活动“可能会产生”容易引发心流状态的“某种奖赏机制”，而且“理解心流对设计休闲娱乐类产品和服务是有一定意义的”。虽然如此，他既没有详细探讨引发用户心流的设计背后的利益动机，也没有反思这些动机可能怎样就促成一些危险的产品和服务问世，危险在于它们的设计会引导用户“向后逃避”，而这又意味着用户仅仅迷失了自我，却没有收获任何的自我实现。[8]

本章是全书旅程的第六站，也是探讨机器的最后一章，下章开始，我们会把目光转向坐在赌博机前的人。本章将会以前文的分析为出发点，聚焦于心流状态的一个具体侧面——玩家的控制感，并探讨它在机器赌博成瘾中扮演的角色。有些特性是“电容触感”的，在赌博业专家莱斯莉·卡明斯的定义中，它们能让“玩家能与游戏中的某些因素互动并控制前者”，从而提升用户“自主感”。这些特性为什么会被赌博成瘾者描述为迷境的入口？[9]到底是什么技术手段，把互动变成了沉浸体验，把自主变成了自动，把控制变成了强迫？

岂止娱乐

虽然大家总是在说“给玩家想要的”，但赌博游戏开发者解释玩家到底想要什么时，他们嘴上说的和他们的设计中实际上最吸引玩家的要素之间，总是存在相当程度的矛盾。如果直接问这些开发者，他们会千篇一律地说玩家想要“娱乐”或“有趣”，并把它们定义为由风险、决策和参与感共同组成的刺激脑力的活动。兰迪·亚当斯告诉我：“娱乐是共有因素，人人都想要娱乐。”在我们访谈开始时，加德纳·格劳特也自信地表达了同样的观点：“娱乐就是大家想要的。”但在访谈接近尾声时，他表达了截然相反的观点：“我们一开始有一点没说清楚。人们并不是真的想获得娱乐。我们最好的那批客人对娱乐不感兴趣；他们想要全然的沉浸感，想要进入一种节奏。”

赌博业偶尔会忘记自己最好的一批客人对节奏和沉浸感的追求，这些时候客人就会抵制他们的创新。马库斯·普拉特在2000年告诉我：“我们花了很多时间设计奖励关的呈现特性，让你赢钱时机器就会显示一段动画；但有些人根本不想看这个，只想继续玩。”贵族公司的前CEO也有类似的观点：“次级奖励关刚出现时，玩家还挺兴奋的，但后来大家就觉得烦了：在他们看来，这就是一二十秒的停机。”[10]普拉特说，这种对停机的愤怒在那些“非常认真的硬核视频扑克玩家”

身上尤为强烈："他们不想被打断。他们想与显示器、自己的决策及奖励计划牢牢绑在一起。"硅博彩公司的变速视频扑克中，有一只动画的手发牌，发牌速度会应玩家的速度自动调整，但其中最高速的玩家已经对它的发牌速度不耐烦了，因为屏幕的最快发牌速度也跟不上他们光速一样的按键节奏，于是设计人员不得不重新配置这项功能。1999 年，斯泰西 · 弗里德曼站在自己公司的 G2E 展厅里，一边模仿这些玩家的疯狂节奏快速按动我们面前机器的按钮，一边对我说："现在，如果一个玩家的速度足够快，我们就禁用这个功能，牌会直接弹出来，没有任何动画。"

米克 · 罗默在 2005 年回忆说，"在我们赌博业引入好莱坞或硅谷的那套思维方式，不但没有让玩家玩得更多，反而让他们感觉无聊……人们想要的是进入那个特别的迷境。"[11] 在一次 G2E 专题研讨会上，一位赌场运营者也表达了同样的观点："赌博不是电影，赌博的要点在于持续的游戏。"一些玩家觉得这些数字化小发明很烦人、很打扰，这种反馈挑战了工程师群体及他们对娱乐的理解。IGT 的一位代表曾语带失望地说，赌场经理"收到更多的要求是'能把那个功能关了吗'，而不是'能把那个功能打开吗'。"[12] 这些想带给玩家"娱乐性"的特色和效果，恰恰是玩家玩得起劲时不想看到的东西。在一场名为"感官过载"的研讨会上，一位演讲嘉宾说："我们搞出了一些确实很厉害的东西，但它们对营收没什么好处，因为它们通常对游戏过程没有好处。如果不给玩家一个'跳过'按钮，你就会惹上大麻烦。"[13]

上一章中讲过的幸运大使项目就是一个典型的例子。一位曾受雇于哈拉斯赌场的顾问研究并评估了这个项目，向我解释了为什么这个项目对赌博者的吸引力没有设计者想象得那么大：

> 当系统识别出正在输钱的玩家时，幸运大使就会跟玩家搭讪：'嗨！今天手气好吗？'然后给玩家 5 美元。通常情况下，玩家会把他们当疯子，因为想要拿这 5 美元，玩家就必须填一张表并走完整套流程。一位女士不胜其扰，自己掏了 5 美元放

进了机器，就是为了赶走幸运大使，让她继续玩。而有些玩家则直接愤而离去。[14]

幸运大使软件的失败之处不仅在于打断一个个游戏过程，还会在接受检测时反复要求把整个赌场的电脑系统都关掉，而关机期间任何游戏过程都得不到追踪。这对于大量依赖会员卡的赌场是一场灾难，因为这里的顾客都期待自己的游戏历史会被准确地记录，准确地获得相应的奖励。尽管有报告指出，玩家对实时幸运大使的反馈不好，但是赌场的管理者却认为失败的原因在于系统经常宕机。他们坚信，如果系统不再宕机，这套机制就能顺利运转。前面那位做评估的顾问说："但是我看得很清楚，这些管理者根本不知道玩家想要什么。"哈拉斯的这个创新项目本意在于促进玩家赌博，但他们没有看到，实际适得其反。

网络赌博系统及其带来的直接沟通与营销的形态，也有同样的问题。这在行业内引发了讨论。在 2008 年 G2E 会议上，曾就职于 WMS、哈拉斯和 IGT 的业内高管凯瑟琳 · 麦克劳克林（Kathleen McLaughlin）也表达了她对直接营销系统的担心。"我们能在玩家游戏过程中与其直接沟通是件好事，但我们要小心，不要干扰了玩家的游戏过程。"[15] 她回忆说，过去一些赌场在赌博机上安装小型电视屏，以为玩家如果能边玩边看肥皂剧或体育赛事，就会玩得更久。然而，"玩家从游戏上分了心，不断换电视频道，结果每平方英尺的营收反而下降了"。她警告说，给玩家插入弹出式广告或允许他们在赌博机上看自己的 Facebook，此类举措也会重蹈覆辙。

同样，巴利的布鲁斯 · 罗也给业内这些营销创新者对新技术的热情浇了盆冷水。"创新不应该影响我们这一行的主要目标：机器营收。玩家的主要目标是赌博，如果在玩家面前展示各种功能，我们就会分散他们的注意力，进而影响营收。**我们做的不是娱乐业，别忘了，这行可还是赌博。**"[16] 他的同事拉米什 · 室利尼瓦桑（Rameesh Srinivasan）则用一种更为虔诚的口吻阐述了同一个问题："我们要不惜一切代价来保护行业的神圣性，保护赌博游戏的神圣本质。"[17] 麦克劳克林则详细阐述了为什么尊重玩家对“迷境”的渴望这么重要：

> 在我看来，赌博是一种非理性的、冲动的行为。不幸的是，这些自甘堕落的玩家在视觉和听觉上都不想被打断。根据我看过的所有研究，他们真正想要的，就是在游戏中忘记和迷失自己。所以，我越多地用视听线索轰击他们，他们的注意力就越容易被打断，我就越可能对他们的冲动、欲望产生负面影响，用玩家的话来说，我打扰了他们进入“迷境”。[18]

她解释得很清楚，虽然行业总在强调“娱乐”作为消费者目标的首要地位，但业内相当数量的有识之士明白，很多他们最为忠实的用户想要的是另一种体验。这种体验不在于刺激性、参与性或玩家主体的满意度，而在于不被中断的心流、沉浸和忘我体验。

完美的偶发性

赌博者最容易进入迷境状态的时候，是他们分不清自己的行动与机器的运转之间的边界之时。在他们的描述中，这是一种自己的意愿与机器的响应之间的协同。罗拉这样描述老虎机的转轮：“我感觉是我的眼睛在把屏幕上的图案排列起来：我看着他们转动，然后停止，好像它们是被我控制的一样。就像是你跟着它们一起转，然后你来决定在哪里停。”莫莉则把她玩视频扑克的体验描述为一种沟通的共振：“有时候我能感觉到‘我想要的东西’与‘实际发生的事情’之间的共振。”一位研究赌博行为的心理学家写道：这就像是“玩家成了机器事件的‘影子’，进入了与机器协调一致的状态”。[19] 兰德尔的措辞也一般不二，他把自己的赌博过程比喻为演奏音乐，都是人与乐器/机器进入和谐同步、完全合拍的状态。虽然是玩家决定性地触发了转轮的转动或扑克的翻转，但机器的即时响应将人与机器结合成了一种密闭的行为回路，这样一来，谁控制了行为，进而谁是行为的主体，也就变得无法分辨了。学者戈登·卡列哈（Gordon Calleja）在研究在线数字赌博游戏时写道，赌博从一次自主性的行为开始，却"变成了行为者自动化的行为与反应"，最后导致"自我感的丧失"。[20]

伊藤瑞子（Mizuko Ito）在研究儿童游戏软件时，探讨了一个反直觉的关联。这种关联出现于意向性的行使（通过游戏提供的控制权功能实现）与游戏中的忘我感之间。她发现游戏设计中有一个趋势，即"用交互及听觉特效让玩家觉得自己能掌控特效的产物"。这些特效看似会让玩家的参与过程更加主动而非被动，但实际上却更容易带来沉浸式的自动化行为，模糊玩家与游戏的边界，而不是让玩家做出审慎的决策。[21] 伊藤提出，游戏这样做，是希望通过其"独特的响应性"来"放大和修饰用户的行为，效果强大得会让玩家断开与他人的连接，并且抹去自己与机器的区别感"。[22] 谢莉·特克尔在她研究早期视频游戏的标志性著作中指出："游戏能让你的按键行为得到即时和准确的响应，电脑的响应也总是前后一致，这样的体验让人欲罢不能。"[23]

即时、准确、一致：机器赌博中的玩家刺激与游戏响应的匹配堪称完美，可被理解为一例"完美的偶发性"，这一概念最初由儿童发展方面的文献提出，用于描述特定行为的外部响应完全与该行为协调一致、二者的界限完全崩塌的情形。精神分析学家 D. W. 温尼科特（Winnicott）把婴儿早期阶段描述为一种婴儿与母亲的身体（并进一步扩展到更广阔的外界环境）近乎融合的状态，这种状态产生自母亲对婴儿的需要、要求、姿势等的无缝响应。随着时间推移，母亲响应的即时性会逐渐减弱，换句话说就是完美的同步不再完美了，此时，婴儿开始接受现实，明白自己没有掌控这个世界的魔力，从而逐渐学会忍受等待、不确定性和挫败感，这是孩子与他人建立有效关系的关键一步。[24] 儿童研究者早就发现，超过三个月大的幼儿开始更喜欢"不完美的偶发性"，即环境对他们的声音和动作的响应在强度、效果和速率上紧密对齐，但又不完美。孤独症的儿童则是例外，他们在观察到外源性实体（exogenous entity）展示出自身的生机时仍会不安，也特别不能容忍社交中的偶发性或他人的观点与意图的不可预测性；他们更喜欢相同、重复、节奏和常规，会退缩到自己制造出来的循环的完美偶发性之中，例如摇晃、摇摆，或与物体互动，制造出近乎完美的“刺激—反应”偶发性，如拍球或按按钮。[25]

有些人在研究极端沉浸在视频游戏中的现象时，已经向孤独症寻求启发，特别是一些“策略和动觉操作非常简单且结合紧密”的游戏，它们的输入和输出不断循环,无需复杂的认知,如“太空侵略者”(Space Invaders)。[26] 甚至一些在线角色扮演类游戏，虽然不断展开的社会叙事中包含多名参与者，但它也可能收窄交互过程，只剩下可预测的输入 / 输出脚本。用一位游戏研究者的话说,游戏中玩家已“进入机械的、操作性的游戏过程”，表现出“功能性孤独症”。[27] 伊藤也观察到类似的现象，她指出，儿童游戏软件可能会促进一类游戏，它们“有点反社会，依赖玩家与机器的紧密耦合，通常会损害 [他人] 利益”[28] 特克尔则说 :“融合取代了对话。”[29] 虽然视频游戏不需要用钱下注，但其游戏过程与高强度的机器赌博有相通之处 : 游戏行为与其说是为了获得冒险的刺激或赢钱的快感，不如说是为了进入迷境这样的情感平衡态（当然这并不是说钱在赌博中不重要，这一点在下一章会讲到）。

用特克尔的措辞来说，现代赌博机的操作逻辑、电容触感示能及互动的节奏，赋予了其“计算特异性”(computational specificity)，使它轻易就能让人陷入带有完美偶发性色彩的“功能性孤独症”。这一干净简洁的回路包含了 RNG 的跳动、输赢的二项判定、显示输赢的计分器的读数涨落、赌博者对这些变化起伏的理解，以及其手指按动的节奏。所有这一切，将赌博活动化约成了基本的数学、认知和感官元素。如我们在第四章中所见，只要用心调整赔付计划，就可以把本可能“颠簸的旅程”变得“平滑”，通过稳定的小赢来模糊玩家对分散的几率事件的感知。如果速度够快，重复性玩家们就会不再把这些几率事件看作不连续的，甚至无法将事件本身与自己的倾向区别开来。一切都像是自动发生的，或者用契克森米哈伊描述心流的话说，“像是魔法一样”。罗拉说 :“我几乎被催眠了，自己都成了那台机器。感觉就像是自己跟自己玩 : **你就是机器，机器就是你**。”自我与机器的差别感消失得如此彻底，在有限的时段内，玩家几乎百分百沉浸其中。

哈拉斯负责创新业务的副总裁在 2006 年 G2E 会上对听众说："这一魔法的关键，是找出利用科技来影响顾客偏好的办法，提升其体验，[同时]尽量不让他们发觉——我称之为自动魔法。"[30] 2008 年，他又补充说，所谓设计师，就是要"利用这些自动魔法，通过某种出入通道引发一些事情。"[31] 当过多或过于无关的刺激扰乱了游戏的流畅节奏时，赌博者就会过多地意识到操纵他们体验的那些机制，此时迷境的沉浸魔力就被打破了。最有效的设计则会尽量让赌博者察觉不到调节其体验的机制，从而消解技术哲学家唐·伊德所谓的"他异关系"(alterity relation)，即科技外物与使用者自己的区分感。[32] 如我们在第三章所见，这种物与人的关系在机器赌博者受到魅惑的最初扮演了关键角色，正是因为赌博机的鲜活性和它提供的几率，玩家才会沉迷其中。然而，随着重复性赌博的进行，某种接近伊德所说的"具身关系"的东西取代了机器的他异性，此时玩家会感到科技外物成了自身认知功能甚至运动能力的延伸。伊德在写到为提升具身感而设计的科技时说："机器是依身体向量而完善，依照人类的感知和行为而打造。越不可见、越透明，越能让人的身体感觉获得延伸，这设计就越好。"[33] 兰德尔告诉我："有时我会达到一种状态：感受不到自己的手指在机器上按动。我感觉自己在玩的时候与机器连成了一体，就像它是我身体的延伸，就像我们从物理意义上无法分开了一样。"

而那些最极端的机器赌博者，甚至超越了伊德和兰德尔关于连接与身体延伸的叙事，他们使用"退出"身体一类的措辞，这意味着"去身"(disembodied)比"具身"更恰当地描述了人与技术的关系。例如，保险经纪人伊莎贝拉就把自己进入迷境的过程比喻为科幻电视剧中角色被吸入屏幕的感觉："电视剧里管这叫'吸入'——身体真的进入了屏幕去经历电脑中的游戏了。我觉得机器赌博和这个最像：玩的时候，我其实已经不在那儿——我消失了。"罗拉也表达了自己退出身体，被某种力量吸入机器的感觉："你会进入屏幕中，它就是把你吸进去，就像块磁铁似的。你去了机器里边，像是在机器内部游荡，在扑克牌之间穿行。我的身体还在那儿，在机器外边，但同时我却在机器里面，在翻转的 K 和 Q 之间。”讽刺的是，随着以玩家为中心的设计理念成为焦点，我们有了根据人体自然姿势设计的人体工程学座椅和控制台，有了沉浸式的音响效果，有了可以响应手指点击、给出执行确认的电容触摸屏，所有这些，都会对玩家的感官及身体意识产生消解的效果，把他们悬置在迷境之中，用持续的电子化游戏取代在物理和时间上具有连续性的血肉之躯。[34]

但隐没于背景的不仅是玩家的身体。虽然机器的控制台、屏幕和游戏过程仍然在支撑着迷境的延续，但机器体也消失了。朱莉解释说：“机器并不真的在那儿了。机器起初是重要的，因为你会看到它，但随着游戏的深入，它就变得越来越不重要。开始是机器，然后是扑克牌——选择留下哪些牌——后来就只剩下游戏本身、游戏的过程。”机器最初的他异性和选牌的玩家最初的能动性，一同消散在游戏的迷境中，用特克尔的话说，“物理意义上的机器和物理意义上的玩家都不存在了”。玩家不是作用于游戏，而是变成了游戏。[35] 这一切发生的时间正是玩家进入迷境之时——在迷境中，他异性和能动性都退场了。

自动游戏

很多赌博成瘾者发现，随着赌龄的增长，他们进入迷境，获得“变成游戏”的感觉，所需的人机互动会越来越少。有些人甚至只要玩上两三手，或者向机器投入一枚硬币，就可以进入状态。南希说：“过程几乎是自动的，从第一次按下按钮开始，我就消失了。”

澳大利亚老虎机往往具有“自动玩”功能，它们则是在字面意义上实现了南希描述的自动性。在此类机器上，玩家可以投入赌资、等待点数注入系统，然后按一下按钮或点击一下触摸屏，机器就会开始自己玩自己。（视频扑克中对应的功能称为“自动留牌”，发牌后，机器自己就能决定留下哪些。[36]）有些司法辖区不允许赌博机提供正式的自动玩功能，这些地区会有一些赌博者自己把这一功能再发明出来：

他们把点数充入机器，再用牙签把“转”按钮卡住，这样机器就会不断运转下去。在这里，赌博游戏设计师们鼓吹的现代游戏的可选择性与挑战性消失了，都退化回了传统老虎机的原始几率；只不过现在玩家连拉杆都不用拉了，只须盯着点数上上下下。（回忆一下雅克·埃吕尔是怎么评论不断增长的自动性技术的：“人类缩减到了催化剂的水平……人启动了过程，但并没有参与其中。”）

到目前为止，我们探讨了这些提升参与感的特性如何将玩家拉入赌博的心流及忘我状态。而自动玩功能等于几乎一开始就收缴了玩家的能动性，这就提供了一个实例，让我们看到即使玩家的参与度缩小到接近0，赌博机是怎么迫使玩家继续下去的。设计师们十分费解，当机器赌博变得自动化，控制游戏的主体都已消失时，它怎么还能吸引玩家。这也再次体现了“玩家追求刺激的娱乐”与“玩家追求迷境的律动和延续”两种说辞之间的矛盾。加德纳·格劳特说：“自动游戏毫无娱乐性可言，它只是纯粹的概率。就像是你直接给收款员一笔钱，然后对方用计算器告诉你：‘这是你赢的钱，这是你输的钱。’”我问了普拉特同样的问题，前一秒他还在对我说赌博的未来是娱乐性、投入度和玩家参与度，而在解释澳大利亚式赌博机的自动玩功能时，他停顿了很久，却说：“我不知道怎么解释。”然后他继续道：

> 我想这里也有一些拉斯维加斯本地市场的影子。你见过视频扑克玩家吧（用两根手指不断轻扣桌面，双眼大睁着望向前方）。这些玩家对娱乐不感兴趣，也不是为了赢钱。实际上赢钱反而会打断他们。他们是高速的疯子。那些三手同玩的玩家，你看看他们是怎么玩的，他们太他妈快了（敲了一下桌子）——这就是自动的，是……

他话音刚落，我就表达了自己的疑惑：不是刚刚说本地视频扑克玩家想要自己行使选择权，并在机器赌博中运用技巧吗？现在的意思是，在自动游戏的情况下，这些玩家不做决策？

> 哦，不，他们会做决策——事实上，玩的就是选择和决策，但是这个……这个……这个有点像用火柴棍儿卡住游戏按钮，这里他们好像不是……（**长时间停顿**）……挺难说他们是为什么而玩的。有时好像他们就是为玩而玩，就像某种自动游戏一样（**用两根手指快速轻扣桌面**）。

兰迪·亚当斯在说起视频扑克时，也认为其自动性和能动性之间有一些关联。一方面，“这种游戏是独特的，因为它包含着决策过程，选哪些牌是会影响牌局结果的，而这很激荡脑力，富有挑战和趣味性；”而另一方面，他也说，“你也更容易找到自己的节奏和规律，进入迷境状态。”对于视频扑克，赌博机设计师这种观点的自相矛盾，体现出他们对本地重复性赌博者有两种截然相反的认知：玩家一方面是聪明的专家，她选择视频扑克是因为她想在游戏中获得最高规格的挑战和自主性；另一方面她又是消极被动的玩家，除了继续玩下去没别的目标。这两种人格共存于同一个玩家身上，让普拉特困惑不已。为了表达出这种无法用语言或数字来形容的感觉，他只能让自己的手指在铺满赔付计划和概率统计表的桌面上急速敲击。

在描述自己赌博的过程时，他才能把这种现象表述得更清晰。普拉特向我讲了他在赌场做田野调查时的行为倾向，带着些许负罪感坦陈自己在游戏过程中发现，娱乐以外的某种因素占据了主导地位：

> 我投入 20 或 40 美元，看着游戏进行，想等到奖励关。玩这些高面额的新游戏时，连我也有负罪感……你看（**这里开始他就一直不停敲桌子**），就是赢 30 个币，并使用“再玩一次”功能。用这个功能，我能立即按下“开始”按钮，让赢的点数自动一次性录入，这样我就能继续赌下去，而不用先等币一个一个蹦出来。所以我根本没体验到胜利的喜悦；实际上我打断了它，只为回到游戏之中。

其他玩家也和普拉特一样，一旦陷入迷境，最初吸引他们的那些美丽、刺激、诱人的功能就都不再重要了。操作性的心流状态取代了行为主体的满足感。兰德尔说："我甚至到了看也不看的境界，进入了自动驾驶模式。有一次我赢了头奖，却连牌面都记不清了。"

这种向自动化的转变不仅体现在具体的一次游戏过程中，对重复性玩家而言，它也体现在长期的机器赌博取向中。亚当斯坦承："当你养成强迫心理之后，你就不会像最开始那样觉得游戏刺激或者有挑战性了。所以你看，最新一代的视频扑克，好多都退化成了视频基诺彩球（keno），因为这个游戏差不多什么都没有，就是自动的。"按他的说法，非强迫性赌博到强迫性赌博是一个连续渐变的过程：玩家因重复性赌博"变得"有强迫性，于是"转而"去玩那些可以让他们更完美、更快速地进入迷境的游戏。

在沉迷视频扑克的最后时光里，莎伦发明了自己的自动玩方法：

> 牌，我看都不看。我只会入钞，换好点数后快速连续地按按钮：发牌、抽牌、赌最大，发牌、抽牌、赌最大（"赌最大"指按下在一手中下最大赌注的按钮）。我只是看着计分器上的点数上上下下。如果我的牌赢了，点数就会上升，这时我会想：'用光所有钱之前，我还能按这东西多少次？'一开始吸引你的所有东西——屏幕、选择、决策、技巧——都一股脑儿消失了。

本质上说，莎伦发现了一种让视频扑克"去技巧化"的方式，把它变成了某种纯随机的老虎机。这游戏最初吸引她的因素是控制感，而她却绕过了控制感，把自己交给了不可控的随机概率流。用托马斯·马拉比的话说，她将"操作（performative）偶发性"换成了"纯粹（pure）偶发性"。[37] 她不再是一个对抗 RNG、试图赢钱的行为主体，而与这一数字过程融为一体，也就是说，她的游戏彻底变成了机器的游戏。

◇◇◇

在论文《赛博格宣言》（"A Cyborg Manifesto"）中，技术理论家唐娜·哈拉维（Donna Haraway）提出，人类已经与技术紧密纠缠在一起，因此人类已经不能被看作纯粹的自然有机体，而应该看作"控制论有机体"（cybernetic organisms）或说"赛博格"——在这种存在身上，"自然"的一半总伴随着技术的另一半，而后者会不断对前者施加反馈与改变作用。[38]一方面，她对"不被技术干预的人类才是真正的人"这种观点嗤之以鼻，另一方面，她也认同生物、军事、信息等方面的技术可能会给我们带来危险。她强调，虽然我们与机器之间的缠绕越来越深，但这不应以牺牲我们与世界、与他人乃至与自己之间正义的共生关系为代价。她以谨慎的乐观态度写道："机器可以成为我们的义体，成为我们亲密的组成部分，或是成为友善的自我。"[39]

那以玩家为中心的赌博机又怎么样？如我们所见，赌博机的亲昵和友善维持不了多久，而它为更快速、持久和强烈的下注写就的脚本会让重复性赌博者走上"自我消解"的道路，而非"自我实现"这一契克森米哈伊眼中心流状态可能带来的最佳结果。"向后逃避"这种无法抑止心流，才是机器赌博成瘾的特征，而它不能简单地解释为玩家个人动机的产物，因为它与机器的设置也息息相关。机器程序的交互参数，没有留给玩家多少策略与操作的发挥余地。这就像在健身房整齐划一的跑步机履带上，而不是在富有变化的野外跑步，赌博机的交互方式没有给玩家留下太多"玩"的空间。相反，机器会预估、测量玩家的每个动作并做出响应，牢牢掌控着游戏的概率，把玩家的动作引向唯一的既定方向。这不是契克森米哈伊刻画的令人兴奋、具有拓展性和赋能性的体验，也不是哈拉维在其赛博格宣言中想象的共生联盟，而是一种陷阱式的遭遇，最终会将人消磨殆尽。

赌博者的机上时间越长，她就越可能因遭遇赌博机而耗尽能量、资源与生命力。对于玩家，这种耗竭不仅体现在银行账户上，也体现身体上。前文中，罗拉说到自己的身体差不多只剩下一具皮囊："我的身体还在那儿，在机器外边。”这具无人照看的皮囊仍然活着，仍会可怜地不时声明自己的存在。罗拉曾有两次不知不觉地吐在了自己的裙子上，还有一次竟然小便失禁。罗伯特·亨特尔也讲了以前的一名患者，她会在逃进机器世界之前提前做好同时必将放弃肉身的准备：“她是一位很有魅力的女士，75 岁，平均每次都要赌 72 小时。她曾经穿着深色双层羊毛裤去赌场，就是为了可以直接排尿几次而不被别人注意到。”彼得是一名患糖尿病的前消防队员，他回忆说，有一天他在玩的过程中感到自己血糖降低了，但他没法提现中止游戏；他又玩了 3 小时，直到自己点数耗尽，而那时他也陷入了糖尿病昏迷。机器赌博对玩家身体的影响有时并不剧烈，但会缓慢累积。波·伯恩哈德回忆与亨特尔一起工作过的诊所时说：“两个 [赌博者] 因为玩视频扑克过度而患上了腕管综合征，用于赌博的右臂只能动 15 度。视频扑克赌博成瘾已经在挑战人类的生理极限。”[40]

这些案例不仅体现了个别赌博者的病理性过度赌博。如果我们将这些案例与影响赌博互动的技术一起考虑，就能看出在促进、塑造和放大过度赌博行为中技术扮演的角色。心理学家马克·迪克森（Mark Dickerson）认为：“开放式赌博或过度赌博的可能性，就是 [赌博机] 消费的根本设置，它内置于 [赌博机的] 设计和技术的结构特性中。”[41] 当然，很多活动都能带来强烈的沉浸感和身体意识的弱化，这些活动也并非全与技术本身有关。契克森米哈伊写道：“比赛中的棋手哪怕膀胱胀满或头痛欲裂，也可能几个小时都注意不到，对自己身体状况的意识只有在比赛结束时才会回归。”[42] 但是不论是下棋、仪式性出神状态还是执行外科手术，这些活动都有其自然的结束点，而机器赌博却存在着永无止境的可能性，唯一确定的终点就是所有赌资花光的时候，一些赌博业高管把这个终点称为“熄火点”，机器的运行逻辑，就是以确保玩家一直坐到熄火点而编写的。

时不时地，业内人士会不经意间道出这种变态的设计逻辑：他们的设计脚本就是为了获得“持续的赌博生产力”及其可能带来的凄惨后果。业内期刊《全球赌博业》的编辑弗兰克·莱加托于 1998 年撰写了一篇综述，对象是方兴未艾的一批赌博科技，在文章滑稽的开场中，他甚至以一种未来主义的口吻，把自己打扮成“赌博奴隶”的角色，以说明赌博行业为了让玩家玩得更久愿意做到什么程度：

> 昨晚我梦见自己被锁在了一台老虎机上。我被迫转转轮、转啊转啊……持续向入钞口里塞钱。他们把食物送到老虎机旁……他们不许我离开，除非我每个银行账户的每分钱都被榨干，或者死掉，看哪个先发生……未来赌场中的一切，都会设计成让你的屁股牢牢粘在老虎机凳子上，让你不断为赌场贡献金钱。那么“身体机能问题”怎么解决？我相信他们一定能找到办法。赌场纪念品商店有卖便桶或者纸尿裤。[43]

在他描绘的这幅图景最后，莱加托在不知情的情况下提到了本书开头讲到的赌场新实验：心脏除颤器。他说：“我想到了自动化的心肺复苏术……要把老虎机区的工作人员训练成急救员。觉得要发心脏病时，你可以直接按下老虎机上的‘心脏骤停’按钮。”虽然是开玩笑的口气，莱加托描绘出的这种自动化赌博的反乌托邦式未来，让我们看到了赌博行业追求利润的阴暗本质——这一本质不会因为“玩家中心的设计”取代了“强迫”和“锁住”而减少丝毫的恐怖感。随着赌博机越来越擅长根据特定用户的输入来修正自己的响应输出，这些用户也越来越离不开机器为他们铺设的路线，与机器合谋着自己的“熄火”。

第三部分

成　瘾

陷入绝境的他们 [成瘾者] 的恐慌，就像是以为自己在驾驶汽车，却突然发现实际上是汽车在带着自己跑；突然间，踩向他以为是刹车的地方，反而让车子加速。这种恐慌来源于，他发现系统（他加汽车）大于他自己……他对“自我控制”的认识陷入破产。

——格雷戈里 · 贝特森（Gregory Bateson）

顺便赌博

幸运超市，凌晨1点

一位顾客穿过蓝色玻璃滑动门，在超市入口走廊两边摆着的20台视频扑克机中选了一台坐了下来。在老虎机区角落的一张高桌后面，简坐在凳子上打开抽屉查看头奖记录，并对新来的客人喊道："贝蒂，这台今天已经出了三次头奖了，4点时还出过一次皇家同花顺！"于是贝蒂换了一台机器。

简40来岁，有一头浓密的棕色短卷发，戴着眼镜和牙齿矫正器。她值夜班（晚11点到早7点）为客人换零钱已经两年了。她告诉我："大多数常客都是晚上来，他们就是来玩的，不买东西。"多数是女人，简猜想她们生活都比较寂寞。我问她们是否彼此交谈，但似乎除了11点到凌晨3点之间有少数几个人交谈之外，大多数时间她们都各玩各的。其中一位上年纪的女士家中有个生病的丈夫，她夜里睡不着，所以总是先照顾他睡下，把超市的电话号码留在他身边的床头柜上，然后自己来赌博。还有一位女士总是在凌晨3点出现，她带着四个小孩，他们要么进商店买东西，要么就在她玩的时候坐在长椅上冲她大喊大叫，试图吸引她的注意力。

上周一位新来的客人连玩了 3 天，从简周二当班开始一直到周四当班结束，她一直在玩。“她穿着考究，看起来像是个房产经纪人，但她中间既没有换衣服也没有回家。她只进商场买过几次农家干酪、咖啡和饼干。”这位女士刷爆了三张信用卡，最终因为银行晚上不开门而不得不离开。

简最喜欢的顾客是一位在平流层赌场工作的年轻女招待。她小时候上过钢琴课，一次开两台机器一起玩。简说：“你光是看她玩都能看上几个小时。她的手指那么优雅，就像是在爱抚那些按钮一样。”她说这话时透过眼镜看向一排排的机器，脸上带着些许微笑，仿佛正在观赏跳动的手指。

史密斯超市，下午 4 点

玛吉 50 多岁，漂漂亮亮的，头发染成金色，穿着大码的蓝色泛光毛衣，戴着叮当作响的金耳坠，头上还斜戴着一顶贝雷帽。她在史密斯超市为客人换零钱已经十年了。她能预测出客人会选哪台机器以及会玩多久。有些人有时会几天不休地玩；她下班又上班，会发现这些人还在机器前。昨天，一个女人买了一车杂货，然后在机器上输光了所有的钱，于是她把买的东西全都退了，把退货的钱又拿来玩。一个男人带来两个蹒跚学步的孩子，孩子赤着脚在商场里乱跑，工作人员不断地把他们抱回来，但是他们总是又自己爬出购物车继续乱跑。那男人总是说自己马上就走，但就是不离开。“他对自己身边发生的一切都毫无察觉。年纪更小的那个孩子跑到了外面的停车场上，我威胁他说我要报警了。我跟他说：‘回家找个保姆，我会替你占着这台机器。’”

玛吉是为了赌博才搬到拉斯维加斯的，不上班时，她会玩视频扑克。因为史密斯超市的赌博机的运营商是船锚博彩公司，所以她不能在其他租用船锚公司机器的地方玩。但这没关系，因为她更喜欢赌场的氛围。“在日杂店和加油站，大家说话太多了。我不想在玩的时候看到熟人，也不想说话。我更喜欢不被关注。”

萨万药店，下午 2 点

巴尼是个枯瘦的老头，自称 70 岁，但看起来要老得多。他穿着肥大的亮红色马甲方便换零钱，鬼魂似的四下游走。他搬来拉斯维加斯不久，在火烈鸟路上的萨万药店老虎机区工作了三个月。他伸出皮包骨头的手指指向入口附近，那里几台视频扑克机呈马蹄形聚集在一起，赌客们安安静静，聚精会神地盯着蓝色的屏幕。巴尼说：“我以前也玩扑克，真扑克，和人一起玩。我玩得很好，能赢。但是在机器上玩扑克与输赢无关。”他盯着顾客看了很长时间，才把他浑浊的眼睛转向我说：“它更像是直接通向你的归宿。”

马里兰大道餐厅，中午 11 点

O. B. 坐在午餐台边，与我隔了几张椅子，正耐心地等待一卷 25 美分硬币，拿到后他就可以回到餐厅小小的门厅那里继续玩他的视频扑克了。他脸颊上贴着一条创可贴，被金边大方框眼镜放大了一号。他戴了一条金项链，穿着扣角领衬衫和夹克，半喇叭筒牛仔裤，脚蹬牛仔靴。他双腿前伸，微微弯曲，在脚踝处交叉，双手叠放在腿上。自我介绍时，他解释了脸上的创可贴：他脸上长了个东西，前一天下午切掉了。“他们说那东西有变成癌症的风险，但切掉也有可能留疤。”O. B. 笑着抬起自己的双手，其中一只又大又黑，长着淡棕色的汗毛，戴着一枚戒指，另一只则小而无毛，呈粉红色，没有发育完全。“疤痕我见得多了，”他边说边把小手伸回大手里，重新放到腿上，“所以我说只管切了吧。”

O. B. 是南加州一位年轻的保龄球冠军，此种残障为他赢得了“独臂大盗”的绰号，简称 O. B.（Onearm Bandit）。讽刺的是，他最终沦落为老虎机成瘾者后，这个诨号依然适用。除了这一点，他还发现了玩保龄球与玩老虎机的共同点："以前我难受的时候会去球馆，专心玩球，与朋友交流。现在我遇到困难时会来这里，或者加油站、赌场，玩视频扑克。我玩是为了忘记，为了迷失自己。"他来这里想要忘记的是他深深的孤独感，忘记他与已经成年的毒瘾君子儿子间的紧张关系，忘记家里等着他去收拾的烂摊子：一位卧病在床的朋友全凭他一人照顾。"可以说，对我来说赌博机就是恋人、朋友和约会对象——但实际上它什么也不是。它是一台吸尘器，把生活从我身体里抽走，同时也把我从生活里抽走。"

第七章

渐赌渐远

消解人生

帕齐女士 45 岁左右，长着深褐色的头发和绿色的眼睛。上世纪 80 年代，她的军官丈夫转移到内利斯（Nellis）空军基地驻扎，她随之从加州搬到了拉斯维加斯。之后不久，她迷上了赌博。视频扑克机在 70 年代末已进入本地市场,她是在去杂货店的路上见到这些机器的。“我丈夫会给我钱去买食品和牛奶，但是我在半路被机器吸引住，20 分钟钱就没了……而我也没了，消失在了屏幕里的迷境之中。”

十年后，帕齐已经演变成上班前、午餐时、工作的所有歇息时间、下班及整个周末都耗费在视频扑克上。我们在彼此相遇的匿名戒赌会外面交谈时，她回忆说：“我的生活就是围着机器转，连吃饭的方式也是。”帕齐与丈夫和女儿一起吃饭的唯一机会是在赌场中。她吃得很快，接着找借口去卫生间，好继续赌博。她基本一个人赌，然后睡在自己的厢式货车里，就在停车场。“我做梦也会梦见这些机器，整晚都在梦里玩。”一个人吃，一个人睡，帕齐实现了某种欲望的自治状态。她的时间，社会交往，身体机能甚至梦境，都以赌博为中心。她告诉我:“不赌博的时候我整个人都想回到迷境中去。这简直是机器人生。”

◇◇◇

荷兰历史学家约翰·赫伊津哈（Johan Huizinga）在 20 世纪 30 年代写道，游戏意味着“从‘真实人生’中走出，进入某种由活动营造出的、只具有自身特性的临时场域之中”。[1] 20 年后，欧文·戈夫曼提出了一种不那么对立的游戏与真实人生的关系，他认为关于几率的游戏是一种“创造世界的活动”,可以让我们“沉浸在对可能性的演示中”从而预演人生。[2] 米哈里·契克森米哈伊与另一位作者在 1971 年整合了两种视角，提出“几率游戏通过物理手段和规则，成功地从现实里限定出一个切片，玩家可以用可预测的方式加以应对……因为能够预见到游戏的种种可能，玩家实现了对环境一定程度的掌控”。[3] 在最近的一次民族志研究中，人类学家托马斯·马拉比也提出了相似的观点，认为赌博为“变幻莫测的日常生活提供了一种半限定的折射，将充满变数的人生凝结成了一种看起来更易理解的形式”。[4] 他详细解释道，一般而言，“我们的其他经历里充满了不可预测和约束，而游戏也包含这些东西，只不过是以一种人为的方式表达出来而已”。[5]

尽管观点各异，这些学者关注的都是游戏与真实人生的关系，以及游戏如何脱离、预演、限定和折射了人生。而上文中帕齐所描述的游戏方式，却既非决绝地脱离人生，亦非人生的预演，甚至也不是对她日常经验的清晰限定或折射。相反，这种游戏漫入了她的人生体验，擅自决定了她的饮食和作息，甚至梦境的内容。可以说她的人生变成了游戏。“我的生活就是围着机器转。”她回忆说。当帕齐的日常生活与机器赌博之间的边界渐渐消失，另一种生活形态出现了：它既非人生也非游戏，而是一种吞噬一切、全乎强迫的“机器人生”。

前几章中，我们探索了迷境在建筑、技术及情报方面的属性，而这一章将探索机器人生，看看关于赌博者的人生，它能告诉我们怎样更广泛的语境。机器人生处在日常世界与超离的迷境的夹缝之间，是一种被机器驱使的孤独的存在形态，关于集体的困境和关切，我们能从这个形态中发现哪些线索？我们将会看到，高强度的机器赌博可以悬置当下生活中的关键元素：基于市场的交换、金钱价值、传统的时间观等；同时它也悬置了与之相关的对自我最大化及风险管理的行为的社会期望。此类活动能实现这样的悬置，靠的不是它超越或取消了这些元素或预期行为模式，而是对它们进行了孤立和强化，或用马拉比的话来说进行了“凝结”，从而让它们变成了别的东西。顺着这条线索，我们就得以一窥，共有的社会条件和规范性行为理念如何参与塑造了赌瘾者的机器人生，而此类人生又看似离经叛道；同时我们也能从机器人生中辨识出一种批判，它带有更为广泛的不满，且就内在于此类人生之中。

悬置选择

从 20 世纪 70 年代晚期开始，政府监管逐渐弱化，民众“自我管理”“自我负责”的思潮兴起，在这样的背景下，用社会学家尼古拉斯·罗斯（Nikolas Rose）的话来说，资本主义民主国家的公民开始将自己“看作一种企业，希望通过精打细算的活动和投资行为，强化自身的存在，并将其资本化”。[6] 马克斯 · 韦伯在财务会计和边际生产力方面的各种方法中观察到了一种“精打细算的态度”，他认为这是资本主义现代性的特征，与之一脉相承的是，人生选择也被用“收入、配置、成本、储蓄乃至收益”这样的词汇来表达和评价。[7] 而这种企业化的自我在当今社会拥有很多用于计算的工具，如风险分析和风险管理工具，这让一位学者把当代社会的自我刻画为了一种“私人精算主义”（privatized actuarialism），就是说，个人反过来将审计等保障企业和政府官僚机构的财务健康的方法应用于自己的人生。[8]

在保险、金融和全球政治领域，个体层面应用的风险评估技术是控制，控制偶发性（它存在于后福特时代基于金融的资本主义制度中），甚至从中获利。具体来说，这种自我精算的模型是为了在失业风险不断上升的时代自我保障，而失业风险的上升来源于对服务型劳动力“灵活”、短期的雇佣方案的兴起，以及社会福利计划的衰落；同时，自我精算模型也通过其灵活的甚至时有风险的应对偶发性的策略，获取经济回报。为满足这样的双重预期，个体必须极为自主、高度理性、永远清醒地掌控自己和自己的决定，偶发性管理变成了一生的任务。[9]

现实中，这种终身任务就是不断地做选择。社会学家艾伦·亨特（Alan Hunt）写道："每天面临的风险，让我必须近乎永无止歇地做选择。"随着越来越多的生活领域需要选择，选择已变得避无可避。[10]罗斯则基于其同事安东尼·吉登斯（Anthony Giddens）的观点进一步阐发道："现代个体不仅'有选择的自由'，还有'自由的义务'：有义务通过选择来理解并塑造自己的生活。"[11]心理学家巴里·施瓦茨指出，在"丰富到有压迫感"的选项中做筛选，其中的压力可以将人全面压制、弱化，增加失望、后悔和愧疚的可能性，使个体"感到几乎无法掌握"自己的人生。[12]其他人也注意到，施加负担的不仅是选择丰富性本身。当代资本主义社会的公民在必须做出这选择的时候，经常并没有相应的知识、远见或资源，没有这些，也就成不了社会敦促人必须成为的个体企业精算大专家。在面临这么多选择和风险时，人的行为不仅会基于理性的计算，也同样会基于情绪、情感和条件反射。[13]亨特指出，在这种条件下做选择，人会产生焦虑与不安全感。

那么，这种通常非常复杂的选择环境，以及个体必须管理偶发性的文化要求，与高强度机器赌博产生的迷境之间有什么关系呢？如果像本书前半部分所说，赌博机呈现给玩家的是偶发性的一种技术性人为形式，那么赌博本身或许就可以看作一种"对技术性人为偶发性的管理"。在游戏过程中，个体要不断地做出选择，而选择也会产生后果——这些选择有对有错，可能打破好手气也可能终结坏手气，可能提升或降低资金投入的强度和速度，等等。当代资本主义社会要求身处其中的主体不断地冒险和选择，从上述意义上说，机器赌博增加了此类活动的机会。同时，它也降低了偶发性管理任务的难度，因为它将风险与选择凝结为了数字化、程序化的游戏，而游戏中的偶发性是"完美"的（在第六章讨论的意义上说），且游戏的后果也不严重，就几美分而已。如我们所见，赌博机压缩了冒险选择的范围和代价，让其重要性变得极为微小，于是波动性变得“平滑”，机器对玩家钱袋的蚕食也得到了伪装。虽然赌博会给玩家的日常生活造成真实的后果，但在重复性赌博过程中，每一次的后果确实都微不足道。在机器赌博的平滑迷境之中，选择变成了一种忘却尘世的决定和风险的手段；所以，玩家的每次选择，实质上都变成了选择留在迷境之中。

悬置社交

在机器赌博的迷境中忘却尘世的选择、偶发性及各种后果，要依靠消除他人的存在。朱莉是内华达大学心理学系的学生，她说：“互动界面上有人我都不要，我无法忍受任何人出现在我的迷境之中。”机器赌博者总是不遗余力地将自己与世隔绝。有些人会选择角落里的机器或一排机器中最里头的一台，还有些人将硬币杯倒放在相邻的机器上占位，好不让别人坐。兰德尔说：“我讨厌别人打断我的出神状态。”如果有人在他游戏时跟他攀谈，他就会从手上的机器提现，去找新的机器。帕齐也回忆说：“我喜欢那种赢了之后不发出声音的机器，这样就不会有人知道，也不会有人来搭讪。”莎伦则习惯了在坐下前先买好一升百事可乐和两包香烟，这样卖酒水的服务生就不会来打扰她。“我把一只脚侧伸出去，这就是我的最后边界了：**谁也别来烦我**。我想在背后挂个‘请勿打扰’的牌子。”

虽然机器赌博者追求的迷境最终会抹去他们的自我感，但他们如此决绝地拒绝人际关系，至少在最初看来是一种极端自主、甚至可说是自私的行为。这个意义上，机器赌博似乎正合乎“自我最大化”的脚本：在其中，主体要追求自己的目标，而不被人际联结、承诺与互相依赖所拖累。朱莉认为，与真人玩扑克时：“别人会打断游戏的顺畅节奏，这叫我无法忍受。我只好离开去找一台机器，在机器上没人会拖慢我，也没有任何干扰或打断，一切我由做主——一路畅玩，毫无滞碍。”对她来说，他人是一种“干扰”，是对她的拖累。

对赌博者来说，与追求不受打扰的迷境体验这种自利的动机并驾齐驱的，还有一种自我保护及对社会关系不信任的强烈倾向。与传统的真人扑克赌博相比，这一点更是显而易见。戈夫曼把真人参与的高强度扑克赌博称为“目光相对的生态群聚”，其中每个参与者都能“感知到其他参与者对自己的监视”，在这一过程中，对手会不经意间透露出一些线索，最擅长解读这些线索的人最容易获得成功。[14] 朱莉也有相似的观点，她说：“在真人游戏中，你得考虑别人，考虑他们做决定的想法。这就像你在竞争一个晋升机会，你得跟别人打交道，对方决定提拔谁；你没法知道他们怎么想，他们身上又没有按钮，你什么也做不了——只能心怀希望坐等。但玩机器时，你不用跟别人竞争。”这种意义上，“真人游戏”是一种无情的角色竞赛，如果不想被别人取代或超越，就必须“考虑别人”；而同时别人又会故意不给你清晰的反馈，你无法去根据这些计算和对冲风险。与之相反，机器赌博的沉浸式迷境，可以让人从对人际互动的模糊而冒险的大片计算中暂时抽身，挡住他人监视的目光，玩家也从对他人的监视中解脱出来。

我们在前文中认识的自助餐厅服务员罗拉，将这种暂时抽身比喻成一次假期：“如果你每天都要与人打交道，那么空闲时间里，你最不想做的事就是再找个人来说话了。你会希望给自己放一个远离他人的假期。在赌博机上，没人会对你回话，没有人际接触、没有牵涉、没有沟通，只有一个小方盒和一块屏幕。”像罗拉这样的赌博者，常常将自己对机器赌博的这种无社交、机械性过程的偏好，与他们工作中必须面对的超负荷社交联系起来——特别是做地产、会计、保险、销售及其他服务业工作的人。20 世纪 70 年代，社会学家丹尼尔 · 贝尔（Daniel Bell）将后工业时代经济背后的驱动力刻画为服务供给而非工厂中的劳动，是人与人之间而非人与机械间的交往。[15] 阿莉 · 霍克希尔德（Arlie Hochschild）在 80 年代发展了贝尔的观点，她提出，与从流水线生产到服务供给的转变同时发生的，还有从体力劳动到“情绪劳动”的转变。在情绪劳动中，“提供服务时的情绪状态也是服务的一部分”。[16] 身体操作机器的劳动带有的风险是生产者与自己身体的异化，而情绪劳动则可能让人与自己的感受、情感疏离，因为在社会关系的市场之中，感受和情感成了被加工和管理的对象。

乔茜也体验到了同样的情感耗竭：她是一位保险经纪人，工作中，她必须努力让客户安心并说服他们。“我从早到晚都要帮别人处理他们的经济问题和奖学金问题，帮他们做到负起责任。我卖保险和投资产品，赚他们的钱——所以我必须调整出恰当的状态，让他们相信我卖的东西都是真的。工作结束后，我必须去找赌博机。”只有在机器那里，她才能从职业必然要求的精算业务和人际压力中暂时解脱出来。卡罗尔·奥黑尔（Carol O'Hare）曾是一名机器赌博者，从1996年起，她就在内华达州问题赌博委员会（Nevada CPG）担任执行主任。她也曾在机器中找到同样的暂时解脱。一位记者报道说：“白天她卖电脑，向家长们解释随机存储器的价值和表现。下午5点后，奥黑尔会找一台视频扑克机坐下，用选牌、弃牌形成的节奏来自我治愈。”[17] 乔茜进一步说：“在机器上，我感到安全、远离人群。没人跟我说话，没人问我问题，没人要我做重大决定：留下K还是Q就是我做的最重大决定了。”城市史学家迈克·戴维斯称拉斯维加斯为“后工业经济时代的底特律”，这座城市的赌博机不再是一种让用户异化的生产工具，而变成了让人从社会劳动带来的异化中解脱出来的手段。[18] 虽然不好理解，但这种观点说得通。

帕齐回忆她在内华达州食品券办公室做福利官的工作情景：“我整天都在听有关食不果腹、意外怀孕和暴力的惨事。但是这些故事都没有影响到我，因为我每天都抱着赌博机过活。我就像个机器人一样：下一位。啪，盖章。你的邮编？我不像个活人。”通过与赌博机进行简化的机械交往，她可以把自己与他人那些常常难以解决的复杂需求和忧虑隔绝开来，直到自己也变成机器人，在面对他人的苦恼、面对自己无力缓和它们的现实时做到无动于衷。帕齐回忆说：“赌博机就像天堂，因为我不必对它们讲话，只须把钱喂给它们。”这种数字化的“喂钱”及后续响应过程，是一种把社会关系的不确定性和不可预测性都清空了的交往形式。

在奥黑尔的描述中，机器赌博卸下的不仅有她工作交往中的压力，还有家庭交往中的压力。她提到上世纪80年代一则肥皂广告，广告中一个女人带着幸福的微笑沉浸在泡泡浴中，听不到电话的铃声、孩子的吵闹和狗的叫唤，广告词是：'加尔贡香皂，带你离开……'就像是浸入温暖的泡泡浴一样，视频扑克也让奥黑尔可以钻进一个游离开的泡泡，在其中溶掉身为单亲妈妈、手头又不宽裕的压力。像奥黑尔一样，其他机器赌博者也提到过把小孩留在家里，把遗产或准备上大学用的钱花光，甚至在赌博期间连自己的名字都忘记的情况。"我一开始玩，第一个忘掉的就是我儿子。"说这话的是一位父亲，他有个让他头疼的青春期孩子。

20世纪80年代，当机器赌博者开始寻求赌瘾方面的治疗和帮助时，研究者和临床工作者发现，他们会讲述自己从人际关系中退缩的情形，这与过去对赌博成瘾者的研究——如戈夫曼的《"赢"难而上》(*Where the Action Is*)、亨利·勒西厄尔1977年的研究《追逐》(*The Chase*，如今已经典化)及其他心理学与社会学文献——描绘的好胜心强、想要出人头地的赌瘾者已然不同。[19] 勒西厄尔刚开始研究机器赌博成瘾者时，发现他们大多是女性。赌瘾者的自述让勒西厄尔设想了一种基于性别的区分：一种是"行动式(action)赌博"，另一种是"逃避式(escape)赌博"；男人是行动式赌博者，更喜欢真实游戏（纸牌、赌马、商品交易等），而女人是逃避式赌博者，更喜欢机器；男人在赌博中寻求的是社会地位、竞争和自我的强化，而女人则追求隔绝和匿名性；男人追求刺激、兴奋和快感，而女人则想麻痹感受，逃避苦恼难题，释放过度人际交往带来的压力。[20] 勒西厄尔后来不再强调"行动—逃避"二分中的性别假设，因为他也开始遇到寻求逃避的男性赌博者，特别是跑长途卡车、在沿途休息站里玩视频扑克的司机。如果说有压力，这些人的压力不会来自过度的社会交往，只会是孤独感，这说明过度机器赌博并不太是逃避与性别有关的社会要求，而是逃避全部的社会联结——不论压力来自人际交往太多还是太少。

在我们前文所举的超市、加油站和药店的例子中，这种逃避清晰可见，这些空间中的人既有社交负担过重的，也有非常孤独寂寞的。

如 O. B. 所说，他之所以赌博，并非只是想从被迫照顾他人的重压之下暂得解脱，也因为他想逃避与儿子的疏远关系以及对女性伴侣的渴望。洛基则认为自己之所以陷入赌瘾，是因为他与家人的疏远、对同辈的幻想破灭以及与社会整体的脱节。在 20 世纪 70 年代能源热引发的地质科学热潮中，他有过一份成功的职业，但随后“在 80 年代因为阿拉伯的禁运有所放松，核反应堆又问题频出，被裁员潮席卷”。遥远的地缘政治力量为他打开了新天地，却又戛然关闭。他的妻子也被裁员，带着孩子回父母家生活了。洛基回忆说：“我的生活四分五裂，摇摇欲坠。”他找到一份拉斯维加斯能源局的工作并搬来了这里，但在目睹了尤卡山试验区核废料处理中的不道德行径后，他感到了幻灭，于是决定退休。他一个人在家看电视，又看到了莫妮卡 · 莱温斯基案的庭审播送，这一事件又一次强调了他“与这个社会的道德标准错位”的感觉。他开始在本地酒吧玩视频扑克，起初上午玩，后来把下午和晚上也加了进去。他对自己说去酒吧是为了寻找人群的陪伴，但他几乎从不与人说话。在赌博机上，他找到了逃离人类世界的出口。

莎伦跟我讲了她在一次痛苦的失恋期间玩视频扑克的情形：“和机器打交道不像人际交往那么麻烦。机器拿了我的钱，我就能获得独处时间玩几手牌。互动清清楚楚，参数定义明晰——我来决定留哪些牌，弃哪些牌，就这么简单。除了选‘是’或‘否’，我什么也不用做。我知道，按下这些按钮后，机器会给我想要、需要的响应。”机器赌博成瘾的人，无一例外地强调他们想要“清清楚楚”的简单互动，机器正可满足他们；而与其他人类的交往则充满了各种要求、依赖和风险。莎伦回忆说：“在机器上我感到安全，和人在一起就不行。在机器上我可能赢，可能输，如果输了，这段关系就结束了。真的很可理解，这属于我们之间的协议。然后我就从头再来，爽利。”赌博者玩机器时会进入一种安全区，身处其中，选择不会把他们卷入不确定性和各种后果的复杂网络。这种数字制式的选择与他人无关，看起来也不会影响到谁。这种做选择的模式，既凝结成了精算型自我的自主，又消解了这种自我，因为此时行为已经不再追求自我最大化、冒险或竞争，而是为了自我消解，缓冲风险，脱离社会。

悬置金钱价值

与此同时，机器赌博改变了交往、交易的性质，甚至使其与人际关系再无瓜葛，从而改变了金钱在社会中扮演的角色。金钱通常用来促进与他人的交往以及建立社会身份，然而在赌博机创造出的切断社交的隔绝中，钱变成了一种将自己与他人甚至是与自己剥离开的工具。克利福德·格尔茨本是将赌博解释为一种将金钱价值转化为社会地位和世间意义的公开转换手段，而机器赌博与之相反，这种使人孤立的交易形式将金钱转化为了悬置各种集体式价值的手段。[21] 赌博学者格尔达·里斯说，虽然在一开始，金钱的传统价值作为一种进入游戏的手段很重要，但“一旦进入游戏，它就会立刻贬值”。[22] “你把一张 20 美元的钞票塞进机器，它就不再是一张 20 美元钞票了，不再有这个意义上的价值。”朱莉在说到 90 年代中期的入钞器时，这样对我说。提及游戏点数时，另一名赌博者也说：“那就像是一种符号，完全没有金钱的价值。钱没有价值，不再重要，只是我进入迷境的门票，仅此而已。”卡特里娜也说：“迷境中没有真正的钱，只有需要维持的点数。”

莎伦也认同这种“金钱价值转化为迷境价值”的说法，她宁愿博头奖“玩丢”，也不愿提现，因为提现意味着要暂停游戏，等机器吐钱，或者如果机器币仓不够深，还要等服务员来结算。罗拉说：“很奇怪，赢钱竟然叫我失望，特别是一开始就赢钱的话。”[23] 正如我们所见，赢得太多、太快或太频繁都会打断游戏的节奏，扰乱迷境的和谐韵律。朱莉解释道：“如果这是一个正常的日子——赢、输、赢、输——你会保持稳定的步调。但如果赢了大奖，你就可能在迷境里待不住。”里斯写道，在赌博中，钱“本身不是目的，其重要性体现在可以使玩家在不断重复的游戏中继续消费”。[24] 如果说在日常经济活动中，我们是用时间换金钱，那么在迷境“经济”中，就是花钱买时间。朱莉说：“你不是在为钱而玩，你是在为点数而玩，而点数的意义是让你可以在那儿坐更久，这才是目标。不是为了赢，而是为了继续玩下去。”

矛盾的是，为了让金钱失去作为购买手段的价值，赌博交易又必须以这种价值为筹码。“交易必须牵涉金钱，”澳大利亚的赌博研究者查尔斯·利文斯通用马克思主义的口吻阐述道，“因为钱是我们这个时代的核心意义，是社会关系的物化，它是一座桥，连接每个人，也连接现代性必需的一切。”[25] 换句话说，在机器赌博中货币的价值感可以被悬置，不是因为金钱不存在，而是因为这种活动使用金钱的方式令其失去了通常的作用。金钱成了一座桥，让我们远离所有人所有事物，去向一个超越价值、毫无社会或经济意义的迷境。如利文斯通所说，在迷境中，金钱工具不再服务于自决权，而是维系“持续未决性”。

彼得·亚当斯（Peter Adams）阐明了这种未决性的本质，他认为，机器赌博者寻求借赌博来超越有限性，超越空间和时间的限制、超越主体间性的凝视，也超越个人死亡的界限。他认为，迷境状态出自一种微妙的张力，张力的一边是有限性，体现为有限的货币预算，另一边则是伴随每次转动或每手牌的超越可能性。迷境“是一种精致的平衡”，亚当斯写道，“而 [赌博机] 是实现这一平衡的理想工具”。机器有利于促成迷境的这种“精致平衡”，是因为它允许赌博者不断校准赌博的速率和规模，使他们能够继续接近超越个人、社会和财务限制的境界，而又不会真正达到这种境界。[26] 朱莉气喘吁吁地向我讲述了在一次典型的游戏过程中发生的此种校准：

> 我四次抓到四张 A，每次赢 200 美元，相当于 800 个点数，这意味着我本来能总共提现 800 美元。但是每次中奖后，我都会从 800 点玩到 200 点，然后我就说：“好吧，再中一次四张 A 我就不玩了。”结果我摸到了别的四条，大概能拿到 437 个点数，于是我说：“赢到 400 点我就走。”然后到 400 点时我会再按下按钮，点数又会降到 400 以下，我就再说：“现在不到 400 点了，只要再到 400 点我就提现走人。”然后我发现自己接近了 300 点，于是我说：“降到 300 以下，我就走。”然而当我

> 真到 300 点以下时，我又会说："我还是继续玩吧，既然之前的标准都实现了，那我再来试试抓四张 A。"于是再继续下去……

每次到了设定好的终点，朱莉都会重设标准，因此永远不会停止游戏，提现离场。不管她的点数有多高，它们作为"机上时间"的代币的价值都战胜了其实际的市场价值——虽然后种价值最初（且最终）都是她赌博的必要条件。"长远看，"利文斯通指出，"[迷境的]未决之流会决定下来，但[机器]赌博者只专注于当下一瞬，而在按下按钮的一瞬，未决性俨然就成了准则。"[27]

当点数变得太低时，货币的决定性意义就会浮至台前，再次开始发挥作用。"如果只剩 20 点了，我就会变得非常紧张，"罗拉说，"紧张和焦虑开始在我心里滋长。我一心只想搞到足够的点数好继续玩下去。""当你开始输钱时，"朱莉告诉我们，"玩的速度就会变快——你的点数、你的钱都在流失，你会想要追回来。"[28]一俟钱的世间价值侵入迷境，原本毫无张力的地方会产生张力，本已摆脱人际联结的地方也会出现人际关系的味道。"在我内心深处，我知道迷境总有结束之时，知道这一刻马上就会来临——我无法继续驻留迷境，而会回归真实世界。我要逃避的那些东西开始涌回我的脑海。"

即便世界涌回了玩家身边，迷境确乎碎裂的那一刻也总让人感到突然。在点数全部用光的时刻到来之前，赌博者仍觉得有机会（无论多小）翻盘。而到了那一刻，金钱回归其常态，又成了有形的限制和必须依赖的媒介。利文斯通写道："金钱会在迷境中消失，但到了钱真都没有的那一刻，'迷境'也会随之消失。"[29]钱的价值所以能再次显现，正是因为金钱在惯常的真实世界中，仍是进入迷境的根本手段。

这并不是说货币在真实世界中的价值不受迷境价值的影响。兰德尔说："赌博改变了我与金钱的关系。为了有钱赌博，我会节省汽油。我不会经常去杂货店，而是攒着去沃尔玛，一次买完所有东西——这样我就只用去一次，不浪费汽油。我过上了节约的'经济型'生活。"在赌博者的"机器人生"中，日常的节约行为，这种有风险管理意识、精打细算的负责任行为，是在服务于迷境的自我非最大化、自我消解的目标。洛基说："我在商店里精打细算，为了省钱可以不吃饭，留意打折和能讲价的商品；但把 100 美元扔进老虎机，在 10 分钟内看着它输光，我却连眼都不眨一下。"伊莎贝拉回忆道："钱变成了赌博的手段，这就是钱对我的全部意义。我会故意倒光牛奶，这样就有借口去杂货店赌博了。"赌博者夹在迷境与日常世界之间，在一个没有明确参照点的价值体系中厉行"节约"。帕齐告诉我，在赌博的间歇，她会颁行一些强迫性的预算仪式：

> 对我来说，凑钱是整个过程的一部分。我会去银行取 1000 美元、400 美元或不管多少。我有个奇怪的习惯，就是我从来不会拿出 20 块或仅仅花 43 块，我每次花钱都必须凑够整百。还有别的怪习惯……比如我如果赢了，就可能玩到只剩 500 块，但决不会在还有 600 块时停手；输掉 800 块没问题，但我还必须留下一定数额……我会给自己定下很多奇怪的小规则，但它们在财务上没有任何实际意义。

在赌博之后，帕齐会坐下来数钱："一遍又一遍，坐在我的车里，在黑暗中等红灯的时候，我腿上会放着成百上千美元，但这有什么用呢？"钱变成了一种恋物癖对象，脱离了实际的交换价值——这是一种目的不明的"怪习惯"，用她上面的话说。"我花了很多时间考虑钱的事，抚摸钞票，打电话给银行查询交易记录，想知道什么时候支票兑现，一遍遍地数钱、数钱……但事实上我根本没有在数。"帕齐停止赌博一年后，在补税时震惊地发现，在为期六个月的赌博中，她并没有把钱"数清楚"，她的损失已经超过了 1 万美元。

文化历史学家杰克逊·李尔斯写过一本关于美国赌博文化的书，他在书中问道："在我们这样吹捧责任和选择的社会中，资本积累乃是责任，金钱不容半点置疑。而如果有一个游戏，其全部目标就是把金钱变成数字，那么还有什么比这更有颠覆性？"[30] 因为赌博者用钱来玩，却不是为钱而玩，所以他得出结论：赌博者是在挑战美国文化中的自我最大化精神。[31] 但正如他们的"机器人生"所展示的，尽管他们似乎放弃了金钱，但不论再怎么颠覆，他们仍然活在主流货币价值体系之内。考虑到赌博者具有广泛的专业知识，以及他们日常对金融和银行工具的熟练运用，这一点是显而易见的。在《追逐》中，勒西厄尔以民族志的方式极为详尽地描述了赌博者获取赌资的专门技术，其中一些要么彻底非法，要么是打擦边球，但许多都牵涉与主流金融实体的复杂互动。[32] 今天，赌博者学会了在金融系统内活动，在抵押贷款、银行借款、信用卡资金、抚养费等中间不断腾挪。

"我一直都有收入，"帕齐告诉我，"每周都有——600 美元的薪水，500 美元子女抚养费，还有我丈夫的退休金。我们总是有三张左右信用卡，这样比较艰难的时候我就靠刷卡生活。"这种与常人无异的金融生活方式支持了帕齐的强迫性赌博活动——有时候也反过来："有一次我已经刷爆了三张卡，然后我竟然中了一支头奖，就把它们都还清了。"这样的财务分派并没有真正颠覆精算式人生的逻辑。一定要说有什么影响的话，那就是它强化了或者说"刷爆了"这种人生逻辑。尽管这看起来与精打细算的理性相悖，但仍没有跳出平常的财务框架，毕竟一般美国人在债务面前也已经常常用多种信用工具拆东墙补西墙。（它还与当代资本主义核心的高级金融投机行为有着共通之处，如股票和债券交易，衍生品和其他特异金融工具交易，对冲基金，以及更为一般的银行业等。这些投机行为都把货币当作可以"玩"的一组自由浮动的符号，而不考虑其在现实世界中的社会与经济约束，它们常常带来令人眩晕的财富波动，扭曲价值的一切意义。[33]）

尽管赌瘾者对待金钱的态度，既不是日常价值系统的完全反转，也不是它的典型代表，但这种态度改变了这个系统，使系统中不和谐的、矛盾的地方凸显了出来。在这一点上，前文中乔茜的话值得重提："我从早到晚都要帮别人处理他们的经济问题和奖学金问题，帮他们做到负起责任。我卖保险和投资产品，赚他们的钱——所以我必须调整出恰当的状态，让他们相信我卖的东西都是真的。工作结束后，我必须去找赌博机。”白天，她建议别人如何最好地防范未来的损失，但别人也能看出她不太相信自己兜售的这一套。她似乎意识到，保险业为生命和投资算出的风险水平，说起来头头是道，但其实随意性很大，这让她自己甘愿去冒更大的财务风险。她的赌博活动既利用了保险的精算逻辑及其底层的货币价值，又是对这些的反叛。她告诉我：“在我开始赌博之前，钱就像神一样，我必须拥有它。但开始赌博后，钱就没有了价值，没有了意义，只是这么个东西：它能让我进入迷境，仅此而已……于是你失去了价值，直到一点价值也不剩下。只剩下迷境——迷境成了你的神。”

悬置时间

精算主义的自我概念中，时间是另一种重要资源，赌瘾者在机器赌博中也重新定义了时间的价值。与金钱价值一样，赌博者将真实世界中的时间价值全部凝结为另一种价值。“时间被清算转换为问题赌博者的必备通货，”利文斯通写道，“它很可能是最重要、最有价值的货币。但时间本身在赌博过程中是缺席的，它不以社会所能认识的形式存在。”[34] 虽然赌博成瘾者可能在机器前连玩 17 个小时甚至一整个周末，但用来测量时间的“时钟时间”（赌博者的说法）“不再重要”“静止了”“消失了”或“丢了”。兰德尔告诉我：“我下午下班，打算只玩一卷 [25 分币]；但我会直接完全迷失掉，再低头看表时，会发现再过两个小时就又要上班了。赌博中的时间几乎都是断片儿的。”

机器迷境中的时间脱离了时间本身的秩序。用德勒兹和加塔利的话说，“用于度量的时间会适应人与物，发展出新的形式和主体”，以遵循“事件拥有的模糊时间”，而度量这种时间的是“相对快慢”，其行进“独立于其他模式中时间的精密计量价值和时间顺序价值”。[35] 契克森米哈伊同样认为，在心流活动中，时间似乎会“主动适应”人的主观体验，而不是主观体验去适应时间，因此“我们用昼夜交替、钟表转动这样的外部事件衡量的客观时长，在活动本身定下的节奏中变得无关紧要了”。心流活动有自己的步调，能让人“从时间的暴政中解放出来”。[36] 在说到赌场中永远不会安放时钟这一点时，里斯写道：“时钟是一个公共、客观的时间共识机制，为人际关系及周围环境的变化赋予了秩序……而在赌场抹杀时间的空虚中，一场赌博的长度（或玩的速率）就成了赌博者计量时间的方式，构成了他们自己的内在时钟。”[37] 就像金钱一样，迷境中的时间也变成了一种点数，其价值会随机器赌博的节奏而变化，赌博者会谈论如何花费、挤出、挥霍时间。兰德尔注意到，玩视频扑克和玩赛车游戏之间有种现象学式的亲缘关系，他说这两种活动都让他觉得自己在“扭曲”时间：“我进入了一个不同的时间框架，就像慢动作……那是一个完全不同的时区。”

正如赌博者必须维持足够的货币点数以维系迷境的“持续未决性”，他们也必须维持足够的时间点数。时间太短的话，现实世界就会冲击迷境——该上班了，该按预约看医生了，该去学校接孩子了。当时间开始“不足”时，玩家们就会尽力在短时间内尽量多多地玩，如朱莉在下面这段中所述。她不仅会为了扩大迷境价值，在每次达到金钱点数条件时都重设目标，也会为延长迷境时间不断重设游戏的终止时点：

> 快到离开的时间时，那些我想借赌博逃避的东西又开始涌回我的脑海。于是我就给自己找理由：‘反正我又不是今天一定要去……’然后我会请一位服务员帮我占着机器，自己跑到公用电话亭打电话，给自己争取更多时间，然后回来继续玩，现在我又多了三个小时。当这三个小时也快结束时，我又会想：‘必须留下点钱打电话，去取消我去不了的那些约会……’我想的是怎么安排事情才能多玩一会儿，怎么节约时间。

快要没时间时，朱莉会感到紧张，此时她计算两种维度的时间：时钟时间和迷境时间。如何让后一种时间通过前一种实现增值？或者用她自己的话说，怎么节约时间？在即将离开迷境时，朱莉必须记得她需要“留下”几枚硬币来支付打电话的费用，这样她才能省出真实世界的时钟时间，换取更多的迷境时间。（这里我们又一次看到，迷境从未完全脱离其现实的经济标尺。因为玩家们要用真实世界的钱来买真实世界的时钟时间，再用时钟时间换取迷境时间。）

如果无法为自己争取更多时间，现实世界的需要已刻不容缓，这时，朱莉就会诉诸速度，就像她点数低到危险状态时做的那样。“我绝对必须去某个地方时，就会在离开之前尽可能多玩。我开始追求速度，越玩越快。哦，上帝，我只有 15 分钟了，10 分钟了。”像兰德尔觉得自己可以扭曲时间一样，朱莉也相信她可以通过提升游戏的“事件频率”来增强自己的赌博体验。她的理由似乎是，游戏事件之间的中断或停滞越少，就意味着游戏事件可以有越多。[38] 在迷境中，她体验到的时间是事件驱动，而非时钟驱动的。

要在更广泛的社会历史语境下理解由事件驱动的时间，不妨考虑瓦尔特 · 本雅明在 20 世纪中叶对制造业技术的分析，在分析过程中，他对比了流水线劳动与赌博两种活动的时间特性。二者都关涉一系列连续的重复事件，每一个都“与前一次操作没有关联，这恰恰是因为它完全是在重复”。[39] 他这样写工厂劳动：“机器上的每次操作，就像几率游戏中的每一次妙手，都是与前一次隔离开来的……‘从头再来’是赌博的指导思想，也是发放计时 / 计件工资的工作采用的指导思想。”这个“从头再来”，这种持续不断的开始，与之前所有的开始都无关联，这意味着每一次劳动或赌博行为都可以感知成一种非时序事件，“游离于时间之外”。虽然工业作业依赖时钟精确地测量和分割时间，但正是这种测量和分割的模式将每个时刻彼此“隔离”，从而擦除了时间。同样，本雅明也认为，赌博中每个“时刻”与其他时刻的隔绝，使时间成了“滚进下一个格子的白球，牌堆上的下一张牌”，从而让赌博者脱离了正常的时间流动。

本雅明强调，赌博活动通过切断事件之间的关联，让时间变得“非时序化”。而戈夫曼后来的分析则关注赌博事件本身的“时间性”，即行动和结果被压缩进的单一时刻：“赌博竞赛有一种独特属性，一旦下注，结果会立即确定，回报也立即生效，一切皆在瞬息之间。”[40] 今日的赌博机进一步缩短了不确定性的时间跨度，只要快速按下按钮，所有悬念都能即刻解决。正如澳大利亚赌博学者珍妮弗·博雷尔（Jennifer Borrell）所写，赌博中，“预期和结果快速连续发生”，于是，不确定的未来就不断地塌缩为确定的现在。[41] 机器赌博者所体验的时间被技术注入了过多这种时刻，让他们觉得自己可以基于自己的赌博速度来改变时间的进程。

在机器赌博的迷境中，时间就像金钱一样也有了弹性，这折射出了当代的社会与经济生活中的一些关键要素。像“时间就是金钱”“时间稍纵即逝”“光阴似箭”等陈词滥调，其实捕捉到了一种社会现象，而机器赌博只是其中一例：资本主义社会的高速运行还在变得越来越快。E. P. 汤普森（Thompson）写道，随着工业社会的到来，人与时间的关系也有了新的变化。在新社会中，工作习惯被重构，时间不再是自己流逝的，而是像货币一样被花掉的。这种“技术条件作用下的时间感”让他隐隐担心。[42] 自他写完这些文字之后，我们又经历了数字信息、通信及运输技术的崛起，它们加速了生产、旅行、消费和金融交易的速度，放在以前的时代，这种速度可能会让人惊掉下巴。前所未有地，数字技术把更多的时刻打包塞进基于服务和金融的工作、媒体、娱乐乃至私人生活，从而“压缩”了时间。[43] 在这种情况下，精算型自我也必须是时间价值最大化的自我，必须保持高速，否则就不算是社会要求的那种有进取心的人，也就是说，慢的人将“落后于时代”。可以说，机器赌博业之所以能够获利，就是将这种时间紧迫性变成了一种使人堕落的产品，代价是，这一产品的一些用户陷入了成瘾。无论他们是谁，高强度的机器赌博者都体现了社会对人提出的“持续高速运转”的要求。我们的社会广泛地赞美速度，而这种态度的普遍性及背后的存在主义危机，皆由机器赌博者体现了出来。

一方面，现实世界的高速化倾向体现在了迷境和赌博者的成瘾行为中，另一方面，机器迷境以技术手段加速出来的时间感，也反向进入了赌博者的真实世界，“浸透”了他们的真实时间体验。莎伦说：“不仅是赌博的时候，所有的时间对我来说都非常扭曲。我觉得自己可以轻易地操纵时间，不切实际地觉得我能在一段短短的时间里做更多事情：在去赌场的路上顺便买日用品，在赌场时用手机预约医生，然后在回家的路上买我需要的鞋带……我所做的一切都围绕着赌博时间。”正如勒西厄尔所写：“[赌博者] 在思考自己的总体处境时，打平就是他所想的一切。于是，他只专注于眼下的每一个瞬间和下一次下注。时间跨度被缩短，他只能看到短期目标和当下正在做的事。”[44]

帕齐回忆说：“我去上班的时间越来越晚，越来越晚。在休息时间，我会问主管：‘你介意我去趟银行吗？’而这时我已经在门外了。我对时间的感觉已经在门外了。我就好像上满了发条。如果玩到一把皇家 [同花顺]，我反而会感到自己停摆了，因为我得等着他们来付钱给我。当我终于回去上班时，其他同事会故意去看钟表，我就想：‘你看什么表？多管闲事。’”帕齐在任何时候都想逃避时钟时间，到了她自己几乎变成了时钟的地步：她“上满了发条”；等着兑付奖金的时间里，表针嘀嗒嘀嗒走着，而她感到自己“停摆”了；回到工作岗位时，愤愤不平的同事们会故意盯着时钟看。她在本章开头告诉我们：“不赌博的时候我整个人都想回到迷境中去。这简直是机器人生。”

机器人生

在对比机器驱动的流水线和几率游戏时，本雅明捕捉到了帕齐所说的“机器人生”的一丝轮廓。“赌博者在赌博中采用的那套行为机制，”他写道，“占领了他们的身体和灵魂，因此即使在私人生活中……他们也只能做出反射式的行为……他们像自动机一样生活……完全消解了自己的记忆。”[45] 在本雅明的描述中，赌博是一种“行为机制”，它占据了玩家的身心，消解了他们的经历，这与当今赌博者的自述不谋而合。“我就像行尸走肉，”帕齐回忆道，“看上去我像常人一样活动，但我并没有真正活着，因为我总是想着同一件事，心思全都在回到赌博机上。”莎伦也说：“醒着时，我一整天的活动都围绕着出门赌博来安排。晚上，我还会梦见那台机器——会看到它，看到纸牌翻动，看到整个屏幕。梦里我也在玩，在决定留哪些牌又弃掉哪些。”

在莎伦的描述中，依靠不断涌来的无数个微小“决定”，赌博机的界面“安排”了她的生活，无论她清醒还是睡着。构成机器赌博的，是一系列受技术手段调节的迷你决定，而在当今的自由市场社会，精算型自我也要面对激增的决定、选择和风险。正如本章提出的，两种决定之间存在着复杂的关系。机器赌博缩小了选择的带宽，把它缩小成了一个有规则的有限世界，缩小成了一个公式。[46] 虽然赌博活动让选择翻倍，但它用数字化的方法重构了这些选择，让它们变成了一系列自我消解的重复活动，出现在原本不存在这类“选择”的地方。这个意义上，赌博成瘾者并没有逃离选择，相反，这种被机器重构之后的选择本身，导致了他们的强迫性行为。

“我沉迷于以一种整洁的方式做决定，”莎伦说，“沉迷于做一些我知道结果会怎样的事。”正如她在本书前言中告诉我们的：“很多人把赌博看成纯粹的几率，你不知道结果是什么。但玩赌博机时我却知道得清清楚楚：我要么会赢，要么会输……所以，这根本不是真的赌博——事实上，只有为数不多的地方能让我觉得还有可以确信的事，而这里就是其中之一。”。在 1902 年的文章《赌博的冲动》（“The Gambling Impulse”）中，心理学家克莱门斯 · 弗朗斯（Clemens France）同样认为“渴望安全保证的确信”是所有赌博的心理基础：

> 赌博者渴望不确定的状态并投身其中，但他们一心想的都是“不确定性的解决”。事实上，他们正是因为太渴望确定的信念，才一次又一次地投身于不确定性，以检验自己的安全感……因此，尽管听起来有些矛盾，但赌博确实是一种对确定性和确信感的追求，而不仅是对不确定性的渴望。[47]

赌博者“对确定性和确信感的追求”，或者用戈夫曼的话说是“对不确定结果的快速决定”，被机器赌博技术进一步放大了。[48] 在下面两章中我们还会看到，机器赌博者追寻的是富有依赖感、安全感和情感平静的迷境，借此他们才能从社会、财务和个人生活的波动性中获得片刻喘息。对于当代资本主义和服务型经济来说，生活的那些核心层面——人与人的竞争性交往，代表这一交往的金钱，容纳交往行为并衡量交往价值的基于市场的时间框架——在机器赌博中都被悬置了。机器赌博捕捉到了生活的这些层面，却把它们凝结成了最基本的形式（即基于风险的互动、精打细算的思考方式和被压缩的弹性时间），并把它们应用于赌博活动之中。此时，这些方面不再服务于企业化的自我，而只是为了继续玩下去。蒂齐亚娜·泰拉诺瓦（Tiziana Terranova）描述过类似的现象，她写道，这种“凝结”与“悬置”相当于：“一种完全内在于晚期资本主义的突变。与其说它是一种广泛的文化经济逻辑的断裂，不如说是它的强化，因而是它的一个突变。”[49]

在这一突变中，社会对于“精算型自我”的要求从未被完全悬置。这种不完全性体现在赌博者在赌博中面临各种“选择”时的矛盾心理。在他们看来，赌博既解放了他们，又困住了他们；既引导他们走向虚无，又为他们赋能；既让他们安心，又充满了邪恶。在自助餐厅服务员罗拉的描述中，一方面，她说自己“在机器上休息”，另一方面，在后续的描述中，她又认为视频扑克这种毫不停歇的选牌过程控制了她的精神，“钩住”“钳住”“捉住”了她的注意力。朱莉也说过：“除了集中注意力看屏幕之外，你别无选择。除了选择留下哪些牌、弃掉哪些牌，你根本无法去想别的任何事情。”赌博成瘾者之所以迷恋迷境，正是想要从他们在日常生活面临的无尽选择中解脱出来，然而在赌博时，他们仍然深陷于“企业化的进取自我”无法摆脱的困境之中。

第八章

过载

追损及游戏至死

> 我的每天早上都是从玩掌上视频扑克开始的——这决定了我一天的节奏。我一醒来就去摸游戏机，然后玩上三局：如果赢了两局，我才去幸运超市玩。我会鄙视自己，因为我竟然让这台小蠢机器决定我今天是去上班还是去赌博。我努力说服自己要尊重这个决定，但事实是，我还是每天都去赌博。
>
> 一天，我在停车场把这台掌机摔在了砖墙上。过了一会儿我开车回来，发现它还在，而且这鬼东西竟然还没坏。我当时下定决心一定要摆脱赌博。于是我把它作为礼物寄给了别人。你猜怎么着？有人在我生日的时候又送了我一台当礼物……我把这一台也送人了。你想要重新掌控自己的人生，就去做很多这种愚蠢的小事，但其实你还是根本毫无掌控之力。
>
> ——兰德尔

在赌博者的故事里，控制力到底处在什么地位，经常无法自洽。罗拉告诉我，她之所以玩视频扑克就是因为她想找回“控制感”，但后面她又坦承，她希望自己是个机器人，不需要自主的能力，而且丝毫不觉得前后矛盾。上文中兰德尔也称自己玩视频扑克是为了“决定”

自己的一天，但他同时也自己“决定”不再赌博，尽管掌机会给他各种诱惑性的神秘命令。在强迫性赌博者的自述中，这种矛盾感一次又一次地出现：他们寻求控制感，同时又寻求摆脱控制感。在他们与赌博机的互动中，这两种欲望保持着动态的张力。

如我们在本书前半部分所见，赌博机的编程本身就赋予了玩家实施控制的机会，其形式是选择权、选项和其他各种“电容触感”功能。而我们同时也看到，在对这些控制权的重复性加速行使过程中，玩家进入了一些沉浸状态，在此类状态中，控制感又都消失了。这可以部分归因于赌博机，因为这些机器能构造出一种虚拟的认知心理状态，其中完全没有生活中的“无解”事件和困难，即生活中的各种偶发性。而同时，玩家也参与到这种构造之中，在赌博中拱手让出了控制权。本章就是探讨赌博者如何交出控制权，以及为什么他们持续这么做。

正如上文中兰德尔的所述，赌博成瘾者的生活被控制感的起伏构成的谜团所包围。他们依次经历掌控、失控直到受控。对于控制感，他们先是拥有，而后失去，再试图重新获得，但同时还想要摆脱。在这些起伏中，我们能够发现赌博者因与赌博机之前的强迫性关系，而产生了某种合谋性的心理实质：这种心理促使赌博者滑向迷境状态，各种外在技术手段也是去适应它，并与之一同运行。在赌博成瘾者的生活及机器赌博中，控制与失控的动态有时会出现出现极端状况。然而，这些动态并非只单纯地表示了赌博者的易感性，它们也更为一般地昭示了机器赌博的典型过程和倾向。

伊莎贝拉

在三顶点问题赌博诊所的晚间治疗小组开始前几分钟，一位新成员走进房间坐了下来。她是伊莎贝拉，看上去很年轻，不像 38 岁的样子。她瘦瘦的，脸色苍白，穿着牛仔裤和运动衫，用一条橡筋束着淡金色的头发，戴眼镜，没化妆。她坐的椅子，相比其他人的离桌子稍稍远一点。她双腿交叉，双臂抱在胸前，脸上的表情坚定又难以捉摸。

这是伊莎贝拉第一次来，咨询师要她自我介绍。她用坚定的目光和简短的句子向我们讲话，像是在字斟句酌地写稿子。我们了解到，她是一名自由保险经纪人，和她生活在一起的有她襁褓中的儿子，一个有轻微智力问题的妹妹，以及妹妹五年前收养的现年 15 岁的一个女孩——所有这些人都要她来养活。她说话时，声音里流露出一种自我保护的克制感，这与她用词上的直率有些格格不入。

两周后，伊莎贝拉退出了这个团体。感恩节那天，她的车在没有任何警告的情况下被银行收回，这导致她只能待在家里，无法去工作，不得不申请福利补助。接下来的一个月我对她进行了访谈，地点是她家，一套位于拉斯维加斯西北部一个工薪阶层居民区的三居室。我请她讲讲是怎么开始赌博的，她就把小儿子放在摇篮里，走进卧室拿来一份散页的自传手稿，这是她在三顶点治疗小组时写的作业。“我能说的一切都已经写在这里了。”她一边解释，一边递给我五页手稿。[1]

> 我们四个孩子都在不同的州出生。我大部分童年都在路易斯安那州度过。我们家非常穷。我父亲是做房屋隔热的，每周只挣二三十美元，我们到处漂泊，生活在贫困之中：那些地方肮脏不堪，满是臭虫，人们虚伪、懒惰、抑郁，文盲遍地。但我们总觉得有朝一日能逃离这样的生活。那是充满矛盾的童年。
>
> 父亲是我认识的人里最聪明的，但对感情一无所知。他是个酒鬼，如无必要绝不回家。他是个虐待狂，殴打我们是家常便饭。他拥有我们，我们就是他的财产，他对我们为所欲为。记得 16 岁时，我坐在他腿上，他想要跟我舌吻。最让我无法忍受的一种虐待是，当我学会拒绝父亲后，我发现他也在欺负我的姐姐 D，而她又无力保护自己。父亲喜欢弱者，也喜欢把强者变弱。这些可能就是我家庭的全部了，我至今仍为此气愤。当我长大，能够理解发生的事，并为自己发声时，我遇到的任

何人只要表现出一丁点侵犯我的苗头，我都疏远他们。

我并不想失败，但所有事只要我刚一开始做，就失败，每次失败都让我觉得自己更没有价值，然后我就更容易失败。17岁时我离家去上大学。起初我表现很好，但后来开始喝酒，在海滩上闲逛。我把奖学金搞没了，也退了学，去了一家保险公司工作。我在那里遇到了我的丈夫——他是某次比赛中唯一胜过我的人，于是我决定嫁给他。我花了两年时间才把他追到手。我选择他，是因为他很稳重，不欠账，有前途。他在另一个州找到了一个工作机会，他说："你可以跟我走也可以留下，我不在乎。"我跟他去了。但事实上，我们并不相爱，这是一场无聊的婚姻，我们的感情越来越冷淡。

我们搬到了拉斯维加斯，他做起了酒吧招待。在那些迷人的女客和可卡因中，他找到了从我们无聊的婚姻生活中解脱的方法。我也找到了自己的解脱，就是赌博。同时，我也找到了报复的邪恶快感。每次告诉他我又输了多少时，我都强烈地痛并快乐着，因为只有这样我才能从他身上激起一点情绪反应。他是个白开水一样的男人，从不会因为任何原因而表露喜怒哀乐，只会拿着遥控器面无表情地坐在电视机前。但我的赌博让他生活在恐惧之中。渐渐地，我一个月输2000～4000美元已是家常便饭。我们的生活全毁了。他和我离婚，凭我的感觉，他依然无甚波澜。我们都白白浪费了六年的光阴。

然后我决定报复。我和我见过的所有男人睡觉，只要我认为他们过去曾经虐待或伤害过别人。性变成了我用来控制他人的工具。我不动真情，但他们恰恰对这样的女人欲罢不能。我自足、愤怒又聪明。我操纵每一段感情，只有一个男人开始不吃这一套，但最后我也让他哭了。我爱这种生活，它给了我权力。但它也耗尽了我所有的善良和同情心，我刻薄、丑陋、冷酷、暴力、撒谎成性——我变成了一个可怜的生命。我甚至不记得这些男人的名字。他们吸毒，酗酒，打女人，虐待自己也虐待周围所有人。他们应该自己也尝尝这种滋味，我让他们尝个够。但那段时间，我虽然活在男人的包围之中，还是感觉孑然一身。我这一辈子，迄今为止，还从未与一个男人有过互信互惠的关系。若有需要，我可以操纵男人。我非常喜欢在他们全身心盯上我、俨然把我当成他们下一个受害者时，狠狠地拒绝他们。

遇见比尔是在一家洗车行。他看到了我，喜欢上了我走路的样子。我也喜欢他走路的样子，长腿，翘臀，靓车。于是我给他打电话，和他约会。我骗过那么多人，现在所有那些谎言又落回到我身上。我现在觉得，这也算报应循环吧，谁知道呢。他和他能找到的每个女人都上床。他只说我想听的话。他比我更聪明、更世故，我需要他。我从来没有爱过他，但他让我着迷。我无法驯服这个刻薄的灵魂，我在他身上找不到控制按钮。虐待，安慰，虐待，安慰，就这样过了三年。最后我崩溃了。我大脑断片儿了两天，醒来时我大概已经死了——没有感情，没有心，没有大脑。我叫他偷走了我一切的一切。我的内心什么都没有了。我又一次成了男人的牺牲品，又被掏空了。

就在这个时候，我打包了自己的东西，徒步走去了北加州的祖母家。她曾是唯一保护我的人，不让任何人靠近我。我从93号州际公路走到95号州际公路，一路向北。我走了3天，脚上起了严重的水泡。到达时，祖母和姐姐D照料了筋疲力尽的我。第二年是1993年，祖母去世了。我父亲也去了那儿住，一个月后，他得知自己已经肺癌晚期，是石棉引起的。他搬进了一辆旅行拖车，看对眼了就带人上车。他利用我，我也利用他，我们彼此释放愤怒。我告诉他，他欠我和我的兄弟姐妹们一个道歉。他说他从未虐待过任何人，不明白我为什么纠结于这件事。一年后他去世了。

再次回到拉斯维加斯后，我以4.0的平均绩点取得了大学学位。我找了一份坐在电脑前录数据的工作，并接受老板的随时差遣。我们为赌场做市场营销，我要把所有的数据都做成表格，这段时间我发现了赌场所有的肮脏秘密。我的工作态度让公司不满，于是我被解雇了，但我反而觉得开心。

在遇到我儿子的父亲后，我又开始赌博，主要是为了消磨时间等他下班。在大约六个月的时间里，我的赌瘾慢慢发展到失控的地步：我每周花在机器上的钱从20美元增加到了900美元，也就是我整周的薪水。当我开始爱上这男人时，他却离开了我。后来我发现自己怀孕了，但从没告诉他。

于是我试着做自由保险经纪人，但我其实不喜欢和人打交道。我本应去工作，去赴客户的约见，但我感到非常恶心、沉重、筋疲力尽，所以我没去工作，而是去了赌场。我喝上一杯淡青柠苏打水后就开始玩，让自己沉入迷境，忘掉那些恶心。后来我肚子越来越大，有人就劝我不要来赌博了，否则'孩子就要在这儿生下来啦'。如果有人吸烟并把烟喷到我脸上，我就冲他们大喊大叫：到怀孕后期，烟味就太可怕了。

我整个怀孕期间都在赌博，直到孩子出生的前几天。我会在椅子上坐十五六七个小时，周围的人都在吸烟。我的儿子会在肚子里乱动，我的腿会变得麻木。但进入怀孕后期以前，我都没觉得自己有多不舒服。我努力吃得健康些，但当我赌博时，食物根本不重要。我不吃饭，只服用抗酸剂。如果感觉自己快要晕过去了，我就把杯子倒放在机器上，然后去礼品店买饼干，因为我不想花时间坐下来吃饭——我只想回到我的机器上。

儿子出生后我也没能戒赌。我会把他扔在家里好几个小时，让我妹妹照顾他。然后，每天输光时，我会发现母乳一直流到了屁股，留下了污渍。我儿子在家里嗷嗷待哺，而我则在把一切赌光。现在我在努力戒赌，但每次我去商店买婴儿配方奶粉时，赌博机都令我不胜其扰。我试着闭上眼从它们旁边走过，但这一招并不总是有效。

我姐姐D在我儿子出生后去世了。晚期肺癌，我们都没料到。还是因为石棉，是父亲做隔热工程后带回家的。石棉沾在

> 他衣服上带回了家，又进了我们每个人的肺里，全家无一幸免。我也随时可能得病——任何时候肺癌都可能突然爆发，然后再过 18 个月我就死了。我有权相信坏事会发生，因为它真的发生了，我很清楚。

伊莎贝拉的过去千疮百孔，充满了毁灭性的失控。她学到的人生真谛是，依靠别人风险太高，因为别人的心意常常辨认不清，起伏不定。在她的叙述中，男女关系是一种零和博弈，其中必有一个输家。她嫁给一个男人，只因为对方在比赛中击败了她；当她发现丈夫只会“拿着遥控器坐在电视机前”时，她去赌博输钱来激怒他：这未尝不是她控制丈夫的“遥控器”。他们的婚姻破裂后，她开始“报复”。她虐待男人，直到遇到一个让她找不到“控制按钮”的。而她又把这段关系视为“报应循环”，这段关系结束时，她感觉自己“被掏空了”。当她真的爱上一个男人时，那男人却“离开了”。怀孕期间她用赌博机来“沉入迷境”，将一切清零。

在我们的谈话接近尾声时，伊莎贝拉谈到她感到自己和儿子之间有一种无条件的相互依赖，这让她很是吃惊，这对她来说是全新的情感体验。她很害怕，一方面是因为担心这段感情不会持久，另一方面是想到了自己过去的依恋关系无一不以悲剧收场：

> 我跟你说，虽然照顾孩子是种美妙的感觉，但你需要一段时间才能适应。我一生中遇到的所有人都认为他们有权占有我的身体、思想、生活乃至我的一切，就好像他们不知道这些都属于我一样，但我努力地把它们夺了回来。然后我的儿子出现了，突然间我的身体就不再属于我，而是属于他。

话虽如此，现实却是她的儿子“在家嗷嗷待哺”，伊莎贝拉却在赌博机前任由母乳流淌，然后“把一切赌光”（包括钱和母乳）。她怕以往那些控制与被控制的动态会进入她与儿子的关系，努力阻止其发生：

> 儿子是我的至宝，但我也害怕自己会虐待他。我不要这么做，但这种冲动摆在那里。我没有选择，我和我父亲一模一样，很容易变成虐待狂。有时我会不知不觉变得刻薄，对人很残忍。我一直害怕这种倾向变得失控。我用理性和同理心与它抗争。我凡事都追求极度公平，永远不想占好人的便宜。这是我卖保险的原则，也是我的人生原则。

机器赌博的迷境让伊莎贝拉“感到安全，远离人群”，正如前文乔茜所说。她要远离真实生活中的各种规则和不安全感。然而，她想要摆脱的风险、损失、控制和依赖，又恰恰是她赌博的驱动力。正如我们在前两章所见，机器赌博将这些动态化约为了比真实生活更机械、更易管理、更可预测的东西。像伊莎贝拉这样的赌博者，会觉得自己虽然已经失去了对是否赌博、何时停手的控制权，但在玩游戏时还是一定程度上掌控着局面。他们体验到的控制感尽管可能很有限，却给了他们一个机会去改变自己与损失之间的关系：既然损失不能停止或逆转，那不如自己主动一点。

自愿损失

赌博者的行为看似矛盾，其中却有线索可寻，其中一条就是赌博者经常提到，意外事件带来的损失，与他们在机器赌博中自己制造的损失，是不同的；他们感到，对不可控事件（地理距离、疾病、暴力、遗弃、死亡等）带来的损失是无能为力的，而自己赌博中的损失则尽在掌握。他们认为，赌博可以把真实生活中不可控事件带来的被动困难转化为一种更主动、可控的东西。言及人与生活中的偶发性有怎样的常见关系时，肯尼思·伯克（Kenneth Burke）写道：“如果一个人碰巧遇到了一些阻碍，那只是时运，不算是他的主动行为。”谈到赌博成瘾者想要掌握损失的主动权时，他继续写道：“然而，一个人可以把……这种纯粹的意外转化为主动的选择，就好像一个人在意外跌倒时，突然也想‘自愿’跌倒”。[2] 赌瘾者经常会提到，机器赌博可以让他们把意外的、非自愿的损失转化为伯克所说的“自愿”损失，就像罗拉说的那样：“是我在伤害自己，而不是别的什么（在伤害我）。拥有控制权的是我。”

亚历山德拉的问题赌博发展历程，就印证了这种“自愿损失”的观点。在我们访谈的五年前，她业已成年的儿子突然患病去世了。她提到了这件事情对她的影响：

> 我儿子的病是我无法控制的，因为我对此无能为力。所谓“控制”，我的意思是如果他摔断了腿，我能尽力帮他恢复——带他去医院，把骨头接好，这是我能控制的部分。但他的这个病我完全没办法，任何人都没办法。这是我人生中第一次遇到如此没来由、没办法的事情。然后，还有赌博。

亚历山德拉对儿子的去世深感悲痛，她辞去了赌场荷官的工作，每晚都在她家附近的 24 小时超市“阿尔伯森”（Albertson's）赌博，直到天亮。“我在那些机器中可说是找到了避难所。赌博时，我不想……任何事。”她承认，赌博就像她儿子的死一样，“我无法控制”，但同时她又感到机器赌博赋予了她一种自相矛盾的控制感：“奇怪的是，在赌博时我确实感到自己又获得了控制感。我的意思是，我知道自己不能控制这台机器，因为那是一台电脑，但我能控制我自己的……损失。”

玛丽亚是一名社工，有三个孩子。她在自己的赌博过程中也发现了类似的“损失控制”机制。她认为这与她不断和有施虐倾向的男人交往的过程很像，让人不禁想起伊莎贝拉的叙述：

> 我不想听天由命地活在恐惧之中，担心他们什么时候才会

> 露出真面目。相反，我宁愿选择那些我知道肯定会虐待我的人，我向上帝保证，我要自己选择**由谁**来虐待我，**什么时候**虐待我（**边说边有节奏地拍大腿以示强调**）。我特别易受危险男人的吸引，简直就好像是**我**主动引发了自己的痛苦，而非他们——控制局面的是我，就像在赌博中一样。

通过机器赌博，玛丽亚精心安排了发生损失的环境，正如伯克所说，她在将其“转化为主动的选择”，尽管这种主动仍必然以输光赌注告终。

在面对创伤的损失或其出现的环境时，人们有时会重演这种损失，或故意再把自己置于一个容易发生损失的情境之中。这一现象，西格蒙德·弗洛伊德曾试图用他的“强迫性重复”理论来解释。[3] 这个理论的灵感来自他蹒跚学步的孙子恩斯特。恩斯特发明了一个游戏：他不断把一个物体从自己这里扔开，然后宣布它“消失了”。在后来的版本中，恩斯特把一个拴着绳子的物体扔出去，再把它拉回来，然后宣布它“在这里”。弗洛伊德发现，他的孙子在造成物体“消失”的过程中获得了一定的满足感（游戏中“在这里”这部分对恩斯特来说似乎是次要的）。弗洛伊德猜测，这个游戏是孩子应对母亲频繁缺席的一种手段：当恩斯特宣布他的线轴“消失”时，他感到母亲的那些缺席和随之而来的被遗弃感，已经受他掌控。[4]

伊莎贝拉、亚历山德拉和玛丽亚等人的故事说明，赌博成瘾者玩赌博机，正是另一种“消失”游戏。生活中若有偶发事件让她们痛失所爱、处境恶化、剥夺了其确定性，这时，她们会试图借赌博机这一数字化的工具不断地下注再下注，以此来“重演”自己的损失。恩斯特的游戏不仅揭示了成瘾者行为的内部机制，也揭示了其外部机制，有助于我们理解赌博机是如何抑制、取消或掌控赌博者真实生活中那些无能为力的损失的。如弗洛伊德所描述的，恩斯特无法空手玩他的损失游戏，为了重演母亲的出现、消失过程，他需要儿童线轴这个人造道具，它可以被扔出去再拉回来。与这种简单的“儿童科技”相比，当代赌博机或可看作一种复杂的数字化线轴，其触感功能给了赌博者一丝控制感，控制他们珍视的、但又正在“消失”的东西。

正如前面的章节所述，赌博者为应对赌博过程中的随机得失，可以不断校准自己下注的多少，比如一次只下注 1 点而非 5 点。这么一来，他们就感觉是自己在掌控赌博点数的偶发性，而非被它牵着鼻子走。或者，他们也可以调节下注的节奏，从而感觉是自己在左右着赌博的结束时间。玛丽亚回忆说：“坐在赌博机前，我就明白自己在做怎样的交易：只要没了硬币，我就不能继续。而真正的挑战或说强迫性，在于推迟：去控制结局何时到来。”她就是这样安排着自己的经济损失节奏，从而获得一种指挥感，这是她在真实生活的其他不确定情境中无力企及的。我们在前一章见过的朱莉也发展出来自己的一套策略来左右机器赌博中的几率：

> 一旦你选择弃掉一张牌换新牌，机器就会以 1000 英里的时速洗牌，而你抽到的牌取决于你按下按钮的一瞬间，你一按，洗牌就会停。这肯定与时机有关，你必须判断正确，再动作敏捷地立时抓住时机。我想你唯一能控制的就是速度。你知道会发生什么（声音变得慢如耳语），你不知道的是它什么时候发生，但你可以控制它发生得多快。剩下的都是几率。速度是控制几率的唯一方法。

如果说几率是一种在时间的流动中让我们措手不及的东西，那么按她的说法，赌博机可以帮我们掌控它。因为在赌博机上，速度可以很快，快到让几率措手不及，让我们先发制人地捕捉到它。

超出控制

在研究过程中，我遇到很多“自愿损失”案例，其中最引人注目、最深思熟虑的莫过于莎伦的例子了。她是一位 40 多岁的意大利裔美国女性，近 20 岁时随家人一起搬到了拉斯维加斯。她的故事与我们前面看到的一样，也是在损失中寻找控制感，但她陷入强迫性机器赌博的路径，与伊莎贝拉那样的赌博者截然不同。莎伦并没有那种在生活的各种事件面前缺乏能动性的感觉，远非如此。她似乎因为有着过分的能动性而感到痛苦。她最终坠入赌瘾，是因为她的自我最大化动力及掌控生活中一切的欲望撞上了天花板。

“我要讲的不是自己总也得不到的东西”，她告诉我，“而是一个把所拥有的一切都挥霍掉的故事。”在她的讲述中，她的人生就是一场对控制感的追逐，不论是获取还是挥霍，她都要自己掌控。“我的最初计划，”莎伦回忆道，“是去文理大学拿两个学位，再进一所顶尖的医学院，然后成为一个名满天下的成功医生。”当得知暑期课程中学生获得学分的最高纪录是19学分后，她给自己安排了24个学分，光申请就被驳回了六次：“这件事从来、从来没有人做成过，也没有人认为它可能。”她奋勇发起挑战，同时还在某赌场做全职荷官，只在业余时间学习。

莎伦对掌控的欲望从追求学业蔓延到了自己的身体上。她回忆说：“那时，我一门心思地想把自己改造完美。”她警惕地监控着自己的摄入和消耗，只喝有机果汁，只吃天然食品，从不让体重超过125磅。她每天跑6英里，每天早上喝啤酒酵母，知道如何排出体内的水分，知道如何增肌减脂。“我对自己的控制不仅限于外表；在体内，我也可以操纵大分子来实现氨基酸的增殖。我不会让任何毒素进入我身体。”然而有一天，她的这项事业也撞上了天花板：

> 当我意识到自己无法永远保持完美，无法总是强过自然规律时，我彻底放弃了。我知道我输了，因为再加码下去，我就需要去做整形手术了。我就得去特殊的健康农场一类的地方，每次住上几个月。很明显，我已经达到了一个极限，单凭我的财力已经走不下去了。当我意识到我不能完全控制它时，我就彻底放弃了。

在莎伦的叙述中，她的人生轨迹出现了一个转折点，是在她意识到自己的竞赛是必败的时候，毕竟对手是自然，是无可避免的衰老和死亡。于是她的人生急转直下，滑入了强迫性机器赌博的深渊。

莎伦在别州的医学院学习的最后一个学期，她最好的朋友自杀了，她的哥哥也死于谋杀。这让她的必败之感更加彻底。在这些事件之后，她转向了新的计划：这次不是自我完善，而是自我毁灭。她精心策划着自己的损失，仿佛损失本身也是一场比赛，而她要赢得冠军。

> 在医学院的最后一年我格外努力，因为我知道，到最后，我无论所取得怎样的非凡成绩，都只能长久缅怀了。因为我计划了一场顶级赌博狂欢。除了我，没人知道这事。我计划了整整一年。我知道这将是一次决定性的自我毁灭之旅，这也是我那一年取得优异成绩背后的真正动力。因为在我的计划中，那年之后就不再有课程，不再有学位，我的教育就此终结。
>
> 就在午夜钟声敲响的那一刻，我所有的责任和义务都结束了，各种变数再度涌来——我没洗澡、没换衣服，我不在乎，因为现在我进入了人生的后半场。我用（活期）支票账户里最后的 800 美元从“友好”（U-Haul）租了辆卡车，把所有东西都装上去，然后开车回家。我不眠不休地开过三个州，身上穿的还是在重症监护室值了 16 个小时班后的脏衣服。终于我把车停在了家门前，看了租赁卡车的合同后，我发现如果我能在某个时间前退车，就能得到 59 块的返现。于是我掀起车库门，再掀开汽车后备箱，然后把所有箱子都搬去卧室。我把它们堆成两排，在上面盖了一张床单。我套上件线衫，去还了车。然后我就离开了家，五天四夜没回。
>
> 我坐在那些视频扑克机前，花光了我所有的积蓄和从家里拿出来的一切。我能看到，就像多米诺骨牌一样，我迈出这一步后，十年的全日制教育就都白费了。我在情感、身体、经济和心理上摧毁了自己。

一直以来追求高效控制的定制策略失败了，而莎伦对此的反应似乎是转而去追求高效的毁灭。这种自愿“摧毁”毫无保留，似乎只有这样才配得上她痛失兄长和挚友的磨难，才能中和、消除她的痛苦。说完自己的故事后，她问我：“在你的访谈中，我算不算最糟糕的赌瘾患者？在赌瘾这个事情上，我能得个 A+ 吗？”当然只是半开玩笑的。

在她赌博狂欢之后，莎伦在一家赌场找到了一份 21 点荷官的工作，她父亲曾是那里的赌区经理。她用在那里挣来的钱支持玩视频扑克的习惯，而视频扑克很快就让她生活中所有别的事情黯然失色，成了她人生中持续的例行自我消解。直到我们的访谈前不久，她还深陷其中。她告诉我：“赌博机上其实根本没有几率，因为你知道自己最后肯定会输。但这反而让你感到更安全——我甚至感觉我几乎控制了现状。这就像是个任务，我去赌场，从 ATM 机取点钱，然后在视频扑克机上输光。钱井然有序地转移到机器中。如果我还有钱，我很可能还会继续玩，好体验这种控制感。只不过，我把要输的钱都输光了。”

莎伦这种“自愿损失”的模式与前面提到的例子既有相似，也有不同。她没有试图去管理损失的速率和时机，而是完全放弃了自己，把一切交给几率；对她来说，赌博并不是在面对人生中的痛失时为自己找回一点控制感，而是她在与“终有一死”的持续斗争中向生存的赢面屈服了。她考虑的是“超出控制”的东西，因为她最终想在赌博中预演的，并不是控制几率的可能性，而是不可能性。

莎伦的故事颇有戏剧性，它表明，“掌控损失”假说尽管能解释玩家对机器赌博的投入，但也提出了新的问题。只要去观察赌博者的游戏过程，我们就会明白地发现，“掌控感”永不会来，甚至不会显现出一点点到来的可能性。玛丽亚意识到了这一点：“可悲的是，你对结局的唯一真正控制只在于能让它来得快一点。”尽管认识到了机器赌博给自己的控制感不过些须，但玩家们仍在继续赌博，这意味着，

我们必须重新评估怎样的“控制感”才是他们想要的，以及他们想通过这种“控制感”达到什么目标。

我们已经知道，赌博机本身在过程中扮演了重要的角色。因为它不是一个被动的媒介，不仅是赌博者实践自身驱动力的一个渠道。相反，机器本身就是一种强大的交互力量，它执行程序使玩家“熄火”，并在这一过程中限制赌博的可能结果。然而，机器中除了令玩家熄火的脚本之外，还有什么可以解释这种控制感的反转现象？或者，我们用亚历山德拉的话来提出这一问题：

> 刚开始，我可以按心意控制自己的去留，甚至可以赢钱离场，但后来事情就发展到不是我自己能控制的了。太阳就要出来时，我会问自己：“我想走的——但什么东西让我留下来了？我为什么坐在这里？”有个东西，有个“它”，钻到了我里面，让我一直玩一直玩……这个东西就像鬼魂附体，让人沉迷，把我拴在了那里。到底是什么东西在控制我啊？？

弗洛伊德也有过类似的困惑：如果说控制感是恩斯特“消失”游戏的目标，那他为什么要一遍又一遍地重复这一损失过程，似乎永远没有达成所愿的时刻？是什么驱使他去做这番看似徒劳的事情？

弗洛伊德的答案是：孩子重演挫败性痛苦事件的这种“机械性”冲动，暗示我们存在着“一种优先于享乐原则的强迫性重复”。在他的早期作品中，弗洛伊德提出了“享乐原则”，用来解释大多数人类奋斗背后趋利避害的动力。根据这一原则，追求满意和避免痛苦都是“生命本能”，推动着生命的生生不息。然而，恩斯特的行为告诉弗洛伊德，这种生生不息的最终目的是回到一种停歇、静止、和平的状态，在这种状态中，所有的需求和欲望（在他看来，这些是自我的根基）都被抵消掉了。他开始相信在孙子的游戏中，生命本能最终是为“死亡本能”服务的，后者是一套更原始的倾向，其目的是消灭生命中的兴奋，复归止息。弗洛伊德澄清说，他所谓的“死亡驱力”（有时也称“涅槃原则”或“宿命强迫”）并不是一种对自我毁灭的骇人渴望，而是体现了生命体的“减少、保持或消除内在紧张的努力”。[5]死亡驱力“超越”了享乐原则，因为它的目的不是满足或掌控自我的欲望，而是中和、释放它们，进而把自我一起消解掉。[6]因为完全的自我消解就意味着死亡，所以虽然矛盾，但“向死”或许就可以看作生命的目标。

但还有一个问题。弗洛伊德疑惑，如果上述理论成立，那为什么“生命有机体会尽最大努力反抗……可能借某种‘短路’帮自己速速实现那个‘目标’的事件”？[7]他的结论是：生命要回到止息状态，就必须将它在世界上遭遇的刺激都抵消掉，而自我保存的行为就要理解为抵消的必要步骤。换句话说，生命中看似“弯路”“绕路”的自保，正是生命要达到“和平”的终点的必经之路。所以，生命在紧张与释放之间永恒摆荡，而所谓的死亡驱力恰是其背后的动力而非阻碍。

在这个分析框架中，成瘾可以理解为死亡驱力强化到了病理程度，在这个过程中，一个人试图绕过生命的迂回挣扎，从而（用弗洛伊德的话说）“借某种‘短路’帮自己速速实现那个‘目标’”。成瘾者并非真的想死（虽然我们稍后会看到，字面意义上的死亡也会在赌瘾中扮演关键角色），而是想从生存那令人不安的偶发性和不确定性中解脱出来。酒精，麻醉剂，机器赌博这样的沉浸式活动，都是强有力的手段，可以掩盖这些偶发性和不确定性，消灭认知和情感的紧张，并将自我感悬置，即实现“无我”和神奇的“物我合一”（oneness with the world）境界，我们在第六章讨论过的“完美的偶发性”也是这种境界的另一个说法。对莎伦等人来说，视频扑克游戏变成了一种机制，使他们可以不受阻碍地进入迷境的归零状态（用前文萨万药店的老虎机服务员巴尼的话说，“它更像是直接通向你的归宿”）。[8]正如精神分析学派学者里克·卢斯（Rik Loose）在谈到赌博成瘾者时所写，他们“选了一条近路捷径，近到制造出了连接短路”。[9]

这种自我消解的驱力聚成了一种失控的势头（表现为赌博者的“追损”升级），把生活推出了常规的“紧张—释放”摆荡，将其变成了“机器人生”（前一章中帕齐语）。当赌博者对赌博机提供的这种短路人生产生耐受后，生活中的“绕路”就变得更难容忍：不论是打断赌博的各种社交的“绕路”，地毯设计过于迂回之类的空间绕路，还是奖励关动画功能或赢钱后点数“蹦字”等时间“绕路”。“据我观察，绝大多数人赢钱后不会等点数蹦完。”卡特里娜说。她随后的话有点弗洛伊德理论的影子：“相反，他们会把这个过程‘短路’过去，或是不断按按钮让点数直接蹦到最后，或是直接按‘收钱’钮，或者在有些机器上可以在蹦字的过程中就投币、投钞。”我们之前讨论过“自动玩”模式，这种模式下，赌博者会放弃所有的控制，把自己全然交给游戏过程，让游戏自己玩自己，它标志着赌博者对生活中“绕路”的忍耐已至最大极限，彻底把自己交给了“机器人生”。我们还记得，莎伦最终根本不看自己被发了什么牌：“到了一个极端后，你连骗自己都懒得骗了：你就是在机器上无法自拔，只能玩到输，你就是控制不了这个……最开始吸引你的那些东西——屏幕、选择、决策、技能——都被剥离了，你接受了，确定的只有几率：最后账户上的零就是证明。”[10]

我们现在可以理解，赌博者将生活压力“清零”的欲望，可能比他们想要驯服或掌控损失的欲望更为深沉。正应了弗洛伊德的洞见，支持他们“为追求控制感而赌博”的，是把所有控制感都甩在身后的心愿。从这个角度来看，他们在赌博时承受的财务损失不仅是他们追逐控制感的附带后果，更是其背后的深远目标。认识到这一点后，我们就可以更多地理解机器赌博最违反直觉的一个地方：赢钱让玩家无法忍受。阿尔文曾是拉斯维加斯的居民，后来为“逃离视频扑克机”搬到了美国中西部。在一次跨越小镇去看孩子的路上，他偶然参加了一次匿名戒赌互助会。会上，他讲了早先的一次旅行经历：有一次他要乘回家的飞机，在登机口附近玩视频扑克，并在距离登机只有几秒的时候中了6000美元大奖。虽然他上了飞机回了家，但到达中西部的机场时，他发现自己不能忍受拥有这些奖金，这笔钱仿佛是他难以负担的累赘。“我不能接受自己赢走了这些钱，感觉事情还没完。我必须全输光，把钱还回去。所以我真去还钱了：飞回拉斯维加斯，把钱全还给了那台机器。”他这次兜圈子的旅行遵循的是他心理的“绕路”：

赢钱断开了他的心理回路，而他的驱动力则让他去把这一回路闭合。

莎伦也讲过她从医学院回来后的四天赌博狂欢，结局类似。“终于输光了所有钱后，我回了家。我感到死一般的空虚和疲惫。我躺在搬来的箱子上睡觉，但是当我就像这样转头时，就在镜子里，我看到箱子旁边有三个5分币。我感到了惊人的肾上腺素飙升，有一种一切还没结束的感觉。”“是又看到希望了吗？”我问她。“不能说是希望，那感觉不像希望那么美好。那是一种‘事情还没完’的感觉——我还不能休息。当时是凌晨3点，但我上了汽车，开着快没油的车去了最近的赌场——终于把那三个硬币输掉了。”

“时不时地，”洛基告诉我，“我真希望自己输，因为我太累了，输光之后就能回家了。如果我差点输光时又赢了一把，我就会想：‘真要命，现在我还得坐在这儿把这些再输光。’”亚历山德拉也说：“输钱时，我有时甚至有种奇怪的满足感——不，不是满足，是解脱。全输光了，继续玩的选项就不存在了，我就可以回家睡觉了。”对她来说，赌博点数是刺激的源泉，让她保持清醒，所有的能量都围绕着决断；只有点数都耗尽，她才能睡觉。退役消防员皮特，甚至祷告上天让自己输光：只有输光了，他才能从决不停手的执念中解脱出来：

> 在机器前坐了14个小时，我累得眼睛都睁不开，口袋里没钱，车里没油，家里没吃的，但我还是走不开，因为机器里还有400个点。所以我又在那里坐了一个小时，直到所有点数都输光。我边玩边祈祷：‘拜托，上帝啊，把这些钱拿走吧，这样我就能起身回家了。’你可能会问，为什么不按提现按钮？我从没有过这个想法，根本没这个选项。

他解释说：“只要还有钱，我就像粘在机器上一样。就算整个地方烧起来，如果机器里还有点数，我也决不离开。我只会对自己说：‘不管了，我才不离开，除非我能把机器带走，不然我宁可先被烟呛死。’”兰德尔说：“你想按提现按钮，但做不到。如果这些钱像过去那样放在托盘里，那么拿钱走人还容易些，但它们现在是机器里的点数，你没法拿出来。”玛丽亚告诉我，有一次赌博她几次差点输光停手时又赢了一局，这又把她耍得团团转：“我赚了200块，然后输到1块，接着又赚了100块。我把这整100块都输了才走的，不输光我就走不了。”[11]

对一些赌博者来说，赢钱是一种沉重的负担，即哲学家乔治·巴塔耶所谓的“受诅咒的份额”（accused share）——这是一种占有了不该占有的东西的感觉，让人惴惴不安，想通过交换、放弃或其他方式来摆脱它，却徒劳无功。[12]赌博成瘾者与机器的互动正体现了这一点：花光点数，还上债务，退出流通，回到零点。在亚历山德拉的案例中，不难发现她通过赌博来奋力逃避的无法忍受之感，其深层来源是什么：她赌掉的大部分钱来自她儿子4.5万美元的人寿保险赔偿金，这就是一笔“受诅咒的份额”。在儿子死前，她根本不知道这笔钱的存在。她承认，把这份痛苦的遗产输光，是她赌博的目标之一。她还记得在一台25美分机上赢得1100美元大奖时的沮丧心情：“我换了台1元机——这样就能输得更快。我用一种扔钱的架势赌博。”

我们还记得南希在第二章中向我们展示的银行对账单，记录了她从ATM机连续取款的情况，她最终在6个小时的机器赌博中花光了整个户头，这份对账单就像是把她向零冲刺的心理动力打印在了纸上。“车贷、保险、房租——我都输了个精光。一晚上之内，我在ATM机和赌博机之间来来回回四五次，花了大约五个小时才把所有钱输光。我把自己玩死了，一直玩到5分老虎机。”

游戏至死

尽管弗洛伊德在“死亡驱力”里提到“死亡”时，象征意义多过字面意义，但赌博成瘾者在讲述机器迷境的感受时，通常会提到字面意义上的死亡，特别是自己的死亡。表达方式有暗示（“确定无疑的自毁之旅”）、联想（“我宁可先被烟呛死”）、比喻（“我把自己玩死了”）、直接指涉（比如我们马上会看到的）等。在赌博者的叙述中，死亡这个主题如此广泛地存在，这意味着赌博者与真实的死亡，与死一般的迷境状态之间，都可能存在某种联系。下面我们会聚焦于这种联系特别明显的几个案例，不是要让这些案例自成一类，而是因为它们把对一种广泛地贯串在赌博行为之中的情形推到了台前：对“终有一死”的隐隐的全神贯注。[13]

提起她最糟糕的一次机器赌博经历，乔安妮说：“就像我离开了这个世界一样。”碰巧，她对“离世”的体验也相当熟悉。当我问她为什么会来拉斯维加斯时，她回答说：“其实，我不该在这里。我应该已经死了才对。我就是一个活生生的医学奇迹。全世界都在宣讲我的病例。没有人相信我还活在世上。”乔安妮 38 岁刚过时，住院做了一个常规手术。但她六个月后才醒来，并且人已经离开原医院数百英里：给她做手术的医生上手术台时喝醉了，造成了她术后大范围的身体器官衰竭和全身感染。她回忆道：“我的缝合线全撑开了，整个肚子大敞四开。医学院的学生会专门来参观我的内脏。”乔安妮一直处于昏迷状态，瘦到 84 磅时才被空运到一位灾难性医疗方面的外科医生那里。医生对她的恐怖处境感到惊讶，怀疑自己能否救得了她。在接下来的几年里，她接受了 26 次手术。她四年没有吃过固体食物，做了两次结肠造口术，一次最后阶段手术。然后她又得了疝气，又做手术在体内安装金属丝网来固定器官。现在，她的腹部全是伤疤。

“我想，经历过所有这些，我有了一种自己再也不会死的感觉，”乔安妮回忆道，“觉得自己很特别，几乎无懈可击，像是大难不死。就好像闪电击中了我，但我活了下来。怎么会有人像我这么不幸，又这么幸运？”她明确认为自己现在的某些行为与她过去与死神擦身而过的经历有关：“我发现我喜欢做危险的事，比如开快没油的车回家，一点点危险驾驶之类——我是说，红灯我当然还是会停，但我有时候转弯不怎么看。赌博也有点这个意思：就是拿自己冒险，像是拿自己的命来玩。”她继续说：“赌博机给了你这种冒险的机会，没有任何干扰来打断你。”对她来说，赌博机同时是两种手段：既通过重演帮她控制濒死经历带来的创伤，也带她进入超越一切创伤的零度迷境。

黛安的故事中也有着与死亡的类似关系。黛安 40 多岁，高个子，红头发，是个鸡尾酒女招待。她把自己的成瘾理解为一种宿命，这种宿命一直潜藏在她体内，赌博机只是从外部激活了它。“接触赌博机之前，我就知道自己有这个宿命，”她解释说，“所以我上瘾并不是因为机器。它们是我遇见过的最让人满足的东西，让我体内的那个东西成长起来，来接管我。”当她详细阐述这个“内在的东西”可能是什么时，一个充斥着创伤和死亡的故事渐渐浮出水面。她父母生了三男三女，黛安是老四。她的人生中总是不时出现兄弟的死亡：一个兄弟小时候就死了，另一个 13 岁死于吸毒过量，还有一个兄弟总算成年了，却死于博尔德高速公路上一场诡异的车祸。黛安承认：“最后这位也去世时，我并不惊讶。”这还没完：她的父亲是自杀死的，而父亲的父亲和一些叔伯也是自杀。说到这里时，她带着嘲弄的口吻：“自杀是我们家的恶心传统。”她有位表姐妹，“有五个孩子，赌博问题非常严重”，在我们访谈前不久，这位表亲刚从胡佛大坝上跳了下去。“奇怪的是，”她补充说，“她把车停在桥上，然后跳下大坝，但之后人们发现车里有 2000 美元……也许她觉得，只有结束自己的生命，才能不把这笔钱还给赌博机。”最后，黛安讲了自己 17 岁时险险逃过死亡魔掌的经历，当时一个陌生人强奸并差点勒死了她。她对我说：“知道自己被人杀过，还被丢下等死，那是种奇怪的感觉。”

她认为自己总是担心十几岁的儿子，就是和这种“奇怪的感觉”有关。“我每晚检查他三四次，看他是否呼吸正常。把他一个人留在家里会让我很紧张。”后来黛安发现，只有玩赌博机时，她才能停止这种持续的担心。“这是一种麻木的解脱感。做任何别的事都没法让我忘了儿子。”等她把钱输光，玩不下去时，儿子总是在第一时间重回她的心头。“万一他出了什么事，而我又没在，怎么办？这总是我的第一个念头，于是我必须马上回家看看。”黛安的妹妹也有同样的强迫性焦虑。“她觉得我们之所以这样，是因为我们知道人就是可能遭遇不幸。别家的人都以为每个人都能长大成人，生儿育女，好好活着。但我们知道，事情可不是这样的。”

在了解了她的生活经历之后，我们可以认为黛安之所以赌博，是为了重获对生活的控制权，逃避失去一半家人的痛苦，逃避自己的儿子可能同样被夺走的可怕预感。然而，我们也可以换个角度，把赌博理解为她让自己更接近死亡那种"麻木的解脱感"的方式——在这种状态下，再无任何由头让人预期进一步的损失。这一点在她说到自己对悬疑小说的态度时可以窥见一些苗头。"悬疑小说我都是倒着看的：先看结尾，再回去看剩下的部分。我想看看作者是怎么一步步写到结尾的。"她痴迷于情节设置的时间机制，痴迷于作者把故事推向终点的迂回路径；她每个时刻都在想着结果会怎样展开，好了解各角色的结局都是怎么来的。"我喜欢及时快进，然后回来，这样每一步我都心里有数。这方面，机器赌博比真人赌博强多了，它能让我更快地快进到结束。"我们再次看到，她的表述同时流露了两种渴望：既想掌控人生，又想了结人生，让它"消失"。弗洛伊德也注意到，最终他的孙子恩斯特发现了一种让自己消失的方法：蹲下，低于镜子，让自己的镜中影像消失。某种意义上这就是赌博者用赌博机所做的事。

和黛安一样，莎伦也被生存的无常所困扰，总觉得世界随时都会大事不好。"就好像我随时都要面对毁灭的可能性一样。灰色地带、未知的东西、焦虑、预期还有随之而来的灾难……我总是在脑子里构想世界毁灭的场景。"也和黛安一样，莎伦也发现，赌博机给她源源不断的选择，吸引了她的注意力，让她不至于脑袋里不断冒出来那些危险场景。正如她在前面告诉我们的："互动清清楚楚，参数定义明晰——我来决定留哪些牌，弃哪些牌，就这么简单。除了选'是'或'否'，我什么也不用做。"机器赌博将风险化约为了一种重复性的开关切换：开／关、是／否、赢／输、开／结、有／无。每次冒险，她都能立即看到结果——立即"结案"。

莎伦也试图在其"机器人生"的其他方面复制这种终结效应。比如，在睡觉之前，她必须关掉所有"偶发性之门"，把汽车的里程表"归零"，锁上家里的每一扇门窗，拔掉所有电话线。"我需要完全断开连接，"她解释道，"我把它叫作'外在化地设定内在世界'。"像阿尔文和黛安一样，她不能容忍剩下东西——视频扑克机器里的点数，偶然从镜子中瞥见床下地板上还有三个 5 分币，超出她设的 125 磅体重上限的肉，记录每天活动的里程表上的里程数。所有这些剩余，都标志着她生活的无定和无常，其中一些还会让她想起一些重大灾难。所有这些都必须归零，否则她就无法休息。

莎伦的这种“归零”的冲动一直延伸到自己身上，这再次提示出她内心有着一种自我取消的冲动，那些控制性仪式皆出自这种冲动。她甚至常常想象自己的死。她说，那将是一次彻底、完美的消解：

> 有时我觉得，我的名声、我的整个存在在死亡时才会达到高峰。因为处理我的遗物会很容易，我已经把一切分门别类整理好，干净整洁。这就是我唯一的成就，因为我一生的主题就是避免痛苦和混乱。你知道有些人死后，他们的后事会是多么可怕、多么难以收拾的一团糟吗？我觉得，这种后事的混乱代表了他们人生的混乱。我死时，我在世间做过的一切都已经归档、分类、“消失”了。我甚至会留下我的寿险公司和葬礼计划的联系电话。我真觉得，等我死了，别人只要花两个小时就能解决所有事情，把莎伦从世上彻底抹除。故事结束。

莎伦的想象是，她和她造成的影响会被彻底打包，然后一笔勾销——就仿佛她从未活过。她问我：“我有没有忽略这桩难题里的重要部分？我想这样生活，这是最有序、最安全的方式吗？我也努力去发现其他生活方式中的逻辑和安全感，但我找不到。”

莎伦在视频扑克中无法自拔，这反映了她遭遇的“难题”：如何生活。而机器赌博一边让她面对几率，同时又把几率调节得让她有解决和确定之感。我们再来回忆一下她在本书开始时说的话：

> 很多人把赌博看成纯粹的几率，你不知道结果是什么。但玩赌博机时我知道得清清楚楚：我要么会赢，要么会输。我不

在乎赢钱还是输钱，但有一点像契约一样确定：每放一枚硬币进去，我就能抓五张牌，就能按这些按钮，就能继续玩下去。

所以，这根本不是真的赌博——事实上，只有为数不多的地方能让我觉得还有可以确信的事，而这里就是其中之一。如果我以为它和几率之类的有关，有几个什么变量在起作用，它们随时能以某种方式引发任何你意想不到的事情，我早就吓死了，根本不敢赌。如果连机器都不能信了，那还不如回到一切都无法预测的人类世界算了。

莎伦对赌博机的"依赖"，带我们回到了如下事实：赌博者在机器赌博中体验到的"控制"的变迁——追求控制，失去控制，乃至极力追求超出控制的迷境——并非在单纯地表现他们此前就已经对控制有所沉迷，而本身就是这种沉迷和游戏设计之间互动的产物（用拉图尔的话说是赌博者和赌博机的"共同产物"）。赌博者的心理动力过程和机器赌博的过程之间，存在着某种类似"选择性亲和"的东西。

赌博者对机器的依赖会在赌博机违反承诺或说"契约"（上文莎伦用语）时变得分外清楚。莎伦描述了机器违反契约对她的影响：

如果机器卡币或币仓空了，我真的会感到全身瘫痪。这不是换个机器或等机械师来修的问题，我心里的问题是：为什么这个机器不行了？！？！这比洗衣机或者汽车坏了还要糟。在视频扑克机上，我无法忍受任何故障，因为它是我唯一可以依靠的东西。如果机器出了故障或者没钱了，我就无法再坦然相信它或感到安全，就不得不离开这台机器，有时甚至要离开这家赌场，因为基本的契约遭到了背叛。我不得不面对此种现实：我没有控制权。这样的时刻，我的赌瘾会发作到顶点，因为我所依赖的那种行为响应，不再发生了。

我们在莎伦的话里看到，在机器故障时，暴露出易损性和依赖性的不仅是赌博者，还有赌博机。机器似乎变得像人一样：脆弱，不可靠，不可测，能够背叛。[14]

有时，这种背叛的表现形式不是机械故障，而是机器这方面似乎不愿意让赌博者好好玩他们要玩的游戏，这种游戏有着完美的偶发性，在其中人与机器融为一体。伊莎贝拉讲了这样一个例子：

> 在我那场赌博狂欢快结束时，我在机器旁当场崩溃大哭。那天，机器没给我想要的东西，它吃钱吃得太快了。我向上帝祈祷，它却还是吃掉了我最后一枚硬币。我泣不成声，泪如泉涌。我坐在那里想："我也太蠢了，竟然对着一台机器哭，好像机器会在乎似的。"我知道我周围布满了摄像机，知道大家都在嘲笑我，但我哭得越发不能自已。那之后，我干脆又连赌了两个星期：我故意输掉一切，好让自己从头开始。

在这一场景中，真正紧要的是比输光赌资更重要的事。像莎伦一样，伊莎贝拉寻求的是完美的偶发性和自我的悬置。而输掉最后一枚硬币后，她发现自己像残渣一样"沉淀"回了真实世界，不得不面对这样的现实：现在她已经不可能借助赌博机让自己"消失"了。此情此景，她感到了强烈的背叛感，但激发出她的这种感受却是赌博机的成功，因为机器的运行正是在完成编程设计目标，将她的资产清空。相反，"崩溃"的是伊莎贝拉，她的自我消解计划本来获得了赌博机的助力，现在却被同一台机器阻挠。她的赌博停止了，迷境破裂，这揭示了她与赌博机的这场合谋是多么不对称。通过隐藏摄像机的视角看到自己的绝望状态时，伊莎贝拉才深切意识到，自己是这个现实世界中的主体。

但伊莎贝拉从这种毁灭性的清醒中重新振作了起来，甚至把此番遭遇变成了另一种从丧失中获取一丝控制感的机会："那之后……我故意输掉一切，好让自己从头开始。"在试图自我解脱时，她表现出的动力与让她失足深陷的那种如出一辙。

让我们回到亚历山德拉的问题："到底是什么东西在控制我？"看起来，这个"东西"既不完全在人的心里，也不完全是机器运行的脚本，而是一种双方都有贡献的混合力量。在机器赌博中，赌博业的目标是清空玩家的资产（或说实现"玩家熄火"），这与玩家自己自我消解（或说"自我熄火"）的努力形成了一种合作关系。这个意义上，机器设计的功效不在于将一种外来的腐化力量注入人的心灵，而在于它能够将赌博者心中已经存在的倾向引导出来并加以利用。正如黛安在前文告诉我们的："[这些机器]是我遇见过的最让人满足的东西，让我体内的那个东西成长起来，来接管我。"[15] 我们可以说，正如弗洛伊德所描述的，赌博机将死亡驱力的心灵机制加以凝结和利用，把人生的"悬置性回路"转变成了一条导向迷境的通途。

第四部分

调　整

人的境况在于人的生存受境况的制约，对这样的人而言，每一样东西，不论是天赋的还是人造的，都将立即成为其继续生存的境况的一部分。如若如此，那么在人设计机器的那一刻，人就“调整”了自身去适应有机器的环境了。

——汉娜·阿伦特

特莉的机器

特莉女士60出头，小个子，有一头灰白的短发和一双深陷的蓝眼睛。她住在拉斯维加斯北部的“阿奇格兰特”（Archie Grant）住宅项目的一间位于一层的一室户公寓里。现在正是晚间，公寓里唯一的光亮来自我们两把椅子之间的台灯和面前的电视屏幕。她吸120mm香烟，腿上放着一个大号的黑色烟灰缸用来弹烟灰。这间铺着地毯、挂着窗帘的房间中，似乎每一丝空间都浸透了烟味。特莉的鼻孔里插着细细的塑料氧气管，管子绕过耳朵，在下巴处汇合，顺着她居家服的衣褶向下，绕过她的双脚，最后朝着某种哗哗响的马达声音的方向延伸而去，我猜那声音来自她吸氧设备的部件，这台设备正在公寓另一端凌乱的阴影中嗡嗡作响。屋子里放着3台电视，叠成一个金字塔的样子，上面放着一个大药箱。当时其中一台电视上正在放《终结者》，阿诺德·施瓦辛格钢铁般的面孔正凝视着我们。特莉按下遥控器上的一个按钮——“我们把他终结掉吧”——施瓦辛格的脸便从屏幕上一闪消失了。

“成瘾总是找上我们家人”是她的开场白。断断续续地，她列举了自己的六个孩子各有什么依赖：她最小的儿子是酒鬼，还一度吸毒；她的大女儿是宾果游戏狂，也玩彩票；另一个女儿换男人停不下来；还有两个女儿有暴食症；她最小的女儿则是多重成瘾者，对象包括霹雳可卡因、酒精、虐待狂男人、基诺机和视频扑克。“也许这些瘾我也多数都有，”她若有所思地说，“只是程度不同而已。”

当时我认识特莉刚刚一周，初次见到她是在匿名戒赌互助会上，那地方叫“三角俱乐部”，是一家成瘾者自助集会中心兼咖啡馆，位于博尔德（Boulder）高速公路旁，距离山姆镇赌场不远。她是 1983 年从伊利诺伊州搬到拉斯维加斯的，因为当时她有慢性肺病，医生建议她去干燥的沙漠型气候区定居。她那时刚刚拿了会计学位，觉得拉斯维加斯正好用得上这种技能。一开始，她如愿做起了记账员。“然后我就被解雇了，因为一切都电脑化了，而我没接受过电脑培训。”她开始每天赌博，讽刺的是，她最喜欢的恰恰是电脑控制的视频扑克机。“我从来都不喜欢那些机械式老虎机，你只能拉一下杆，等着转轮出 7。我感觉玩视频扑克更有掌控感。”她花了很长时间才意识到，尽管视频扑克有技巧因素，但最终控制胜率的仍然是数字芯片。“我到现在也想不通，他们怎么把游戏控制到这个地步的，用那些芯片……我还以为玩的时候自己对机器有些控制权，真是太傻了。”

特莉的赌博稳步持续着。“如果要说我是哪一天真正上瘾的话，我觉得是 1988 年 4 月 20 日。当时我在一台 25 美分的机器上抓到了一把皇家同花顺，赢了 2495 美元。”特莉对这个日子记忆犹新，不仅因为她赢了那么多钱，还因为那天是她女儿的生日，同一天晚些时候，她的妹妹去世了。“这样的日子你怎么可能忘。”一场悲痛过后，特莉的手气极顺，持续了整个春天。闹市区的埃尔科尔特斯赌场（El Cortez）被特莉称为“第二个家”。她在这家赌场里中了无数头奖，获赠的免费餐券简直吃不完。然后突然有一天，她的好运气到头了。她去领最后一张免费餐券时，柜台上的服务员告诉她：“这是最后一张了，除非你再中头奖。”

到了夏末，特莉被迫卖掉了她用以前赢来的钱买的车，而且如果她拿不出 400 美元租金的话，就会被赶出公寓。她害怕流落街头，于是求助于自己的教会,总算得到了一笔借款。从那时开始,十年间,特莉一直在努力控制自己的赌博损失。为此,她尝试了匿名戒赌会,个体咨询和在收音机里了解到的付费治疗团体,但都无济于事。她告诉我 :“没用的,技术不断进步,我又总是被技术包围着。”

“远离所有诱因对我来说大概是最好的选择,”她反思道,“但那也意味着我会失去所有支持,因为拉斯维加斯也是最好的问题赌博康复训练营。所以我现在算是陷在这儿了。”

第九章

平衡行为

心理治疗的进退两难

赌城大道以东几英里的一个小商业广场二楼，正在举行一次匿名戒赌互助会。一位身穿绛紫色长裤套装、戴着编织金丝项链的房地产经纪人告诉大家，她每天早上离家时都不知自己会不会去赌博。“在我见客户的间隙，说不定就会有什么东西勾起我的赌瘾，我随时都可能跑去赌博。我也不知道什么东西会突然触动那根弦。感觉这世界挺危险的。”

一个穿蓝色牛仔裤和运动衫的中年男人接着这种“危险感”继续道：“我知道［戒赌会］规则：千万别去赌场，别去［赌博］机器跟前。但我住在拉斯维加斯啊，这根本就做不到。有时我喜欢去酒吧喝点东西，但我每次去，都一定有台该死的机器在那里盯着我。天杀的，去药店也不行，药店也放着赌博机。每次我去照方买药，一不小心，就会被赌博机绊住几小时。”

“食品杂货店通宵营业。”一位60多岁身材娇小的女士说。她紧紧抓着腿上那只闪亮的大钱包，由于太用力，戒指前后的指关节绷得煞白。她承认，当她的丈夫——一位成功的银行家——出差在外时，她是多么害怕自己一个人去购物。她会在幸运超市外面的停车场里祈祷，反复对自己说“我是来吃饭的，我是来吃饭的”，然后飞快地穿过两旁列立视频扑克机的超市入口通道。

接下来分享经历的是一位30多岁的女士，身穿女招待制服。“赌博包围了我——我在里面住，我在里面工作，它永远在那儿。我的同事们，我服务的就餐客人们，聊的全都是赌博，从我上班开始，直到下班坐到自己的车里，耳边听到的都是这些东西。然后，我还得在下班的路上抵抗诱惑，一路上有博尔德车站赌场和其他一大堆赌场，我必须靠着路的一边一直开，一刻也不能停下来。”

“你需要时刻保持高度警惕，”一位常年参加戒赌会的老人说，“你可能在附近开车办一分钟的事，结果却完全没想过会在加油站滞留好几小时。就好像你的身体是别人控制的，你只是个搭便车的。我现在有个策略，就是经过放着赌博机的地方时，事先把手握起来：要么拿点东西，要么就把手插在兜里。”他边说边给我们演示，举起胳膊，把手指紧紧攥成拳头。

特莉在前面称拉斯维加斯是“最好的问题赌博康复训练营”。她说的没错，这座城市除了拥有庞大的机器赌博基础设施之外，还为那些被机器捕获的人提供了一个稳健的心理治疗网络。[1]

在我1998年参观过的一个居民区加油站里，一排视频扑克机器上方的墙上，贴着各种宣传自助团体、收费诊所和其他当地可得的赌博问题疗法的海报（见图i.3下）。赌博机上也贴着贴纸广告，上面写着匿名戒赌会1-800打头的免费电话。这个组织每周都会在拉斯维加斯及其市郊举行约100次会面。[2] 1997年，一个名为“三顶点问题赌博资源中心”的营利性组织在拉斯维加斯开设了一家诊所，提供一系列个体及团体心理咨询服务。[3] 当地人通过经常播出的广播广告可以了解到，礼来（Eli Lilly）制药公司已经委托三顶点聘请当地的视频扑克玩家进行双盲试验，实验药物再普乐（Zyprexa）的有效性。再普乐是一种广泛开具的抗精神病药物，研究者希望它也能降低赌博成瘾者的渴求。[4]这项试验以宪章医院（Charter Hospital）为研究基地，这家医院从 1986 年开始为问题赌博者提供住院治疗，直到 1998 年其全国连锁医院集团倒闭为止。在那之后，其赌瘾诊所的前主管罗伯特 · 亨特尔在市中心的一个破败街区建了一所非营利问题赌博治疗中心。在这个治疗中心参加一次团体咨询，只须花 5 美元，因为该中心有资金支持，就来自车站赌场等当地赌博商业。[5]

乍一看，治疗赌瘾的这些努力似乎与商业赌博针锋相对。赌博行业不断设计新的科技和法门来诱导玩家扩大消费，而与此同时，戒赌行业——包括研究人员、资助机构、住院及门诊治疗团体及个人咨询服务提供者——也在不断设计新的科技和法门，有望削弱赌博消费对人的束缚。既然二者目标截然相反，我们可能会以为两个行业的方法也大相径庭。然而，它们有两个非常关键的共同特征。首先，两者都认为行为可以通过外部手段调节；就像赌博机一样，治疗性产品的设计也是"以用户为中心"且高度可定制化。第二，两者的机理都是给用户带去情感的平衡状态，保护他们不受内部和外部不安因素的侵扰。

对机器赌博者来说，接触的是赌博技术还是戒赌治疗的技术，二者本应界限清晰，但实际上却彼此呼应，界限模糊。因为不论是赌博还是戒赌，他们都是在追求自我调节的手段，借此达成一种连续稳态，把风险控制在可承受范围之内。下面我们会看到他们刻画为"恢复 / 康复"的专注、平衡的状态与他们称为"迷境"的无张力状态有着出奇的相似。特莉告诉我："做（心理治疗）练习时，我感受到的那种宁静跟在机器上感受到的非常相似。"赌博成瘾者的机器赌博活动与相应的治疗活动不仅是同构的，还存在一定的共谋性甚至互换性，模糊了自我丧失与自我康复之间的界限。"这很棘手，"一位当地治疗师说，"因为我看到有人用抗焦虑药来增强他们在机器赌博时逃避现实的快感。"

在拉斯维加斯"恢复"的赌博者，同时使用赌博和戒赌这两种"自我治疗"技术，于是也陷入了两难境地：似乎他们在成瘾的终点兜了个圈子回到了成瘾的源头。在本书开头，莫莉用她画的地图直观地展示了这一困境。在那张地图上，她的戒赌诊所和她的戒赌会，与赌场和超市老虎机位于同一条路线上（见图 i.4）。就像特莉和其他想要戒赌的人一样，莫莉也面临同样的挑战：在这条没有出口的环路上，怎样获得治疗的好处，而避开赌博的危险诱惑。本章我们就来探讨这一挑战及其后果。

清点库存，管理风险

一个周六的早晨，在三顶点的办公楼中一间无窗的会议室里，长期服务于赌博成瘾者的治疗师朱利安·泰伯把一份四页纸的文件复印本分发给此次团体治疗的参与者。文件内容是一份成瘾品目录，泰伯称其为“消费者生活方式索引”（Consumer Lifestyle Index）或“嗜好库存单”（Inventory of Appetite）。[6] 索引上所列项目无明显顺序，每项后面都有钩选框，请大家选择该项的使用时间是“6—12 个月”还是“终身”（见图 9.1）。我们十名团体治疗参与者一起在单子上打钩，标出各人意志链条上的每处薄弱环节。一位健谈的年轻女士提出，“为花钱而花钱”与“寻找、购买和收集特定物品”应归为一大类，同一大类还应包括进两个新的次类：“为买而买”和“买了东西又去退货”，她认为这两个强迫性倾向与问卷中已经包含的两项属于同种但略有不同。[7] 泰伯同意了她的观点，并提出第二条可以改为“为退货而买”，并添加到索引之中，这样更能准确表达出成瘾行为的非建设性和循环性特点。房间里一半的人，包括笔者自己，都在这个新项目上打了钩。

丹尼尔是一位退休的电信工程师，我们在前文中见过他。他认为“碳水化合物”和“维生素 / 其他健康食品”应包括在索引中，理由是虽然前者不利于健康而后者有利，但他对两类物品都上瘾。一位年轻男子指出，“视频游戏”和“上网”显然也该包含在内，而一位轻声细语的女士则主动提出了不那么明显的“照顾孩子”一项，这一想法引发了在场者的一阵沉默，随后大家同意将该项加入索引。最后，每个人都同意“自助”，一个囊括了听磁带、看书、学治疗技术、自

- 可卡因
- 海洛因
- 苯丙胺或类似的“提神”药
- 吗啡或相关的阿片样药物
- 为钱而赌博
- 大麻
- 寻找机会与他人做爱
- 搜寻并观看色情片
- 看电视
- 为聊天而聊天
- 搜寻、购买和收集特定物品
- （无正当理由）撒谎
- 阿司匹林或其他非处方止痛药
- 受管控的（处方类）止痛药
- 泻药
- 减充血鼻喷雾或吸入剂
- 逛街、扒窃、小偷小摸等
- 糖基食品（糖果、烘焙食品、冰淇淋）
- 高脂肪、油炸或油腻食品
- 吃东西时加很多盐 / 吃重盐的食品
- 烟斗、雪茄、普通卷烟、鼻烟或口嚼烟
- 酒精：啤酒、葡萄酒、烈酒、威士忌等
- 巴比妥或类似的镇静剂
- 致幻剂（LSD、PCP、墨斯卡灵等）
- 咖啡因（茶、咖啡、可乐饮料等）
- 锻炼、慢跑、运动或健身
- 为花钱而花钱
- 为保持忙碌而工作
- 愤怒、打架和吵架
- 试图操纵和 / 或控制他人
- 为博取注意而博取注意
- 为阅读而阅读
- 试图指使别人照顾自己 / 为自己做事情
- 抗组胺药或其他减充血药
- 抗酸剂、胃药
- 开快车和 / 或危险驾驶（不包括酒驾）
- 安定、利眠宁和相关的“轻型镇定剂”
- 身体暴力
- 咳嗽药和 / 或感冒药
- 宗教活动

图 9.1　消费者生活方式索引 / 嗜好库存单，用于治疗赌博成瘾，朱利安 · 泰伯制

我引导及团体项目的“口袋”类别，也应列在清单中。说到这里，大家觉得应该没有什么可以补充的了，整整一小时的集体清点练习终于步入尾声。我们站起来舒展筋骨，上洗手间，或者走到外面吸烟。

这次在自己身上做的练习，给了我们两项收获，一是消费者面临着怎样的“日常风险的库存扩容”（社会学家艾伦 · 亨特语），二是自上世纪 80 年代起，成瘾行为的定义也在文化传播中不断扩大。[8] 仅从清单条目的数量和多样性上，我们就有了第一项收获：**任何东西都可以上瘾**。尽管没有任何物质或活动本身就自然有害，但任何消费者

行为，无论有节制地甚至规律性地出现时是多么有必要、出发点多么好或多么提升生活质量，一旦过度或“为做而做”，都可能成为问题。丹尼尔说：“任何过分的行为对我们都不好。如果你跑步过度，这也是一种成瘾。宗教也一样，有些人总是必须去教堂，这也是一种成瘾。”当参与者一致投票将自助本身列入成瘾品目录时，第一项收获得到了确认。这背后的意味让人困惑：如果旨在治疗成瘾的方案都可能成瘾，那么成瘾从哪里开始，又到哪里结束？它真的能治好吗？我们真的能从中恢复吗？

第二项收获是，任何人都可能上瘾。一位年长的参与者说：“某种程度上，难道我们不是生来都有上瘾倾向吗？只不过有人上瘾的是购物，有人是做卫生或工作。而我则对赌博和抽烟上瘾。”丹尼尔对这个观点表示赞同：“每个人似乎都有上瘾或强迫的倾向，只不过各有所爱罢了——即使正常人也有一些成瘾情况。”核科学家洛基甚至认为，上瘾易感性就是正常状态的组成部分：“我认为我们都在做某些事时变极端的潜在倾向，只是我们大多数人会用另一种行为来平衡它。我一直在瞎琢磨这样一个（关于健康的）想法：某些行为会以某种复杂的方式平衡其他行为。这就是均衡的观念。”[9] 按他的理解，健康就是不同行为之间的一种平衡函数，而行为本身没有好坏之分。我们意识到，潜在的上瘾可能不是一种反常现象，而是所有人都必须背负的风险。[10] 成瘾的决定因素既非内容，亦非环境，而是二者的相互作用；因此，瘾是一种来去不定、应势而变的境况，并不与特定对象绑定，一长串的情况、对象都可能附于其上或取而代之，且这串清单会越来越长。这第二项收获还有个子结论：每个人都很可能有不止一种容易上瘾的东西，或者用泰伯的话说，有“很多可能形成的依赖性”。（匿名戒赌会的参与者经常将“强迫性赌博者”的典型自我认知扩展到“强迫性人格”，甚至更加泛化成“一切皆强迫”。）

这两项收获总结起来就是：世界充满潜在的成瘾因素，人类充满潜在的成瘾可能性。理解了这两项，我们才能更好地理解最后也是最重要的一项收获，即如何理解我们自己在成瘾情况中的角色。在团体治疗接近尾声时，泰伯这样总结第三项收获："成瘾是你对自己人生的管理出了问题，而非什么管理者的错。"他说"管理"的意思，并不是说赌博者应该禁绝所有可能让人上瘾的活动——这是一项不可能的任务，因为那就等于是禁绝生命——但他们应该警惕地监督和管理自己，调整自己的行为，并在必要时进行治疗。这最后一项收获恰好符合新自由主义社会的普遍要求：个人积极参与消费市场，同时为自己的行为担责——从经济责任到法律责任，再到医学心理层面的责任。就像我们在第七章探讨过的精算型自我一样，社会对恢复中的赌博者的期望是，他们能"持续审视自己的内在状态，持续调节自己的行为"，社会学家格尔达·里斯如是说。[11] 一名赌博者在一个互联网赌瘾康复论坛上发布的以下文字，也体现了这种思路：

> 现在，我在缓解期，病情没有发展，得到了控制——就像我儿子吃 ADHD（注意缺陷多动障碍）药、我丈夫吃糖尿病药、我婆婆参加癌症支持团体收获的效果那样。就像患癌症、糖尿病甚至普通感冒的人一样，我必须照顾好自己，我必须吃我自己的药。咨询、祷告、读帖子、和同伴们发邮件、参加互助会、内省、帮助同伴，甚至吃治疗焦虑或强迫行为的药，这些都是我的"医药"，能防止我再次病到那个地步。

这篇个人剖白帖并非简单重申耳熟能详的十二步法[12] 及其"个人对自己的康复负责"的意涵，而是特别明确了负责的具体含义：要利用一系列的治疗技术和手段作为"医药"来帮助自己。个人的任务就是在任何面临行为风险的时刻，都能分辨出哪些技术和手段可以帮自己做出必要的调整。[13]

我们对成瘾康复的这种看法，受到了技术的深刻影响，它的出现不仅与新自由主义的导向有关，也反映出了"健康"这一概念的巨大变迁。我们越来越倾向于把健康看作一种求取平衡的活动，需要持续不断的监控，并通过医学技术干预手段进行调节。健康已经不是人生的默认状态，也不是一种一定可以“达到”或“恢复”的状态。想想洛基在前文提出的观点：健康是一种永不稳定的均衡。人类学家约瑟夫·杜米特（Joseph Dumit）把这种健康观称为“依赖型常态”（dependent nomality），将具有这种健康模式的人称为“医药型自我”（pharmaceutical self），其主观症状是“感觉自己仿佛是吃了不好的药，血清素可能也太少，而只要吃了好药……把坏药平衡掉，才能让自己的生化情况和体征达到应有的水平”。[14] 同样，恢复中的赌博成瘾者也被劝告要善用不同的技术和手段维持健康的平衡。这是一种零度的内稳态，我们后面会看到，它与迷境有着异曲同工之处。[15]

将成瘾康复（及更广泛的健康）理解为利用技术来自我管理，这一观念很大程度上源自当代资本主义社会中的企业化自我文化。例如三顶点的咨询师用于武装来访者的每日及每周的“渴求度量表”，明显是借鉴了一大套用于规划未来及管理人生的计算工具（如成本收益分析、财务审计、预算预测及其他会计和精算技术），这些工具都是社会鼓励消费者尽量使用的。[16] 量表要求成瘾者根据一套主观的衡量标准，对其赌博冲动的持续时间、强度和频率进行数值评估，以便更好地评估自己当前从事成瘾行为的风险是怎样的（见图 9.2）。[17] 就像在金融业的资产负债表上一样，“赌博会让我感觉更好”和“赌博能让我摆脱一切不愉快”等指标，要评到 0 分才是最理想的状态。与我们前面讲过的“清点库存”练习一样，这种自我评估技术旨在帮助成瘾者发现他们的成瘾状况中症候性的不平衡——但不是为了消除深层的条件，而只是为了控制局面。

丹尼尔向我讲述了他如何加入三顶点康复计划的故事，它恰好体现了赌博成瘾者被鼓励去做怎样的计算性自我检查。经过一番计算，丹尼尔发现，他能在老虎机上花得起的钱，最多就是一年 2400 美元，即每月 200 美元。他于是仔细翻阅了自己每一次赌博的账目，发现自己已经超出了“预算”。一年中，他有 1/4 的日子都在赌博，平均每次赌 5 ~ 7 小时。进一步计算后，他发现自己的年度赌博支出在 1.5 ~ 2 万美元之间。根据成本收益分析，他得出结论：参加三顶点的五周强

姓名：______________ 日期：______________

ID 号码：______________

病理性赌博渴求度量表
100mm 视觉模拟

"0" = 一点也不　　"100" = 极度

0 ______________ 100
我想赌博

0 ______________ 100
我打算近期去赌博

0 ______________ 100
赌博会让我感觉更好

0 ______________ 100
赌博能让我摆脱一切不愉快

0 ______________ 100
我感到我能控制自己的赌博行为

图 9.2　病理性赌博每日渴求度量表，拉斯维加斯三顶点问题赌博诊所使用的病人自我监测工具

化门诊项目的话，12 次咨询的阶梯收费总计是平均 1000 美元，这个成本是值得的。参加项目之后，他马上借助三顶点的渴求度量表进行自我审计，辅以个人治疗及团体治疗来指导自己制订方案，看怎样能避免或消除生活中的特定"赌博诱因"，何种戒赌性质的行为——如锻炼、医疗、兴趣爱好、祷告、与亲朋一起活动等——能用来让自己回归零度状态，或用他自己的话来说，能"扭亏为盈"。

本章的剩余部分将探讨赌博成瘾治疗项目的复杂性，因为事实上治疗所追求的"将自己归零"也正是机器赌博之迷境的特征，而在本书前面的部分，这一点已揭示得极为明显。虽然从表面上看，恢复项目是精算型自我的具体体现，而机器赌博的迷境则与之相悖，但赌博者认为这两种情况都是必须通过不断的自我调节来维持的动态均衡。

不论是戒赌主体使用的各种小技巧，还是赌博主体的赌博行为本身，其作用都是平息系统中的骚乱，将过量的情感“归零”。这种相似性动摇了戒赌和赌博的边界，并使两者隐隐地相互牵连。如我们在第七章所见，高强度的机器赌博不是简单地逃避日常生活、逃避其中让玩家无法忍受的精算型自我的各种模式，因为在赌博中，赌博者演练的正是这些自我精算模式。同样地，赌瘾康复作为“求取平衡的活动”，演练的也正是其意在克服的那些逃避机制。

自我医治的回路

在赌博者的描述中，机器赌博与戒赌治疗实践都算是“自我医治”。在他们的故事中，有时候很难分清哪些具体的自我医治是具有自我毁灭意味的逃避（契克森米哈伊所说的“向后逃避”），哪些是自我呵护的恢复。在这两种行动中，赌博者寻求的情感平衡和保持这种平衡的方法都非常相似，到了二者开始混同的地步。莫莉的话就是个例子，她说：“我们在朗读匿名戒赌手册时，经常口误把‘我们通过祷告和沉思（mediTAtion）’读成‘我们通过祷告和医治（mediCAtion）’。这很好笑但却是真实状况，因为我们每个人都做了太多的自我医治。”[18]

珍妮特将这种自我医治看作持续不断的一再调谐，其中有着各种能调节内心状态的技术手段。她是一个戴着厚眼镜和助听器的年轻女性，几乎总是感到焦虑，因为在没听清别人说的话时，她羞于请别人重复，担心自己会显得愚蠢。在我们采访期间，她每天都在杂货店玩视频扑克，好缓解这种焦虑。她发现进入迷境的最有效方法是关掉助听器，或者用她的话说是“换个频率”。她有时玩视频扑克不仅把助听器换个频率，还吃一点他丈夫贩卖的苯丙胺，或者她儿子治疗注意缺陷障碍（ADD）的利他林，* 这时她能更容易摆脱焦虑。

赌博成瘾者经常把机器赌博描述得好像药物一样。兰德尔说：“赌

---

* 苯丙胺（又名安非他明）和利他林（Ritalin®，通用名哌甲酯）均为兴奋剂。

博机就像一种极速起效的镇定剂。只要玩起来，有个两分钟人就能从世界消失，忘记一切，麻木无感。它是改变现实的绝妙方法——一种即时的情绪转换器。”赌博机甚至能改变身体感觉。我们在前几章见过的护士南希，讲了她的经历。有一天她沿着博尔德高速公路开车，突然一阵绞痛，于是她把车开到一座加油站，开始赌博。她一玩起来，痛感就被麻木克服了。直到输光了最后一个硬币，她才又感到了剧痛，低头一看，她竟然在大出血。她用止痛剂说明书上的常见用语来描述赌博机 ：“它干扰了痛觉感受器之类的东西。”

与大多数成瘾物一样，机器赌博也用于自我医治，这种情况令人很难把赌博的后果与各种赌博治疗方案的效果区分开来。这不单是说迷境中那些技术促成的自我医治性均衡态与我们前文所说的康复模型的均衡非常相似，二者还交缠在一起。下面我们就来看一看，赌瘾者的机器赌博是如何参与构成甚至激发出了治疗体验，以及反过来，治疗实践又怎么加重了他们的机器赌瘾。

莫莉参加自我康复项目，总体动机与她去赌博别无二致，都是为了达到自我丧失的境界。对她来说，自我康复不过是另一套工具与技巧储备，与赌博一样，都是为了把自己带至平衡状态 ：

> 有人说我需要试试别的药。有人说我应该去“焦虑与社恐”类的论坛留言。有人告诉我，我的生命需要上帝。还有人说我只要遵照戒赌十二步法去做就好了。也许他们都是对的。可能我需要把团体治疗、个人治疗、药物、戒赌会和网络虚拟治疗等等都结合起来。

莫莉的这番话发表在一个赌瘾者线上论坛上，它引发了论坛上的其他赌博者来分享自己的疗法组合。一个叫杰夫的人分享说，自己用以下组合技来管理导致他上瘾的身心不安：“冥想这种简单的呼吸观想练习能让我心中的杂念安分两个小时。运动也一样。我需要内啡肽的飙升，所以我时不时地去玩一下手球。我也在一家附近的健身房练举重和游泳。健身房也有瑜伽课。所有这些都有帮助。”冥想、各式各样的运动和瑜伽组成了杰夫的定制武器库，他用这些活动来进行自我保健，让自己的内啡肽、杂念和意志力进入一种平衡状态，这样他才能远离迷境的诱惑，立足于现实世界。

在其他的跟帖中，精神类药物的出镜率很高。赌瘾者论坛上经常有人交流自己的处方药花样，甚至达到准专业的程度，这些药物包括赞安诺、诺立汀、Paxil、左洛复、百优解、Percocet、利他林等。* 一位女士写道：“听起来你应该尝试一下抗焦虑药物帮自己恢复。”另一位则说：“如果有医保的话，我肯定会试试诺立汀。”[19] 他们中的许多人都对如何拿捏和调整剂量有相当准确的把握。洛基告诉我：“我对自己的服药情况做细致的记录，现在我已经可以将赞安诺用量减半，改为每 4 小时服用一次。”

按赌博成瘾者的描述，成瘾治疗与“以用户中心”的赌博游戏并无不同。像成瘾的对象赌博机一样，治疗也可以被配置、再配置，以满足被治疗者的即时情感需求。与直觉相反的是，以均衡态为导向的疗法，如冥想、瑜伽、运动和药物等之所以有用，恰恰是因为这些赌博者能熟练地进入强迫性机器赌博的迷境状态。并不是这些疗法克制了他们的这种特质，反而是这种特质成就了这些疗法。[20] 而我们马上会看到，这些疗法也可能吊诡地向成瘾者提供重回机器迷境的路径。

可见，赌瘾的治疗方法经常与成瘾本身依赖基本相同的原则，两者都是用技术手段不断地自我调整，以维持均衡。有鉴于此，我们或许就不难理解为什么像莫莉、杰夫和洛基这样的赌博者如此难治：本

---

* 赞安诺（Xanax®，通用名阿普唑仑）是抗焦虑镇静剂，长期服用易成瘾；诺立汀（Neurontin®，通用名加巴喷丁），常用于治疗癫痫和神经痛；Paxil®（通用名帕罗西汀）、左洛复（Zoloft®，通用名舍曲林）和百优解（Prozac®，通用名氟西汀）均是抗抑郁药（兼抗焦虑）；Percocet®（通用名氨酚羟考酮）是止痛抗炎的混合制剂，有阿片类成分。

来有望帮他们摆脱赌瘾的方案，也有风险沦为另一种赌博游戏，让他们迷失其中。莫莉说："有时我太沉迷于某种戒赌锻炼或（自助）步骤，都搞不清自己进行到了哪里。"她发现，这些治疗活动也类似于机器赌博，带有强迫性。在治疗的过程中，每时每刻她都很可能偏离设想中的轨道，从专注正念转为逃避人生。（从这个角度来看，在契克森米哈伊描绘的"心流"状态中，自我实现和自我毁灭两种形态的区别，似乎没有他所设想的那么分明。治疗明明是一种"向前逃避"，而赌博者在治疗过程中有时会发现自己又转回了"向后逃避"。正如德勒兹在研究吸毒成瘾时说的，那些原本应该激活人生的东西也可能"反转为"自毁性因素："这些药物滥用者给自己画出了光明的航线，但是这些航线卷成了一团，开始转变成一个黑洞。"[21]）

正因为这样，玛丽亚觉得自己面临着两难的处境。她对用药或冥想作为戒赌工具持谨慎态度，担心它们可能导致她赌瘾复发。她曾经复发过一次，为的是遏制离婚和意外怀孕带给她的压力。当时她一试图停止赌博，就会惊恐发作，她觉得这就是"机器赌博戒断反应"的一部分。这些惊恐久久不能平息，于是她去看了医生，医生提出可以进行药物治疗。但玛丽亚"拒绝用药"，因为她担心自己像对赌博机上瘾一样，对药物也上瘾。她告诉我："用药本身就容易变成问题。"除去药物治疗之外，她还有冥想疗法这一选项，但她也觉得危险，因为她有过在成瘾期间"使用"这一方法的体验：

> 康复方案中，有一步是："通过祷告和冥想，改善你与你心目中的上帝之间的意识接触。"灵性在康复过程中扮演着重要角色，但我的困境是，赌博本身从一开始就联系着灵性。赌博期间我会在夜里冥想，试图看到第二天视频扑克机上能拿到什么牌。这当然不是灵魂出窍的体验，但我会感觉自己飞了起来，突然间落在一台视频扑克机前，就像我看到了未来：我会看到特定的牌组。所以我害怕在戒赌博过程中祷告和冥想，因为会让我联想到赌博那段时间的事。我想，我最好跳过这一步……

正是冥想的过程，让玛丽亚面临赌瘾复发的风险：因为冥想带来的状态，很可能强烈地把机器迷境提示给她。

另一个例子是莫莉与抗焦虑药左洛复的关系，医生最初开左洛复给她，是因为她想通过机器赌博逃避与人互动；医生本希望这种药能帮她改善社交，但最终，这种药让她对世界逃避得更深了。莫莉有一整条腿是假肢，要拄拐杖走路。她坦率地承认，视频扑克是一种逃避他人甚至逃避自己身体的机制。尽管如此，她还是发现赌博可以刺激出她的身体快感："玩赌博机时，我会获得一种可以叫迷你高潮的感觉：就是某种绷紧，但非常弱，一种兴奋的释放。我抽到特定牌组时就会有这种感觉。"在赌博的受保护空间之内，莫莉能够以一种特别的方式来体验自己的身体，而这种体验她很难在社交场合或与他人的亲密时刻达成。她为了克服社交孤立而服用左洛复，这最终反而加剧了这种孤立，因为她发现，服药后她与丈夫做爱时很难达到高潮，这进一步损害了两人的亲密关系。她开始服用左洛复之后,性变成了"完全的机械运动"——但她反而觉得这样挺好，因为性爱的感觉会让她觉得自己太过暴露，刺激太强，"太紧密了"，这些都太过危险。这样，本是帮她重建进而勉力维系社会纽带的药物，最终的联手对象竟然是赌博技术，而她利用赌博技术，为的是与他人脱离联系，以可控且私密的方式来感受自己的身体。

在服药过程中，赌博成瘾者会发现，药物可以"反转"为赌博活动的补充，甚至促进迷境体验，效果特别好。这时，我们就能无比清晰地看到，用于恢复的药物"变成"了赌瘾的要素。以帕齐为例，医生为她开 Paxil（帕罗西汀），原是为了"平抚"、管控住她的情绪，因为焦虑情绪是她赌博的诱因。"吃帕罗西汀之前，赌博机就是我的药，只不过那时我玩完之后耳朵和下巴会出现一些奇怪的疼痛，月经周期和食欲也变得紊乱。帕罗西汀效果出奇地好，简直是个奇迹：我能感受到它进入我的大脑，制止焦虑的形成，于是所有疼痛也都没了。"如她所述，她开始玩赌博机，是当这是种疗法，是为治疗自己情绪和身体上的不均衡状态。视频扑克虽然一定程度上缓解了这种不均衡，但也加重了这种不均衡，甚至产生了一些新的失衡、失常，从而使她需要更多的“医药”——这一次是真的药物，而非赌博机。帕罗西汀一开始带来了不错的疗效，但后来问题就复杂了起来：因为帕罗西汀平复了她的情绪，帕齐发现自己可以毫无负罪感地赌博了；她还发现，吃药让她在赌博时更容易进入迷境状态。“吃药之后，我不需要多久就能进入状态。”

艾米的例子更是惊人：本是用于遏制渴求感的药物，反而成了机器赌博快感的强化剂。艾米是一位年近60的小企业主,最近刚刚离婚。医生为她开了赞安诺，目的是对抗焦虑，免得她去赌博中寻求相应的抵消。但她几乎立即把这种药变成了赌博体验的一部分：

> 玩赌博机时我会很焦虑，有时甚至惊恐发作。医生给我开了赞安诺之后，我感觉人生前所未有地美好。我吃了整整八年，不能自拔，边吃药边赌博。以前我一开始输就会惊恐，可赢的时候也惊恐，似乎是我兴奋得过度了，于是我就嗑两三片赞安诺，就能马上平静下来。我一天吃四片，但我应该每天只吃一片才对。医生对我的赌博情况、对我用吃药来辅助赌博都一无所知。我只在需要处方的时候才打电话给他。处方上的量吃完后，我会找拉斯维加斯北边的一个人帮我买，一片一两美元。

在艾米的故事中，本是由医生开具的治疗用处方药，最后却助长了药物成瘾问题。用安妮·洛弗尔（Anne Lovell）的话说，这是“药物泄漏”（pharmaceutical leakage），即处方药从治疗的语境进入到了“非正规的非法网络（即毒品经济）”之中。[22] 在“泄漏”过程中，这两种意义上的“药物”产生了相互加强的作用。当艾米发现赞安诺可以有效地消除她在机器上输钱或赢钱时的“兴奋过度”时（对她来说，输赢没有区别，都会让她产生多余的情感，令她心神不安），药物就成了她赌博过程的一部分。与此同时，机器赌博也调节了赞安诺的镇静作用，这个意义上也是参与进了药理效果。

药物的情感调节特性与机器的这种出人意料的相互依存，消弭了自我治疗与强迫性行为之间的距离。雅克 · 德里达阐发的“药毒”（pharmakon）概念，很好地描述了这种必输的困境：药物即毒物、毒物即药物。他写道：“药毒永远不单单是有益的……[因为]我们原本期望产生正面效果、消除负面效果的药物，不过是把负面效果换了地方并将其进一步放大，让原来引发负面性的缺失更加缺失。”[23] 赌博者发现，他们给自己“开出”的那些治疗方案——不论是吃药还是冥想——其效果是多重、不确定的，最终都有风险。这些手段可能会破坏迷境的均衡，强化赌博者追寻迷境的理由，或就是以一种麻醉的、恶性循环的方式强化迷境的后果。

虽然本章都在聚焦于治疗赌瘾失败的案例或说“反转”案例，但需要指出，并不是赌博者的所有自我治疗努力都必然失败。虽然如此，但即使那些胜利时刻，往往也带着我们前面讨论的那种两难的迹象。例如，在一篇网上论坛的帖子中，一位赌博者说自己一度对在线视频扑克上瘾，但她的电脑已经从她成瘾的帮凶变身为了戒赌助手。她写道:“过去几个月中，我大部分的赌博都是独自一人坐在电脑前进行的。我的人生跌到了谷底。所以在线康复网站对我就特别重要。”在她的故事里，康复的条件植根于成瘾的条件之中。论坛上的另一位赌博者则讲了这种进退两难带给他的隐形挑战：“我试过用‘赌博’‘赌博者’这类关键词过滤掉在线赌博网站，但这样也会过滤掉本站这样的戒赌网站，而这些网站对我和我的戒赌康复都太重要了。所以我总是在苦苦挣扎。”

对拉斯维加斯本地人来说，这种苦苦挣扎体现在日常的生活空间中，而不是网上。如特莉在前文提到的：“远离所有诱因对我来说大概是最好的选择，但那也意味着我会失去所有支持……所以我现在算是陷在这儿了。”在我们的会面即将结束时，她讲起自己最近的一次赌博经历。当时她拖着自己的氧气罐走了一段路去萨万药店，去开治疗肺病的处方药。因为忘了带烟，到药店时她烟瘾发作，焦灼难耐，竟从地上捡了个烟屁股抽。“当时唯一能坐下抽那个烟屁股的地方就是扑克机前。但是接近那台机器就很不理智了——而等再站起来时，我已经输了 100 美元，又变得口袋空空。我没钱买药，没钱打车回家，也没法走路回家，我的氧气也快用光了。”她在停车场求一位女士载她回家，结果发现对方是匿名戒赌会的熟人。路上，这位自己也有肺病的女士告诉特莉，有一家赌场可以给常客的氧气罐免费加氧，还有一家可以用老虎机会员卡上“赚到”的积分来兑换免费的处方药。[24] 看起来，特莉已经陷入绝境，一边是兼营赌场的药店，一边是兼营药店的赌场（见图 9.3）。

如我们所见，赌博者和治疗项目都希望从生命中“过滤掉”有毒因素，想要解除病痛、保持痊愈，但这种心愿很有可能落空。回想一下前文讲过的“消费者生活方式索引”练习：参与者每往索引中加入一项成瘾新元素，都体现了他们这种把消极与积极、不健康与健康分开的心愿。但当“治疗”本身也被当作成瘾物添加到这个清单上时，我们不经意间得到了最后一项收获：当成瘾与控制成瘾的手段都连成了一个闭环时，我们是无法把两者判然分开的。[25]

图 9.3 拉斯维加斯的药店招牌上，打着视频扑克广告，2002。图片由本书作者拍摄

精算式成瘾者

在第一次见面后数月，我第二次登门拜访了特莉。我问起她的近况，她指了指昏暗的公寓中堆满的各种东西，用清点库存一般的口吻回答了我。她有了一个新的氧气罐，永远不敢离身太远，但这东西太重了，所以她不怎么出门。她好不容易买来的车被偷了，现在去药房拿药更难了。她的生活“已经非常依赖”微波炉，但这台机器已经坏了一周多。她没有电脑，只有一台坏掉的打字机。她的收音机也不工作了。她没钱更换这些电器，但是她说自己在“学着适应”。她的 3 台电视中只有一台能亮，但也只是勉强凑合。“如果这台电视也坏了，我不会觉得奇怪。到时候我就得适应连电视都没有的生活了。”

这些与她相伴多年，成为生活依靠的电器，大半已经或行将坏掉。它们既为她带来了生机，也消耗了她的生命：视频扑克机给了她赢钱的希望和控制感，但也让她花光了积蓄；新氧气罐帮她呼吸、存活，但也限制了她的行动；赌场为她提供免费午餐、处方药和氧气充气，但前提是她要在自己的会员卡上攒够积分；药店给她治病的药，同时提供一台可以坐下来休息的赌博机。在这个世界里，潜在的成瘾元素都触手可及，而用于自我治疗的缓解性元素本身又有成瘾的可能。为了“适应”，她只得接受挑战，不断调整自己与技术之间的交互。

本章探讨的这种机器赌博成瘾康复中的进退两难，反映了消费者面临的一个更为广泛的困境：他们不得不一边做出选择，一边管理自己的选择，而他们选的商品或服务，其效果、交互过程经常很难预计。机器赌博成瘾者就是典型的例子，他们的故事显示出了精算型自我在面对这一困境时有着怎样的可调节性。乍看上去，这个说法似乎有些反直觉，因为典型的成瘾者应该是缺乏自我调节能力，因而无法拥有健康的自我以成功适应社会；社会学家尼古拉斯 · 罗斯写道：他们属于一个“被放逐的群体，不能或不愿经营自己的人生、管理自己的风险，无力践行负责任的自我管控”。[26] 因此他认为，“对成瘾的管控”意味着通过干预“使当事人重新进入日常生活的回路之中，重掌控制机制，并以此构筑教育、就业、消费及休闲生活。”[27]然而，机器赌博成瘾者的行为，虽然明显与自我经营和自我负责背道而驰，但也绝对与构筑日常生活的“控制机制”脱不开干系。实际上，他们的行为——不仅是他们的戒赌实践，还有成瘾性赌博本身——都非常贴合当今“精算型自我”的范本。相比之下，所谓“消费者主权”（consumer sovereign），看起来更像是虚无缥缈的神话。那种秉持主见和理性，要将一系列纯净、一贯、无冲突的愿望最大化地实现，在世上各种消费引诱的喧哗中都不为所动的消费者，根本就不存在。[28]赌瘾者与“风险社会”中的其他消费者一样，行为目标与其说是“最大化”，毋宁说是“管控”。为了这个目标，他们不断地响应环境的反馈，校准自己的行为，根据变动的环境和偶发事件灵活地自我调整。

第十章

修复再修复

风险管理的公式

1999 年，我在拉斯维加斯会议中心参会，听了澳大利亚的制造商贵族公司的斯图尔特 · 布尔（Stuart Bull）谈市场的“技术耐受性”越来越高。五年后的 2004 年，我听到了另一位澳洲的赌博业高管谈赌博业的技术“不耐受性”（intolerance）正不断增长。[1]“技术上说，澳大利亚的产品是全世界最好的，是我们在引领赌博游戏市场。但我们也最早开始担心到底怎样才是对顾客更好的。”他提醒北美的同行们说：“要小心，现在我们国家已经在实质性地讨论 [管制手段]，比如强制降低老虎机转速，玩一段时间后强制关机，屏幕上弹出提示说‘你已经玩了两小时，你要好好考虑一下是否继续玩’……”听众中泛起一片笑声。但他认真地抗议道：“我不是在开玩笑，我们确实已经开始强制机器关机 10 分钟，每隔 10 分钟还在屏幕上滚动显示‘赌博有害，你必须休息一会儿’……”

尽管这让美国的同行听众感到好笑，澳大利亚五年前成立的独立的联邦委员会已经采取了一些立法举措，期望能通过限制老虎机的某些功能乃至将其使用降至最低限度，来缓解赌博成瘾问题。[2] 五年后，政府又成立了一个委员会，它发表了一份两卷共 1100 页的报告，建议对赌博环境与赌博技术进行全面整改。[3] 这类整改建议不仅出现在澳大利亚，加拿大、英国、挪威、瑞典和瑞士也纷纷效仿。这些司法辖区都曾在 20 世纪 90 年代出于经济考虑为机器赌博松了绑（有些国家赌博业归为国营），以致引起大众广泛不满。

即使在私营部门主导赌博企业、“去监管化”路线占统治地位的美国，也有越来越多的人开始认为赌博行业及赌博类产品应对问题赌博行为承担一部分的责任。某种意义上，这个想法可以追溯到 20 世纪的前 25 年。当时，老虎机一经发现，就会被没收到司法大厅，等待一纸判决然后销毁，或被公开砸烂，或成批扔进水里。那时候，人们认为赌博机本身才是有罪的实体，并真的会对其进行审判。然而在今天的美国和其他自由市场民主国家，认为赌博机有罪的意识仅仅带来了相对温和的监管。一方面，政府已极度依赖赌博机产生的税金，因此不敢对其进行封杀或严厉的限制；另一方面，随着日常生活中日渐增长的自由化倾向，赌博已被公众看作消费者应有的选择之一——相应的责任也要消费者自己承担。在这样的空气下，不管是禁令还是相应的表演性批判仪式都让位给了“伤害最小化”这一目标。[4] 这种监管策略会假设消费者将不断参与赌博市场，于是与上一章讨论过的赌瘾治疗手段一样，其目标仅仅是管理风险，而非根除风险。

但在具体如何管理风险的问题上，仍存在激烈的争议。有些人宣扬所谓的“技术补救法”，类似上文那位澳大利亚赌博业高管提出后被听众讥笑的手段。他们主张严格限制现有的赌博机功能，特别是那些被认为是危害最大的功能。不难猜到，赌博业激烈反对“技术就是问题的一部分”或“调整设计就能解决部分问题”这样的可能性。美国赌博业协会坚称：“问题不在于被滥用的产品，而在于滥用产品的人。”[5] 因此，相关的游说力量主张的风险管理方式就与上一章讲到的赌瘾治疗手段类似,其理念是自我管理。[6] 而代表消费者的声音则认为，要想实现赌博者的自我管理，“信息补救法”更有作用，如张贴安全警告、公示胜率甚至开设关于赌博机的概率学课程等。除了单纯的信息外，有些人还提议在现有的赌博机功能之上再添加“自控助手”功能，让玩家在游戏过程中也能保护自己。另一种方法是让赌场自己的玩家追踪和营销系统一开始就负起对高风险赌博游戏的监控和干预责任；赌博企业对用户如此关怀，很大程度上是要尽力减少未来可能的诉讼风险。

在这些技术监管手段论争的背后，是更深层次的文化和政治张力：在人机互动中，到底哪方掌握控制权，在情况失控时应由哪方来负责，是人，还是机器？还是两者的互动本身？需要监管的到底是什么，又怎么监管？[7] 我们会看到，不同的“修复”归咎会导致针对问题赌博有不同的修复方式，反之亦然，不同的修复方式导致不同的归咎。我们也会看到，不论把责任归因于哪一方，大多数解决方案都认为人的行为是干预和调整的最终目标。哪怕是那些试图调整机器行为的方案，也是着力于帮消费者自我管理，而非从根本上改变他们的消费项目。

负责任赌博运动

1996 年，面对全国性的赌博业大爆发，美国联邦政府成立了两党联立的国家赌博业影响研究委员会（NGISC），拨款 500 万美元用于研究合法赌博和相关社会问题。[8] 作为应对，华府的座上客弗兰克·法伦科普夫成立了 AGA，以保护和促进赌博行业的发展。[9] 从一开始，他就敏锐地发现，协会的关键目标之一就是在赌博成瘾问题上为赌博业找到一个有利的位置。成立 AGA 后不久，法伦科普夫就向拉斯维加斯的赌博业高管们发表了一场演讲，将赌博成瘾问题称为行业的“阿喀琉斯之踵”。[10] 他警告说：“这个问题无疑危及了我们行业的成长，甚至毫不夸张地说，事关整个行业的存亡。”

法伦科普夫敦促他的同行，不要再重蹈烟草行业的覆辙。他提醒大家，当初令烟草业声名狼藉的一幕到现在仍让人记忆犹新：在 1994 年一次国会委员会调查中，在座一众烟草业的杰出高管举手表决，整齐划一地否认尼古丁与烟瘾有关。到了 90 年代中期，赌博行业已经发现，当赌博产品被过度消费时，一份针对当事个体的医学诊断，能起到转移公众注意力的作用，让大家忽略产品本身在促成过度赌博中可能扮演了什么不光彩的角色，转去关注一小群消费者自身的生理和心理脆弱性（酒业早在几十年前就发现了类似情况）。[11] 已故的香农 · 拜比（Shannon Bybee）可说是赌博业的资深人士，他在内华达州博彩管理委员会担任过监管者，做过一家赌场的总裁和一家老虎机制造商的高管，还是内华达州问题赌博委员会的第一任主席。他在 1988 年提出了一个观点："在我看来，不能抵挡赌博冲动的问题及相应的解决方案，都要在当事人自身上找。那些无法控制自己赌博行为的人，一定承受着某种行为障碍之苦，甚至可能有某种疾病。"[12] 他的遣词很明显参考了用于"病理性赌博"的诊断用语，而这一用语也在 1980 年获得了美国精神病学会（APA）的背书。[13] 法伦科普夫在向 AGA 成员演讲时提出，赌博业不仅要承认这种情况的存在，还要引领这一领域的研究。[14]

1996 年 AGA 建立了美国国家负责任赌博中心（NCRG），就是在这个方向上迈出的一步。同年，美国国会批准组建了 NGISC。NCRG 成立的目标是资助"一些研究，它们有朝一日可能指出赌博障碍的风险因素，并找到这一障碍的治疗乃至预防手段，就好像内科医生在病人的心脏病发作很早之前就确定哪些人在面临心血管疾病的风险"。[15] 这一宗旨把问题赌博刻画成了在少数"有风险"个体形成的特殊小群体中早已存在的心理倾向的一种外在表现，而不是他们与赌博环境或赌博技术互动的结果。这个研究中心的第一个奖项颁发给了哈佛大学的精神病学教授霍华德 · 谢弗。他的研究成果被业内称为美国和加拿大赌博障碍人群比例的"第一次可信统计"。这一统计结果表明，在成年人口中 1.14% ～ 1.60% 的人符合病理性赌博的诊断标准（如本书引言所说，若是看成年人中的赌博人口，这个百分比可能要大得多）。这个数字于 1998 年提交给 NGISC，此后行业代表们都四处高调兜售之，称问题赌博的比例只有"一个百分点"（向下取整）。哈拉斯的 CEO 加里 · 洛夫曼在 2003 年 G2E 的"行业现状"主题研讨会上对参会的同行说："哈佛大学的最新研究表明，一些人天生有此倾向，但绝大多数人几乎没有赌博成瘾的风险。"[16] 而这一研究的其他发现则很少被人提及：据一些研究者保守地估计，如果适当放松标准，会有近

4% 的人符合“赌博成瘾”，而“终身”（不仅考虑“当前”）产生问题赌博的风险在 1977—1997 年间已经翻倍。[17] 谢弗自己也承认：“赌博业的鼓吹者关注的往往是那些较低的数字。”[18]

NCRG 成立后，资助了大多数美国赌博成瘾问题的研究，其理事会则包含了赌博业众多头部公司的代表，如米高梅、哈拉斯娱乐、IGT、GLI、车站赌场、WMS、贵族公司及永利度假公司（Wynn Resorts）等，同时 AGA 的执行理事长也位列其中。其中波依德博彩公司（Boyd Gaming）向 NCRG 承诺提供为期十年、总额 87.5 万美元的启动资金。[19] AGA 的官网在 2008 年吹嘘道：“NCRG 已获得超过 2200 万美元的资助，全部来自私营部门，这种对赌博研究的资助力度是前所未有的。”[20] 一些研究人员、伦理学家和赌博行业的批评者则感到不安，因为这种大规模的投资可能引发潜在的利益冲突，影响公正性。1997 年，问题赌博的两位顶尖研究者亨利·勒西厄尔和理查德·罗森塔尔辞去了 NCRG 顾问委员会的职务，因为他们开始担忧赌博行业对如何分配研究资金的影响力过于强大。他们尤其怀疑，如果有研究想了解赌博的易得性及赌博机设计在问题赌博中扮演的角色，它们是否能获得该中心的资助。[21]

为了避嫌，AGA 又于 2000 年建立了“病理性赌博及相关障碍研究所”（IRPGRD），其前身是哈佛医学院的成瘾问题分部，并由谢弗担任主任一职。[22] 研究所的职责是审查相关的研究申请，分发 NCRG 的资助金，从而“进一步加固业已存在于赌博行业与研究资助决定之间的防火墙”。[23] 虽然 NCRG 的理事会成员不会直接选择要资助的项目或控制研究的结果，但所有人都很清楚，在决定资助的优先级时，其指导思想一定是对赌博业友好。勒西厄尔在 2008 年对一位记者说：“你看不到任何‘不同赌博游戏的成瘾性高低’‘为什么视频机器的玩家似乎成瘾更快’之类的研究。”[24]

在涉及赌博业的产品及它们在问题赌博中可能扮演什么角色等方面时，NCRG 不仅不会资助任何研究，还会明确地否认其中的关联。其执行理事长克莉丝汀·莱利（Christine Reilly）坚称：“东西本身不会令人成瘾，就是不会。”她说，就像酗酒问题不是从酒瓶里蹦出来的一样，赌瘾也不是从赌博机里产生的。“如果让我去玩老虎机，十分钟我就会无聊得想枪毙自己。如果没有易成瘾体质，你大概率是不会上瘾的。”[25] 在她看来，NCRG 的目标是找到这种成瘾体质的根源，即她眼中所有成瘾（不仅限于赌博）的共同元凶：“如果有某种客观的指标，比如验血结果或遗传标记之类，能告诉我们什么人容易成瘾，岂不很好？”在这个方针的指导下，NCRG 资助的大头流向了对成瘾问题决定性因素的遗传学、神经科学和心理学研究中。[26] 而针对问题赌博的社会性、环境性决定因素的研究，被分配到的资金则少之又少，但谢弗在 2004 年的研究就是其中之一，该研究指出，赌博行业新进入一个区域时会出现成瘾高峰，但会随时间渐渐回落，因为接触赌博的当地居民会渐渐“适应”赌博的诱惑，失去新鲜感。[27]

《洛杉矶时报》1998 年发表的一篇揭露文章指出，谢弗被 NCRG 收编之前，“曾经发出过最严厉的警告，呼吁学术界警惕赌博业的增长带来的连带危害”。[28] 如我们在本书引言中所见，谢弗是最早将视频扑克称为“赌博界的霹雳可卡因”的人之一，而且在很多场合都如此称呼。事实上，即使在与赌博业产生关系后，他还是会偶尔向记者发表一些评论，暗示赌博机技术的设计本身可能在赌博问题的滋长中扮演了重要的角色。2001 年，他这样评价老虎机：“这是速度超快的游戏，玩得快，相对私密，也最有成瘾潜力，因为这种游戏以最具威胁性的方式影响着我们的神经生理系统。这些快速起效的赌博游戏就像快速起效的毒品一样。”在 2004 年初他提出了类似的评论：“大自然为我们设计的固有脑回路，在电子赌博设备面前毫无思想准备。”[29] 但从那以后，谢弗在公开发表的作品中表述赌博技术对赌博者的影响时就变得迂回起来，声称“心理—病理学因素，远重要于当事人对赌博技术的过度沉迷”。[30] 虽然他早年间建议把成瘾看作主体与客体的交互关系，但在近期的演讲及发表的作品中，他对赌博机成瘾有其技术方面的维度一事，要么轻描淡写，要么直接矢口否认。谢弗一位不愿具名的前同事对我说：“很难不猜疑，他对成瘾问题的外因变得只字不提，与他接受了赌博业的资助有关。这段时间，他说起话来已经不像一个研究者，反而更像是赌博业的说客了。”

到 2003 年，当谢弗与哈拉斯和贵族公司的代表一同登上 G2E 的讲台，参与大会的最后一场主题研讨会时，之前的“严厉警告”已变成了毫不含糊的辩护之辞。这次研讨会由共和党的民意调查专家兼公众意见塑造专家弗兰克 · 伦茨（Frank Luntz）主持，此前不久他受 AGA 委托完成了一份关于美国民众对赌博娱乐业认知的调研报告。[31] 伦茨问谢弗，学术界的同行是否对他的研究抱有敌意，谢弗回答：“学术界有一种倾向是仅关注（赌博的）负面影响，但赌博也有正面影响——不仅限于经济层面。”他援引新兴的研究，表示游戏 * 不仅对儿童非常重要，对成年人乃至老年人亦是如此，游戏能带来有益于心血管的生理刺激，同时也提供训练认知和解决问题能力的机会。[32] “在不过量的情况下，赌博活动大可服务于医学用途。”

2006 年，NCRG 将其年会的日期永久地改为与 G2E 相同，以期加强业内人士、学术研究者、赌瘾治疗者、政策制定者和赌博业监管者之间的互动。当时 NCRG 的主席是菲尔 · 萨特（Phil Satre，原哈拉斯娱乐公司的 CEO 兼董事长，将接任 IGT 董事长），他说：“把 NCRG 的会议与 G2E 同期举行，是希望促进赌博领域研究的思想碰撞，并最终扩大这些重要研究成果对赌博业界的积极影响。”[33] 但研究界中有些人对此抱怀疑态度，他们指出，所谓的思想碰撞非常有限，因为大会演讲嘉宾全系事先邀请，只包括一小部分学术研究者。2007 年，NCRG 进一步向 G2E“看齐”，推出了两会合一的特价通票，并将 NCRG 大会的一部分内容搬到了 G2E 的总部举办，该总部位于拉斯维加斯会议中心，距 NCRG 位于“巴黎”赌场度假村的总部只有几站单轨电车站的距离。那一年，NCRG 的理事会授予谢弗国家科学成就奖（National Scientific Achievement Award）。颁奖仪式由 IGT 赞助，现场布置奢华。在颁奖仪式过程中，现场还熄灯十分钟播放了一段向

---

* 此处 game 一词既可指赌博，也可指一般的游戏，因此谢弗有偷换概念之嫌。——译注

谢弗致敬的视频，而视频是由米高梅–海市蜃楼的制作团队贡献的。视频将谢弗称颂为一个“献身于科学”和数据的人。很显然，赌博业与学术界已经组成了一个强有力的联盟，他们一致认为赌瘾是一种个体的疾病，仅基于个人特质而成。

虽然 NCRG 笃定地使用心理、生理的病理性语言，意在将病理性赌博者分隔出来，这隐含着其余大众对此问题免疫，但它推出的教育项目，如负责任赌博全国教育运动、负责任赌博资源指导、负责任赌博教育周、负责任赌博系列讲座等，却矛盾地暗示着我们每个人都可能滑入赌博成瘾的深渊，除非我们能负责任地行事。这种自相矛盾在一本题为“小赌怡情：负责任赌博指导”的小册子里体现得非常明显。这本册子写了五位赌博者，每一位都体现了负责任赌博的一个要点，其中三个是白人。一位消瘦的年长女士在插图上羞涩地微笑着说：“给自己设限制并坚守它们，赌博才更好玩。”一名穿深蓝色便装外套、头发稀少的 40 多岁男性则告诉我们：“不设限制，就很容易过度沉迷。”（见图 10.1）第三位是一名穿正装衬衫、流露着自信神情的年轻男子，他单手叉腰说：“输不起的时候我从来不赌，这样我永远都不会输。”第四位是一名 30 岁左右的亚裔女性，身穿休闲裙，摆着自信的姿势：“每个玩家都觉得自己有一套，而我的就是只带输得起的钱来。”最后一位是一名穿 polo 衫的年长黑人，双手放在臀部，轻松地笑着：“你不需要冒很大风险就可以很开心。”

这些用负责任赌博的“行为准则”武装起来的人，这些手册中描述的自我设限、有预算管理意识的赌博者，简直就是当代消费者的行为楷模（同时，如前所述，这种自我监督、自我管控的行为方式，也恰恰是试图戒赌的问题赌博者熟悉的生活方式）。他们会冒险，但同时也管理着自己；赌博成了某种风险管理练习。在每张图的下方都印着同一条信息：“想玩得开心，就要设定时间和金钱的限制，并严格遵守。要理解输赢几率。请不要在孤独、愤怒或沮丧时赌博，因为这些情绪会遮蔽你的判断力。”尽管前文中洛夫曼声称“绝大多数人几乎没有赌博成瘾的风险”，但这些广告却似乎暗示，每个参与赌博的人都

图 10.1　AGA"小赌怡情"负责任赌博运动中的一幅宣传图。AGA 官网可下载

有成瘾的风险，必须时刻警惕才能防止它乘虚而入。[34]

谢弗甚至提出，赌博及其风险，是为每个人提供一个培养并练习责任感的宝贵机会。他在 2005 年写道："有诱惑力的活动（如赌博、投资和性）的价值之一，就是为我们提供学会自我控制、塑造人格的机会。在与诱惑的轻度互动中，自我管控就会滋长出来；如果没有这种机会，学会管理自己会困难得多，甚至不可能。"[35] 用他的话来说，人与赌博机之间的“轻度互动”会自然引导人们养成责任感和控制力，而非引发不负责任的放纵和失控。他的言辞背后是一种强大的道德逻辑：每个有自主权的个体都要为自己负责。

在2003年的专题研讨会上，伦茨向谢弗提问：“怎么知道自己有没有越界？有什么预警信号吗？”谢弗回答，花了比预期更多的钱，超过预算，对赌博活动产生渴求，这些都是预警信号。伦茨又问：“赌场在这些事情上，有没有充分警示玩家？”谢弗回答说他不认为警示玩家是赌场的义务。伦茨请工作人员打开灯光，以便向在场的听众问同一个问题：“当顾客明显超出界限时，提醒他们是赌场的责任吗？还是说，知道何时收手，是每个玩家自己的责任？”几乎每个人都举手投票给了“玩家自己的责任”。这个场景告诉我们，围绕“负责任赌博”的讨论很容易就从科学问题沦为道德或政治问题，而赌博业从业人员在相应争论中的立场非常清晰，他们很清楚自己希望由哪种监管机制为商业消费领域定调。

且不论赌博业在推广“负责任赌博”运动时是否真诚，也不论这一运动背后的驱动力是不是为了让赌博业的产品及实践避免因个人的问题性消费行为而受指责（烟酒行业推广类似运动正是因为此点），但事实就是，赌博业的收入有极大一部分正来自问题性消费行为。[36]一项研究发现，那些真能遵循“负责任赌博行为规范”的赌博者，仅贡献了赌博业收入的4%。[37]这项研究的一位作者在接受电台采访时说：“如果负责任赌博真的成功了，那赌博业肯定会因为入不敷出而关门大吉。”[38]赌博业在负责任赌博上的表面功夫，与它从不负责的赌博者那里收割的利润形成了鲜明的冲突，这让一些人对此持怀疑的态度，觉得负责任赌博运动，最初也最首要的是一个公关策略，目标是保护赌博业的利润。用加拿大赌博问题研究者詹姆斯·科斯格雷夫（James Cosgrave）的话来说：“负责任赌博是一种为个体而设计、传授给个体的风险管理形式，但它同时也是（各州和赌博业的）风险管理方法。”[39]

将选择告知消费者

一种方法若要保护消费者，在认可“消费者须对自己负责”这一模型之余，还须承认，要执行负责任的选择，有赖于完备的信息。[40]针对不负责任赌博的所谓“信息补救法”可以“帮赌博者成为更好的顾客”，它用标示、屏幕提示及小册子等方式来教授顾客赌博机的特性、运行机制和机器引发的真实代价这些他们本无缘接触的知识。法学教授和消费者保护专家库尔特·埃格特（Kurt Eggert）写道：“赌博者要成为理性消费者，须被充分告知‘价格’信息。”[41]

与真人桌上赌博不同，赌博机虽然会贴出赔付表展示特定图案或牌张组合会赢多少钱，但不会公示获得这种组合的几率。有些赌博机可能会给出它的“理论赔付比率”或“玩家回报率”（RTP），如89%，但从不给出赌桌赢率或称庄家优势。[42] 2007年在美国塔霍湖（Lake Tahoe）举办的国际赌博与风险大会的间歇，一群业内企业家在会场酒店大堂的星巴克喝咖啡闲聊。其中一位回想起他当天早些时候参加的一个研讨会，说道：“我觉得在机器上标出赢率不会危害行业，因为大多数玩家早就知道赢率于己不利。”另一个说：“是的，但他们不知道的是，如果你不停地重复赌博，你根本就没有赢的可能。”换句话说，玩家并不能轻易理解机器的赢率累积起来会有多可怕。“赔付率90%”不是说一个玩家拿来100块钱，当次赌博整体结束后只输10块，而是每次下注都可能损失10%，结果就是出现第四章描述的“流失效应”（churn effect，图4.2），玩家的钱会逐渐归零。[43]

玩家几乎不可能追踪计算出机器的赢率，据埃格特的调查报告指出，赌博机制造商即使把庄家优势提升5倍，玩家也不会察觉。[44]正因为如此，有些人提出应该要求赌博机制造商将机器的每小时平均花费及损失概率直接贴在下注按钮的旁边，就像酒厂要在其产品上标明酒精含量（如90美制酒度、120美制酒度等）*那样。还有些人建议进

---

* 1美制酒度（proof）相当于0.5%的标准酒精度。——译注

行“动态价格展示”，因为玩家玩老虎机的胜率会根据其下注的数量及下注的线数而波动，因而每局“价格”应该用美元、美分来展示，而非仅体现为赔付比率或庄家赢率，这样玩家就能实时知道预算的流失是怎样一番后果。

还有些人提出，这些面向消费者的信息不应该只是贴出来，还应该解释清楚。具体来说，就是在赌博机上添加可视教学模块，讲解随机性、赢的概率、近失效应，多线赌博机“伪装成赢的输”及虚拟转轮映射等内容。面向赌博者的教育软件“安全于玩”的设计师罗杰·霍贝曾提出，这类软件应该装进每台赌博机，来帮玩家管理风险。针对传统的转轮式老虎机，他建议机器上必须包含警示信息，告诉玩家转轮上的空白和图案比例并不代表实际胜率。而针对有多个模拟转轮的视频老虎机，他则建议在触摸屏上设链接，点击后会直观地展示出每个转轮的真实停止位设置，让玩家能轻易看出图案在各转轮上的分布和权重。他指出，赌博机如果做不到这种透明程度，就相当于在用误导性的图片欺骗消费者，违背了类似产品的安全标准。

另一种“信息补救法”提出的问题赌博风险管理方法，则是编制程序，让赌博机的屏幕上定期滚动提示性文字，用类似 NCRG 负责任赌博运动中的语言来唤醒玩家的理性：你控制不了几率游戏的结果；赌博是一项娱乐，不是赚钱手段；玩这种游戏是有代价的；输一定比赢多；玩得越多，花钱越多；设定并坚守预算；不要把用来做其他事的钱花在赌博上；定时休息一下。霍贝将他的软件界面中的这类风险管理教育信息比作高速公路上的减速带，其作用都是“在事故发生前警醒人们”，而不是像安全带或安全气囊那样在事故发生后保护他们。针对已经深陷于问题赌博之中的玩家，机器要做到信息提示充分，也要提供负责任赌博小技巧、自我评估指南、心理咨询资料及介绍、求助热线，以及自我戒断和自救服务。[45]

所有这些信息补救法，不论是张贴庄家赢率、显示动态赌价、安装教育模块还是在屏幕上滚动信息，都有着共同的信念：促进消费者做出理性选择，就能解决赌博成瘾问题。但是，在“是什么动摇了理性选择”这一问题上，这些不同治疗方法的提倡者却各执己见。他们大致分为两个阵营：一个阵营认为这些信息能矫正玩家被扭曲的认知，另一个则认为这些信息矫正的是赌博机设计施加的欺骗性扭曲。第一个阵营获得了赌博行业的支持，它坚持的是赌博成瘾研究中的主流观点：问题赌博是在两个玩家方面的因素共同作用下形成：认知偏差，和有缺陷的心理启发，后者包括控制感错觉、对结果的错误估计、不理性的概率框架、错误地相信自己能控制随机事件、错设因果关系及其他“错误感知”。[46] 谢弗与同事曾写道：“任何信息补救法要起作用，关键都在于瞄准赌博中的错误认知。”[47]（不过这个观点的提倡者通常不会深入探讨如何瞄准认知，而只呼吁未来进行“基于证据的研究”，以决定什么形式的信息确实有效，什么形式的可能有反作用。[48]）

第二个阵营注重的是消费者保护，认为改革的标的不是赌博者，而是赌博机。按这一观点，问题赌博的两项成因都在机器方面：机器的不透明性，和欺骗性的内在机制，后者比如虚拟转轮映射、近失效应等。霍贝告诉我：“问题不在人——赌博技术的欺骗性才是问题所在。”他提出，赌博机会在人的认知系统中建立起一些有效的预期，然后打破这些预期。就是说，赌博机利用了恰恰是人类的理性，而不是非理性。[49] 因此，赌博机并不是一个无辜的媒介，可以通过调整机器来教育玩家、修复他们的思维扭曲，相反，它恰恰是经过策略性配置的科技，其脚本才是思维扭曲的来源，要抵消这些扭曲，必须增加赌博产品的透明性，从而减轻赌博互动中固有的信息不对称。然而，虽然这一阵营更强调消费者保护，认为机器负有责任，但它的最终目标仍是矫正消费者行为。信息补救法暴露赌博机的工作原理，为的是唤起赌博者的理性，却没想过去改变赌博机基本的功能和特性。

大部分赌博业从业者将信息补救法，特别是静态、“被动”的那类信息补救法措施，看作推卸问题赌博责任的有效手段，而非对自身利润的显著威胁。[50] 一些人曾表达过担心，在赌博过程中“动态”地呈现信息，例如滚动提示，会不会“增加［游戏过程的］中断次数，提升玩家的自我意识”，从而伤害行业的利润。[51] 换句话说，他们担心用太过醒目的方式唤醒玩家的理性会降低赌博机的收入。

而来自临床领域的声音则对信息补救法持批评态度，他们质疑，消费者在连续赌博的过程中会不会真的因为一点信息而改变自己的行为。UNLV 国际赌博研究所（IGI）的主任波 · 伯恩哈德与当地的问题赌博诊所有长期合作，他指出，屏幕上的信息虽然意在给赌博者“机会衡量自己的选择，打破赌博的循环”，但这却要求“在玩家大脑的理性部分处于关闭状态时”去唤起他们的理性。这是不现实的，就像没法跟喝晕的醉鬼讲道理一样。[52]

心理学家马克 · 迪克森曾提出，不论有没有充分公示“赌价”，机器赌博“都会腐蚀玩家，让玩家在它不断提供的下一局游戏面前做不到总是维系住知情且理性的选择”。[53] 他提出，赌博机以及赌博机设计用户体验的方式，本身就“与负责任赌博有直接冲突”，因此信息补救法的潜力会大打折扣。霍贝反思了自己过去尝试为老虎机设计负责任赌博信息提示时的经验：“那就好像让赌博者同时踩油门和刹车，或者要求开每小时 200 英里的同时遵守限速。”

技术补救法

有些人比信息补救法的倡导者更进一步，提出应该调整机器设计本身来保护消费者。与其引导赌博者“轻踩油门”，不如降低油门本身的加速能力。技术补救法不再寻求让玩家锻炼负责任的行为或矫正自己对赌博的认知解读，而是要干预机器那套“更快、更久、更高强度”的脚本，此类机器脚本被迪克森称为“‘成瘾性’序列”，因为它们“很容易提升、增强和扩展”。[54]

降低赌博速度的调整包括：降低视频老虎机转轮“转动”的速率，让转轮在两次转动之间停顿，以及增加从下注到出结果之间的时间间隔。降低赌博时长的调整包括：特定游戏间隔时强制休息、在屏幕上始终显示电子时钟，以及定时弹出提醒玩家花了多少时间和钱的提示（而更严格的时间控制手段则要求连续赌博 145 分钟时强制提现，提前 5 或 10 分钟给予玩家警示）。降低赌博强度的调整则包括：降低每次转动能下的最大赌注，移除机器上的纸钞入口（或限制只收小额纸钞），用真实现金的金额而非游戏点数来体现下注的大小，将所有的赢钱兑成现金、支票或银行电子转账而非代币或游戏票（后者很容易被重新赌掉），多线多币游戏则须减少线数、去掉“赌最大”功能。[55] 还有一系列调整针对的是赌博机的数学花招，如消除近失效应，限制“伪装成赢的输”，逐步淘汰虚拟转轮向非视频转轮老虎机的映射，要求视频老虎机“平衡转轮”从而使各转轮有同样数量的图案、与玩家的直觉保持一致。还有一系列调整被称为“环境”调整，要求老虎机区有自然光照，禁烟，施行“流动性管制”以防玩家“冲动取款”（如 ATM 机不得靠近赌博区，设取现金额限制，限制信用卡提现等）。[56]

与前面的其他“修复法”不同的是，这些问题赌博补救法聚焦的是改变赌博技术与赌场环境的实物设计特征——不追求从根本上改变或消除它们，但要降低其效力。就像汽车上的安全气囊一样，为的不是阻止危险行为，而是将恶果最小化。不过，这些伤害最小化的做法具体怎么施行，要做到什么程度，则关涉技术上层面的各种细枝末节：转轮应该转得多慢，2.14 秒，2.5 秒，5 秒？两次转动间的“空闲”时间最少要设为多久，1.5 秒还是 2 秒？赌博机入钞口可接受纸币的最大面额要不超过 20 美元、50 美元还是更多？ ATM 机的取款限额呢，该设为 200 还是 400 美元？ ATM 可以设在离赌博机一定距离之内的地方，还是要在机器赌博区甚至整座赌场完全禁止？理论上，这些干预手段的目标都是找到一个平衡点，既遏制冲动性赌博，又不会把没问题的玩家赶走。例如，这些方法希望“低水平的现金投入及相应的恼火”可以“让不顾一切的赌博者或速度疯狂的玩家非常不爽”，但又让偶尔小玩一把的玩家根本注意不到。[57]

赌博业认为这一说法很值得怀疑，而且对它可能导致的后果充满警惕。在 2006 年 G2E 大会最后一个周日的早上 8 点，波 · 伯恩哈德开启了一个题为“敲钟、鸣笛和示警：安全的赌博机”的研讨会，研讨对象被他称作“保护玩家的赌博机用第一代安全带”。[58] 开场的演讲嘉宾是IGT的负责任赌博项目总监康妮·琼斯（IGT是业内第一家设立该职位的公司）。她详尽列举了针对赌博机提出的各种调整建议，又逐条加以否定，说它们没有经验证据支持，甚或更糟，会有加重而非减轻问题赌博的意外后果。她说自己曾拜访过一家问题赌博治疗中心，与其中一位机器赌博者聊起屏显时钟与赌博时间限制等手段，对方窃笑道："天啊，要是看到自己快没时间了，我大概率会加倍下注的。"顺着同样的逻辑，琼斯认为，限制每一局的下注点数不会减少花费却会延长赌博时间，降低转轮转速则可能引起更为激进的赌博行为，而不定时的强制休息可能会刺激玩家换台机器继续玩。她坚信，问题赌博者有办法绕过一切为赌博机设置的限制，坚持留在过度赌博之中。

第二位演讲嘉宾是哈佛大学NCRG资助研究所的克莉丝汀·莱利，她继续讨论意外后果这一主题，也把这些对赌博机的安全性调整与汽车安全气囊作比：后者虽然本意是挽救生命，但有时也导致小孩重伤甚至死亡。两位嘉宾都围绕"意外后果"组织发言，这不是巧合；他们显然都读过主持人伯恩哈德这一社会学概念的讨论，相关文章即以此为名，副标题是"问题赌博处理政策的潜在唤醒效果"。[59] 2006年，加拿大赌博公司"科联娱乐"（Techlink Entertainment）委托伯恩哈德进行了一项研究，考察该公司为赌博机开发的各种安全调整措施的效果。研究中，一位被访者敏锐地发现，有一项调整会引起意外后果，就是显示玩家的输钱总额，"可能会触发追损行为，即赌客想要赌更多的钱来'赢回输掉的钱'"。[60] 显示这个数字本意是想让玩家认清自己花了多少钱，但这位被访者警告说，它可能反而让玩家花费更多。

琼斯和莱利的发言表明，AGA已经拥抱了"意外后果"这一概念，并以之为理由反对针对赌博机的安全性调整。AGA的代表们曾写信反对澳大利亚2008年颁布的"扑克伤害最小化法案"（Poker Harm Minimization Bill），信中写道："改变赌博机不会帮到玩家，[因为]玩家会调整自身行为来抵消限制赌博的技术企图。"[61] 他们坚持认为，想要真正有效，政策应该"聚焦于帮助有赌博成瘾问题的人，而不是试图用间接的方式调整他们的行为"。

不论在这一点上他们是对是错，他们的这些说法其实都严重站不住脚，因为“试图用间接的方式调整行为”正是赌博业自己在产品设计的每一步里都在做的事，而且没有证据表明这样做不会产生有害的意外后果。赌博业一面积极地对技术投资，以期引导玩家行为，一面又说“正常”的消费者是能自己做决定的主体，说他们在与赌博技术交互时足可负起责任。这两者之间的自相矛盾实在很难忽视。“他们怎么能一边设计着让玩家行事不负责的机器，一边又指望玩家负责任地赌博呢？”当时我们约在丹尼斯餐厅交谈，谢莉一边说，一边把自己的烟头按灭在烟灰缸里。“他们说问题不在于赌博本身，而是我们的错，因为我们不能像正常人那样赌博。我坐在那里就想，你们简直是满嘴喷粪，脑子里面也全是狗屎——坐在一台机器前，边按按钮边把自己的钱交出去，这种狗屁事情哪里正常了？”

从谢莉的评论中我们可以看出，机器赌博的设计本身就内嵌了诱发不负责任赌博行为的东西。正如一名研究者指出的：“如果按期望的方式玩 [赌博机]，那么最正常的结果就是超额花销。”[62] 2010 年，澳大利亚针对赌博的联邦委员会在其最终报告中也提出了同样的观点，前文已有引用：“赌博者很多只是普通的消费者，他们经历的问题，既是这些消费者自身特质的结果，也在同样程度上是赌博游戏采用的技术、这些游戏的可及性、赌场的本质和行为的结果。”[63] 以上探讨的这些技术补救法的前提，即是承认赌博机与赌场环境在问题赌博中扮演了重要的角色。

虽然与基于消费者责任感的方法相比，技术补救法显得比较激进，但它也属于更广泛的监管策略转向的一部分，新的策略旨在管控而非消除风险。经过调整的赌博机没有去掉机器赌博的潜在不良特性，而只是为玩家提供了互相竞争的两套“脚本”：一套脚本让他们玩得更久、更快、强度更高，另一套则努力让他们慢下来、早点停手、下注更小。

负责任赌博装置

要修复问题赌博，还有一种相对较新的方法，它声称可以解决技术补救法的两套脚本互相冲突的问题。这种方法不是去“修复”赌博机，而是要把赌博机配置为风险管理和负责任赌博的工具，即让赌博机成为管控的工具而非对象。除了像信息补救法那样公示赌博机的技术原理外，该方法还会为赌博机配备工具软件，让玩家借以主动地自我管理（如预算管理、自我戒断、个人风险评估等）。一位澳大利亚研究者在一份与该国2008年的伤害最小化法案相关的报告中指出：“一种方法似乎正在引起大家的关注，该方法以[电子赌博机]技术系统为‘工具’，为问题赌博者或可能产生此种问题的玩家提供帮助。”[64]

加拿大的赌博机制造商科联娱乐在2004年最早推出了此类工具，称之为“负责任赌博装置”（RGD）。这个装置是一块小触摸屏，装在赌博终端的上方，可以帮玩家追踪、监控和管理自己的赌博时长及花销。科联称之为一种以用户为中心的交互装置，可以“无缝地成为玩家环境的一部分”，像“个人导航”一样“降低冲动赌博及在赌博中迷失（输掉）的可能性”。[65]（但矛盾的是，该公司网站的另一个页面则在宣传某款赌博游戏，称它“创造性地利用奖励关卡，从而延长了赌博时间、提升了游戏的互动水平”。）科联的官网将这一发明放在了更宽泛的社会和政治语境下：

> 新技术在不断催生新的研究领域，从而永远地改变国家的社会和经济特征。新千年的第一个十年，注定不会因循守旧。赌博事业也不会墨守成规。显而易见，我们必须拥抱变化，适应变化。这是社会对我们的最低要求。整个社会越发明确地反对不受约束的问题赌博。

为了响应这种对“约束”的要求，科联的这个装置“为玩家提供了一种约束，可将不负责任赌博必然带给玩家的伤害最小化”。同时，它还是“非干扰性的，可以让游戏体验毫无阻滞，从而令玩家满意，乐在其中”。换句话说，它承诺的似乎是不可能之事：要让消费者恢复最大的理性，同时又不阻碍赌博业将自身的经济驱力最大发挥——而后者又恰恰依赖消费者的自我放纵。该装置旨在“给玩家赋能，让他们锻炼自控力”，但又承诺不影响赌博者的乐趣和行业利润。这种RGD只能算作一种妥协的产物，一方面顺应赌博机产品透明化的呼吁，另一方面也赞同赌博业把责任推给个人的说法，就是说，这是一场自由市场信奉者与市场约束呼吁者之间的妥协。这个妥协的形式就是给赌博机增加配置，以帮助玩家“自我约束”。

插入“智能会员卡”激活系统之后（讽刺的是，会员卡本身就是赌场追踪玩家的手段之一），该系统可以为玩家提供“一系列数字化工具，以强化 [他们] 对每次赌博活动的控制”。这与我们前文探讨过的各种方式——负责任赌博行为规范、教授赌博者机器原理的信息补救法、调整机器行为的技术补救法——都不相同，RGD 和其他类似的新兴系统要在玩家与机器的互动过程中引入反身性，使玩家在游戏过程中可以管理自己的行为。两位社会学家这样评论：“这些方法试图在赌博技术与赌博者的关系中加入反身性成分，助力‘负责任’的赌博者成为掌握相关信息、有自我监控和自我管理能力的消费者。”[66]

这一系统的预算管理工具中包括：“我的账户”功能，该程序会追踪玩家累计的下注活动及输赢情况（按日、周、月、年统计）；“当前活动”，实时追踪本次赌博的花销情况；“我的资金限额”，允许赌博者就一定时间段设置花销上限（一旦达到上限，系统会在整片管理区域内禁止该玩家继续玩赌博机）。其他工具包括：“我的游戏限额”，允许玩家将自己的账号锁定一段时间无法登录（可能是锁定到今天结束营业前、到发薪日或孩子的生日，或是周日都不能玩等）；“停手”功能，允许玩家对自己实施 24 小时、48 小时或 72 小时的禁赌（或称“冷却期”），只要在屏幕上一点，这些措施就能即刻生效而且无法撤销（见图 10.2）。[67] 系统还为怀疑自己有赌博方面问题的玩家提供了一些工具，让他们可以在屏幕上进行风险自测，并选择程序提供的各种应对机制，

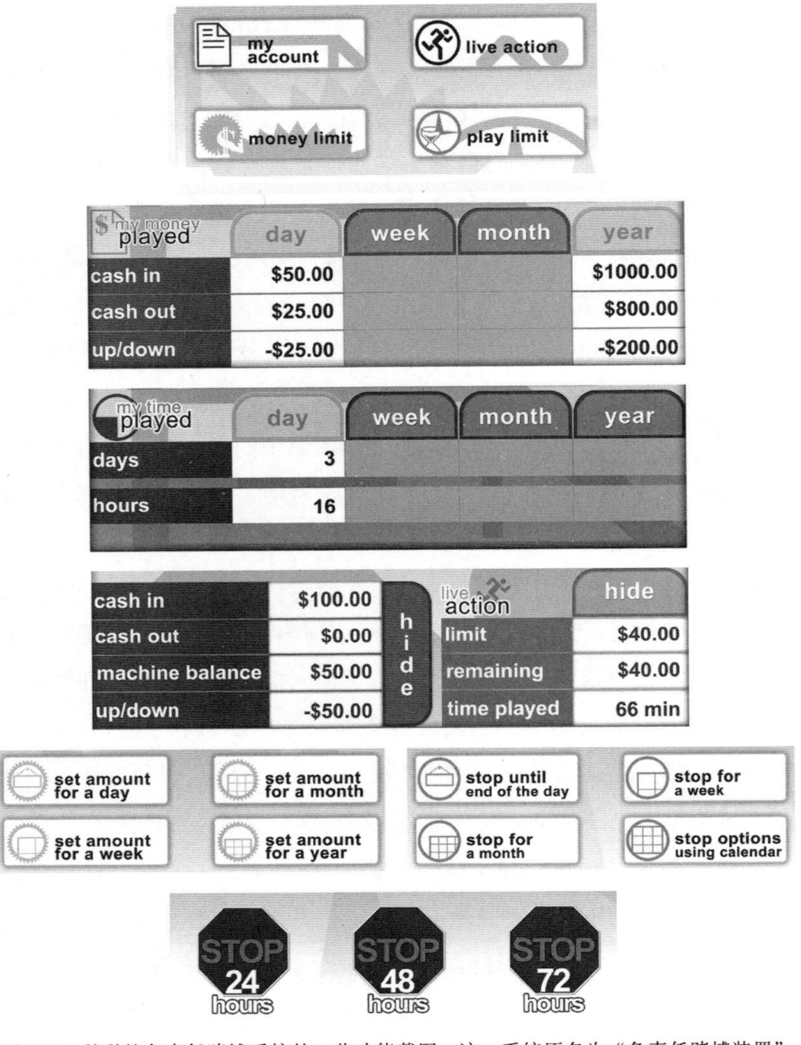

图 10.2 科联的负责任赌博系统的一些功能截图，这一系统原名为“负责任赌博装置”，目前则称“赌博规划”。图片来自科联娱乐有限公司

在赌博机的控制台上就可以直接进行赌瘾治疗。

加拿大新斯科舍省政府（自身也经营赌博机构）与科联签下了一个 9000 万美元的订单用于部署这一系统，并将其改名为“知情玩家选择系统”。该系统一位不愿具名的开发者告诉我，立法者“别无选择”，值得采纳该方案，因为虽然政府依赖赌博业的收入，但问题赌博的存在被认为是政府的失职，造成的广泛影响无法忽视。“所以他们想，干脆装上这些系统，让玩家自己管理问题，就像汽车都装安全带，但用不用是你自己的事。”一些研究者写道，科联的这一系统将“非自愿的‘安全气囊’式部件”变为“自愿的‘安全带’式特征，由赌博者来选择是否使用”。[68]

伯恩哈德在 G2E 大会上说：“这种新一代赌博‘安全带’保留了玩家的自由选择权。你可以自己决定要不要点开它来查看余额。”他在 2006 年研究了这一装置，发现玩家会抗拒它的一些强制性措施，但比较欢迎可自主选择的功能。一位受访者说：“它给了我很棒的选择，我是说，当今社会的人，都喜欢有选择。”[69] 伯恩哈德及其研究团队对这一系统大加赞赏，认为它“向整个赌博人群强制推行的功能比较少”，并且给了玩家“‘演练’个人责任”的机会。[70] IGT 的琼斯也对该系统有类似称赞：“这些允许你自我戒断和自我限制的功能，并不会行强迫之事，而是把责任感直接赋予玩家。”澳大利亚 2010 的调查委员会报告指出，这一方法“与消费者主权的思路高度一致，因为每个赌博者有权选择合适自己的上限”。[71]

在新斯科舍省引进 RGD 之前，有一项 2007 年的田野研究历时半年，监控了 1854 名使用该装置的成年赌博者，记录了 3 万场赌博。[72] 如伯恩哈德的研究所说，玩家确实更喜欢“我的账户”和“当前活动”这类“自愿型功能”。但奇怪的是，使用这一系统后，赌博时间反而延长了 80%，下注活动也增加了 132%。不过，因为这一系统确实带来了消费速率的下降，研究者并不认为时间和强度的增加代表这个系统的失败。相反，因为“玩家虽然提高了赌博活动强度，但花费却少于预期……这说明使用这些功能提升了赌博价值”。[73] 从这一纯粹经济学的角度来看，“赌博价值”即赌博花销与赌博时间之比，而因为玩家玩的时间更长却没有花费更多，那他们的游戏体验一定是较好的。报告表示：“我们可以认为，如果消费者继续使用这类功能，他们会不断收获价值。”这个结论似乎有些奇怪，因为这里考虑的是成瘾问题，这时我们不能认为一项活动的时间或强度与其带给个体的价值有关。

这份报告认为 RGD 是成功的，强调其“打造这些功能并非为了‘减少赌博所花的时间或金钱’本身”，而是“辅助玩家追踪并控制花销……它通过‘信息功能’，可以提醒并‘激励’玩家不超预算；同时如果玩家愿意的话，可选的‘控制功能’也能帮他们管理花销”。[74] 这一研究的作者总结说，虽然这一系统的用户若能减少花销自然是好事，但“要评估这一系统的价值和影响，更好的指标是……发现玩家有效地利用这一系统控制了自己的行为”。[75] 于是，这一装置就被定位为一种控制辅助手段或称“义体理性”，帮助赌博者发挥精算能力，以便将他们的赌博“价值”最大化——前提是玩家自己愿意。

RGD 的负责任赌博功能出现之前，已有一系列旨在帮助玩家进行自我财务管理的独立技术和手段，RGD 是相应的补充和扩展。例如全球取现公司就曾与美国国家问题赌博委员会（NCPG）联手，实施过一个负责任赌博合作项目，其中包括在预支现金的设备上显示“决策点参考信息”（包含一个 24 小时免费求助电话）和一个“自我交易戒断项目”（STEP），为问题赌博者提供一种办法来冻结自己信用卡和借记卡的 ATM 现金预支功能。[76] 在更早的时候，这种所谓的流动性控制手段曾出现过一个更原始的版本。它是一张简单的金钱管理表，由一位前赌博机设计师绘制，并收入其 1988 年的畅销书《老虎机狂热》（*Slot Machine Mania*）呈现给读者。相应的说明是：“随身携带一本口袋日历，记下赌博那天花费和赢得的金额，同时也记下在哪玩、玩的什么游戏这类信息。还有一种有效的记录形式是在钱包或口袋里带一个画有表格的小笔记本，可以方便地记下必要的数据。”（见图 10.3）[77] 记录和追踪赌博数据成为了一种控制的方法。

比尔·伯顿（Bill Burton）曾为《老虎机专刊》（*Strictly Slots*）杂志撰写常设专栏“控制你的现金”，给玩家追踪自己赌博花销方面的建议。有段时间，伯顿呼吁赌博者在银行开设一个“401-G”账户 *，该

---

* 美国的养老金账户名为 401-K，这里或借用了此名，G 可能指赌博（Gambling）。——译注

			MACHINE		AMOUNT SPENT		AMOUNT WON		NET LOSS		NET GAIN		WITNESSES / COMMENTS
DATE	TIME	PLACE	TYPE	NO.									

图 10.3 为机器赌博玩家设计的金钱管理表。出自《老虎机狂热》(by Dwight and Louise Crevelt, 1988, page 107)

账户只用于为赌博提供资金，玩家可以直接向这个账户存钱，就像给养老金账户存钱一样。伯顿也提供了公式，可以将一年的赌博预算分解为每周和每天的定额存款。伯顿的同事吉姆·希尔德布兰德(Jim Hildebrand)也常为《老虎机专刊》撰文，他提出了一种方法，让赌博者设定“止损点”，或者在赢的钱超过预先设定的预算 50% 时提现。他写道：“管理你的点数、赌票和进账是最容易的部分……”

> 困难的部分……是离开，是从凳子上起身，拿着赢的钱走人。凳子很坏，它太舒服，又会危及你的钱包，让你输得太多。我发现，如果达到止损点时很难停手，那么下述方法会很有帮助：从凳子上站起来，把赌票收好，这时如果真有必要，就临走前再来一把。[78]

与前面讨论的负责任赌博运动一样，希尔德布兰德的专栏文章隐含了：他的所有读者，都有可能陷入无节制的赌博行为，而不仅仅是那些问题赌博者，因此所有人都需要风险管理方案。

在《老虎机专刊》和不计其数的其他面向一般赌博者的读物中看

到这些窍门、工具和技术时，我们会发现它们与试图戒赌的人在临床和自助环境中被鼓励使用的渴求度量表（craving scales）的作用非常相似。连全球取现公司的项目也简称为STEP（步骤），与戒赌过程的十二步法遥相呼应。这使得问题赌博与一般赌博间的界限变得更模糊了。这些系统设计得可以强化自我会计、自我管理必需的精算观念，可以说是帮赌博消费者对损失进行“盘存”并“记账”。如我们所见，RGD把这些方法整合到了赌博过程中，以便玩家不仅在赌博过程之外，而是在过程之内即可对自己进行反身性监控。从这一点来说，RGD是一种自我管理工具。

然而，像所有治疗工具一样，赌博者是不是以期望的方式使用这些技术，就是另一回事了。兰德尔对我说：

> 我喜欢追踪，维护表单。我会把1分币机上的每次赢钱都记下来。我每天的赌博都有明细：哪家赌场，赢了哪些局，赢了多少点数等等。我把所有这些都记录下来，还整理出我每年的十佳赢钱记录，这样我也许能知道我在哪家赌场、哪台机器那里会交好运。
>
> 但我做记录的最大原因只是想知道。记录让我看到自己的脚步，看到我的赌博经历在怎样变多。年复一年，我发现自己的瘾头越来越大了。

兰德尔巨细无遗的预算管理虽然没有提升他对赌博的掌控力，却让他“知道”自己多年来“瘾头越来越大了”。霍贝评论说：“这些预算工具真实的效果，就只是让玩家知道他们花了多少钱、玩了多久，并且感到自己是自愿花这么多钱、玩这么久的。”这个意义上，兰德尔可说是一种“精算型成瘾者”。与他相似的还有丹尼尔，他会细心记录赌博花销，以便了解自己的损失情况；还有“厉行节约”存钱赌博的朱莉。如我们在上一章所见，这些被主体用于自我监控、自我管理的工具，最终只会被纳入成瘾回路之中。

RGD 也不例外。数据显示，新斯科舍省的田野研究中，问题赌博者是对科联的 RGD 功能使用率最高的，他们使用“当前活动”功能的次数是普通赌博者的三到四倍。一位科联的工程师告诉我，“当前活动”功能及其不间断的反馈信息流似乎变成了一种“成瘾策略”。然而，问题赌博者不那么喜欢使用系统中的上限设定工具。该研究的几位作者对这一奇怪发现做出了如下思考：

> 问题赌博者似乎从负责任赌博系统中找到了不同的价值……赌博活动中对“当前活动”功能的重复使用表明，这一功能似乎尤其可以增强问题玩家的赌博价值及体验，[且] **他们使用这一系统不太是为了控制或监督自己的当下赌博行为，而主要是为了获得对当前赌博的即时反馈。**[79]

用“当前活动”功能实时追踪自己的财务状况，似乎加强了赌博者的自我调节和身处迷境中的平衡：比如兰德尔会用表单记录输赢；还有帕齐，一天给银行打十次电话去“查什么时候支票审核通过”，也总是在赌博中不断调整自己的下注总额预算。实时收到自身行为的反馈，确实变成了某种“控制感”，但这种控制感只是在放大问题。尽管伯恩哈德和琼斯确信这些助力控制感的功能是有效的，而且基本不会带来意外后果，但显然，它们也带来了新的风险。前面的章节中，我们探讨过的所谓电容触感游戏效应（该效应赋予了用户交互性、控制感和操纵效力），通常都会带来更深的赌博沉迷及玩家能动感的丧失。以类似方式，负责任赌博运动中这些基于自主选择的自我追踪和预算设定功能，也可能反而助长玩家的强迫行为，削弱他们的自控力。

RGD 一类反身性风险管理技术之所以失败，根源在于它们通过赌博机来唤醒个人的责任感，好限制赌博的伤害，而让个体责任感短路的，也正是同一幅机器界面。此外，与我们到目前为止讨论过的大多数补救法一样，RGD 和其他控制辅助手段只瞄准了有赌博问题的人，而人只是人机互动中的一个侧面。一个加拿大研究小组指出，虽然 RGD

将赌博机转化为某种监管工具，但它仍是聚焦于“改造赌博者，而非基础性的赌博技术本身（除与信息、可及性和管理相关的技术）”。[80] 我们又一次看到，与西方资本主义社会的监管趋势一致，风险与管理责任都被推给了个体。[81]

风险追踪

试图解决问题赌博的最新一项技术，也是本章要探讨的最后一种技术，也依赖于反身性信息追踪；只不过，它借以完成这项任务的既非玩家亦非赌博机，而是用户追踪软件，该软件运行于玩家和赌博机都要接入的网络之中。如我们在第五章所见，追踪技术在上世纪 80 年代中期即开始扩展赌博机的功能指令，让它们从单纯的游戏变成了监视器、数据采集器和营销工具。不经意间，这些技术发展为另一项任务做好了准备：监控实时赌博数据，寻找特定模式以识别问题赌博玩家。开发该软件的是加拿大赌博公司 iView，它的宣传册这样写道：

> 传统的玩家奖励计划让赌场能获得顾客使用老虎机的赌博数据：一天玩多少小时、花多少钱、输赢情况、喜欢什么机器及下注频率等。大多数赌场利用这些信息制订市场营销方案，根据玩家的习惯定制奖励计划。

赌场的玩家追踪系统还在一如既往地分析实时数据，并生成以营销为目标的“玩家价值”评分，而 iView 系统却用同样的数据来识别并评估玩家陷入问题赌博的风险。

生成风险评分需要一系列步骤。首先，系统会采集玩家的会员卡信息。然后，一个名为“智能赌博测量指数”（Intelligent Gaming Measurement Index，iGMind）的预测算法会深入分析这些数据，以识别出高风险的赌博模式。开发该算法的焦点研究咨询公司（Focal Research Consultants），正是新斯科舍省委托进行 RGD 研究的那家加拿大公司。

为打造这一算法，该公司历时两年半，从加拿大萨斯喀彻温省的赌场提取了丰富的玩家记录，分析出超过 500 个行为变量：玩过的机器数量、总赌博时长、玩机器的速率、一周的哪些天玩等等。该算法是第一款此类型的自动化风险测评工具，会将玩家的实时数据与历史数据进行比较：他最长连续输过多久？连续输钱后的第二天他通常会再来吗？他通常花多少钱？花多少时间？该程序会为每名玩家生成一个风险指数，形式为从 0 到 3 的分数。

一旦检测到任何风险，系统就会发起通信，接通赌场的自动化营销模块（以暂停向此玩家推送一切广告）和人脸识别模块（该模块执行不间断的实时生物特征监控，搜寻被禁止或自主退出的玩家）。这一系统还会向赌场经理发出以颜色标记的风险警告，将有问题的顾客标记出来。像老虎机区活动热力图或是巴利那种用人脸图标的笑容方向表示玩家输赢的手持设备一样，iView 的技术也“会将模糊不清的东西具象化”（引自该公司宣传材料）。不过在这里，借技术手段向赌场工作人员清晰显示的“模糊不清的东西”，是赌博成瘾行为，而非营销机会。可以说它与自动体外除颤器有异曲同工之处：除颤器被赌场整合进监控系统，并培训安保人员使用，从而降低了赌场的心脏病死亡数量；而 iView 的算法则筛查并干预不易看出的问题赌博风险。[82]

这一系统一方面将大量繁重的风险探测工作交给软件，另一方面也没有忽略训练有素的工作人员，他们在赌场里来回走动，搜寻风险行为的线索，把所见所得输入系统。虽然很难从生理特点明确指出谁是问题赌博者（不像酗酒者那样说话不清、走路不稳），焦点研究咨询公司还是发现了一些非常可靠的“视觉线索分类法”。在这套分类法中，最有效的问题赌博指标有：多次去 ATM 机或试图用信用卡提现，一次赌博超过 3 小时，同时玩两台机器，长吁短叹，卡住按钮让机器自动玩（见第六章），恶心、颤抖和双眼干涩等。[83] 把这些行为观察和电脑给出的风险分数两厢结合，用以识别问题赌博者，正确率的置信水平可达惊人的 95%。

2007 年 G2E 大会的 iView 展厅里，我认识了劳丽 · 诺曼（Laurie

Norman)。她告诉我:“每个人都会接受识别高风险赌博行为的培训,连区域保洁也不例外。”诺曼语速很快,是一位能量满满的30来岁女性,在萨斯喀彻温省的一家赌场担任驻场问题赌博咨询师。在萨省,这类系统是强制使用的(iView的负责任赌博模块称iCare,要求“负责任的赌博场所现场配备健康专家,为玩家提供信息、教育和心理咨询转介服务”)。[84] 一旦诺曼收到发现风险赌博行为的提示,她就会去接触问题玩家。该算法的开发者、市场营销专家托尼·谢林克(Tony Schellinck)认为,这一系统“将对问题赌博的干预从诊所转移到了老虎机赌场”。

诺曼的干预技巧多种多样:

> 我教玩家了解机器,了解随机性,了解赌场怎么赚钱。我告诉他们,赌得越多,输得越多。我给他们看“安全于玩”的视频,甚至一台真赌博机的内部构造。有时,我会拿纸笔把随机性画成一条河流,告诉他们输赢没有固定的规律,只有永无止境的概率,所以他们永远不可能知道何时最该下手。

诺曼偶尔也会向赌博者展示他们总共输了多少钱。其中有一位顾客是农场主,在老虎机上输了整整25万美元,但是当系统明白无误地把这个数字呈现给他时,他并不吃惊。“他的问题不是意识不到或拒绝承认,所以我争取帮助他建立一些预算策略。”用诺曼的话来说,iCare项目的干预目标并不是说服玩家戒赌,而是“让他们别赌得太过”。就像本章探讨过的其他方法一样,这个系统背后的逻辑是风险管理,而不是病理诊断。诺曼解释说:“这不是诊断,而只是风险检测。就好比你去看医生,发现自己有发展出高胆固醇问题的风险,那么你就可以改变行为来规避这一风险,比如不要每天吃麦当劳了。”

与每一位赌博者接触完毕,诺曼都会在系统中录入笔记,为其他工作人员留下信息和后续随访提醒。通过追踪这些笔记和玩家的风险级别,系统可以“了解到”这些干预手段是否有效,以决定是否降低玩家的风险等级。如 iCare 的产品手册所说，玩家风险分数是“双向动态的……根据相关的依赖条件和行为，可以升级也可以降级”。其公司解释说，通过长时间追踪风险情况，赌场的运营者可以“持续性地测量、评估、监控并改善其处理问题赌博行为的方式”。[85] iView 的追踪系统虽然最终还是要把玩家引入自我管理程式之中，但却把反身性监控和风险干预的最初责任转移到了赌场身上。

为什么赌场经营者会支持这种责任转移？事实上，很多经营者想到要如此使用玩家追踪数据，都深感不安。谢林克还记得，赌场曾针对这个系统表达过连篇累牍的忧虑：“我们会不会因此发现，我们70% 的收入来源、50% 的客人都是问题赌博者？这个系统会不会把所有最好的客人都标记为问题赌博者？如果我们去接触这些客人，他们会不会掉头就跑，而这会不会影响我们的利润？”但是安装这一系统的激励大于风险。例如，与诺曼工作的那家相似的赌场，都是面向本地人的，非常关心长期玩家的留存。诺曼对我说：“你想要的是幸福健康、适应社会的玩家，这样他们可以一辈子是你的客户；你可不想把他们榨干，让他们恨你。”如 iView 的新闻稿中所说：“iCare 程序背后的理念是，随着赌博在全世界的增长，想要实现可持续发展，赌博行业就必须终生性地维系玩家。”

但是，最大最直接的激励另有来源。按 iView 的宣传材料所强调的，赌场必须设置“一种有效的风险管理策略，以防问题赌博引发官司”。可以看到，iView 要管理的首要风险，并不是赌博者方面的风险，而是赌博行业的经营风险。这一风险正内嵌于赌场的玩家追踪和营销系统之中，因为这些系统的设置就是玩家玩得越多，赌场就会越积极地对其进行营销。一组加拿大的研究者指出：“如果玩家输得越多时越受到赌博的引诱，那么可以认为赌博业是在‘主动教唆这些依赖潜质较高的赌博者’。”[86] 这里我们又看到了赌博业喜欢挂在嘴边的“意外后果”，而讽刺的是，这一回，赌场为了营销目标而积累的大量玩家行为数据，反而有可能成为一种责任——特别是考虑到这些数据本是用来实时地吸引玩家，借即时奖励和其他激励手段让玩家继续玩下去的。霍贝评论说："它们可能成为诉讼中的素材宝库。这些追踪数据可否呈递法庭，又归谁所有？不去分析它们算不算过失犯罪？"

在澳大利亚，赌博业对这些问题的恐惧甚至引发了一些丑闻。一位头部赌博企业的前事务部经理菲尔·瑞安（Phil Ryan）爆料称，他所在的公司与其他公司合谋关闭了玩家追踪系统，原因正是因为律师警告他们，该系统具有识别问题赌博者的力量，这将使他们背上责任。他说："我们的律师建议将收集的数据与个体玩家记录间的电子联系切断，让所收集的数据匿名。他提出，如果不这样做，我们最终会背上保护玩家的义务，继而必须把问题赌博者从我们的网络中移除，而这会伤害我们的利润。"[87]

在加拿大，保险公司发现了他们的赌场客户有实时的玩家数据，可用来识别问题赌博的模式，于是撤销了针对诉讼案的保险，迫使加拿大的赌博企业不得不承担起"保护玩家的义务"，正是澳大利亚的同行担心的那种。萨斯喀彻温博彩公司曾发表一份新闻稿，其中写道："鉴于保险公司不愿再为[赌场]经营者承保与问题赌博相关的索赔，经营者就必须承担起保护玩家的义务，以管理风险。"而 iView 对机器与赌客、追踪程序与工作人员、工作人员与玩家之间互动链条的记录，似乎正可以"让赌场有证据证明自己在保护自身利益的同时，也在保护玩家"。[88]

虽然美国素来对企业友好，企业很少需要负起保护玩家的义务，但美国的赌博企业还是日益关注起了追踪活动的法律风险。一些企业已经为预防诉讼风险而采取了初步措施。例如哈拉斯这家在营销活动中重度依赖玩家追踪数据的公司，已经禁止自家管理人员为营销而利用赌博者的财务和银行信息，以试图保护自己，免于被指责为鼓励玩家进行自身负担不起的赌博，或有意针对高可支配收入人群。[89]

同时，哈拉斯还引入了一个类似 iView 系统的基础版本，方法是将我们在第五章讨论过的幸运大使系统改造出一系列新用途。原来的幸运大使去追踪、接触玩家，是在系统判断有必要激励玩家继续赌博的时候，而新的真人大使队伍则会在发现玩家的赌博模式有害于自身时进行干预，请他们暂停一会儿或聊一下他们的行为模式。与 iView 的追踪系统和顾问类似，这些大使既不干预赌博机的机制，也不要求玩家在赌博过程中自我管理，而只是默默地监控赌博过程，只在发现风险时才会介入。虽然哈拉斯幸运大使项目的干预措施不像美国典型赌博企业那样强调玩家自我退出、自我帮助和自我监管，但它这么做的首要动机还是避免法律责任。[90] 一旦识别出问题赌博者，幸运大使还是会提醒他们参与到自我行为管理中来。

像本章讨论过的其他补救法一样，这种风险追踪手段也面临着同样的矛盾：它试图建立的保护性程序，基础正是唆使赌博者过度赌博的平台，且对该平台并不改动。iView 系统正体现了这一矛盾：它的成瘾检测算法和应急响应网络虽然和玩家追踪系统原本的营销目的背道而驰，但却正仰赖后者运行；iView 系统要对抗赌博机的唆使，但触发其运作的正是同一台赌博机。

风险管理的断层线

关于应该如何监管问题性机器赌博，在行业代表、监管方、研究者、消费者权益代表、赌博者及越来越多的律师之间仍然存在着争论。该由谁来负责？各方观点激烈地碰撞。赌博者、赌博机和赌场的内在运作机制成了争论的对象：我们应该期望消费者通过负责任的行为进行自我管理吗（或如果做不到负责任赌博，他们应该自己去寻找心理和药物治疗吗）？还是监管方应该强制赌博机向消费者公示程序设定好的胜率与错觉效应？或者应该在机器上加装 RGD 这样的“自控助手”，帮消费者对自己进行更为负责的反身性监控和管理吗？还是说，应该把这一任务交给后台运行的算法，让它们来追踪有风险的玩家，掌控相关的多重法律风险？又或者，我们应该改造赌博机的设计，保护玩家不受潜在的伤害吗？

围绕赌博机的争论，体现了普遍困扰西方社会消费领域的张力。在自由市场的思潮下，“消费者主权”的理想常与现实状态相冲突，因为现实中消费者与产品打交道常受到伤害；而且在“设计—消费”链条上，也有着诸多强大的不对称。然而各种补救法，不论是写在机器里、贴在机器上还是加装在机器外围，不论其形式是负责任赌博信息提示、张贴出来的胜率表、转轮的限速、预算表、预先承诺卡片还是联网的追踪软件，尽管有种种不同，但都遵循着同样的风险管理逻辑：都追求将风险降低而非完全消除，且它们最终的关切对象都是玩家个体的行为。在我们讨论过的所有方法中，只有少数几个考虑到了赌博机本身的行为，但即便如此，这些方法也仅仅聚焦在减少赌博机的特定设计元素带来的伤害上，而从未挑战写进赌博机的核心运作逻辑。赌博产品的消费者和与戒赌的成瘾者面临着相似的困境：都必须自己担起责任来管理自己的成瘾倾向，并同时参与旨在诱发这些倾向的活动。

结论

加大赌注

美国国家负责任赌博中心的 2007 年度大会始于一场议政论坛，举办地点是巴黎赌博度假酒店深处的一间大型会议室。霍华德·谢弗任大会主席，他的目标是针对问题赌博，“挑战传统观念”。与会者约 400 人，包含健康专家（24%）、学术研究者（24%）、赌博业从业人员（27%）、政府官员（14%）和来自其他专业领域的代表（11%）。谢弗说：“很高兴所有利益相关人士都齐聚一堂。”但他忽略了赌博者的缺席。

会议助理们在会场入口分发一种名为“反馈创新”的投票器，谢弗会针对一些广受支持的观点（如合法赌博会引发问题赌博的飙升）进行投票统计，我们就在这个手持设备上按小按钮。我们的反馈在经过传送和点算后，会显示在会议室前方的一块大屏幕上。每次投票后，谢弗会请持有“传统观念”的听众代表用会场正中的麦克风发言，并保证所述观点都将在后续的小组研讨会上一个一个地接受挑战。

有些听众并未遵守这一流程，反而挑战谢弗的观点。一名中年男子提出，赌博业资助问题赌博的研究，动机令人怀疑。“我们今天早些时候参观了[会场所在的]这家赌场，得知这里每天进账 200 万美元。既然赌博业这么赚钱，难道他们不会想保护这样的利益，应该没有什么动力去促进任何可能威胁这一利益的事才对吗？”谢弗不答反问：

"一边挣大钱，一边减少赌博的伤害，这难道不可行吗？"为了回应这个剧本之外的质问，谢弗抛弃了投票器，而是直接让听众举手。"这里有多少人相信，赚大钱和降低赌博的伤害有可能同时实现？"

另一位听众接过了麦克风："霍华德，这里说的不只是获利与否，而是关于'获利最大化'，这才是真正的问题所在。"谢弗问："获利有上限吗？上限在哪里？"会议室后排有人喊出了答案："赌博业没有上限！"前排的一位女士站起来指出，赌博业的收入正爆炸性增长，仅近期就暴涨为不久前的3倍。谢弗答道："我不否认，但这不构成一条批评，因为迪士尼也一样赚钱。"这位女士还没坐下，于是接着反驳说："迪士尼的游乐项目可是设了上限的。"虽然还有许多听众举手想要发言，但谢弗终止了这一讨论，让会议继续了下去。

最大化及其引发的不满

谢弗试图树起一个伦理框架，在这一框架中，赌博行业及其代表可以将行业对收益最大化的追求与问题赌博行为判然分开。但他遭遇的打断超出了他乐见的程度——超出部分大都来自非业内人士。如我们所见，赌博业的大部分从业者都倾向于将赌博成瘾问题与自己的职业行为隔离开来："我们的设计师根本不考虑成瘾问题，他们思考的是怎么打败巴利和其他竞争对手。这些人非常有创造力，都希望赌博机能创造最大收益。"[1]一位记者曾问时任巴利首席设计师的乔·卡明科（Joe Kaminkow），是否担心自己有一天会做出过于强大的赌博机，他的回答很简单："这算什么问题？"[2]

然而，我在研究过程中访谈过的大多数赌博游戏开发者都没有卡明科这样无畏。其中很多人似乎真心担忧，自己这些用于赌博机收益最大化的创意会引发怎样的潜在后果。他们陷在行业两极的不和谐当中，一边是赌博业在步调一致地塑造用户偏好，另一边却是行业也在坚持消费者主权不容侵犯。因此，他们时而在技术成就的叙事中充满骄傲，时而又为这些技术潜在的强大力量而深感不安。在接下来的内容中我们会看到，当被追问到自己在设计、营销、管理等方面的创新与问题赌博行为间有什么关联时，有些设计师会变得防备或虚无起来，有些则摆出一副坚定而有原则的姿态。合在一起，在消费者个体自由的理想与赌博业的劝诱实践之间的昏暗地带中，设计师多变的突破尝试，正体现了消费社会更为广泛的伦理断层。

2001 年 12 月，NCRG 还没有将其大会日期改到与 G2E 一致，那时其年会是在拉斯维加斯的海市蜃楼会议中心举行。会议的议程包含一次匿名戒赌互助会，大会参会者会收到列席邀请。互助会结束时，坐在我身边的一位男士感叹道："哇，这真的会让人深思。是我在日常工作中很少听到的一面。"说话的是丹尼斯，他 40 出头，长相英俊，戴眼镜，留小胡子，用精致打理的光头掩盖着自己谢顶的趋势。得知他是赌场经营者时我颇显惊讶，因为参加当年会议的大多是研究者、临床工作者和问题赌博咨询师。"是呀，我是个唯利是图的人，赚钱就是我的瘾，所以我出现在这里很奇怪。但市场在演进，我们这些人如果想要进步，就要紧跟变化。我不想我的赌场中出现强迫性赌博者，我不想毁掉人们的生活。"

当我们离开铺着地毯、做了隔音处理的会议中心，走进热闹的海市蜃楼赌博区时，丹尼斯沉思的神色消失了。他手舞足蹈地指着墙壁、地毯和老虎机给我看，向我描述他如何亲手打造自己管理的赌场。从他所说的来判断，他很明显是严格遵守了比尔 · 弗里德曼的赌场室内设计原则。"如果你用黄色砖块铺出一条路，那么客人就不会离开这条路进入赌博区——人们会觉得走下这条路好像跌落悬崖。我这里的设计有点像撞球机，把空间打碎成不同区域，再用地毯把它们连起来。"丹尼斯对自己的业务十分擅长，因此经营不佳的赌场常会请他做顾问。"赌场就像是一台大号洗衣机：把客户甩来甩去，把他们的预算都甩出来。"他拥有一项老虎机方面的专利，可以随玩家中头奖次数的累积而不断降低其胜率。丹尼斯说："技术正在赶上赌客的偏执。"

当一群刚才互助会的参与者走过我们所在的那排赌博机时，他又将话题无缝切换回了赌博成瘾问题。"关键是把强迫性赌博者筛出来。他们不是来享受赌博乐趣的，只是来满足赌瘾，把自己的一切都输光。"丹尼斯同意一位研究者借用他的赌场作为一项问题赌博研究的"试验场"。对于自己运营的赌场，他说："反正这赌场从某种意义上说就是一间实验室，分享一下又何妨。这些研究者都欢迎我，因为我是站在道德的立场上打了头阵。"对丹尼斯而言这里没有遭遇冲突：强迫性赌博者在来他赌场之前就已经是强迫性赌博者了，必须被"筛出来"；而对其他人，他则可以毫无愧疚地"甩来甩去"，用他自己所谓的"唯利是图"策略去榨取他们的预算。

而哈拉斯的商务拓展高级副总裁理查德·米尔曼，在面对自家赌场的伦理模糊地带时，就没这么坚定了。这间连锁赌场 90% 的利润来自 10% 的常客，作为掌舵人，米尔曼不禁担忧："我们做的事是对的吗？怂恿人来赌博是对的吗？"当他向一位高级别的同事吐露这一担忧时，对方拿出了早已准备好的伦理规避套话，也就是我们在前一章讨论过的"玩家责任自负"说辞："你没法逼人做他们本来不想做的事。"他回忆说："她的话减轻了我的担忧。"[3] 然而米尔曼发现，这种担忧还是会时不时地爬上心头，特别是在他与客户面对面的时候。曾有记者记述了米尔曼和三位"最佳客户"在 2008 年见面的过程。其中一位客户名为萝比，她每周开车去密西西比州蒂尼卡的哈拉斯赌场赌两三次，通常是在下班后。她会赌上一整夜，然后一大早开车回去上班。在她赌博的过程中，赌场的雇员会时不时地关照她，有时会拿给她食品和饮料，这样她就不需要离开机器了。他们会往她手机上打电话："萝比，你需要什么吗？"而另外两位最佳客户之一，在需要更多钱的时候，哈拉斯甚至雇她为员工，且允许她按自己的赌博时间来灵活安排工作。[4] 米尔曼向记者坦承，他"在听到这些最佳客户讲述赌博习惯时，开始感到恶心"。[5] 在说起自己在路易斯安那和印第安纳的本地赌场的经历时，他说："你开始看清是谁在赌博，特别是谁是我们的 VIP。"[6]

赌博游戏开发者加德纳 · 格劳特则是这样的人：他的一位同事向我将他描述为“一个天才，擅长使用新兴技术瞄准人性的弱点，让他们不是坐在那里赌上 5 个小时，而是 24 小时”。格劳特回忆说，当见到有赌博者玩他设计的机器时，他也感受到了类似的恶心。只要在公司的实验室里开发赌博技术，他就还能维持住自己是在从事“娱乐”行业的感觉。“但对我来说，这个工作中最艰难的部分就是焦点小组访谈，”他回忆说，“因为这时你就会看到你是在为谁造这些机器。你会与某位女士交谈，她依靠社保生活，一天却有 23 小时在玩你的游戏。这种经历会让我们有些人怀疑为什么要做这一行，怀疑整个行业。但我们又真的很擅长把这些问题合理化。”到 2001 年我再次与他交流时，格劳特已经离开了赌博业，供职于一家玩具制造商。[7]

“老虎机界的米开朗琪罗”兰迪 · 亚当斯在面对自己的设计可能引发的潜在伤害时，采取了另一种应对方法。他对此不仅不进行否认或合理化，反而积极寻求。远远早于丹尼斯在海市蜃楼酒店旁听戒赌互助会，亚当斯在 20 世纪 80 年代就定期参加赌博成瘾者的聚会，它们属于宪章医院的戒赌项目，该项目当时由罗伯特 · 亨特尔主持。“我加入这些小组，就好像我自己是强迫性赌博者。我不会说‘我是设计赌博机的’，而是伪装成他们中的一员。我会坐下来听成瘾者讲话，与他们交谈。”我问亚当斯，他希望在那里了解什么信息。他说：“当时我还在做很多赌博游戏设计，我希望理解强迫性的一面，因为我实在不想造出让人上瘾的东西。在道德上，我本人是完全反对成瘾性赌博的。我去那儿是为了知道不要做什么，因为我不想让玩家变成那样。”

不论我们是否相信亚当斯话中的诚意，他声称自己不想“造出让人上瘾的东西”，这相当于直接承认了产品设计对问题赌博行为起着关键作用。但是在这一点上，亚当斯的想法前后并不一致。他开始时在个体身上寻找成瘾的原因，表示“有些人就是缺乏自控力，会把娱乐变成上瘾”。但当我追问究竟是什么“把娱乐变成上瘾”时，他回答说“是游戏的设计”，然后又补充说这些设计特性“并非我们的本意，只是碰巧发展成了这样”。开始意指问题在个体身上，然后又暗示在产品上，最后他又将产品设计与设计者意图割裂开来。很多其他赌博游戏开发者也会这样表达，在他们口中，成瘾行为的责任总是从一处跳到另一处，从没有稳定的位置。

而我们在本书前文中遇到过的另一位赌博游戏开发者尼古拉斯·柯尼格,在设想成瘾的责任问题时则表现出了不寻常的一致性。“我承认我设计的赌博游戏有成瘾性。我在一开始就对自己所做事情的道德性持保留态度，现在依然如此，我真的很挣扎。”当时正值 2009 年 G2E 期间，我和尼古拉斯正坐在拉斯维加斯会议中心入口外的一个水泥台上。一位穿紫色丝绒套装的女士走过时，他对我说 :“这位女士就符合我们的典型用户画像。”

> 她年纪在 50 到 70 岁之间，有一些闲钱，而且我知道如何引她上钩。你知道，我不是特别想要利用这些小老太太的心理弱点——我可以直接这么说。我一点也不为之自豪。我不能坐在这里说，“我只不过是给炸弹上螺丝的，我只不过是组装弹头的”，因为我心里清楚，我做出来的东西一定会在某个地方摧毁什么人的人生。[8]

另一位业内人士理查德 · 许茨（Richard Schuetz），拉斯维加斯平流层酒店赌场的前 CEO，则有些特立独行，他坦陈自己的行业会制造伤害。时值 2000 年的第 11 届 ICGRT,许茨在一次午宴发言上直言不讳:“赌博人群中强迫、成瘾或其他问题情况的人占比多少，这个问题已经讨论了很多。但我作为营销专家和管理者，从来都觉得这是个蠢问题。在我看来，问题只在于获利，就是这么简单。而实际情况是，我们的收益中极为重要的一部分就是来源于那些在赌博方面有某类问题的个体。他们就是我的目标，我就是在瞄准他们。”[9] 用这种激烈的自述其罪的方式，许茨指出了一个“就是这么简单”的事实 : 赌博行业对利润的追求决定了它的行为方式，行业对利润的关注高于一切。一位赌博者曾告诉我 :“世界已经被大公司控制了，它们只关心钱。我不是说它们邪恶，有意把人变成强迫性赌博者——我一点也不相信这种说法。但如果它们能表现出明确的底线，那敢情好。”像许茨一样，他把问题总结为:“它们想尽量赚钱,所以想让人去赌博。就这么简单。”也许病因很简单，但要解决这个问题却没那么容易。

近来，我们在公共事务讨论中常听到这样一个观点：商业赌博企业,连同从这些企业抽税的政府,本身就是对赌博业的利润“上瘾”了。两位加拿大的研究者写道：“考虑到赌博机构对保护自身利益和利益最大化的执着，它们很容易获得一种‘成瘾’的世界观，其机构行为也会与成瘾很深的个体相似。”[10] 谢莉认为，像她这样的赌博成瘾者之所以不能自控，是与商业化赌博企业的行为缺乏控制有关系的，这些企业为了自身的业绩增长而教唆赌博者掏出越来越多的赌注：“它们总拿我们赌博的人说事，说我们总是没个够。但总没个够的其实是它们啊！它们关心的只是赚几百万，再赚几百万。”特拉华州的一位行业代表也持类似看法：“我们被行业利润冲昏了头。”南达科他州的一位参议员也说：“最后我们发现，最大的成瘾者其实是依赖[赌博业利润]的州政府。”[11] 南卡罗来纳赌博研究中心的主任弗兰克·奎因（Frank Quinn）也评论说：“它们变得和老虎机玩家一样，为长期问题求取速效法门。它们像成瘾赌博者那样开始追损。他们悬置了自己对现实的感知。”[12]

有些人甚至更进一步，认为赌博行业的利益相关者与普通成瘾者的心理防御机制一般不二，在追求利润最大化的洪流的裹挟之下，他们用了也在用那些典型的辩护方式将自己的行为合理化：“责怪他人，贬低相反的观点，不承认自己对负面后果负有责任，喜欢回避冲突，无法忍受直截了当地实话实说。”[13] 许茨自己就曾经是一个赌博成瘾者，回忆起自己担任赌场主管时的行为，他说：

> 其实当时我对问题的严重性了如指掌，因为我能看到赌场的数据库。但是我使用了大事化小、合理化、否认问题等各种方法来辩护——比如成瘾者在赌博人群中比例很小，每个人都

有权选择怎么花掉自己的钱啦，我做的是“娱乐业”啦等等。相关研究？如你所料，我们需要研究，需要很多很多。但我的目标是尽量拖延一切改变的到来，而不是获取知识。如果［赌博业的］存在看起来没有良心，这可能也说得过去，因为我自己还沉迷赌博的时候我也没有。

近几年来，“企业社会责任”（CSR）一词成了许茨所说的“良心”的代称。谢弗主持议政论坛的同一年，同样在赌城大道上，相隔不足几英里的地方，G2E大会新增了一系列研讨会，主题就是企业社会责任。在其中一场名为“何为企业社会责任”的研讨会上，主持人回忆说：“多年以前，在米尔顿·弗里德曼［代表的自由放任资本主义］称王的年代，企业要履行的责任就只是经营和获利。”但是，他认为经济非道德主义已经不是商业界的状况：“我们的经营环境与以往任何时候都不一样。”听众中有些人希望监管可以成为应对这一新环境的手段，提出政府应该“出手更重”“提供更多引导”，至少需要维持公众对赌博业正派程度的信任。也有听众对这一手段表示了担忧：“不要做任何强制，不要在我们头顶上挥舞大棒。因为这样一来只要撤掉大棒，或者没人在乎了，我们企业就会去找捷径。”所以他们提出相反的观点，认为手段应该是激励：“政府应该提供正面激励，这样我们赌博业就会自行改善，从内部行动起来。”但他们没进一步细说这样的激励到底可以或应该是什么。还有些人则对监管和激励都敬谢不敏，坚决支持弗里德曼的教条，认为企业只须对其股东负责，因此理应以任何必要手段追求利润增长。

另一场主题研讨会就大胆地支持了最后这一论点，其题目为“别管我们：关于放松监管和立法”。会上，行业研究者理查德·塔尔海默（Richard Thalheimer）大力介绍了一个案例：州政府部门对玩家中心的转轮老虎机放松监管后，西弗吉尼亚一家赌场的老虎机收入惊人地蹿升了687%。因为州政府监管的放松，所以赌场管理者就能“响应客户的各种需求——客户想在哪里玩赌博机，想玩多少台，想要什么机型、多大的下注上限，都可以满足”。在他看来，这一结果是一场“双赢”，因为“管理者的决策匹配了玩家的偏好，这会产出巨大的收益”。而这个行业供应呼应用户需求的欢欣叙事，却忽略了这一巨大收益远超正常水平，而它有可能就来自问题赌博者。[14]

鼓吹去监管化的人总喜欢说，赌博已经是受监管最强的行业之一了。在一篇近期发表的支持赌博业的论文中，作者写道：“随着老虎机的进化，监管也在变本加厉。很少有什么行业像赌博业这样受到如此重度的监管。”[15] 然而，如果考虑到文中提到的“州政府相关部门的严苛监管”的具体内容，那么上述措辞可能就不那么站得住脚了。实际上，监管机构会检查赌博机，只是要确认机器不易做手脚（即防作弊）、其资金审计系统运行准确（以方便会计和课税）及机器的“可靠与公平”（意即机器的 RNG 运作得宜）。此外还有一条让人迷惑的规则：近失效应出现的频率最多只能比纯粹随机情况高 6 倍。[16] 尽管 AGA 声称“监管者严密关注着赌博游戏创新带给消费者的影响”，实际上根本不存在任何测试（而其他消费品如食品、药品、汽车、儿童玩具等都有此类测试）用以评估机器的特性或玩家追踪系统对玩家的潜在伤害，也没有赌博机设计方面的安全指导意见。[17] 我们用了整本书篇幅讨论了赌博机的种种特性及相关系统对玩家心理和行为的严重影响，而这些方面都被监管者完完全全地忽视了。机器赌博恰恰“不是普通商品”，而是一种连续小额消费的产品，每次消费后都紧跟着又一次消费，这种连续模式会动态地影响玩家继续消费的倾向，正因为如此，监管的缺位才格外令人担心。[18]

很多记者和赌博行业的批评者经常指出，现存监管方式的首要目标是促进和保护商业赌博的利润，是为企业和政府的利益而非消费者服务。[19] 赌博业与其监管者的这种合谋，在我们之前提到的由 AGA 和 GLI 共同撰写的支持赌博业的文章中体现得非常明显，而这两家机构正是美国老虎机的核心监管机构。[20] 某监管审核实验室的一位主管说，这种监管审核流程“是一种共生关系，大家你帮我，我帮你”，因为赌博行业和州政府都“可以从高效的审核流程中受益，因为这样机器（老虎机）就可以立即打入市场，开始为双方赚钱”。[21] 在 2007 年的 G2E 上，一位业内人士详细阐述了赌博机制造商与监管实验室之间的这种共生关系：“我们的技术总在逐步升级，所以我们需要经常教育监管者。我们花很多时间和他们混在一起……[我们问他们]‘我们想做这件事，怎么才能做成？’他们就会回答：‘要是这样这样做，可能就很难。’他们就会帮我们出主意。”[22] 赌博与法律领域的顶级权威 I. 纳尔逊 · 罗斯曾在文章中指出：“有时很难让监管者们理解，他们的工作不是帮赌场实现利润最大化，而是保护大众甚至赌场自身免于自我毁灭。”[23]

柯尼格做了一个类比，把赌博业的产品与运营比作掠夺性贷款行为和所谓金融创新产品——正是这两者加上监管的缺位引发了近期的经济崩盘。[24] 他在 2009 年对我说：“从这次金融危机中我们能发现，那些活跃分子本来可能是赌博游戏方面的数学家，为里诺市的老虎机制造商工作，结果却跑去纽约和芝加哥做股票经纪人，发明了所有这些奇怪的金融工具，还搞定了监管部门，允许他们在支付过程中不使用第三方托管等等。”他说，赌博业对于提高利润的短视逻辑和它与监管者之间培养出的亲密关系，并不是例外事件，而是系统性的现象：

> 我最近发现赌博产品这样的易成瘾性在好多行业中都有，有时这些行业的营销做得比赌博业更歪门邪道。保险业是其中最糟糕的。**我们在赌博业中看到的问题，实际上正在更为广泛的范围内发生着。**我说这些不是为我自己或赌博行业找自我救赎——这行实在太过机会主义了，需要更好的监管。

当我问柯尼格对赌博业更好的监管方式到底是什么，以及如何抑制这种“易成瘾性”时，他也抛出了限制方面的问题，与谢弗在议政论坛上遇到的一般不二：

> 嗯，有些别的国家对待赌博的态度更为健康。它们不把赌

图 11.1　内华达州里诺市的 IGT 生产设施。下载自 IGT.com 媒体库

博当作一种简单的消费交易，而是看到了赌博的本质——一种特别容易失控的东西。所以在这些国家赌博业没那么有自毁倾向，因为赌博活动受到了限制。有了这些限制，赌博活动就可以当作人类行为的一种自然形式加以容忍，绝不会变成美国这样失控的状态，因为这些国家设了安全网，这样赌博就没有那么多的暗能量了。而在美国，我们在放任大家自我毁灭。

一阵沉默后，柯尼格用一段有些虚无的话作结道："但我觉得严厉的监管可能永远不会在美国出现。赌博行业扎根太深，纳税太多，说客们也太强了。只要监管出现一点空子，我们这样的人就会大钻特钻。”

染指新市场

稳坐美国的赌博业因追求短期利益的最大化，产生了很多“暗能量”，但它非但没有寻求有效的消减之法，反而在积极地染指新市场。当前的经济衰退更为这一努力火上浇油，赌博业正将高强度重复性赌博的秘方推广到其他州、其他国家和新的市场人群。据 AGA 报道，赌博设备生产行业“在经济艰难的环境下，仍表现出了增长”。[25] 虽然从 2008 年开始，赌博行业的整体收入遭遇下滑（2011 年又开始反弹），赌博机供应商却在国内外市场均创造了业绩新高。

在美国国内，赌博机的这种强势表现源于政府的推动，很多出现财务问题的州政府都在推进机器赌博的合法化，或扩展其许可范围。2008 年 G2E 中一场名为“北美新兴市场”的研讨会广告中写道：“当前每个州政府都面临着严重的预算赤字，所以赌博易获批准的州比以往任何时候都多。”2010 年 G2E 的老虎机制造商圆桌会议上，一位研讨嘉宾说：“未来我们回顾这次预算危机时，看到的将是行业的急速扩张。”当时，伊利诺伊州和俄亥俄州刚刚将机器赌博合法化。其中俄亥俄的州长，一位卫理公会牧师，从原本反对视频老虎机转为支持，理由是它可以为本州带来 7.6 亿美元的净收入。[26] 在本书付印之时，马萨诸塞州也正准备实施其新通过的赌博法案，其他几个州也正在考虑类似的法案。而在几个赌博已属合法的州，政府则提升了赌博机的面额和下注上限，还有些州把它们业已入不敷出的跑马场改成了“跑马赌场”，* 其收入至少 90% 来自老虎机。[27] 2008 年 G2E 大会上，一位演讲者说：“各州政府正在大量失血，增收是燃眉之急。各州也都在看着其他州，因此有更大范围的焦虑。这是一场军备竞赛。”[28] 一些行业分析师怀疑，此等赌博机扩充热会不会稀释它们快速生钱的能力，

---

* 跑马赌场（racino），跑马场（racetrack）和赌场（casino）的混合体。

另一些则认为消费者的需求会跟上机器的扩张速度。

为了确保这一需求，赌博业正不遗余力地锁定新的国外市场，使技术驱动的赌博业模式有用武之地。在 20 世纪 90 年代，有数个原本反对赌博的国家因财政需求接受了赌博业的这一模式（如加拿大、澳大利亚、新西兰、瑞典、挪威、南非和英国），与那时类似，现在非洲、东欧、中东和拉丁美洲越来越多的国家和地区也向机器赌博敞开了怀抱。[29] 一位业内记者在 2005 年写道，以墨西哥为例，其迅速发展的赌博机市场“对美国的供应商来说可是好消息，他们正整卡车地将设备运往边境线以南的赌场”。[30] 同年，另一位记者这样写俄罗斯：“这是一个快速奔向成熟的市场……有着高重复率、十分懂行的玩家群体。”[31]

在向新海外进军的过程中，赌博机也会采用不同的设置。因为各个国家和地区会接受不同的赌博游戏类型，采取不同的产品标准和监管细则，涉及个人和政府应为问题赌博承担怎样的责任时也有不同的文化态度。[32] 但尽管各地的市场在游戏内容、营销方式和政府政策上存在差别，机器赌博的核心准则都是一样的。[33] 一位面向墨西哥市场的赌博机供应商的高管说：“基本上，我们做的就是建立玩家的习惯。我们把机器运过去，玩家开始熟悉它们并爱上它们，然后这些玩家就保住了。”[34] 按此说法，新市场的形成是由接触到熟悉，再由熟悉到习惯。

而在亚洲，这里人口超过 40 亿，老虎机数量却不足 3 万台，因此这个大洲特别是远东地区成了机器赌博业争夺市场、培养用户习惯的最前线。按金沙公司（Sands）CEO 的说法，亚洲能容下“五到十个拉斯维加斯”。[35] 一位行业分析师在 2006 年写道：“全行业、特别是老虎机制造商的整体看法都是，亚洲玩家一旦接触老虎机，对它的喜爱都会接近甚至匹敌美国玩家。”[36] 但让原本喜欢传统桌上赌博的亚洲人“接触”老虎机，目前看来仍具有很大挑战。一位赌场高管说：“我们曾希望找到一种方法把玩家从桌子上拉下来，但这事真的很复杂，因为有一整套社会因素在里面。”[37] 2007 年 G2E 上，AGA 的总裁法伦科普夫在主持“未来展望：21 世纪的电子赌博”这一研讨会时，也提出了类似观点：“中国文化是一种公共文化，而独自一人坐在赌博机前玩并不公共。”澳门是远东的赌博中心，这里一家赌场的一位前老虎机运营总监说：“我们在吸引玩家使用这种产品时大费周章。”对此他的解释是，本地的赌博者是“为赢而玩”，因此喜欢波动性更大、赌注更高的桌上赌博，而非低赌注的机器赌博，机器的主要吸引力在于“机上时间”。[38] 比低赌注、孤立特性更大的文化障碍是机器赌博的电脑化界面。中国台湾地区一家赌博公司的总裁评论说：“亚洲玩家对任何电子化的赌博游戏都抱有很强的怀疑态度。他们认为，每一局游戏的背后总有一些事先定好、算好的因素，因此他们不信任赌博机。”[39]

2010 年，澳门赌场收入中仅有 5% 来自老虎机，这与美国赌博市场的比例形成了鲜明对比。这个数字尽管很低，但相比于 2003 年的区区 0.8%，也已经是令人刮目相看的增长了。行业分析师预测，随着这一市场“最终熟悉并开始信任赌博机”，这一地区来自老虎机的收入最终将超过桌上赌博。[40] 部分原因是，分析师们相信，随着年轻一代玩家进入市场，这种信任会系统地增长。一位赌博业高管认为：“中国是世界上电子接受度增长最快的国家，这将培育出大量接触电子游戏的新一代玩家。目前这一进化过程还在初期，我们将继续推进。”[41]

为了培养存量市场对赌博机的信任，赌博业已经在投资开发“自动化”的桌上游戏。在这种新的形式中，传统的团体式游戏，如扑克、21 点甚至花旗骰都被改造成了电子形式。玩家仍然围坐在桌前，但每人面前有独立的屏幕和操作台，真人荷官则被桌子中心的大屏幕取代。有时大屏幕上会出现模拟的庄家角色，可与玩家对话甚至做模拟的眼神交流。[42] 因为电子化的桌上赌博包含了玩家们熟悉的、非虚拟化的元素（如跳动的骰子、滚动的小球或是卡牌被发到玩家手中），它们“可以成为教育玩家接受电子技术的工具……对我们而言是将玩家从赌桌转移到视频老虎机的出色催化手段，或者说是改变玩家习惯的催化手段”，一位亚洲赌博的高管如是说。[43] 在澳门一家赌场安装的电子桌上游戏“吸引了众多玩家，让他们逐渐也愿意去探索那些闲置的老虎机了”。赌博业期望本地玩家在“习惯机器”之余，也能习惯使用追踪玩家的会员卡。[44] 巴利的一位代表在 2010 年亚洲国际博彩娱乐展会

（G2E Asia）上评论说，赌场具备了监控和分析玩家行为数据的能力，就可以“赢得老虎机玩家全心全意的喜爱”。[45]

电子化的桌上赌博技术，在亚洲赌博业高管眼中是帮本地市场适应技术化赌博界面的一种转化手段，但美国的同行则期望借这一技术创造一块全新的细分市场，吸引那些顽固派桌上玩家。2009 年，一篇名为《未来赌场》的文章写道：“最终，玩家将对桌上赌博完全断奶，转向电子屏幕。”[46]（作为这一未来的先锋，全球第一家全自动化赌场在 2009 年开业，名为“Indiana Live！”。）相比于非电子化的前辈，电子桌上赌博能显著增收，这不仅因为它可以消除人为失误（如看错牌、不小心把牌翻开、发牌不准或支付错误），还因为它大大加速了游戏的步调（以扑克为例，游戏的加速能增加赌场的“抽水”）。[47] 某公司名为“扑克科技”（PokerTek），其工程师还给自动化扑克桌加上了“跟赌功能，服务于那些已经弃牌、暂时出局的玩家”。[48] 他们解释说，这些玩家可以“小赌一下荷官下一张翻开的是什么牌”或“赌三张悬牌（明牌）会不会是红色的，或者赌其他很多可能性”。这些跟赌“可以让玩家始终参与赌博，让他们玩得更久”，而且因为这些玩家的对赌对象是庄家而非其他玩家，这样的牌桌具备的获利能力可以比肩赌博机。[49] 和在亚洲一样，这些自动化牌桌的另一个好处是让赌场有能力追踪玩家实时行为的各种细节，这是传统牌桌无法做到的。

赌博业还希望这些电子牌桌可以帮助吸引到一批在线赌博者。这些在线赌博者在过去十年中，逐渐培养出了通过操作个人电脑在线玩传统赌博项目、如 21 点或扑克的习惯。[50] 赌场经营者发现，熟悉互联网赌博的玩家会受电子牌桌“吸引”（而不去玩真人桌上赌博），因为“他们喜欢流畅的节奏，想玩得更快，下注也更激进”。[51] 在线玩家喜欢“私密性，用自己的屏幕玩就可以，而无须担心其他玩家”。[52] 一位在线赌博者在一篇博客中赞赏了这种电子牌桌：“它的体验与在线赌场中玩 21 点几乎完全一样，完全没有真人赌桌上那种玩家之间的社交。”

从这些观点中我们可以明显看出，在美国，在线赌博虽然在合法性上处于灰色地带，但仍大受欢迎，并且是玩家赌博习惯向去社会化

图 11.2 2007 年 G2E 澳门专场上，与会者体验扑克科技公司的自动扑克桌。照片由 dyas-2think/flickr.com 提供

的机器赌博迁移的过程中一支重要的力量。虽然那些受欢迎的在线赌博（如扑克）是多名玩家一起玩，但每名玩家都是独立在自己的终端上进行游戏，可以通过“开多桌”的方式（同时加入多个牌桌）避免等待他人。[53] 这与机器赌博有着同样的示能：退出线索不明，给予玩家同样的选择节奏、重复性、连续性和对自我内在状态的调控感，从而让在线赌博比真人赌博更容易让人产生强迫性。[54] 2006 年，一位作者在描述在线扑克成瘾问题时说：“前后各手都环环相扣。时间变慢，慢到让当下成了永恒，一系列从紧张到高潮的过程永无止境。玩家逐渐感觉不到赢和输之间的差别。”[55] 内华达大学展开的一项消费者心理研究进一步探索了在线赌博的现象学特质，发现那些从真人赌桌转到居家在线赌桌的拉斯维加斯本地人感到，在线赌博不是“社交性的”，而是“匿名的”；不是“兴奋的”，而是“沉默的”；它的特点是“弱化接触”，而不是“感官刺激”。同时，在线赌博还放大了玩家的错觉，

使他们误判自己对投入的时间金钱及对游戏结果的控制力。[56]

电子牌桌和在线赌博正在拓宽玩家的兴趣，使其转向孤独沉浸式的机器赌博，与此同时，另一种新型老虎机也在耕耘着“年轻人市场”，将当今视频游戏的特性与赌博机进行整合。拉斯维加斯有家赌场很受 40 岁以下人群欢迎，其总裁小乔治 · 马卢夫（George Maloof Jr.）说：“老虎机制造商们需要搞清楚怎样发展这些年轻玩家。”[57] 2008 年 G2E 上有一场名为“美丽新世界”的研讨会，会上，IGT 的一位产品设计师提出，要实现这一目标，须“打破转轮范式”。[58] WMS 开发了一种基于技能的操作型沉浸式赌博平台，名为“自适应赌博”（Adaptive Gaming）。它提供“一种玩家熟悉的游戏体验，类似互联网、电子商务和操作视频游戏”。[59] 这类赌博游戏将玩家纳入一套成长机制，随着游戏的推进，玩家可以不断解锁新功能、升级、保存进度以供事后读取，甚至可以在别的赌场、别的州继续游戏。最近还兴起了所谓“公共赌博”的风潮，虽然玩家还是玩自己的专属机器，但可以与同一排机器上的其他玩家竞赛。这同样反映了一种吸引年轻消费者参与原子化机器赌博的企图，方法就是将他们熟悉的视频元素整合进来。

从这种整合思路出发，一些业内人士也畅想让玩家在自己的手机或掌上电脑（PDA）上下注。这些新媒介能让赌博活动和用户追踪更为持续，融入到玩家日常生活的行动、交易和节律之中——有赌博业高管说：“越来越多的人开始使用手持设备，这些设备正在成为我们文化的一部分。”[60] 上述畅想如果实现，带来的不仅仅是消费者市场的扩张；在更为亲密的尺度上，它将进一步牢固主观回避、情感操控、风险管理等有赖技术支持的行动，这些行动正是机器赌博及其他当代人机交互的特征。这个意义上，电子化赌博运动进军新消费领域，与它进军新地区一样，是“机器迷境”和技术本身的双重扩张。

几率的游戏化

本书伊始，我回顾了早期民族志研究对赌博的看法，即赌博是一种极富意义的社会性存在主义戏剧。在20世纪60年代的美国，欧文·戈夫曼将这种活动描绘为一种角色竞赛，认为借此个体可以从官僚化、同质化的单调日常生活中解脱出来，参与到一种举足轻重的活动之中，去面对运气的各种风险和可能，体会“命悬一线”的感觉。戈夫曼与他前后的其他作者一样，对机器赌博持否定态度，认为它是一种浅薄的活动，对个体生存无足轻重，也无法帮我们更了解自己或这个世界。而我自己的民族志研究则基于完全不同的出发点，按照莫莉的地图，我在本书中依次探讨了环境、技术和实践，它们都围绕着人机相遇这个中心。我试图从设计逻辑、体验形式和人机相遇时危在旦夕的文化价值上找到一些线索，讨论这些线索在更一般的当代生活方面能告诉我们什么。

戈夫曼时代的社交型赌博者，是在“保留一丝对行动后果的控制和完全失控之间”追寻一种“命定感”，将其作为分开二者的“阈值标记”；而今天的重复性机器赌博者则从这种阈值处退缩了，转而追求一种平滑的、与世隔绝的迷境，而其中不会发生任何意外或惊讶——用莫莉在本书前几页的话来说，这迷境就像“风暴眼”。[61]他们不再享受命悬一线的人生中开放和波动的一面，而是被吸引进了受控的情感体验和迷境的“完美偶发性”之中。我在本书中提出，迷境的吸引力不仅仅是赌博成瘾的个体身上一系列极端倾向的某个症状；这之外，它还反映出围绕着多变的经济和社会环境的深刻焦虑，以及流行的社会期望激发出的矛盾心理——社会期望每个个体都做到灵活、适应性强，随时准备好调整自己以适应不断变化的环境。

机器赌博物质层面的构造也迎合了迷境。如我们所见，商业赌场的老虎机区，在设计时本身就考虑到空间上的保护性和控制性，好让赌博者“在其实没有运气的地方碰运气”。[62]赌博机及其附带的金融技术、追踪技术，它们的设计目标就是促进情感的平衡，从而促进玩家持续赌博，进而有利于“持续的生产力”。像赌博者一样，赌博行业也力图凭技术手段来管理运气／几率，它那些经过深思熟虑的设计、管理和营销技术，就是为了通过降低不确定性、风险和责任来确保一定的收益。社会学家詹姆斯·科斯格雷夫写道："赌场中的准则就是计算概率，庄家必须尽可能拥有优势，一切都不要留给几率。"[63]这并不是说赌博业想要根除偶发性，而是说它希望对其进行培育和控制。从19世纪兴起的统计计算思潮中，伊恩·哈金（Ian Hacking）发现了一种"对几率的驯化"（taming of chance），我们正可以将赌博业对偶然性领域的理性化看作该"驯化"的一种变体,称之为"几率的游戏化"（gaming of chance）——可以说,这种理性化的方式并没有对抗偶然性、游戏或情感，而是利用了它们。[64]

在一位企业家提出的所谓"赌博保险"的愿景中，我们能明显看到赌博者和赌博行业希望在风险中划出一个确定性区域的愿望：

> 几乎在生活的每个方面，消费者都可以购买保险，以防遭遇意外的财务逆境。那为什么投保对象不能是赌博输钱，比如一定时间内损失超过某个额度，或意外出现一连串坏运气？赌场也希望玩家有所保障，好从玩家身上赚更多的钱，也不致让玩家在遭遇统计上无法避免的坏运气时跑去竞争对手那里。[65]

他将"赌博保险"和其对几率损失的保护描绘成赌博行业和玩家之间的互惠合作关系。然而就像我在本书中一直在讨论的那样，围绕着管理偶发性的需求，玩家与赌博业间的结盟徒有其表，背后隐藏着风险与收益、控制与强迫、损失与收益等多方面的不对称性。

玩家通过赌博进行自我调节，赌博行业则利用赌博的行为工程学赚钱，双方的实验最终在赌桌或赌博机上相见了，但双方面临的风险完全不同。赌博成瘾者进行机器赌博，是为了将自我悬置在一种情感平衡态中，而不是为了在获胜的顶峰使货币回报最大化；他们会根据游戏的结果校准自己的游戏方法，如果发现任何不平衡的地方干扰到"机器迷境"，他们都会调整节奏或下注的强度，来维持持续稳定的情感体验。[66]而赌博行业的建筑师、经理、技师等人，他们的工作就是帮助玩家达到这种迷境状态，同时设计游戏的时间表和营销系统，持续、巧妙地在玩家与机器的交互中加入一些失衡，好不断提升游戏的强度和时长，或者用赌博业的行话说叫“推高筹码”。[67]为应对这些失衡，维持迷境的平稳态，赌博成瘾者必须不断加大在机器上的投入。这些投入不仅维持了迷境的内在平衡态，也维持了技术、设计实践、监管政策和政治经济价值等外部因素的组合体，正是这套组合体设定了将玩家套牢的人机关系。

在本书开头的地图中，莫莉画出了自己眼中的这套组合体。在其后的几章中，我试图为这张地图补充细节，同时也希望扩展这一框架，看赌场设计中的建筑曲线与赌博机操作台设计中的人体工程学曲线是借什么路径连接起来的；看赌博软件的算法与玩家游戏模式之间的关系如何；探寻赌博者生活中的剧烈变化与他们为求解脱而借重复性下注营造出的顺滑迷境之间的联系；探讨成瘾与自救，赌博企业开展的消费者负责任赌博运动，以及围绕“何为对赌博产品的最好监管”展开的政策论辩。每一步我都试图找到体验与设计之间的动态关系。除了可以帮助我们理解机器赌博成瘾的个案之外，莫莉的地图也隐含了一种方法论上的分析框架，借此我们可以剖析当代生活的种种复杂性、后果和挑战，它们都因人与技术的亲密纠缠而生，也都处在这样的纠缠之中，而这种人与技术的纠缠早已成了当代生活的根本性特征。

注释

引言　画出机器迷境的地图

1　Legato 2005b, 30.

2　“Slot Symphonies: The Importance of Peripherals,” G2E 2009. 我们可以把赌博机看作一种“异质设计”（heterogeneously engineered）的人造物（Law 1987, 113），其中聚合了多种不同形式的科学知识和工业创新，且自身也处在不断创新、调整和改良的过程中（另见 Woolley 2008）。

3　想了解当代赌博机更为完整的谱系，可见本书第三章。在赌博机的命名上，国际各地区有相当大的不同。在北美，有实体转轮的机器被称为“老虎机”（slot machine）或“步进老虎机”（stepper slot），因为其中使用了步进电机（stepper motor）；而基于屏幕显示的设备则被称为“视频转轮老虎机”（video reel slot）和“视频扑克”（video poker）。在澳大利亚，机器提供的都是视频转轮游戏，但却笼统称为“扑克机”（poker machine）或“扑扑机”。在加拿大，以及美国的一些司法辖区，有“电子彩票终端”（video lottery terminals，VLT），一台机器可提供多种游戏（扑克或视频转轮）；所以叫“终端”，是因为每台机器的游戏结果都来自一个中央系统，所有机器都与其联网，就像州立彩票一样。在英国则有“水果机”（fruit machine）、“头奖机”（jackpot machine）、“有奖娱乐机”（amusement with prizes，AWP）等“固定胜率赌博终端”（fixed odds betting terminal），通常指有 4 个转轮和 1 条中奖线的老虎机，特点是最高花费速率低，游戏速度慢；这类机器也出现在德国、西班牙和日本。日本则有“柏青哥”（弹珠机），是一种用极小的金属珠玩的一种弹球类的游戏；它还有在老虎机上的一种变体，叫“柏青哥老虎机”（パチスロ），其奖品不是现金。在指称不同类型、不同地区的赌博机时，业内代表常使用“电子赌博机”（EGM）或“电子赌博设备”（EGD）的说法。笔者则统一使用“赌博机”（gambling machine）这一名称。

4　有些赌博机还会张贴其“理论赔付比率”（theoretical payout percentage），也称“玩家回报率”（return to player，RTP），即玩家赌博极长时间（如玩 100 万次）后能得到多少回报。赌博时间短的话，回报相距这个数字可能有很大偏差。RTP 需要精确到小数点后一位，由工厂生产的电脑芯片决定，州立赌博管理机构会对此进行抽检（Cooper 2004, 116）。不同司法辖区对 RTP 的最小值有不同的要求；在拉斯维加斯，这个数字是 75%。电子赌博机制造商通常为赌场提供 5 种不同的赔付比率，从 88% 到 97% 不等。如果赌场需要某游戏的 RTP 为 94%，该游戏的芯片就会依此设定；赌场如果后面想改变 RTP，就必须新买芯片插入机器。一家业界顶级制造企业的游戏开发者告诉我："从劳动量的角度来说，赌场没道理总是给机器换芯片——成本太高，不切实际。"想了解更多关于 RTP 和其对玩家的切实影响，可参见第四章和第十章的相应正文段落及注释。

5 Todd Elsasser of Cyberview, panelist for "Server Based Gaming II: The State of the Industry," G2E 2007. 用行动者网络理论（actor network theory）来解释的话，电子赌博机已经成为了赌场大网络系统中的一个"厚节点"（thick node）。我们将在第五章讨论，随着"网络化赌博"（也称"可下载赌博"或"基于服务器的赌博"）的兴起，此时赌博游戏内容、客户追踪应用和其他服务都存在于在线服务器上，可下载到每一台赌博机中，此时老虎机在赌场进一步占据了核心位置。

6 Turdean 2012. 1980 年，内华达州有 45% 的赌场空间是专门运营投币式赌博机的，到 90 年代后期，该数字升至 80%（Thompson 1999; Garrett 2003），在大西洋城，情况也是一样（Marriott 1998, G7）。

7 尽管真人扑克从 2003 年开始有所回暖 [当年的世界扑克大赛（WSOP）经电视播出，一位业余选手赢得了 250 万美元的头奖]，但在 2007 年，只有 3% 的消费者表示这是自己最喜欢的赌博游戏（AGA 2008a, 3）。在赌场眼中，扑克常被认为是对赌场空间的浪费，因为这是一个需要技巧的游戏，是玩家们彼此竞争而非玩家对抗庄家，这让赌场很难占据优势（而只能从玩家那里收一点点筹码费或从每一局中拿一定比例的抽成）。历史上，拉斯维加斯少数几家保留了扑克室的机构，都是为了吸引想与本地冠军比赛的富有客人。自从扑克上了电视之后，更多的赌场开设了这项活动，但是 2005 年它似乎已经达到了顶点（同上）。Marc Cooper 写道："得州扑克和其他桌上赌博也许是电视和本 · 阿弗莱克等名流的新宠，但赌场只关心机器、机器、机器。"（2005, 121）

8 Panelist for "State of the Industry," G2E 2003. 在内华达州，机器对赌博业收入的贡献（70%）通常低于其他州（83% ~ 92%）（AGA 2011）。

9 Quoted in Rivlin (2004, 44).

10 很多人认为来自赌博的收入是一种"智商税"（tax on stupidity），也有人认为这是一种"累退税"（regressive tax），因为它是从弱势群体吸取收入，放入公共收入池，也就是对财富做了向上再分配（可参见 Volberg and Wray 2007）。且不论哪种观点正确，各州政府一直都在试图借赌场税收来弥补预算赤字，这一状况推动了赌博业过去 30 年来在美国的扩张。就在不算久远的 1976 年，内华达州以外的美国还没有赌场，连允许发行彩票的州也只有 13 个；而到今天，除了在夏威夷和犹他两个州之外，在任何地方你都有办法赌上两把，连印第安部落的赌博业也从 1988 年诞生以来成长为一个近 270 亿美元的产业，今天印第安人在 28 个州运营着 442 家赌场（*North American Gaming Almanac* 2010）。

11 在美国，直到 19 世纪前五六年，gaming（直译为游戏）和 gambling（赌博）还是一对同义词，但后来 gambling 一词开始专指针对不确定事件下注的行为 [虽然 gaming 一词最晚在 20 世纪 20 年代已在内华达州监管语境中使用（Burbank 2005, 4）]。20 世纪 70 年代，在赌博业洗白自身形象的运动中，《华尔街日报》开始用

gaming 一词代替 gambling。到 80 年代后期，其他媒体渠道也已纷纷效仿，而到 90 年代，这一用法已经获得了广泛的认可。作为对这一语义变革的辩护，AGA 引用了《牛津英语词典》，说 gaming 一词可追溯到 1510 年，比 gambling 一词的使用早 265 年（AGA website, americangaming.org/Industry/factsheets/general_info_detail.cfv?id=9, accessed February 2007）。尽管如此，英语词典中，一致地把 game 定义为需要技巧的活动，而把 gambling 定义为与几率相关的活动。鉴于赌博业目前 3/4 的收入来自机器赌博游戏，而此类活动极少或根本不需要技巧，我在本书中使用的是 gambling 一词；使用 gambling 的另外一个原因是希望将赌博与家用电脑游戏、街机游戏及其他不需要下注的游戏加以区分。

12 1983 年，仅 37% 的赌场玩家表示赌博机是他们最喜欢的赌博形式；到 2005 年，这一偏好比率升至 71%（哈拉斯美国赌场赌客画像 1991—2006）。关于技术变化与玩家偏好变化之间的关系，参见第四章。关于技术创新与“赌场赌博的需求侧变迁”的关系，相关的商业史视角研究可见 Ernkvist 2009。

13 *North American Gaming Almanac* 2010, 2. 没有包含在官方统计之内的非法赌博机可能包含“8 行机”（8 liner machine）或“购物抽奖机”（sweepstakes machine）；这些机器返给玩家奖票，可以拿到吧台或找赌场经理兑换成现金。关于如何设置机器可以绕过监管限制，更多信息可见 Plotz 1999 和 Robertson 2009。

14 第 11 届 ICGRT 专题会议“问题赌博者：着重于机器赌博”的主持人发言（Las Vegas, 2000），另见 Bernhard et al. 2007, 2。

15 一台老虎机的典型成本（不考虑赌场租用或与厂商分成）约在 1 万～ 1.5 万美元，取决于其游戏是标准版还是高级版（Stewart 2010），典型的“生命周期”（lifespan）为 7 年。一台机器在一些市场中无需百日就能回本，在竞争更为激烈的市场中时间会长一些。随着一些赌场转向“基于服务器”的赌博（赌博游戏内容可从在线菜单下载到机器上），很可能还会出现新的定价策略。

16 Quoted in Cooper (2004).

17 Quoted in Anderson (1994).

18 1999 年，一些社会学家看到了两个方向的趋势：“拉斯维加斯正变成一个越来越典型的美国城市，而美国的其他地方也变得越来越像拉斯维加斯”（Gottdiener, Collins, and Dickens 1999, xiii）。

19 一些反乌托邦式的看法可见 Brigham 2002; Cristensen 2002; Moehring 2002; Epstein and Thompson 2010。这些作者指出，当地的社会问题正表征了市政府对人类福祉的忽视，以及这种忽视带来的持续性“贪婪危机、自私危机和愚蠢危机”（Epstein and Thompson 2010）。拉斯维加斯在贫困、犯罪、破产、机动车事故、儿童虐待、各类成瘾及最为著名的自杀问题上，都得分畸高。拉斯维加斯有全美最高的自杀率，是全国平均值的 2 倍，自杀者中相当一部分是本地居民（“Suicide Rates by State” 1997; Woo 1998; Wray et al. 2008）。

20 Rothman and Davis 2002, 5.

21 1969 年的这项法案是 Howard Hughes 推进的结果。他安排了一群说客，终于赢得这一法案的通过，使自己得以在赌城大道沿线购买地产。据一位赌博研究者的报告，到 1976 年，70% 的赌场收入来自 19 家赌场，其背后的运营者是 12 家位于赌城大道上的上市企业（Schwartz 2003）。

22 这一建设狂潮的起因是海市蜃楼酒店（Mirage）所获得的惊人成功。海市蜃楼是一家价值 6.4 亿美元、拥有 3400 个房间的热带主题度假酒店，由史蒂夫 · 温在 1989 年通过发行垃圾债券集资建成。内华达州对成长型企业非常友好，没有个人所得税和一般营业税（企业无须缴纳公司所得税、特许经营税、库存税和综合所得税），而是通过对 340 家赌场的赌博收入少量征税来充实财政（到 1997 年，赌博业的税率为 6.7%，所收税金覆盖了州政府运行资金的 33%）。

23 这一人口增长从 1980 年到 1990 年为 60%，而从 1990 年到 2000 年则接近 90%，在同期美国大都会中为最高，比全国平均值高出了惊人的 800%（The Center for Business and Economic Research, University of Nevada, Las Vegas, http://cber.unlv.edu/stats.html, accessed October 2009）。从 1995 年到 21 世纪的前五六年，拉斯维加斯维持了全国最高的就业增长，且赢得美名，被认为是“在全国乃至全世界对低技能服务经济的最充分诠释”（Rothman and Davis 2002, 8）。赌城的新来者被形容为“被去工业化抛弃的人”（同上，14）和“源源不断的俄州佬”，他们离开了原来铁锈带的职业，“在内华达沙漠中重装上阵，变成了酒店厨师和服务员，甚或灰板工、大木工以及赌场的荷官、泊车员”（Cooper 2004, 63）。拉斯维加斯相当依赖旅游业、建筑业和房地产市场，这使得它相比于其他州，在 2008 年金融危机中更为脆弱，遭遇危机更快（2010 年，拉斯维加斯的失业率全国最高）。

24 Robert Goodman 在其研究美国赌博业大爆发的著作中写道：“到 20 世纪 80 年代初，就已经形成一种定局：内华达州约有一半的工作直接或间接地依赖赌博业。”（1995b, 19）目前拉斯维加斯的前 20 大雇主中，有 14 家是赌场。其余 6 家包含一家赌博设备制造商、一家银行、一家会展服务公司和一家纺织企业（www.nevadaworkforce.com, “largest employers”, accessed February 2012）。

25 Shoemaker and Zemke 2005, 395. GLS 研究中心的一项研究（2009）也有类似发现：拉斯维加斯居民中，有 2/3 的人会“至少偶尔”赌博；在这些人中，44% 每周至少赌博一次，27% 每周则至少赌两次（另见 Woo 1998, 4; Volberg 2002, ii）。

26 GLS Research 2011, 35 [美国所有的赌场访客中，有 67% 在赌博时使用会员卡（AGA 2010, 30）]。本地赌博者贡献的收益，有一半被车站赌场纳入囊中。这家公开上市的加盟连锁赌场成立于 1976 年，目前被普遍认为是本地化赌博市场的领跑者。它拥有 10 家提供全面服务的大赌场和 8 所规模稍小的赌博厅，大多数本地居民开车很短时间就能到其中一家。另一家主打本地赌博者的大型直营连锁赌场是 Boyd Gaming，拥有 9 家赌场（Shoemaker and Zemke 2005; Skolnik 2011）。

27 “顺便赌博”一词早在 1995 年就有人使用（Goodman 1995b），以区别于“专程赌博”（destination gambling）或称“游客赌博”（tourist gambling）。有赌博习惯的拉斯维加斯本地居民中，1/5 会选择在便利店、杂货店或加油站赌博；1/4 会选择在本地酒吧或餐馆赌博（GLS Research 2009, 6, 36–37）。很多提供顺便赌博的场所受许可证限制，最多允许设 15 台机器；在此类情况下，赌博机制造商通常会租用这些场地空间，获取全部的收益，或为场地提供机器，并与该场所经营者分成。

28 GLS Research 1995, 14. 2008 年和 2010 年，这一数字为 72%（GLS Research 2009, 4, 19; 2010, 4, 19）。

29 克拉克县域（包括拉斯维加斯及其郊区，但不包括麦卡伦国际机场，该机场自行运营超过 1000 台赌博机）共登记赌博机 14.5 万台，分布在超过 1400 家赌场中（gaming.nv.gov, accessed February 2012）。

30 Brenda Boudreaux of Palace Station, panelist for “The Video Future,” World Gaming Conference and Expo 1999.

31 Calabro 2006.

32 Kent Young of Aristocrat, quoted in Green (2006, 10). 如我在第四章所述，“多线视频老虎机”兴起于澳大利亚，传入美国是经由印第安原住民赌场和中西部赌场，曾一度动摇了拉斯维加斯在赌博潮流中的核心地位。

33 2009—2010年，共有37个州或是使新的赌博形式合法化，或是扩展了现有赌博形式的合法范围（欲了解这些监管措施的详情，见 Skolnik 2011, 14–18）。与此前多次赌博业扩张潮一样，机器赌博在这一轮扩张中仍起了引领作用。2010年一份赌博行业报告注意到："在考虑赌博业的扩张时，相比于其他形式的赌博，公共政策的制定者更为青睐电子赌博机。通常这是因为机器可以归为彩票类活动，州政府会凭在此方面的既有管辖权来批准它们。"（Stewart 2010, 4）

34 在介绍凯卢瓦（Caillois）的工作时，Barash（1979 [1958], ix）指出，凯卢瓦将赌博看作一系列"文化线索"。这是借鉴了更早的荷兰历史学家和文化理论家 Huizinga（1950 [1938]）的观点。Huizinga 著有《游戏人》（*Homo Ludens*），专论游戏元素在文化和社会中的重要意义。Caillois 在其文章开头即指出，Huizinga 对运气 / 几率类游戏持否定态度（1979 [1958], 5）。Huizinga 写道："就其本身而言，赌博类游戏是非常有趣的文化研究对象，但就文化自身的发展而言，我们只能认为赌博没有建设性。它是一种贫瘠的活动，对人生和思想无所增益。"（1950 [1938], 48）。Caillois 则从根本上反对这一观点，指出不确定性和风险对所有形式的游戏来说都是关键因素（1979 [1958], 7; see also Malaby 2007）。

35 Goffman 1967, 260–61. 如 Gerda Reith 指出的，社会学在解释赌博现象时，通常会为赌博活动的无建设性赋予"某种功利主义功能"（1999, 8）。例如 Edward Devereux 在其1949年对赌博的分析中写道，赌博是"一种特别方便的机制，在赌博中，经济挫败、压力、冲突、矛盾等心理的后果都可以在不打破社会秩序的前提下得到解决"（1980 [1949], 955）。赌博是资本主义经济系统中各类冲突的"安全阀"和"减震器"，这样的观念贯串了20世纪70年代。人们认为赌博是工人阶级用于逃离常规感、无力感的工具（如 Zola 1963）。如凯卢瓦早先所写："求助于运气，可以帮人们忍受日常面对不公平的、暗箱操作的竞争，同时也留给了无产者一丝希望：即使在生活的谷底，自由竞争依然可能。"（Caillois 1979 [1958], 115）

36 Goffman 1961, 34.

37 Geertz 1973. 最早详述"深层游戏"（deep play）这一概念的是杰里米·边沁，他用这一概念来描述这样一种游戏：结果已然由运气决定，但赌注还是会被推高到"不合理"的程度。这说明人们赌的可能远不止金钱本身（同上，431）。

38 Dostoyevsky 1972 [1867], 199. 写作这本半自传体小说时，陀思妥耶夫斯基自己正深陷过度赌博之中。从引文中，我们可以看出一种对赌博的席勒式德意志浪漫派态度："男人，只有在完整的世界意义上是男人时，他才会赌博，也只有在赌博时，他才全然是一个男人。"（引自 Caillois 1979 [1958], 163）对赌博的存在主义观点，见 Kusyszyn 1990, 159。

39 Caillois 在其著作的脚注中写道："老虎机在现代世界中的大发展和它带来的沉迷与强迫行为，真是非常让人吃惊。"他指出，在20世纪50年代中期，有30万台老虎机分散在全美的各个城市。接下来，他引用了1957年时代广场上一名记者的大段报道："在一个没有门的巨大房间中，几十台五颜六色的老虎机排列得整整齐齐。每台机器前都有一张舒服的皮面坐凳……玩家只要有钱，大可一坐几个小时。玩家面前甚至有烟灰缸和专门放热狗和可乐的地方……而他点这些东西时根本不需要挪位置。"（1979 [1958], 183）他还描述了日本的柏青哥热，说这些机器多得不得了，甚至出现在医生的候诊室之中。他引用了一段别人对这些机器的描述："一种荒唐的游戏，有输无赢，但就是能诱惑内心狂怒的人。"（同上）

40 Goffman 1967, 270.

41 Geertz 1973, 435–36.

42 Lears 2003. 社会学家 Robert Putnam 在其影响深远的著作《独自保龄》(*Bowling Alone*) 中，以孤独的机器赌博为例，来说明美国社会交往的衰落。他写道："任何来客只要见识过这些遍地开花的超级新赌场，回忆起那一望无际的孤独'玩家'沉默地佝偻在这些'独臂大盗'前时的景象，都会脊背发凉。"(2000, 105)

43 Borrell 2008, 213.

44 例如，可见 Giddens 1991; Beck 1992, 1994, 2006; Lupton 1999; Lakoff 2007。

45 社会学家 Anthony Giddens 写道，从风险角度思考问题"弥漫在日常生活当中"，形成了"一种关于当代世界的一般性存在主义维度"(1991, 3)。很多学者从民族志的视角讨论了当代风险社会的"存在的辐射"(existential fallout)，包括 Rapp 2000; Petryna 2002; Kaufman 2005; Fullweily 2008。还有一些学者认为技术在存在风险和不确定性的环境中是一种情感管理方式，包括 Turkle 1984, 1997, 2011; Biehl, Coutinho and Outeiro 2004; Martin 2004, 2007; Roberts 2006, 2007; Clough 2007; Biehl and Moran-Thomas 2009.

46 Latour 1999, 199. 无独有偶，Ihde 也写过"技术是存在的外衣"，不仅在宽泛的层面上是这样，"日常生活的节律与空间中"也是如此(1990, 1)；另见 Turkle 1984, 1997, 2011; Lurhman 2004, 526; Clough 2007; Biehl and Moran-Thomas 2009。技术哲学家汉斯·约纳斯(Hans Jonas)早在 1979 年就敏锐地发现了情感的自我管理这一动向。他写道，"电子行业搞出了家用终端"，这是伴随着从能源工程到通信工程"迎合感官和心智"的一系列转变的：电话、收音机、电视、唱片机等让市民获得了"面向心智的非实体输出"(2010 [1979], 19)。对当代资本主义社会中的技术产生的主观效应的学术批评，相对于早先工业时代对"技术的异化与去人性化效应"的批评(Marx 1992 [1867]; Marcuse 1982 [1941]; Heidegger 1977 [1954]; Ellul 1964; Winner 1977; Borgmann 1984)，既是延续，又是背离。

47 对成瘾现象的研究，可以揭示出更为广泛的社会实验和社会经验，涉及赢利、社会关系、自我照护和政策制定等领域。在即将出版的著作《成瘾轨迹》(*Addiction Trajectories*)的编者看来，成瘾现象就像一面透镜，借此我们可以检视"截然不同的现代生活形式，包括消费和生产模式、疾病与健康、正常与病态、忽视与干预、归属和异化；简言之就是检视构成当代世界的那套'东西'"(Raikhel and Garriott, 2013)。近期关于成瘾问题的人类学专著，有 Bourgois and Schonberg 2009; Garcia 2010；而从历史和文化视角论述成瘾对现代资本主义社会重要意义的著作，则有 Sedgwick 1992; Courtwright 2001, 2005; Brodie and Redfield 2002。

48 第 11 届 ICGRT 专题会议"问题赌博者：着重于机器赌博"的主持人发言，另见 Bernhard et al. 2007。基于其他司法辖区的研究则估计，在寻求治疗的赌博者中，70% 认为他们的赌博问题首要地甚至唯一地就在于电子赌博机(例如，可见 Schellinck and Schrans 1998, 2003; Breen and Zimmerman 2002; Gorman 2003, A20)。

49 APA 1980. 虽然病理性赌博被收录在美国精神病学会(APA)的《精神障碍诊断与统计手册(第 3 版)》(*DSM-III*)中，列为一种"无特定分类的冲动控制障碍"，但很多精神病学家和临床工作者仍然认为，这一情况最好理解为一种成瘾问题。在手册的后续版本中，*DSM* 以对精神类物质的依赖为蓝本，修订了病理性赌博的诊断标准(APA 1994, 4th ed.; see also Castellani 2000, 54; Lesieur and Rosenthal 1991)。*DSM-V* 预期 2013 年出版，其中将把"病理性(pathological)赌博"一名改为"失调性(disordered)赌博"，并归入"成瘾及相关失调"这一分类。

50 Zangeneh and Hason 2006, 191–93.

51 APA 2000, 616.“成瘾”一词最早出现于罗马法，意义是宣判一个人成为他人的奴隶，通常是为了偿还债务；而因为这些债务通常是赌债，所以一些研究者认为赌瘾是最早的成瘾形式（Rosenthal 1992）。后来该词被用于指称对习惯和追求的强烈投入。直到18世纪，“成瘾”一词才与精神类药物产生关联（Shaffer 2003, 1）。20世纪，成瘾一词覆盖了越来越广泛的药物，并最终囊括了人类的一切行为模式（Sedgwick 1992, 584; see also Berridge and Edwards 1981; Courtwright 2001; Brodie and Redfield 2002; Vrecko 2010; Keane and Hamill 2010; Kushner 2010; 及 Raikhel Garriott 2013 中的多篇文章）。

52 对过度赌博的早期研究包括 France 1902; Freud 1966 [1928]; Bergler 1957。关于将赌博问题医学化的历史，见 Collins 1969, 70; Castellani 2000。

53 Castellani 2000, 123.

54 Ibid., 132–34; Orford 2005.

55 Dickerson, Haw, and Shepherd 2003, described in Abbott 2006, 7 (see also Orford 2005, 1237; Cosgrave 2010, 118). 赌博业欢迎此类诊断，一大动力是同样手法在酒品行业取得的成功，以及烟草行业拒不承认吸烟与成瘾之间有联系（参见第十章）。针对病理性赌博诊断及相应的“个体易感性”框架，相关的批判性讨论可见 Wakeeld 1997; Castellani 2000; Volberg 2001; Dickerson 2003; Abbott et al. 2004; Orford 2005; Livingstone and Woolley 2007; Reith 2007; Borrell 2008。

56 Shaffer, Hall, and Vander Bilt 1999.“问题赌博者”是指那些还未达到病理性赌博诊断标准的数量（见图 i.4），但感到难以控制自己在赌博上所花的金钱和时间，给自己、家庭和社区带来负面影响的人。问题性赌博被 Shaffer, Hall, and Vander Bilt（1999）称为失调性赌博的“阶段2”。在提交给相关国家委员会的证词中，Shaffer 估计，阶段2的赌博者有1/4到1/3会发展到阶段3。

57 测算赌博问题的比率有种种困难，相关的优秀总结可见 Volberg 2001 (especially chapter 4), 2004; Reith 2003, 13–14; Dowling, Smith, and Thomas 2005; Abbott 2006; Doughney 2007; Smith, Hodgins, and Williams 2007。有研究称，虽然过去25年间商业赌博业不断扩张，但遭受病理性赌博困扰的美国人比例在同期保持了稳定（见 Shaffer, LaBrie, and LaPlante 2004a; Shaffer 2005; LaPlante and Shaffer 2007；另见本书第四、第十章），此类研究近来得到了赌博业的大量引用。这一说法问题很多，其中颇有所谓的一点是，现在评估一名赌博者是否构成问题赌博，标准比过去更严格了。在美国及世界病理性赌博及问题赌博的比率问题上，Volberg 是顶尖专家，他认为：“虽然表面上看赌博成瘾的比率没有变化，但真实原因主要是过去与现在测量问题赌博方法上的差异。”（引自 Green 2004）另一个问题是，一些最为流行的筛查手段只检查某人是否在过去一年内有过赌博方面的问题，而不问他此前的一生中是否遭遇过此类问题。有越来越多的证据表明，在个体层面，问题赌博的严重程度会随时间起伏（Slutske 2007; Abbott and Clarke 2007; Nelson et al. 2009），就是说一生中出现问题赌博的比率要远远高于一年之内。目前的采样方式忽视了问题的完整广度（Abbott and Volberg 2006）。

Volberg 指出，任何时间点上，不论问题赌博在整体人群中的发生比率如何，大多数的研究都发现“合法赌博机会的增加与问题赌博的增加之间存在关联”（2004, abstract）。例如，1999年，美国国家赌博影响研究委员会（NGISC）发现，居住在赌场50英里半径之内的人，出现病理性赌博的概率会翻番（Gerstein et al. 1999）；2004年，另一项大规模研究发现，在大型赌博经营场所周围10英里以内居住，会使个人的问题赌博风险增加90%（Welte et al. 2004）。2002年，Volberg

发现拉斯维加斯病理性赌博的发生率，比全美平均水平高 75% ~ 85%；病理性和问题性赌博的综合出现率，在拉斯维加斯地区居民中达到了 6.4%（2002, 136）。一项 2003 年的研究也支持了这一结论，它发现内华达州南部的居民中，有 31% 的人称家中有成员在过去一年中经历了赌博方面的麻烦，超过 6% 的人认为那是大麻烦（United Way of Southern Nevada and Nevada Community Foundation 2003）。

58 PC 1999, 6.1; Abbott and Volberg 2000; Schellinck and Schrans 2004, xi; MacNeil 2009, 142, 154. 澳大利亚一个独立的政府委员会最近发现："对于真正的风险，问题赌博在成年人口中的出现率是具有误导性的指标，因为大多数成年人并不经常赌博，甚至根本不赌。"（PC 2009, xxi–xxii）

59 此类研究的第一波热潮出现在 1998 年。据 Leseur 计算，在这一年，在他所研究的美国四个州和加拿大的三个省中，总体赌博花销的 30.4% 来自病理性赌博者及问题赌博者，其中最低的数字为 22.6%，最高 41.2%；他还找出了哪些游戏与问题赌博最为相关，视频老虎机就是其中之一（1998, 164–65）。一份提交给蒙大拿州赌博研究委员会的报告指出，在视频类赌博的花销 / 收入中，问题赌博者和病理性赌博者的贡献是 36%（宾果游戏是 25%，彩票则只有 11%）（Polzin et al. 1998, see fig. 6, p. 25）。次年，另一份提交给路易斯安那州博彩管理委员会的报告给出了相似的结论，问题及病理性赌博者的花销贡献分别是：游船赌场 30%、印第安赌场 40%，赌博机 27%（Ryan and Speyrer 1999）。一项 1998 年针对新斯科舍省的研究发现，对赌博机（或视频彩票）来说，其净收入中仅有 4% 来自"休闲型"玩家（虽然他们占玩家总数的 75%），而整整 96% 的收入来自不到 6% 的一类"常客"玩家（Schellinck and Schrans 1998, 7）。在常客中，大约 16% 是"问题赌博者"，他们为赌博机贡献了 53% 的收入，却只占所有玩家数量的 1%（同上，14）。据一份提交给澳大利亚政府的大范围流行病学报告估计，中重度问题赌博者仅占赌博人口的 4.7%，但为赌博业贡献了 33% 的净收入，以及赌博机 42.4% 的收入（PC 1999, 6.54; 7.46; appendix P, p.16）。类似地，一项 2001 年的研究也发现，所有商业赌博收入中的 37%，以及赌博机收入的 48.2%，都来自问题赌博人群（AIGR 2001, table 25, 114）。一项 2005 年的研究发现，赌博机的收入中有 43% 来自问题玩家（Young, Stevens, and Tyler 2006, 46）。2004 年，安大略省的一项研究发现，赌博业收入的 35% 来自中重度问题赌博者，而赌博机的收入则有 60% 来自问题赌博者（Williams and Wood 2004, 6, 42, 44）。澳大利亚政府的最新综合研究也证实，在赌博花销中，问题赌博者所占的比例"在 40% 左右，有些估计甚至将这一比例抬高至 60%，而最保守的估计也超过 22%"；这一研究还发现，在每周至少玩一次赌博机的人中，16% 是问题赌博者，而还有 15% 有产生问题赌博的"中度风险"（PC 2010, 16）。

60 一项研究证实，任何时间去看坐在赌博机前的人，其中都会有将近一半表现出"问题"赌博行为（Schellinck and Schrans 1998; 2004, xi）。关于测算问题赌博人群规模的连续型研究方法，相关讨论见 Dickerson 2003; Volberg 2004。

61 Smith and Wynne 2004, 54.

62 See Gerstein 1999; PC 1999, 2010; Dickerson, Haw, and Shepherd 2003; Smith and Wynne 2004; Dowling, Smith, and Thomas 2005; Abbott 2006; Smith and Campbell 2007, 86. 人类学家 Sarah Jain 写道："产品责任的法律，在设计与使用之间、人与物之间的模糊网络中，提供了两种解释和追责立场。"（2006, 12）烟草业中的责任在"人还是物"的讨论，见 Brandt 2007；对更为一般的成瘾的讨论，见 Courtwright 2001, 94–97。关于专门就赌博机成瘾展开的争论，相关讨论见本书第十章。

63 Breen and Zimmerman 2002; Breen 2004. 成瘾形成时间的缩减被称为“收短”（telescoping）。

64 Abbott 2006, 7 (describing the work of Dickerson, Haw, and Shepherd 2003). See also Schellinck and Schrans 1998; Griffiths 1999; Dickerson 2003; Turner and Horbay 2004, 32; Livingstone and Woolley 2008, 120; Hancock, Schellinck, and Schrans 2008. 在本书第十章末尾和结论部分，我会更完整地探讨这一观点。

65 PC 2009, xxvii.

66 行业立场见 Stewart 2010。

67 Shaffer 2004, 9.

68 Shaffer n.d.. 1996 年，Shaffer 又写道：“是成瘾者与成瘾物之间的关系定义了成瘾。”（1996, 465–66）Shaffer 后来修改了这一观点，称：“在过度赌博中，心理病理因素的影响远大于技术。”（2004, 10）想了解关于 Shaffer 观点转变的更多信息，可参见第十章和结论。这些转变很多都与始于 20 世纪 90 年代末的赌博业资助相关。

69 Shaffer n.d.. Shaffer 写道：“效力（potency）是指药物或赌博改变主观体验的能力。”（2004, 15）他指出，“新技术”已经提升了老虎机的效力，因为它强化了老虎机的能力，“为改变情绪状态提供了更可靠、更高效的当下工具”（1996, 461）。

70 关于赌博一类的活动对大脑的影响，相关的神经科学研究见 Breiter et al. 2001; Lehrer 2007; Vrecko 2010; Keane and Hamill 2010; Kushner 2010。一些科学家的观点更为激进，他们认为基于行为的成瘾和摄入精神类药物的混乱情况相比显得格外清晰，因而“可以看作物质依赖的范型，为我们提供很多信息”（Bechara 2003, 44）。Shaffer 在 1998 年提交给 NGISC 的证词中称：“对于失调性赌博的研究，很有可能会帮助我们理解药物成瘾，反之则未必。”

71 Eggert 2004, 227. 在这种速率下，手快的老虎机玩家平均每小时可完成约 1000 次下注（Grochowski 2003）。

72 Griffiths 1993, 1999. 事件频率与所有类型成瘾的形成都相关。

73 Henry Lesieur, quoted in Green (2004); Lesieur 1977.

74 第一个观点来自 Robert Breen（引自 Green 2004）；我听到过罗伯特·亨特尔（Robert Hunter）使用“电子吗啡”一词；亨特尔、霍华德·谢弗（Howard Shaffer）及其他人在讲到赌博机时都用过“霹雳可卡因”这一比喻（比如，可见 Bulkeley 1992; Simurda 1994; Dyer 2001）。

75 Quoted in Bacon (1999). 谢弗在 1994 年说“就像霹雳可卡因之于可卡因”；“现在赌博变得太容易了”（引自 Simurda 1994；另见 Dyer 2001; Rivlin 2004, 74）。机器赌博中，最初的“霹雳可卡因”专指视频扑克（Bulkeley 1992），不过这一用法逐渐扩展到了所有形式的视频赌博。

76 Quoted in Rivlin (2004,74).

77 与亨特尔的私人交谈（1999 年）；另见 Dickerson 2003; Shaffer 2004, 15; Parke and Griffiths 2006。

78 Quoted in Rivlin (2004, 74).

79 Reith 1999, chapter 3. Elster（1999）和 Malaby（2003）也有类似的观察。

80 Thomas, Sullivan, and Allen 2009, 3. 三位研究者整理了一个列表，列出了机器赌博者认为自己重度赌博的首要原因：忘掉烦恼；暂停焦虑；忘掉责任；逃避生活的重压；机器提供了一个焦点；逃避烦心事；有个独自逃往、独自过去的地方；压力太大时会去玩；逃避赌场之外的问题；没人知道我在哪儿；和别人待在一起但不用说话；有地方放松；吵架之后有地方去（同上，8）。另见 Jacobs 1988; Wood

and Griffiths 2007; Borrell 2008。认为赌博是一种逃避个人烦恼和负面感受状态的方式，这种观点常被称为“需求状态理论”(need state theory)。

81 David Forrest 是一位医生，也是老虎机狂热爱好者，他认为赌博机的步调和节奏会让人产生一种冥想式的出神状态，因为这种节奏（每 10 秒 3 转，他称之为“基本老虎机速率”）与人类的呼吸节奏吻合（2012, 49）。

82 “迷境”一词，在其他英语国家也被用于形容机器赌博的状态。有一位作者指出，在澳大利亚，最能引起赌博者共鸣的话题就是“‘迷境’，这个词被很多赌博者和咨询师使用，用于形容问题赌博者在高强度赌博时进入的解离状态”(Livingstone 2005, 528)。Livingstone 详细解释说，迷境“是一种特殊的时空，与生活中的其他部分都不一致……它是远离现实世界的一个地方，在那里一切都不重要，除了当下这超越时间的一刻”(同上；另见 PC 2010, 11.16)。从赌博者描述迷境的用词中我们可以看出，高强度机器赌博产生的迷境与其他的主体悬置及缺席状态有着共性。可以类比的状态，在人类学文献中有灵魂附体和仪式中的出神，在宗教研究中则有神秘主义、冥想和狂喜的祈祷，在心理学文献中则有催眠、去个体化、解离、神游（fugue）、成瘾状态，甚至包含被一位心理学家称为“心流”（flow）的创造性沉迷状态（Csikszentmihalyi 1975, 1994; see also Luhrmann 2000）。虽然这些不同的现象牵涉的可能是类似甚至相同的心理生理变化，但它们却产生于完全不同的社会背景、文化理念、强化技巧、表达方式及辅助物。我对“机器迷境”的分析聚焦于其特殊性，而不过多涉及它与其他“变化了的心理状态”之间的共性（想更深入地了解机器赌博迷境与心理学“心流”间的差异，见第六章）。

83 Sojourner 2010, 149.

84 Woolley 2009, 187. 历史学家 David Courtwright 指出，技术进步在所有成瘾现象中都起到了重要作用：“像蒸馏器的改进、皮下注射器和混合型卷烟的发明等，这些技术进步都让精细的化学物质可以更多、更高效、更快速地进入消费者的大脑，同时也带来了更多利润。”（2001, 4）

85 Ihde 1990, 2002. Ihde 把这种方法描述为“后现象学的”，因为它不追求对存在或现实的真正本质的解释，而是希望解释人类与他们所在世界的关系。近期，Ihde（2002）又对“后主观主义者”（post-subjectivist）一词表示了支持，该词被用于描述现象学研究中的关系主义方法（见 Verbeek 2005a, 2005b）。

86 Latour 表示，非人的实体不具有生命或目的性意图，但仍能在世界中活动，并作用于世界；这个意义上，Latour 认为所有主体和客体都同样是“作用体”（actant）（Latour 1988, 1992, 1994, 1999; Akrich 1992; Akrich and Latour 1992）。与 Latour 的“作用性”相似（虽然有细微差别）的理论，有 Ihde（1990, 141–43）的“技术意向性”（technology intentionality）和 Andrew Pickering（1993）的“机器能动性”（machinic agency）。

87 Gomart and Hennion 1999, 243.“示能”一词引用了心理学家 James Gibson 在上世纪 70 年代末提出的概念，用于描述“环境中的物体及配置的特性”对行为主体和特定系统之间交互过程的支持作用（in Greeno 1994, 341）。

88 成瘾是客体与主体的“共同产物”，相关分析见 Gomart 1999; Hennion and Gomart 1999。

89 Stewart 2010, 18. 赌博行业为自己的产品辩解时，经常使用的策略是把赌博与其他与伤害消费者有关的产品作比较，如酒精（“酒瘾不在酒瓶里，在人那里”）和汽车（“司机超速不是因为汽车动力强大”）（Blaszczynski 2005）。

90 这段引文节选自澳大利亚赌博研究者 Blaszczynski 为加拿大一次集体诉讼案的辩

护方提供的专家证词，该诉讼涉及 VLT 是否有成瘾性（Blaszczynski 2008, 7）。在证词中，Blaszczynski 坚称，就像超速行为“最终取决于司机的心理机制和决策”一样，老虎机成瘾也源于“个人内在因素而非是机器”（Blaszczynski 2008, 12）。

91 Roberts 2010.

92 Latour 1999, 179. 针对枪械的案例，Ihde 也独立地提出一套相似的分析方法（1990, 26–27）。关于 Latour 和 Ihde 观点的异同，相关讨论见 Verbeek 2005a。

93 Winner 1986; Latour 1994, 1999; Verbeek 2005a, 2005b; Poel and Verbeek2006; Suchman 2007a. 行动者网络理论呼吁，在分析人与非人的关系时，应增强对称性。Suchman（2007b, 268–69）则基于这一观点更进一步，提醒研究者应该留意人与非人彼此构建过程中的不对称性（asymmetry）和反对称性（dissymmetry）。Jain 在其对产品责任法律的分析中一语中的：“在某类较大型的系统中，人与非人行为主体不是等价可互换的。”（2006, 16）。

94 Grint and Woolgar 1997, 71. See also Woolgar 1991; Akrich 1992, 205–24; Akrich and Latour 1992, 259–64; Latour 1992, 152; Latour 1999; Verbeek 2005a, 2005b; Poel and Verbeek 2006, 233; Suchman 2007a, 2007b.

95 Quoted in Rotstein (2009, n.p.).

96 Panasitti and Schüll 1993.

97 我在使用“强迫性”和“成瘾”等词时，并不是在临床或诊断意义上使用的，而是用于通俗地描述现象（就像赌博者自己用这些词时一样）。我用这些词是为了表述那些过度的、失控的、难以停止的和毁灭性的行为。但需要注意的是，我使用的这些词之间严格说也存在差异。例如，虽然匿名戒赌会小组喜欢用“强迫性”一词，很多精神病学家却认为这属于误用，他们指出，过度赌博其实是一种“冲动”行为。强迫的特点是感到被外力强迫、违背自己的意愿，而冲动的特征则是由于预期到要执行某一行动而不断增加的紧张和唤醒感，以及完成行为后的愉悦、满足和释放感。换句话说，冲动是“自我和谐的”（ego-syntonic，即有意、有目标的），而强迫是“自我不谐的”（ego-dystonic，不自愿、异化、无目的的）。鉴于赌博（至少一开始）是一种自我和谐且愉悦的行为，APA 最初的病理性问题赌博诊断项目组的集体意见是，这一情况更应该被归类为冲动控制失调，而非强迫性障碍（1980）。一些人觉得这一结论值得商榷，因为赌博行为通常只有到了让人感到不自愿、受驱使时，才会变成问题。不过这一争论已经没有意义，因为研究者近期决定将病理性赌博重新命名为“失调性赌博”，将其归类为成瘾，而不再是一种冲动控制失调。

98 拉斯维加斯的三顶点诊所诞生于 1997 年，目前已停止运营。投资者曾经相信，如果能说服保险公司为病理性赌博承保，项目是可以获利的；而保险公司到现在也没有被说服。Richard Rosenthal 是该公司的董事会成员，也是精神科主任医师，他对我的研究项目很熟悉，曾邀请我在新开设的拉斯维加斯分部实习，作为我研究的一部分。他的同事 Lori Rugle 帮我安排了这次实习。在实习期间，我进行了细致的来访接待，列席了团体治疗和员工会议，并任会议记录员。这次实习经历让我在一次临床药物试验中获得了一个助理职位，这次药物试验针对视频扑克成瘾者，是医药公司礼来（Eli Lilly）委托三顶点组织的。在为实验进行被试登记的过程中，我遇到过一些从未参加过任何个人或团体治疗的赌博者，并在后期对他们进行了访谈。

99 1990 年，亨特尔汇报称，他的来访者中，95% 的女性和 74% 的男性把赌博机作为唯一的赌博方式；到 1995 年我开始参加匿名戒赌会时，这一数字变为女性

97%、男性 80%。过去 15 年中，性别差异进一步缩小。随着机器赌博越来越受男性的欢迎，我们明显可以看到，在接触赌博机后，两性人群产生问题赌博行为的概率是相当的（Breen and Zimmerman 2002, 48; Breen 2004; Abbott 2006）。在赌博发展史不同的国家中，这种机器赌博中的性别差异要么不存在，要么向相反的方向偏移：例如在澳大利亚，男性比女性更可能玩赌博机；在加拿大，老虎机市场中 60% 的消费者是年轻男性；在俄罗斯，机器赌博市场中 70% 是男性（Schellinck and Schrans 1998; AIGR 2001, 9, 54; Rutherford 2005b, 22）。在美国，女性之所以偏爱机器赌博，是因为桌上赌博直到 20 世纪 70 年代之前还都是男士的专利；女性去玩赌博机，是因为大家认为她们上不了牌桌，因为她们缺乏相应的知识。同时，因为老虎机逐渐与女性关联起来，男人们就不考虑去玩了。但是，随着赌博机越加电脑化，也因为它对赌博业的利润也越发重要，机器赌博与女性之间的关联开始减弱。拉斯维加斯的半年度居民调查发现，在整个 90 年代，女性说自己玩过赌博机的可能性都“高得多”（GLS Research 1993, 1995, 1997, 1999），但到 2002 年，这种可能性只比男性高 7% ～ 10%（GLS 2003）。更多关于性别与赌博的讨论，见第七章。

100 Robert Breen 是一位在罗德岛医院工作的赌瘾治疗专家，他描述了这种体验的连续性：“我曾经见过还没到可以进赌场年龄的孩子，已经上了视频扑克的钩，不能自拔；我见过 70 多岁的，80 多岁的，白皮肤的，黑皮肤的，富有的，贫穷的，硕士毕业的，高中辍学的，没有任何既往精神病史的——没有抑郁、没有酒瘾也没有任何心理治疗史的人，还有收入丰厚、老实纳税、养家糊口、供自己的孩子上大学的人。我想，只要环境合适，任何人都可能上老虎机的钩。”（摘自 2008 年 Elizabeth Massie 主持的视频访谈 https://youtube.com/watch?v=jNL3FzU_glU, accessed January 2010）赌博成瘾常被称为“机会均等成瘾”，即使是有颇有成就的公众人士也难幸免，如 William Bennett，原国家药物管控政策办公室主任，就曾连续两三天不停地玩视频扑克（Green 2003）。然而，特定社会群体的风险会显著偏高：高中或以下学历的、家庭年收入低的、老年人、女性、赌博行业的雇员及新移民。关于社会差别对过度赌博的后果及后续影响，以及社会差别如何导致某些弱势群体（如不富裕群体）更容易被视作“问题赌博者”，相关讨论见 Volberg 2001, 55–57; Volberg and Wray 2007。

101 在本书写作过程中，我访谈了约 80 位赌博者。访谈都是非结构化、开放式的，多数次持续 2 小时及以上，地点有受访者家里、酒店房间、连锁餐厅、本地酒吧、赌场自助餐厅、女士休息室及沿路商场的停车场里的汽车中。每次访谈我都以“你是怎么住到拉斯维加斯来的”和“你是怎么开始赌博的”作为开场。这样的问题往往会引发受访者大段的叙述，在叙述过程中，我偶尔会打断他们，要求澄清或进一步解释，但我不会引导谈话的方向。我经常请赌博者为我描述特定的几次赌博经历。我用磁带录下访谈过程，同时也做笔记。有些赌博者我见了两三次，有些我只聊过一次。我和其中一些受访者通过电话、信件和电邮保持联系。

102 Katrina, quoted in Borrell (2004, 183, 182).

103 Venturi, Izenour, and Brown 1972.

104 我选择用莫莉的地图开启本书，是受了人类学家 Stefania Pandolfo 的启发。在她的书中，开篇即展示了一幅由 Moroccan 村的一位村民为她画的村子地图。她写道，这位村民的绘制构成了“一幅诗意的图景，展示了读者即将徜徉其间的时空宇宙……本书未按民族志惯例以背景介绍开篇，而用了这幅‘地图’”（1997, 6）。

105 Suchman 写道：“在界面上的相遇，发生的背景总是包含着多个他人、物件及持续进行的活动，而所有这些以多种方式丰富了这种相遇，并为之提供信息。”（2007b, 284）研究技术的学者曾用一些词来描述 Suchman 所说的这种人、物与活动之间的安排，包括“社会-技术组合”（socio-technical ensemble）、“社会-物质集合”（socio-material assemblage）等（Bijker and Law 1992; Latour 1999）。在更一般化的社会理论中，集合概念一般包含物件、实践、愿望、逻辑和直觉，所有这些聚成一个临时的联合体；而它们各自都带有不同的约束性和可能性、决定性和偶发性两组动态关系。Paul Rabinow 在作品中提出，这种集合是“异质性元素、技术和概念的实验性矩阵”，他将“当代人类学”的任务定义为找出当代涌现出的种种集合，并将它们置于更广泛的语境之中（2003, 56）。在本书中，我完成这一任务的起点是“迷境”：这种状态一方面逃离了更广泛的技术、社会、政治经济学语境，另一方面又在物质经验上处于这些语境之中——Deleuze and Guattari 就写道，每一种集合“都带有一系列的逃离”（1986, 86）。需要注意的是，我用的“迷境”一词，是赌博者自己发明的，与 Barry（2006）提出的“技术境”（technological zone）有所区别。Barry 提出这一概念是用于指代与技术物件和实践相关的普遍测量方法、交流及监管标准形成的集合，而我的“迷境”则更偏重它的情感和现象学的面向。

第一部分：设计

1 Hellicker 2006.

第一章 俘获内心的室内设计：建筑、氛围和情感的设计

1 Venturi, Izenour, and Brown 1972. 现在这本书被视为后现代主义美学及人工建造环境的入门文本。

2 Ibid., 50.

3 Ibid., 49.

4 Reisman 1950.

5 建筑学学者 Alan Hess 写道，在 20 世纪 80 年代之后的拉斯维加斯，那些“明星企业”巨头们“在委托新建筑的设计时，常在风格的安全性上犯错误”，建起了“一堆外形相似的方块，它们反映的是大众经济情况，却非大众的品位”（1993,100, 102）。另一位作者则写道：“虽然拉斯维加斯的酒店和赌场建筑被设计得看上去极具创意和想象力”，实则却包含了“有意的规划，需要高水平的专业知识”（Ötsch 2003, 135）。另见 Gottdiener, Collins, and Dickens 1999, 92。

6 Jameson 1991. 对此文本和其影响的思考，可见 Izenour and Dashiell（1990）及《再向拉斯维加斯学习》（*Relearning from Las Vegas*）文选（Vinegar and Golec 2008）。关于空间对于资本主义重要意义，相关讨论见 Lefebvre 1991 [1974], 21, 374–75。他写道，空间承载了一种“生产性消费”，它最终为“主体经济利益”服务。

7 捷得建筑师事务所（Jerde Partnership）的 Michael Hong，见 Ötsch 对他的访谈（2003, 91, 93）。赌场设计师与商场及其他消费空间的设计师们一样，把空间看作一块连续的故事板，它能让消费者保持在活跃的无限运动之中，且“内嵌了理想消费者行为模型”。Frederic Jameson 写道：“近期的建筑理论开始从其他领域借鉴叙事分析（narrative analysis）的方法，试图把人在建筑中的实际移动轨迹看作虚拟的叙事、故事，看作要我们这些建筑访客填充与完成的动态路径和叙事范式——用我们自己的身体和运动轨迹。”（1991, 42）

8 Sweephand's website: http://www.divnull.com/lward/writing/sweephand.html (accessed

May 2004).

9 Friedman 1982 [1974].

10 Friedman 2000, 63.

11 Ötsch 用同样的词语来描述 Friedman 的方法（2003, 135）.

12 Friedman 2000, 64.

13 赌场设计方面的另一大竞争者是赌博业顾问 David Kranes（1995）的模型。与弗里德曼（Friedman）不同，Kranes 强调“易懂性”（legibility）而非迷惑性，强调将客人从环境刺激中解放出来而非用过度的刺激轰炸他们，强调宽敞的空间而非逼仄迂回，强调自然光而非人造光。对一些旅游业场所来说，其建筑本身（不仅是赌博活动）就是旅游体验的一部分，这些场所通常就遵循 Kranes 的设计模式。一些研究者提出，按弗里德曼的原则设计的赌场会提升顾客的赌博冲动和强度，而遵循 Kranes 模型的赌场则恰恰相反，它们会提升认知的清晰度，促进理性决策（Finlay et al. 2006）。

14 Ibid., 42.

15 Ibid., 84.

16 Friedman 2000, 104.

17 Ibid., 105.

18 Panelist for “Casino Floor Layout: Variations from Around the World,” G2E 2009.

19 Friedman 2000, 12. Thomas, Sullivan, and Allen 有类似的说法，他们认为机器赌博者是在追求一种“免受打扰的私人绿洲”（2009, 3）。

20 Friedman 2000, 66. Reith 指出，赌场的外部环境可能体现了一种无形性和“迷宫式迷惑性”，而赌博活动本身则成了一种让玩家获取控制权的手段：“在赌场的感官巨漩中，赌博活动中生出了秩序和规矩。在不断重复的赌博仪式中，世界重新被组织起来。”（Reith 1999, 123）她把赌博机形容为“秩序的绿洲”。“当玩家被吸引到赌博机上时，他们的注意力和行动又聚焦了起来，赌博游戏的规则要求也逐渐让他们从决策责任中解脱了出来。”

21 Friedman 2000, 70.

22 Ibid., 46, 66. 弗里德曼指出同样的规则也适用于杂货店和其他消费场所：人们选择的消费环境是“隔离的封闭区域”，而非开放空间。

23 Ibid., 51.

24 Ibid., 64.

25 弗里德曼深入地“以系统性的方法研究了天花板高度与玩家数量的关系”，不仅考虑了高度这一变量，还考察了高度与相应宽度及深度的关系，得出的结论是，天花板不应高于 12 英尺（同上，20）。

26 Ibid., 421. 他描写的是一家名为圣塔菲的社区赌场。

27 Ibid., 331.

28 Ibid., 48.

29 借用哲学家德勒兹和加塔利的术语，我们可以把赌博迷境形容为一种“平滑空间”（smooth space），或者说一种开放和连续的空间，其中没有干扰和划界（Deleuze and Guattari 1987, 480–81; Hardt and Negri 2001, 327）。弗里德曼是一位“平滑空间技师”，因为他是“一个试图创造这种空间、利用它并把它工具化的人”（Osborne and Rose 2004, 218）。为了在赌博体验中培植出“平滑感”，他运用了建筑方面的策略，如空间的封闭、切割、构建及感知分隔。

30 澳大利亚的一项研究中，作者们写到了一种赌场的建筑形式，它们为玩家搭建了

“避风港”：“有些场所将其赌博室建设为相对开放的空间，但很多其他赌场会着意安排机器的摆放，替那些不想在赌博时被人看见的玩家创造‘遮挡’。我们不时会发现在赌博室后部安放着一排赌博机，把使用它们的所有玩家都遮挡起来。”（Livingstone and Woolley 2008, 108）另一位澳大利亚研究者则探讨了赌场环境用哪些方法为玩家提供隐蔽所在，以满足玩家的逃离需求（Thomas et al. 2011）。

31 Friedman 2000, 22.

32 Ibid., 52.

33 Allen 1992, 6.

34 1992 年对 Butler DeRhyter 的访谈（Panasitti and Schüll 1993）。Kenneth Wynn 是一位赌场设计师，恰好也是史蒂夫 · 温（Steve Wynn，1990 年世界赌博业代表大会暨博览会上题为“赌场设计”的研讨会嘉宾）的兄弟。他说：“海市蜃楼室内设计的指导原则是让大空间看起来更小。”在外部，海市蜃楼的巨大建筑安装着三倍大小的窗户和巨大的百叶窗，使这一建筑给人一种居家的小尺度印象。这种设计策略也延续到了 K. Wynn 的下一个主要设计作品 Bellagio 赌场中，它六个一组的外窗被故意设计得看上去像是一扇。

35 Friedman 2000, 82, 69.

36 Ibid., 79, 84. 一位赌场设计分析师也提了类似的观点，认为弗里德曼的典型特色是“缺乏开放空间，使客人们晕头转向，无法按逻辑解读眼前场景”（Finlayetal 2006, 580）。

37 Friedman 2000, 82, 284. 正如 Jean Baudrillard 指出的，商品的展示可以“假装毫无规律，以更好地诱惑消费者，但它们的摆放总是带着引导性的”（1988, 31）。Margaret Crawford 在她对商场的研究中写道，如果没有这种引导性的摆放，“那么混乱所产生的晕头转向之感会让购物者迅速陷入迷茫”（1992, 17）。弗里德曼也认可赌场与零售空间的相似性，并使用了 Woolworth 的先锋零售法则，即“让购物者感到商品扑面而来”（Friedman 2000, 82；关于消费空间的更多研究见 Crawford 1992; Williams 1992; Benjamin 1999）。

38 Friedman 2000, 56.

39 Ibid., 64, 强调来自笔者。

40 Ibid., 63–64.

41 弗里德曼曾富有戏剧性地写道，“升高的入口台阶和谷仓效应结合起来，效果是毁灭性的”，顾客们“望向脚下无边无际的广阔空间，就像是望向一个通往地底深处的巨大洞穴”（同上，37–38）。

42 “Cashless Slot Machines” 1985, 25, 26. 设计公司 DiLeonardo 的老板在 20 世纪 80 年代中期将一名环境心理学家招至麾下，并解释说：“环境心理学是一门新科学，研究人为什么会与特定的空间特性发生特定的互动。”（引自 Carroll 1987b, 20）

43 Zia Hanson，引自 Ötsch 的访谈（2003, 87）。相对的，出口“应该低调，几乎藏起来，从感知上要消失在室内环境之中”（Friedman 2000, 149）。

44 Friedman 2000, 81.

45 CEO of Gasser Chairs quoted in Legato (1987, 15). 哲学家 Gaston Bachelard 在《空间的诗意》（*The Poetics of Space*）一书中写道：“优雅的曲线就像是留客的邀请。我们离开时一定会希望回来。因为这可爱的曲线有爱巢一样的力量；它吸引我们着迷，是暗藏了几何玄机的转角曲线。”（1969 [1958], 146）

46 Panelist for “Casino Floor Layout: Variations from Around the World,” G2E 2009.

47 Friedman 2000, 147.

48 利用建筑来激发行人的赌博兴致，这一策略的一个早期案例是 1967 年，William Harrah（Harrah's 公司的创办人）决定把他在里诺的赌场所有的玻璃窗都移除，用他所谓的“空气窗帘”（一股向下循环的过滤空气）取而代之；这样行人不仅能看到赌场内部，还能听到银币的撞击声和荷官们开骰子的喊声。Harrah 的一位雇员说：“实际上每一个路过的人都是这出戏的一部分，没有任何障碍可以减轻他的冲动反应。”（引自 Sanders 1973, 106–7）

49 Friedman 2000, 81.

50 Ibid., 81.

51 Ibid.

52 Ibid., 84.

53 Mayer and Johnson 2003, 22.

54 在斯宾诺莎的基础上，德勒兹和加塔利将情感（affect）定义为施加和被施加情感的能力（Deleuze and Guattari 1988）。Massumi（1995; 2002）指出，情感先于且外在于意识，与社会语言性的情绪（emotion）和带有个人性、自传性的感受（feeling）都不相同。Lyotard（1993）将情感描述为“生命冲动的能量”（libidinal energies）和“强度”（intensities），它们可资解释和利用，且只能在特定环境、系统和结构内存在。另见 Negri 1999; Clough 2007。关于情感和主观性的人类学文献，见 Desjarlais 2003; Biehl 2004; Luhrmann 2004, 2005; Pandolfo 2006; Biehl, Good, and Kleinman 2007; Stewart 2007; Masco 2008; Mazarella 2008; Biehl and Moran-Thomas 2009。

55 Massumi 1995; 2002. Jameson（1991）称后现代是情感消亡或平淡化的时代，但 Massumi 表示反对，认为当代资本主义世界的特点就是情感的“过剩”（1995, 88; 2002, 27）。关于将价值移至于情感之上的情况，相关讨论见 Negri 1999; Clough 2000, 2007。

56 Hirsch 1995. Hirsch 是一位精神病学家和心理学家。

57 Ibid., 593.

58 Ibid., 585–86.

59 Friedman 2000, 136.

60 Ibid., 140.

61 Ibid., 101–2. 弗里德曼批评了海市蜃楼的室内设计师们，说他们过分沉溺于装潢，对赌博设备喧宾夺主，其中包括“茂盛的植物、美丽的花朵和一个梦幻水族柜”（2003, 82）。这种华丽的设计风格更符合 Kranes（1995）的理念。

62 Ibid.

63 Friedman 2000, 7, 强调来自笔者。

64 Ibid., 135.

65 Ibid., 136.

66 语出 Digigram 的经理（引自 Holtmann 2004, 30），强调来自笔者。

67 Ötsch 2003, 137.

68 引自 Holtmann（2004, 30），强调来自笔者。

69 Ötsch 2003, 137.

70 Karen Finlay, quoted in Thompson (2009, n.p.). 赌博研究者 Livingstone and Woolley 发现，赌博者不喜欢赌博机上有刺耳的音乐和音效（2008, 102）。

71 想到 20 世纪最初几年基于工厂工作流程的物理环境设定时，一位工厂的工程师说道：“工厂建筑的设计要让工作可以不断前行，就像建筑本身不存在一样。”

（Charles Day, 引自 Biggs 1995, S183）Biggs 指出，研究现代生产过程的历史学家们对工厂机器的关注远高于“工厂建筑——设计、布局和结构”，但她也指出，一些工程师认为，建筑才是“主体机器”或说是“囊括并调控所有小机器的大机器”（1995, S174, S181）。她没有把工厂建筑分析为一种被动的结构，而是看作“生产过程中的一种动态因素”。本章也对赌场的室内设计采取了类似的分析。

72 Reith 1999, 143, 144. 赌场的一个有趣的对立面是股票交易大厅，两种空间在金钱与风险方面相关，但又完全不同。人类学家 Caitlin Zaloom（2006）把前芝加哥交易所的交易大厅描述为“循环流动的建筑”，认为其设计促进了层级性、地位的凸显、关系性和具身性（embodiment）。大厅上方悬挂着巨大的钟表，提醒着所有经过的人时间与金钱的联系，并且凸显出一种未来感；极为开敞的空间方便了人的流动；人人都可公平地获取信息，促进了理性决策。Zaloom 将股票交易活动与 Geertz 所说的“深度赌博”做了对比。两个领域是相关的，都是在风险领域中以自身为赌注。她认为，股票交易员们的行为体现了资本主义的“自控”伦理。

73 “Design/Construction Firms” 1985, 25.

74 Foucault 1979, 172.

75 Ötsch 2003, 138; Klein 2002.

76 Deleuze 虽然将社会权力松散地分类为“君权社会”“规训社会”和“控制社会”，但并未对权力的“新”“旧”形式做明显的划分；相反，他认为两种形式“经必要的修正后”是互相纠缠的（1992, 7）。Harvey（1989）和 Jameson（1991）也从马克思主义的视角提出了相似观点，他们认为工业福特主义的策略并未退出历史舞台，而是在新形式的浓缩时空中强化了，其背后的资本主义积累逻辑并未改变。

第二章　打造体验：“玩家中心设计”的生产力经济

1 Cummings 1997, 64, 63.

2 在赌博的商品化在多变的经济环境中赋予其新的生产力价值之前，就如 Caillois 所刻画的，它就是“纯粹浪费的场合”（1979 [1958], 5）。赌博被认为没有生产力，很大程度上在于它不产出物质产品（Malaby 2007），但随着服务型经济中的“非物质”劳动和消费渐成主流，这种观点逐渐淡化（Hardt 1999; Negri 1999; Terranova 2000; Courtwright 2001, 2005; Dibbell 2006, 2007, 2008; Andrejevic 2009）。Cosgrave（2009）将赌博称为一种“生产性消费”（productive consumption）（另见 Reith 2006, 132; 2007, 39）。

3 关于时间与能源管理技术在制造业劳动中的应用，相关讨论见 Marx 1992 [1867]; Taylor1967 [1911]; Thompson 1967; Rabinbach 1992。讽刺的是，声名狼藉的美国管理顾问 Frederick Taylor，他的很多观点是在宾夕法尼亚的伯利恒钢铁厂提出的，而这家工厂最近只经过了极小的改造，就变成了一家“工厂主题”的赌场。

4 Dibbell 2008。迪贝尔研究数字在线赌博时提出：“理论上说，任何可以通过电脑程序加上人类输入实现的生产过程，都可以把这种输入设计成人类想玩的游戏程序。”目前有越来越多的文献讨论当代资本主义经济中游戏与劳动的结合［有时称为“戏劳”（playbor）］，这表示游戏与劳动剥削的逻辑之间没有对立关系（例如，可见 Hardt 1999; Negri 1999; Terranova 2000; Dibbell 2006, 2007, 2008; Andrejevic 2009）。

5 Thrift 2006, 282. 思里夫特认为，这种对体验的挖掘是“拼命”的资本主义的一种症状，资本主义社会要拼命寻找新的商品和利润来源（同上，280–81）。另见关于“情感经济”的研究（Massumi 1995, 2002; Hardt 1999; Negri 1999; Clough 2000,

2007; Terranova 2000)。

6 Pine and Gilmore 1999, cited by Mark Pace of WMS, panelist for “CRM and Data Analytics: Make Me Money or Save Me Money,” G2E 2009. 这本书中使用了“体验经济”一词，用来指一种顺应服务经济潮流的经济形式，同时也有人用“体验经济”直接指服务经济本身（例如可见 Callon, Méadl, and Rabeharisoa 2002）。

7 Mark Pace of WMS, panelist for “Slot Appeal: Applying New Technologies,” G2E 2007; Kathleen McLaughlin of Las Vegas Sands, panelist for “Harnessing the Market: The Potential of Server-Based Gaming,” G2E 2008.

8 Christopher Strano of AC Coin, panelist for “Boosting Machine Productivity: Creating an Environment,” G2E 2007. 用行为主义的术语来说，这些“附件”是“次级条件作用”（secondary conditioning）或称“经典（classical）条件作用”的实例，这些元素之所以能强化赌博行为，是因为它们关联着机器的奖励发放模式或称“操作性（operant）条件作用”（第四章会具体讨论）。

9 亚历山德拉是一位退休的赌场荷官，她回忆说：“老板们都喜欢我，因为他们有每小时 350 手的指标要完成，而我能发 500 手。我开始玩赌博机后，速度也特别快。”保险公司职员乔茜也认为自己的工作技能促进了赌博技能：“我玩赌博机快到你的眼睛都跟不上，就像用打字机的时候我记住了每个按钮的位置。我手指非常灵活，手眼协调性也很好，因为我一直在玩赌博机，得到了锻炼。如果谁想当打字员的话，我推荐他用视频扑克来练习。”

10 Neil Nicastro, quoted in Bulkeley (1992, B1). 今天的“独臂大盗”如果还有手臂，也只会是一种退化了的手臂，“不过是对其进化史的致敬而已”（Cummings and Brewer 1994, 75）。

11 Cummings 1997, 76; see also Lehman 2007a.

12 在多手视频扑克机上，玩家可以凭一手牌，同时和 3 副、5 副、10、50 甚至 100 副牌来玩。此时这一速率还会更高（见第四章）。

13 Harrigan and Dixon 2009, 83.

14 Hans Kloss of Bally Technologies, quoted in “A Slot Maker for All Seasons” 1996, 18.

15 Warren Nelson, quoted in Turdean (2012, 11).

16 Stuart Bull of Aristocrat, panelist for “The Video Future,” World Gaming Conference and Expo 1999.

17 Jack O’Donnell, quoted in “Cashless Slot Machines” 1985, 14.

18 “Cashless Slot Machines” 1985, 14.

19 Palmeri 2003; Joseph Pitito, director of investor relations for Global Payment Technologies, quoted in Emerson (1998a, 31).

20 Foucault 1979, 152–54.

21 Marx 1992 [1867], 352.

22 Cummings 1997, 76. 行业期刊《全球赌博业》（*Global Gaming Business*）的编辑对赌博业中这种速度最大化的逻辑进行了极致归谬：“也许他们能发明一种技术，直接把你的脑波连到一台下注机器上，这样你睡觉时也能玩老虎机。从赌场利润的角度看，睡觉的时间简直多浪费啊。”（Legato 2006, 114）

23 Benjamin 1968 [1939], 179n11.

24 Turkle 1984, 83.

25 百丽幻影是硅博彩公司的“奥德赛”（Odyssey）老虎机产品线的一部分。动态游戏速率功能详见该公司的专利（US Patent No. 5758875）。这一功能有一个早期版本用于转轮式老虎机，让一个机械驱动器根据玩家拉动拉杆的速度来加快转轮的转速；改用电子电路后，凭借另一项专利技术“变速游戏装置”（Variable Speeding Gaming Device），该效果得到了进一步改进（见 US Patent No. 4373727）。

26 US Patent No. 5758875. 此后，一些赌博机简化了“动态游戏速率”的概念，直接加装了一个简单的速度表，玩家可以依自己的意愿来加快游戏步调。

27 历史上，以玩家为中心的老虎机的前身出现在 19 世纪下半叶，其形式是所谓“娱乐机”（通常称为“投币机”）。游戏历史学家 Erkki Huhtamo 观察到，这种装置可以给玩家的“至少是一种行为主体错觉，虽然其先置限定也很严格”（2005, 8）。针对该装置的一则广告称，其运行“完全受 [用户] 转动手柄的控制，玩家大可按喜好来操作机器的快慢”（同上，9）。Huhtamo 指出，虽然可以认为这些赌博机是“工厂和办公室里的那些生产用机器的对立面”，但实际上它们的目标是“让玩家以越来越快的节奏花越来越多的钱”，使用机器赌博“与机械化工厂中的工人被迫从事的重复性动作相去不远”（同上 , 6, 9）。和当今的老虎机一样，它们既为用户提供了“一个机会，好跳出资本主义持续生产的观念及受科学化管控的日常工作”，同时又“将工作与业余的时间更为紧密地连在了一起”（同上 , 10, 11）。

28 来自作者对行业顾问 Jim Medick 的访谈。

29 Panelist for “Games and Expectations: The Slot Floor of the Future,” G2E 2004.

30 Tony Testolin of Billy’s West, quoted in Rutherford (1996, 83).

31 Cummings 1997, 71.

32 Ibid., 73.

33 来自独立设计师 Nicholas Koenig，他曾为 IGT 和硅公司等制造商设计赌博机产品。

34 Cummings 1997, 68.

35 Witcher 2000, 25.

36 Thrift 2006, 288.

37 Rivlin 2004, 47.

38 Kranes 2000, 33. 一位资深赌博机音效设计师说：“我工作的基本要领就是创作可以快速吸引玩家的音乐。我的目标就是吸引玩家，并使他们保持足够久的兴趣玩赌博游戏。”（Daniel Lee, quoted in Villano 2009）

39 行业顾问 Kranes 写道：“这可以追溯到巴甫洛夫医生和他的狗：狗在特定提示下分泌唾液，这就是‘条件反射’。根据这一理论，硬币的声音、它们掉落在金属托盘里的声音，会促使玩家‘垂涎于赢’。”（2000, 32）1985 年，拉斯维加斯的某赌博经理把托盘降低 6 ～ 8 英寸，以放大硬币掉落的声音，结果他表示，赌博机的收入有了显著增长（“Cashless Slot Machines” 1985, 14；当时他工作的赌场是 Sam’s Town 和 California Hotel）。

40 Quoted in Rivlin (2004,45).

41 来自 Spencer Critchly，是他的前同事 Nicholas Koenig 在 2009 年接受我的访谈时转述给我的。

42 Kranes 2000, 33. Kranes 具体解释说：“噪音是一种无序的声音，会抑制行为。所以从逻辑上说，噪音会抑制赌博行为。”

43 来自浸入科技公司的推广材料和新闻通稿（from 3M news, November 13, 2007）。浸入科技及其触觉软件后被 3M 公司收购，重新发布时的名称是“微触电容触摸屏系统”（Microtouch Capacitive Touchscreen System）。

44 Nicholas Koenig, creative director for IGT’s 2003 AVP slant top machine cabinet (see www.nkadesign.net).

45 Croasmun 2003. 作为人体工程学设计手段的补充，赌博业鼓励玩家按人体工程学指导原则来调整自己。仿效给操作电脑的办公室职员的建议，一位赌博业顾问编写了一份“简单练习”清单，指导玩家如何保护眼睛、手腕和手指免于紧张及重复性过劳损伤(RSI):“游戏中请左右扫视，不要盯住屏幕上的一个点。在这样做时，请缓慢地深呼吸……每隔一段时间休息一下，活动手指和手腕……转动手指来恢复血液循环。”(Burton, n.d.)

46 引自 Legato (1987, 15)，强调来自笔者。这种逐渐兴起的对玩家舒适度的关注也延伸到了赌场的客房设计中，原先华丽的条纹墙纸和不舒适的家具被抛弃，取而代之的是谦抑的乡间风居家装饰。一位行业记者在 1987 年写道：“过去赌场经营者的观念一直是，客房越不舒服，玩家就越不愿意待在客房，也就会花越多时间在赌场里。今天的观念已经转变为……要保持玩家开心舒适，这样他们才会成为回头客。”(Carroll 1987b, 22)

47 虽然当今的人体工程学主要致力于让任务及相应技术适应人的行为与认知的能力和局限，但在 20 世纪初，工效学领域刚刚形成时，“在设计考虑中，机器享有优先权，操作者的地位则最低”(Tilley 2002, 158; see also Meister 1999)。随着战事来临，选择能完美契合工作要求的人已不可能，于是在技术设计中引入各种变量就成为必需。这一趋势又随着战后消费型经济的来临而进一步发展，迫使产品设计师对无技术能力的大众提高关注。随着个人电脑的兴起，软硬件设计中也出现了用户友好性要求，到 20 世纪 80 年代，工效学的一个新分支出现了，被称为“人因工程学”(human factors ergonomics, HFE)。与工业工效学广泛关注的物理因素不同，这一新型的人体工程学关注的是“如何把舒适度与满意度……注入机器”(Meister 1999, 19)。HFE 的早期探索包括“动机研究”以及战后的管理学文献中对“工业关系”的关注（见 Dichter, 1960; McGregor, 1960)。

48 一篇题为《坐着别动》(“Please Remain Seated”) 的文章中，作者写道，椅子造得不仅要耐用，还“必须能说服玩家坐下来，不走”(Knutson 2006, 32)。

49 Ibid.

50 来自红石赌场的老虎机运营总监 Frankhouser，引自 Wiser (2006, 36)。

51 Lars Klander of Tech Results, moderator for “CRM and Data Analytics: Make Me Money or Save Me Money,” G2E 2009.

52 IGT 2005, 43.

53 Royer 2010.

54 TITO 系统的实例包含 IGT 的 EZ-pay 系统和巴利的 e-ticket 系统。客人们一开始抗拒这一技术，直到小面额游戏出现。小额游戏中，如果要一枚枚地投分币、拿着大号硬币篮在赌场里走来走去，还要被硬币弄脏手，就实在太麻烦了，于是玩家们拥抱了新技术 (Emerson 1998b, 34)。到 2005 年，TITO 占据了美国老虎机市场的 70% (今天几乎所有老虎机都配备了 TITO 功能)。

55 Lehman 2007a.

56 某次赌博结束后，有点数剩余的玩家可以去自助兑换处把票换为现金。

57 Eadington 2004, 10–12.

58 来自帝国银行（加拿大）的 Steven Kile 和美国银行的 Richard Lightowler，引自 Parets (1996, 65)。

59 全球取现公司 2006 年提供给赌客的现金共有 170 亿美元，2007 年超过 210 亿美元。

60 强调来自笔者。这位阿利瓦卡业务的高管写道：“顾客们之所以喜欢我们的自助柜台，是因为这样他们就不用面对在人工窗口遭到拒绝的尴尬。有了我们，不论批准还是拒绝，都是私密的。这对于第一次来兑换的客人尤其重要。”（引自 www.macaubusiness.com/newsadmin/preview.php?id=804, accessed July 2007）

61 到 2008 年，阿利瓦卡已被全球 1000 家大型赌场及其他赌博场所接纳，向玩家预借了近 400 亿美元现金。后因经济大环境问题，全球取现公司终止了这项业务（一位发言人说“在这样的环境中，所有消费信贷产品都免不了亏钱”），但向消费者承诺“将继续创新，提供新的产品和服务，以便为赌场提供更多现金”(“Global Cash Accessto Discontinue” 2008)。

62 Parets 1996, 64.

63 Eadington 2004, 10–12.

64 公司推广材料（www.cashsystemsinc.com/powercash. asp, accessed January 2008）；另见 Hodl 2008。在本书写作过程中，这一 2007 年开发的系统已经在加州和科罗拉多的赌场投放，但还未获得内华达州的批准。

65 TODD(开发于 2004 年) 之前名为 QuikPlay ATM，这个名字对监管批准来说不太吉利，因为法律禁止在老虎机上加装 ATM 功能（Parets 1996, 64）。

66 Hodl 2008; Stutz 2007a; Grochowski 2006.

67 来自现金系统公司的营销经理 Aaron Righellis，引自 Grochowski（2006, 32）。

68 Stutz 2007a.

69 Legato and Gros 2010, 14.

70 Neal Jacobs, CEO of Automated Currency Instruments, quoted in Mc- Garry (2010).

71 Foucault 1979, 153.

72 Deleuze 1992; see chapter 1. Castells（1996）详述了 20 世纪 90 年代中期这一嬗变，他把当代资本主义描述为“流动的空间”（space of flows），其空间边界是平滑的，市场是开放的，产品是“去地域化的”（deterritorialized，该词由德勒兹和加塔利一起创造，用于描述资本在寻找新的市场与劳动力资源时义无反顾的迁移）。类似地，Hardt and Negri 也写道：“资本喜欢流向由显白的流动性、灵活性和频繁的调节所定义的平滑空间。”（2001, 327）

73 Dibbell 2008, 3. Andrejevic（2009）提出，在非物质化的情感劳动形式中，自主性与剥削性共存。Ritzer 写道，消费者与生产者一样，其自身已变成可被剥削的大众群体，但又有几个关键差别：“消费者虽然看起来很少甚至从未受到明显的强迫，但仍逃不过一系列更为柔性、更具诱惑性的控制手段。”（2005, 53）他认为拉斯维加斯的赌场度假中心（及购物中心、游船、连锁快餐店）是“新消费形式”的典范，结合了理性化的官僚过程（促进消费）与魅惑因素（引诱并捕获消费者）。历史学家 David Courtwright 同样将拉斯维加斯视为他所谓的“边缘资本主义”（limbic capitalism）的典型所在，或者说是“资本主义企业的转向，[围绕着]提供短暂却易习惯的愉悦，不论那是毒品、色情还是赌博甚至甜食和高脂肪食品”（2005, 121）。

74 Terranova 2000.

75 Thrift 2006, 284, 279.

76 Callon, Méadl, and Rabeharisoa 2002, 202, 强调来自笔者。卡隆及两位合作者把定制化迭代过程描述为一种“验证再验证”的过程，在这一过程中，产品的各项性质逐步属性化、稳定化、对象化和有序化。用 Nikolas Rose 著作中的话说，他们的兴趣在于“个人的偏爱和热情与产品的形象和属性之间的接力和相互关系”（1999, 245）。

77 Callon, Méadl, and Rabeharisoa 2002, 202. 虽然卡隆及另两位作者都承认，消费者的

偏好是变化的，但在我看来他们过分强调了当今消费者在与产品互动的过程中“澄清自身偏好”和“定义产品特性”的能力，同时对产品设计能够有策略地以各种方式引导用户形成偏好这一点强调得不够。在第四章我们会看到，对后者缺乏关注导致他们无法解释消费者各种形式的成瘾现象。

78 这就是心理学家 Mihaly Csikszentmihalyi 所描述的“心流”活动的自成目的（1985, 490；关于心流与机器赌博的关系，更充分的讨论见本书第六章）。人类学家 Gregory Bateson 也有类似观点，他写道，这类活动“与其说是出于目的性，即瞄准某个延迟实现的目标，不如说是因其本身而有价值”（Bateson 1972, 117）。

79 Heidegger 1977 [1954], 15.

80 Sylvie Linard, panelist for “Slot Systems: New Innovations, New Experiences, New Efficiencies,” G2E 2005. 利纳尔是在行为主义的意义上使用“熄火”一词，指条件反射的终止。但在这个具体场景中，行为的终止不是因为活动本身对主体失去了强迫性，而是因为主体继续此种活动的手段已经耗竭。因此，“玩到熄火”的熄火，说的是赌博行为，而非赌博的驱动心理。

81 Cummings 1997, 65.

82 Deleuze 1992.

第三章　被程序控制的概率：魅惑的计算

1 赌博游戏设计师兼技术专栏作家 John Wilson 写道：“短期看，玩家可能有赢有输，但 [赌场] 为的是长期结果。”（2009a）根据概率论的“大数法则”，几百万次赌博后，累计结果会与程序指定的赌桌赢率或称庄家优势相吻合。三位行业顾问指出：“某玩家若持续赌博很长时间，就毫无机会赢过赌场。”（Singh, Cardno, and Gewali 2010; see also Turner 2011）赌博交锋的时间维度并不对称，时间站在赌场一边。

2 Coser 1977, 233.

3 Weber 1946 [1922], 139. 韦伯引入了“祛魅”（disenchantment）概念，用于描述古代宇宙论传统的消亡和机械论思维与现代科学的兴起。

4 Woolley and Livingstone 2009, 48; Weber 1946 [1922], 139.

5 Bauman 1991, 125; Weber 1946 [1922], 216.

6 “有意制造的不可计算”（manufactured incalculability）这一术语被 Beck（1994, 11）用于讨论“风险社会”。风险社会的研究者们基于韦伯的理论又进一步，认为随着人类与技术的互动越加频繁，以及技术对我们世界的影响越发广泛，风险会不断滋长，脱离控制，直到极难计算和管理的地步；那些原本意在推进理性化、获得确定性的技术，实际上反而产生了新的不确定性和非理性。Beck 认为，这种情况是位于现代性核心“而非边缘区”的一个缺口（Beck 1994, 10; see also Giddens 1991, 1994; Beck 1992; Beck, Giddens, and Lash 1994）。

7 Malaby 2007. “人为的偶发性”的一个例子是在赌博中用骰子增加随机性，或使用随机数生成器（RNG）。

8 Jenkins 2000, 18. 历史学家 Richard Jenkins 还指出，赌博企业的成功表明，“对于组织化、终极理性化且祛魅的资本主义而言，欲望与玩乐都不必然是其各种架构和策略的对立面”。关于魅惑将伴随资本主义的理性化长存，其他研究可见 Williams 1982; Campbell 1987; Schneider 1993. Ritzer（2005）指出，消遣和逃避它的套路皆已被理性化，但为吸引消费者，它们同时又被“重新魅惑化”（re-enchanted）。

9 Weber 1946 [1922], 139. 韦伯用“技术”（technical）一词专指现代性特有的理性、科技与技法，然而在前现代历史记录中也有一些例子，在其中，“技术方法与计算”在宗教或巫术活动中起关键作用。如艺术史学家 Gunalan Nadarajan 所描述的早期伊斯兰自动装置，就被视为一种传达反复无常的神意的管道及神性的视觉展现（2007, 13）。

10 See Falkiner and Horbay 2006.

11 Commissioner Hyte, quoted in Harrigan (2009b, 73). 严格地说，赛马与体育比赛也是胜率未知的游戏，对玩家和庄家皆然。

12 Joe Kaminkow, quoted in Rivlin (2004, 44). Kaminkow 时任 IGT 副总裁，负责核心设计团队。

13 Malaby 2007, 108.

14 Woolley 2008, 143.

15 King 1964; Costa 1988, 21; Nassau 1993; Huhtamo 2005. 赌博史专家 Huhtamo 写道：“与大规模机器生产相伴出现的，还有各种娱乐功能（含游戏）设备的爆发性增长。与这一势头同步，城市空间中也涌现了大量的自动化老虎机。”（2005, 3）。

16 “Slot Machines and Pinball Games” 1950, 62.

17 Fey 1983, 13.

18 水果图案首次出现是在费伊的第二款机型上，该机型名为“贩卖钟”（Operator Bell）。他用水果图案把赌博机伪装为口香糖贩卖机，从而绕过反赌博法律。

19 Collier 2008.

20 Fey 1983, 1. 撞球赌博机对老虎机行业的不断成功起了关键作用，这方面的讨论可见 King 1964。

21 1964 年，巴利开发了第一款全电子机械化老虎机，名为“钱宝”（Money Honey）。该机型前所未有地支持自动支付 500 枚硬币，此前的机型都最多支持 20 枚。

22 此前人们还可以通过操纵赌博机的机械结构来作弊。其中一个方法叫“玩节奏”（rhythm play），通过有技巧地拉动拉杆来影响转轮的停止位置；“绑线法”是在每一转都把硬币投进再拉出；“砸杆法”则是试图破坏老旧机器的支付控制机制；“勺子法”则需要特殊的设备（Friedman 1982 [1974]; Turdean 2012, 15–16）。一些老虎机作弊者用假的硬币；或是用垫片、电线等物插入机器的机柜或玻璃中，甚至干脆灌入一些东西，好把手柄固定在“游戏”位置；还有些人试图利用磁铁影响转轮的停止位置。

23 Turdean 2012, 46.

24 US Patent No. 4095795, 强调来自笔者。

25 严格说，RNG 是“伪随机”，意思是因为它是设计好的程序，所以永远不是真正随机运行的（除非它是借从环境中引入随机噪音来取数的）。老虎机的 RNG 是从电脑内部的实时时钟中取样设为“种子”值，然后以此为起点，遵循递归函数，从前一个随机数生成后一个随机数。考虑到这个运行过程以大约 43 亿个不同的值为一个最小间隔，它近乎不可预测。特别是还要考虑到赌博者的贡献：他们的游戏间隔也是不可预测的。

26 这一算法的原理是取到生成的随机数后，用某个虚拟转轮的停止位数来除，得到余数，这一余数就是要选的停止位。

27 Rogers 1980, 25.

28 Ellul 1964, 333.

29 Rogers 1980, 25.

30 来自巴利公司赌博机部门的总裁，引自 “The New Generation of Slots” 1981, 28。

31 Mark Pace of WMS, panelist for “Slot Appeal: Applying New Technologies,” G2E 2007.

32 Hodl 2009, 15.

33 Reiner 2009.

34 Harrigan and Dixon 2009, 84. 视频演示见“Illusion of Control”，网址 http://problemgambling.uwaterloo.ca/video-stories/。停止功能在加拿大一些司法辖区的赌博机上有所使用，也出现在日本的柏青哥老虎机上。在赌博合法化后，美国新泽西州的大西洋城也出现了一个“技术停止”（skill stop）按钮，以满足新泽西州的法律要求：该州法律规定赌博机必须让真实玩家有控制权。但从那以后，美国赌博业监管法规禁止了赌博机上配备技巧性功能（视频扑克除外，因为这个确实需要技巧）。赌博机开发者一直希望这一规定发生改变，以便他们把微小的技巧因素设计到赌博机中，增强玩家的控制错觉。2007 年，WMS 公司的 PONG 型赌博机获得了监管部门的批准，而这款机器设置了需要玩家灵巧操作的奖励关，这意味着对赌博机上技巧性功能的监管开始松动。2010 年 IGT 和 Konami 两家公司引入了新型赌博游戏，在奖励关中加入需要玩家手眼配合，真实地操作手柄和撞球机那样的小翻板，而不再仅仅是“感觉上有技巧”了。

35 Ladouceur and Sévigny（2005）针对停止装置做了两项研究。第一项研究中，87% 的玩家相信，他们激活停止装置的时机影响了视频转轮上显示的图案，超过一半玩家相信他们可以通过停止装置控制游戏结果，近一半人认为使用这种装置时需要技巧。第二项研究中，玩安装有停止装置的赌博机的玩家，游戏量是控制组（无停止装置）的两倍。IGT 在 2009 年推出的“真前沿转轮”（REEL Edge）系列游戏允许玩家控制每一个转轮的停止时间。用其新闻稿中的话来说：“当玩家按下‘停止’钮时，转轮会在 150 毫秒内减速至停止。”

36 “IGT product profile” 2000, 39.

37 Scoblete 1995, 5.

38 Ibid.

39 Suchman 2007b; see also Turkle 1984, 2011; Ihde 1990; Nadarajan 2007.

40 Turkle 1984, 29.

41 用马拉比（Malaby）的相关观点来看，Nadarajan 对早期伊斯兰自动装置的记述与当代赌博机及其制造“人为偶发性”的方式存在着关联（2007）。在 Nadarajan 的记述中，这些装置包含了“刻意和精心的程序，以产生难料的而非可期的行为”，因此它们的运动“虽然获得了秩序，且在预定的参数之内，但这些参数并非完全可控”（2007, 15）。

42 Dancer 2001, 26.

43 来自船锚公司的 Randy Adams，引自 Legato（1998b, 74）。

44 Crevelt and Crevelt 1988, 17.

45 Robison 2000.

46 US Patent No. 4448419. 特尔内斯（Telnaes）在 20 世纪 70 年代后期开发了这一软件，当时他正在巴利的分销部门工作。他于 1982 年提交了专利申请，并于 1984 年获批。

47 Turner and Horbay 2004, 16.

48 Ibid., 11. US Patent No. 4448419.

49 Turner and Horbay 2004, 21.

50 Wilson 2004a. 特尔内斯是第一个拥有虚拟转轮映射技术的人；IGT 于 1989 年购买了这一专利，并向其他公司进行授权（Ernkvist 2009, 169）。

51 Legato 2004.

52 US Patent No. 4448419.

53 Ernkvist 2009, 166–68.

54 Ibid.

55 Harrigan 2007, 2008.

56 See Falkiner and Horbay 2006. 一位软件工程师在技术行内人在线论坛上发表了自己对他们文章的评论："考虑到近失效应和转轮的加权虚拟停止位，我认为他们的观点有值得肯定的地方。让我们把轮盘赌看作一个虚拟的老虎机，玩家会走到桌前来玩。轮盘是藏起来的，只把最后球停止的位置显示出来，这样，赌场就可以装一个轮盘，然后用他们喜欢的一切方式给它加权，只要保证每个数字至少出现一次就行。他们不需要向顾客透露轮盘的任何细节信息，只要满足最低赔付比率 75% 的法律要求即可。每个轮盘桌，哪怕是同一间赌场的，也会各不相同。"（newlifegames.net/nlg/index.php?topic=6532.msg58188;topicseen, accessed May 2010）

57 Regulations 465.015 and 465.075 (Nevada Gaming Commission 2010b).

58 Regulation 14.040 (Nevada Gaming Commission 2010a).

59 Nevada State Gaming Control Board, 1983, 39, 强调来自笔者。

60 Ibid., 41. 在这一评论中，IGT 的律师 Raymond Pike 特别提到了这类赌博机的"近失"功能，即在中奖线上下呈现高于概率的中奖符号，如我在下节中讨论的一样。

61 Nevada Gaming Commission 1989, 280.

62 Nevada Gaming Commission 1983, 88. IGT 的负责任赌博项目总监 Connie Jones 也提出了类似的观点："也许欺骗正是吸引力的一部分（引自 Green 2004）。她的观点看起来与近期一位赌博行业记者的观点相矛盾，后者认为"在赌博机行业中，没有欺骗和诡计"（Roberts 2010）。

63 Turdean 2012, 31; see also Davis 1984, 18.

64 "Gaming Laboratory International: The Testing Standard" 2007, 72. GLI 由 James Maida 主持，他在 1996 年被行业出版物《国际游戏、赌博与商业》（*International Gaming, Wagering, and Business*）评为赌博业最具影响力 25 人之一。另见 Maida 1997; Bourie 1999; Wilson 2003, 2004a, 2004b, 2004c, 2004d, 2004e, 2004f。关于澳大利亚赌博机制造商、测试机构和政府的"三角关系"，相关讨论可见 Woolley 2008。

65 关于赌博机从电子机械化范式到数字化范式的变换，以及其中牵涉的企业政治因素，详细的历史学研究可见 Ernkvist 2009（特别是第 7 章）。Ernkvist 解释说，IGT 的崛起（在其辉煌的 2006 年，这家公司提供了全美 70% 的赌博机）还因为该公司于 1986 年开发了"广区累积"（Wide Area Progressive，WAP）技术，施用于"巨钞"（Megabucks）机型，该系统将虚拟转轮技术与新兴的远程通信技术相结合，把多处赌场中的赌博机连至一个中央系统。每个玩家的下注，都有一部分贡献给一个集体头奖池，其数字会实时在一块大屏幕上跳动，金额比任何单台机器能提供的都大得多。其他老虎机制造商后来也引入了自己的类似技术。

66 Maida 1997, 45. 澳大利亚和新西兰是禁止虚拟转轮映射的，那里的赌博机全是视频化的，有其独特的"感知扭曲"方式，我将在下一章讨论。英国有一些老虎机比较独特，它们为符合目标赔付率，会持续地调整胜率，这是使用了一种称为"适应性逻辑"或"补偿机制"的负反馈控制手段（见 Turner and Horbay 2004）。

67 Bourie 1999.

68 美国和加拿大的老虎机制造商遵循一个不成文的规则，在中奖位之上或之下的空白位（产生"近失"效应）的出现率，不得高于纯随机水平的 12 倍（上 6 下 6）；一些印第安人赌场的相应比率则更为宽松（Stewart 2010, 13）。

69 Harrigan 2007; Burbank 2005, 114. 基于来自匿名提供者的"支付表和转轮条带

表”（简称“PAR 表”）和充分的经验研究，有一份针对不同游戏的比较报告，见 http://wizardofodds.com/slots/slotapx3.html。

70 Nevada State Gaming Control Board 1983, 44, 强调来自笔者。

71 Cote et al. 2003.

72 Blaszczynski, Sharpe, and Walker 2001, 86. 关于近失效应在延长赌博方面的效力，更多研究可见 Skinner 1953, 397; Dickerson 1993; Delfabbro and Winefield 1999; Kassinove and Schare 2001; Blaszczynski and Nower 2002, 491; Dixon and Shreiber 2004; Parke and Griffiths 2004; Haw 2008a; Harrigan 2009b.

73 Harrigan 2009b; Reid 1986.

74 Skinner 1953, 397. 老虎机制造商们会很小心地不造成太多“近失”情况，因为高于一定阈值后，它的效果会被稀释（Collier 2008）。

75 关于近失效应的听证会及其背后的企业政治因素（背后的主要推动力是 IGT 对行业统治地位的追求），更详细的讨论可见 Burbank 2005, 104–27。

76 环球娱乐公司的机器在判定玩家输掉后，会查询一个预先定义好的输局情况表格，其中会包含着头奖图案（Rose 1989）。

77 Thompson 2009; see also Rose 1989; Turner and Horbay 2004, 29; Burbank 2005, 104–27.

78 Raymond Pike, quoted in Reich (1989).

79 Burbank 2005, 107, xvii. Burbank 给出了一份内华达赌博业监管机构的详史，其中也包含了这些机构在怎样地努力追赶赌博机那复杂的电脑化技术。

80 Rose 1989.

81 Regulation 14.040 (Nevada Gaming Commission 2010a). 在该监管条例起草之前，“对于随机性应被怎样理解，没有任何书面的监管规定”（Burbank 2005, 107, xvii）。

82 Falkiner and Horbay 2006, 10. 第二个转轮上设置的赢图案要少于第一个转轮，第三个转轮上更少，这一设计策略早在早期机械式老虎机时代就出现了。

83 在“新生活赌博技术论坛”（New Life Games Tech Forum）这一“服务于我们这些娱乐业和赌博业从业人员的信息分享 [在线] 平台”上，一位赌博业的电子工程师解释说：“你在游戏中看到的转过去的条带与转轮停止时你看到的并不是同一条。它们是‘挑逗性’条带，在游戏过程中，上面有很多头奖和高额奖的图案，但当每个转轮都停止后，机器会把反映真实胜率的条带插入最后几个显示位中。”一位软件工程师回帖说：“嘘——要不是你讲了视频老虎机的门道的话，我不会讲的。”（http://newlifegames.net/nlg/index.php?topic=6532.msg58188;topicseen, accessed May 2010）

84 韦伯继续写道：“野蛮人对自己工具的理解，远远多于我们。因此，智识化、理性化并不意味着一个人对自己的生存状况有更多、更广泛的认识。”（Weber 1946 [1922], 139）

85 PAR 表包含了赌博游戏的转轮设置（包含所有出现在转轮上的图案及其位置）、支付组合、支付百分比、中奖频率、波动指数、置信水平统计及其他信息。

86 最近加拿大研究者 Harrigan and Dixon（2009）通过“自由信息和保护隐私法案”取得了 PAR 表。

87 这一软件可在线下载：www.gameplanit.com/Slot_tutorial.html。Horbay and Harrigan 后来又为我在下一章中会讨论的“多线”视频老虎机开发了类似的软件。

88 Suchman 2007b, 42. 另见 Turkle 1984, 272; 2011, 111。

89 Livingstone and Woolley 2007, 369.

90 Borrell 2004, 181.

第四章　市场匹配：创意、强化、习惯化

1 Stuart Bull of Aristocrat, panelist for "The Video Future," World Gaming Conference and Expo 1999.

2 Michael Pollack of *The Gaming Observer*, moderator for "The Video Future," World Gaming Conference and Expo 1999.

3 这套脚本的线索可在赌博游戏的 PAR 表中找到，该表也叫"概率会计报告"（见第三章）。

4 例如，Delfabbro 及同事一起进行的一项赌博行为研究发现："[强化的] 频率通常比量级更为重要。"（Delfabbro, Falzon, and Ingram 2005, 20）这一点在大多数赌博者的赌博风格中就能明显看出，他们通常下最小或中等的注，但押最多的线数（称为"最小–最大"策略），这样虽然奖金会变少，但能保障赌博体验稳定顺畅（Livingstone and Woolley 2008, 25; Legato 2005a, 74）。事实表明，稳定的小赢可以提高赌博者的游戏速率，而大赢反倒会扰乱玩家的节奏（Dickerson et al. 1992; Delfabbro and Wineeld 1999）。

5 这位 IGT 的代表是 Jeffrey Lowenhar（他后来离开 IGT，成为一家赌场的高管，现在则为全球范围的赌场经营提供咨询）。他介绍给我的书是《奖励与惩罚》（*Reward and Punishment*, Logan and Wagner 1965）。斯金纳的理论包括"操作性条件作用"（即强化计划），以及"经典条件作用"或称"次级条件作用"（即声音、音乐、视频图像及其他环境线索，它们与奖励关联了起来，因而可提升强化作用）。斯金纳强调，行为条件作用的"重要特性就是强化计划"（Skinner 1953, 104）。

6 颇有一些学者讨论了赌博机与强化现象的关系，如 Dickerson et al. 1992; Dickerson 1993; Delfabbro and Winefield 1999; Kassinove and Schare 2001; Blaszczynski and Nower 2002; Dixon and Shreiber 2004; Parke and Griffiths 2004; Delfabbro, Falzon, and Ingram 2005; Haw 2008a, 2008b; Livingstone and Woolley 2008; Harrigan 2009b。虽然其中一些人认为，赌博机的支付结构遵循的是"可变比率"强化计划（即随着无奖励次数的增多，中奖的概率会变大，因为奖励的数量是预先定好的），但实际上赌博机遵循的是"随机比率"计划（即每一局都与前一局无关，因此中奖概率都一样）（见 Haw 2008a）。赌博机不时出现的赢钱结果可以"产生一种唤起状态，常被描述为类似于'毒品引发的兴奋'。它可以促使玩家延长赌博时间"（Blaszczynski and Nower 2002, 491）。

7 Skinner 2002 [1971], 35.

8 同上，强调来自笔者。

9 Chris Satchell, quoted in Fasman (2010, 10).

10 普拉特现在是赌博设备制造商协会（Association of Gaming Equipment Manufacturers）的主席。该协会是代表赌博技术制造商的国际贸易团体。

11 一份由赌博行业定制的名为《打破老虎机神话》的报告指出，高波动性、低中奖率的赌博游戏往往会"缩短玩家游戏时间"，因为"玩家为了享受高赌注的刺激感，会更迅速地花完自己的赌博预算"（Stewart 2010, 10）；另见 Eisenberg 2004。

12 同上。低波动性和高中奖率虽无一对一的关联，但通常会一起出现。高波动性的游戏（即头奖金额很大的）一般中奖率远低于低波动性的，因为高波动的数学公式更易设置（想在高波动性游戏中实现高中奖率，就要同时提升游戏的"庄家胜率"和"游戏线数"，这一点我会在本章后面讨论视频老虎机时详述）。一种游戏的"波动性指数"越低，玩家的直接体验就与游戏声称的支付比率越接近；波动性越高，则直接体验越可能偏离这一比率（Harrigan 2009a, 3–4; see also Lehman 2007a;

Wilson 2009a, 2009b, 2010a, 2010b; Singh and Lucas 2011; Turner 2011)。

13 Wilson 2009a.

14 IGT 2005, 48, 49.

15 随着赌博越发商业化，赌博者的目标已经从想赢钱变成了“延长参与时间”，即想用同样的钱换取更多的“赌博商品”(Reith 1999, 133; see also Findlay 1986)。

16 Jay Walker of Walker Digital, quoted in Legato (2007a).

17 Kent Young, panelist for “Content Is King: Developing the Games,” G2E 2008.

18 来自作者在 1993 年对 Butler DeRhyter 的访谈。

19 要吸引本地玩家，赌场最重要的属性不是推广优惠、支票现金服务或儿童看护设施，而是“可以方便地从家里开车过来”。前几名的因素还包含“安全感”“友善礼貌的员工”和“方便停车”(Shoemaker and Zemke 2005, 403)。

20 1967 年 Dale Electronics 开发了一款黑白的视频扑克游戏，名为“爱玩扑克”(Poker Matic)。巴利分销部门的 Si Redd 在 1976 年也开发了一个版本，但他从公司离开时，带着专利加入了 Fortune Coin 公司。1977 年，该公司的 Stan Fulton 开发了第一款彩色视频扑克机型，名为“抽牌”(Draw Poker)。1978 年，Fortune Coin 被 IGT(1981 年前该公司名为 SIRCOMA，意为“Si Redd 的硬币机”[Si Redd Coin Machines])收购。直到 IGT 发布了自己的视频扑克机前，这款机器一直是利基市场中的新鲜事物。

21 Ernkvist 2009, 146.

22 虽然 5 张和 7 张牌的版本都被尝试过，今天几乎所有视频扑克都是 5 张版的变体。

23 Len Ainsworth, quoted in Rutherford (2005a, 17).

24 视频扑克机的支付比率通常为 96% 或更高，但是这一比率是基于完美游戏策略计算得来；如果玩家不熟悉扑克的规则和策略，则实际比率会降至可怜的 34%(来自对巴利的 Dom Tiberio 及硅公司的 Stacy Friedman 的访谈)。即使是相对有经验的玩家，实际的支付比率通常也比按完美策略计算出的最高支付比率低 2% ～ 4%。

25 Si Redd, quoted in Ernkvist (2009, 147). 据 Rivlin 报告，IGT 的顶尖设计师 Joe Kaminkow 后来延续了 Redd 的意志，认为让玩家玩得更久的游戏能赚更多的钱。考察过数家当地赌场后，他要求手下的数学家们把游戏赚玩家钱的速度放慢，具体说是他提出一张 20 美元的钞票要能支撑至少 15 ～ 20 分钟 (Rivlin 2004, 46)。

26 强化计划如果包含频繁的中小型赔付，可以产出很高的“事件频率”，即给定时间内很高的游戏次数。“输钱的时间很短，不足以让玩家考虑金钱问题”，这样玩家就会马上把赢来的钱再赌掉 (Dickerson et al. 1992, 246; Griffiths 1993, 101, 107; 1999, 268)。

27 Si Redd, quoted in Ernkvist (2009, 147).

28 Hevener 1988, 10. 例如 Gold Coast Casino，1988 年 84% 的赌博机是视频扑克，这可以佐证视频扑克对本地赌场的重要经济意义。

29 Ernkvist 2009, 142. 在 20 世纪 90 年代中晚期，北美地区 90% 的视频扑克游戏皆由 IGT 提供；今天，这一比例更提升到了 95%。关于视频扑克如何帮助 IGT 成为行业寡头，相关讨论可见 Ernkvist 2009。

30 IGT website (www.igt.com, accessed June 2007).

31 Colin Foster, quoted in “IGT Unveils” 1983, 31.

32 Woo 1998, 4. 据拉斯维加斯会议和观光局 (LVCVA) 统计，当年本地居民对视频扑克的偏好比例为 44%。

33 内华达赌博业法律要求，如果机器赌博中出现仿真的骰子和扑克，那么游戏的胜率就要与相应的实物游戏相同。

34 Friedman 1982 [1974], 235.

35 亨特尔所说的“学习”有时是字面上的。例如,6 万～ 8 万本地居民参加了鲍勃·丹瑟的视频扑克课程（见他的网站：www.bobdancer.com/seminars.html, accessed May 2010）。丹瑟告诉我：“知识水平已经高多了。不好的地方是，随着大家的学习，游戏变得更难了。这是赌场与玩家之间的猫鼠游戏。”

36 Buckeley 1992, B1.

37 如我们在本书引言所见，亨特尔及其他人发现，当今视频扑克和老虎机的赌博者，相比于真人赌博的玩家，达到伤害性成瘾水平的速度快两倍，即使这些赌博者过去曾规律地参与其他形式的赌博而没产生过什么问题（Breen and Zimmerman 2002; Breen 2004, 48）。

38 从 20 世纪 50 年代中期开始，赌博机在澳大利亚就合法化了，但仍受限制。而 90 年代的去监管化活动改变了这一情况。今天，除西澳大利亚州外，澳大利亚全国共有赌博机逾 20 万台，其中绝大部分放置在社区“俱乐部”，服务于本地居民。

39 Dettre 1994, 3.

40 PC 1999, 12.

41 Ibid., 2.11

42 一些以旅游业为支柱的小国家和地区（如摩纳哥、阿鲁巴、中国澳门等），赌博机数量与成年人口数之比高于澳大利亚。虽然澳大利亚赌博业人士辩称，日本的比例也高于澳大利亚（TNS Consultants 2011），但严格说，柏青哥和柏青哥老虎机不能算老虎机，因为它们有一些独特性，且玩的是代币而非真钱（虽然有一些聪明的市场营销策略允许玩家把奖品兑换为现金）。

43 虽然澳大利亚人把老虎机叫“扑克机”“扑扑机”，实际上这些机器并不提供扑克游戏（它们名字如此，是因为早期赌博机是玩扑克的）。

44 虽然第一款翻倍硬币机早在 1941 年就由巴利推出了，但直到 1967 年，该公司将其与电子机械技术结合之后，这一技术才流行起来。

45 Keeney Company 公司早在 1941 年就开发过一款机械式“多线”老虎机，但从未流行起来（Fey 2006, 237）。

46 Aristocrat website (www.aristocrat.com.au/history.aspx, accessed February 2009).

47 Ibid.

48 Stuart Bull of Aristocrat, panelist for “The Video Future,” World Gaming Conference and Expo 1999.

49 研究者发现，在一款流行的赌博游戏中，玩家如果按最大线数下注，就能在 1/3 的转次中体验到“赢”；而这些“赢”中，大部分（60%）实际回报小于其下注（Harrigan and Dixon 2009, 102）。

50 Wilson 2010a.

51 Harrigan and Dixon 2009, 102; Dixon et al. 2010. 在线视频演示见 problemgambling.uwaterloo.ca/other/losses-disguised-as-wins/ldw-intro-video 及 problemgambling.uwaterloo.ca/other/losses-disguised-as-wins/examples-of-ldws。Dixon、Harrigan 及其他同事在实验室环境下进行了实验，在赌博者玩老虎机时记录他们的生理指标（包括心率、血压、出汗及瞳孔放大情况等）。他们发现玩家们“对 LDW 的生理反应与对真正的赢相同……虽然 LDW 肯定是输，但游戏中的大量视听效果大约起到了掩盖这一事实的作用”。他们提出：“LDW 虽然是输，但产生了强化性唤起，这是问题赌博形成的关键因素。”（Dixon et al. 2010, 1820, 1824）

52 关于小赢对赌博者耐久度和赌博速率的提升作用，以及大赢的扰乱作用，见

Dickerson et al. 1992; Delfabbro and Wineeld 1999。

53 两位澳大利亚的赌博研究者写道："赌博者需要做出选择，追逐选择。因此虽然机器是完全随机的，赌博者无论做什么都影响不到科技运作的结果，但玩家还是会感觉到某种能动性"（Woolley and Livingstone 2009, 51）。一位研究视频游戏的学者也提出了类似的观点："赌博游戏提供了一系列带有参与感的手段，可以影响玩家的情绪，且允许玩家通过微调游戏设置来引发期望的情感变化。"（Calleja 2007, 244–45）

54 Haw 2008a, 11. Haw 还继续说："这会让玩家产生一种信念，认为自己能控制下注的结果（如'如果我买的线数多，我就赢多输少'）；这些从（小）赢的频率上来看是正确的，但实际上会提高净损失的比率。"（同上）另见 Delfabbro, Falzon, and Ingram 2005; Delfabbro 2008, 11; Haw 2008a, 11; Livingstone and Woolley 2008, 25。

55 Livingstone and Woolley 2008, 29; Woolley and Livingstone 2009, 44. See also Delfabbro, Falzon, and Ingram 2005; Delfabbro 2008, 11; Haw 2008a, 11.

56 Michael Pollack of *The Gaming Observer*, moderator for "The Video Future," World Gaming Conference and Expo 1999.

57 Stuart Bull of Aristocrat, panelist for "The Video Future," World Gaming Conference and Expo 1999.

58 Frank Neborsky of Mohegan Sun, panelist for "The Video Future," World Gaming Congress and Expo 1999.

59 内华达州第一个获批的多线赌博游戏是 WMS 的 Reel 'Em In，这款游戏 5 轮 5 线，是给澳式多线机型套上了闪亮的美式蓝领垂钓主题。WMS（原名 Williams）是今日在视频赌博技术方面的领先美国企业，这很大程度上是因为 IGT 的推动，它一度拥有特尔内斯专利的独家权利（见 Ernkvist 2009）。

60 Brenda Boudreaux of Palace Station, panelist for "The Video Future," World Gaming Conference and Expo 1999. Boudreaux 后来成了 IGT 的产品研发高级副总裁。

61 Panelist for "Get Real: Reel Slots vs. Video Slots," Global Gaming Expo 2005.

62 Aristocrat website (www.aristocratnz.co.nz/AUS/What/Games.asp, accessed July 2008).

63 每个转轮有 20 条中奖线，玩家可以对此进行整块下注，一个区块押 10 个游戏点（WMS 官网上对"环绕支付"机型的描述：wms.com/wraparound/, accessed October 2009）。WMS 的另一项创新叫"流式转轮"（Cascading Reels），会在第一次转动后移除赢钱组合，而留下其他图案；下次转动时，新的图案会补齐空位，产生新的赢钱组合。还有一个相反的机型叫"旋转条纹"（Spinning Streak），会在第一次转动后将赢钱的图案固定在屏幕上，而不赢钱的图案则会再转。

64 Reiner 2009.

65 Michael Pollack of *The Gaming Observer*, moderator for "The Video Future," World Gaming Congress and Expo 1999.

66 John Giobbi of WMS, panelist for "The Video Future," World Gaming Congress and Expo 1999. 澳大利亚的一项研究发现，5 分币游戏的平均下注额在 15 ~ 24 个 5 分币之间，而 1 分币游戏的平均下注额则是 33 ~ 50 个 1 分币（Livingstone and Woolley 2008, 54）。在评估 5 分币和 1 元币赌博机的赢利能力时，另一个需要考虑的因素是，后者的赌桌赢率更低：5 分币游戏平均是 7%，而 1 元机则为 3%（Lehman 2009）。

67 Ernkvist 2009, 221. 分币赌博机在拉斯维加斯做本地生意的赌场中占比要高得多，如到 2005 年车站赌场的老虎机中 1/3 都是分币机（Legato 2005a, 74）。

68 Weinert 1999, 77.

69 Jerald Seelig of AC Coin and Slot, quoted in Green (2006).

70 赌博业内的顶级顾问们已经建议赌场远离高波动性游戏，特别是那些同时又有高赢面的，因为这类机器可能出现的结果范围太宽，所以要达到其理论赌桌赢率、使赌场赢利，可能需要几年的时间（Wilson2010a, 2009b; Lehman2007a）。而在低面额、高赢面的游戏中减少波动性，可以带来“更平稳”、更少波动的收入流水，能更快地趋近赌场期望的收益。

71 Kent Young, quoted in “Aristocrat Technologies to Display 140 Innovative Games” 2000.

72 Kent Young, quoted in Legato (2005b, 52, 50).

73 拉斯维加斯会议和观光局自 1992 年就开始跟踪调研本地居民的赌博偏好。当时，53% 的本地赌客喜欢视频扑克，而喜欢老虎机的只有 18%（GLS Research 1993）。随着澳式视频老虎机进入市场，这种不平衡逐渐消失了，到 2004 年，喜欢视频扑克和喜欢老虎机的本地赌客比例已经相同（GLS Research 2005）。然而，2005 年一项使用了不同方法的研究发现，本地赌客有一半玩视频扑克，而只有 18% 玩老虎机（Shoemaker and Zemke 2005, 395）。

74 Legato 2005a, 74.

75 GLS Research 2007, 5; 2009, 20, 21; 2011, 20, 21.

76 Woolley 2009, 187.

77 Livingstong and Woolley（2008）报告称：“问题赌博者中的绝大多数，下注金额小，但会赌多条线甚至全部线……可以认为，这种赌博‘风格’很大程度上是赌博机的核心强化计划塑造的。”（25）

78 Ibid., 104.

79 Cooper 2005, 128. 向赌博寻求逃避——以及这种行为的极端情况，赌博成瘾——可以放在“生态位”（ecological niche，社会学家 Ian Hacking 提出的比喻）这一框架下来理解。也就是说，我们可以将赌博逃避理解成“此刻的精神疾病”（如长期疲劳综合征、ADHD 等）找到“临时家园”的方法，这种逃避在特定社会、经济和技术背景下茁壮成长（Hacking 1998, 13）。

80 视频扑克的玩家往往玩得非常频繁（一周至少 2 次，一次至少 4 小时）或中等频繁（每月 1 ～ 4 次，每次 1 ～ 4 小时），而喜欢老虎机的玩家通常玩得不多（每月最多 1 次，每次最多 1 小时）（Shoemaker and Zemke 2005, 395）。

81 IGT 目前的视频扑克机型，见其官网：www.igt.com。

82 Legato 2007a.

83 在三倍乐视频扑克中，上面两行的牌面向下，而底下一行是牌面向上的。玩家从底下一行选择自己想保留的牌，同样的牌会同时出现在上面两行的相应位置。按下“抽牌”按钮后，玩家会分别从三副扑克中抽得不同的牌。

84 IGT website (www.igt.com, accessed May 2010).

85 Legato 2007b.

86 Grochowski 2000.

87 一个名为 Multi-Strike 的视频扑克版本更进了一步，它允许玩家每一局玩四手不同的牌；如果玩家第一手赢了，则下一手胜率加倍，依此类推直到第四手（而如果玩家第一手没赢，则整个下注都会输掉，下注最高可达 20 点）。有人写道：“Multi-Strike 的美妙之处，至少从赌场的角度来看，在于虽然它的支付比率理论上与其他视频扑克机一样高，但它的玩法太复杂，屏幕上发生的事情太多了，所以玩家要想玩得好，下注就必须特别讲究策略，需要有 NASA 级别的专注力。”（Cooper 2005, 130）在 25 分币的级别上，玩家也可能每小时输掉 250 美元。这位作者评论说："如果说视频扑克是赌博机中的霹雳可卡因，那么 Multi-Strike 就像电影《疤面煞星》结束时，Tony Montana 一头扎进去的那堆雪一样。"

88 Linard of Cyberview, panelist for "Slot Systems: New Innovations, New Experiences, New Efficiencies," G2E 2006.

89 我认为玩家对游戏算法的适应可以促成其成瘾，而霍华德·谢弗及其同事提出的"适应假说"(adaptation hypothesis，见第十章尾注)则与我的观点有所不同，他们提出，与一些赌博游戏接触后，玩家会产生一种保护性抵抗力或说免疫力，所以他们得出一个奇怪的结论："这是赌博行业为什么持续开发新游戏的原因之一，可以看出，玩家和赌博业商家都知道，赌博游戏本身并不必然引发依赖。"(Shaffer, LaBrie, and LaPlante 2004a, 46)用赌博游戏的创新来为其潜在的成瘾性辩护，在我看来是很奇怪的，因为这些创新通常是对先前游戏的复杂化和强化(而非引入实质不同的新游戏)，这其实是展示了"耐受性形成"这一成瘾中的经典现象：想得到相同的主观感受，剂量必须加大。

90 卡特里娜这个名字是学者 Jennifer Borrell(2004)给这位赌博者起的。卡特里娜也给 Borrell 写过信，并被后者发表。

91 奖励关功能最初只存在于视频老虎机上，但目前已经移植到了在线老虎机和视频扑克中。因为赌博业在奖励关中没有收益(玩家输了也不损失钱)，因此在奖励关中发放给玩家的钱被看作市场营销费用，可抵扣纳税额；因此，要给玩家提供更多他们渴望的"机上时间"，奖励关功能是一种财务上很精明的方案(Lehman 2009)。Harrigan and Dixon(2009)指出，奖励关相当于一种次级强化计划。

92 一位研究视频赌博游戏的学者写道："游戏过程与玩家之间形成的认知、情绪和动觉上的反馈循环，让游戏成了一种影响玩家情绪和情感状态的特别有力的工具。"(Calleja 2007, 244–45)。

93 值得注意的是，虽然像卡特里娜这样的机器赌博者追求迷境，追求其中的节奏感、舒适感和适应感，从而逃避风险、不安和意外，但没有后一组元素的存在，迷境也无法维持。如果在赌博过程中把偶发性剥离得过于干净，玩家就无法被诱入其中，迷境的入口也会关闭。这一点，我们明显可以从 2006 年的一次针对机器赌博的新销售方案的失败尝试中看出。该方案的目标人群既包括追求机上时间的重复性赌博者，也包括厌恶风险、需要"培训阶段"帮其适应赌博商品的不确定性的新手玩家。它有两个版本：IGT 的版本称为"保障游戏"(Guaranteed Play)，Cyberview 的则是"时间游戏"(Time Play)("Cyberview Technology" 2007; Green 2007; Legato 2007a; Reiner 2007)。在"保障游戏"中，赌博者可以按指定价格预先购买指定次的手数或转数，开始游戏时不需要充值点数，另有一个计数器记录剩余的手数或转数。IGT 的官网上说："无论点数降到零以下多少，游戏都不会停，只要[通过保障游戏购买的]手数和转数还有剩余，玩家就可以一直玩，尝试让点数重新变为正值。"2007 年的 G2E 时，IGT 的展位上一位自称"数学人才"的企业代表对我说："基本上，这个方案就是想让赌博者的旅程稳上加稳。"而"时间游戏"中，玩家购买的是时间而不是手数，是真正意义上购买"机上时间"。在这种方案中，点数永远不会降为负值，而是开始一直停在零，一旦赢钱就会上升，直到再输成零；同时，在一个计时器上，时间一刻不停地跳向终点。两个系统的逻辑是一致的：游戏的时长不再被输赢的偶发性决定，相反，玩家可以确定地知道自己能玩多久。此类方案背后的假设是，这种确定性会促进玩家持续游戏，从而更易沉浸其中："如果你确定知道自己还有 500 手可玩，你就更容易沉浸进去。"当我问到这一系统的销售代表，在这种设定中概率起到什么作用时，他解释说："我们售卖一整块的保障时间，而在这块时间之内，还是有几率作用的。”然而，这种把时间中的偶发性从人际交互中移除的做法显然走太远了，玩家并不买账。

94 关于机器赌博中的供求关系，相关讨论可见 Woolley and Livingstone 2009, 38; Cosgrave 2010, 124。Cosgrave 认为这种关系是一种“动态行为主义”（dynamic behaviorism）关系。另见第二章。

95 有两位研究赌博的学者提出了一个非常有说服力的模型，认为赌博成瘾是两个反馈系统相互作用：“当 [赌博者] 系统遇到产生‘不适的或有问题的输入’的情境时，正反馈循环就会激活，直至达到一个更‘舒适’的状态……而当必要的改变已出现，但正反馈循环未回归休止位置时，系统就会陷入适应不良的螺旋，产生进一步不断偏离的行为”（Zangeneh and Haydon 2004, 27；从控制论角度对成瘾现象的思考，可见 Bateson 1972, 448, 109）。

第五章　实时数据

1 船锚博彩公司于 2001 年被 IGT 收购。

2 见第四章。

3 IGT advertisement, in *Casino Gaming*, April 1988, 42.

4 Panelist for “Cashless Cow: The Next Step in Ticket-In/Ticket-Out,” G2E 2004.

5 Gregg Soloman of IGT, panelist for “Sensory Overload: Light, Sound and Motion in Slot Machines,” G2E 2005.

6 Wilson 2008.

7 Eadington and Cornelius 1992, xxv.

8 Cardno, Singh, and Thomas 2010.

9 Nickell 2002.

10 这个名为“船长圈”（The Captain’s Circle）的俱乐部在开办几个月的时间内，吸引了 15000 名顾客。这一系统由 IGT 的子公司“电子数据科技”（Electronic Data Technology）开发。

11 赌场早就在“追踪”桌上赌博，方式是让雇员填表记录玩家下注的大小，这样赌场经理后面就可以发现谁是高价值客户，并根据其赌博程度奉送免费的配套服务，如用餐、酒店住宿、交通服务等。那些下注金额大、风险偏好强的玩家会获得更好的配套服务（简称 comps），以吸引他们再回赌场消费。

12 “Player Tracking” 1990, 6.

13 Crary 1999, 76. 当今“利用分割和定区的手段进行注意力管理的方法，使身体在经历选择错觉和‘交互性’错觉时也可以同时可控和可用”，这方面的研究见 Andrejevic 2007, 75；另见 Deleuze 1992。

14 关于全景敞视技术的讨论见 Foucault 1979。拉斯维加斯各赌场的监控基础设施为我们提供了此技术的当代范例。摄像头监控每个区域，一张赌桌就可能有最多 60 个摄像头对准，直接向内华达州博彩管理委员会（NGC）发送数字图像。摄像头要么隐藏，要么使用暗色玻璃，这样人们就不易分辨任意时刻它们指向哪里；这样，客户和雇员都会感受到处于全方位的监视之下，于是盗窃行为得到防范。

15 Deleuze 1992. 对当代的消费者监控和追踪技术的深入分析，见 Andrejevic 2007。

16 Ed McDonald of SAS Customer Intelligence, panelist for “Casino Operations: Leveraging Analytics Technology,” G2E 2007.

17 Quoted in Binkley (2008, 193). 米尔曼从那以后就离开了赌博业。

18 Cummings 1997, 68.

19 追踪方法的发展已超出了一座座赌场的物理边界，与通信及军事技术同步发展。Craig Fields 曾任 CIA 的科学与技术顾问及美国国防部高级研究计划局（Pentagon Defense Advanced Research Projects Agency，DARPA）主任——DARPA 在他在任期间资助了互联网的创立——他后来成为了拉斯维加斯赌博企业联合会（Alliance Gaming Corporation）的副主席和技术专家，致力于跨游戏、跨赌场的精细化数据连接。一位行业记者的报道称："Fields 离开 DARPA 是因为他判断高科技的最多用户不在军事领域，而在娱乐行业。"（Rutherford 1996, 81; see also Kaplan 2010）

20 Harrah's Total Rewards website (https://Harrah's.com/TotalRewards/Total Rewards, accessed November 2010). "全面奖励" 项目启动于 1998 年，最初名为 "全面金钱"（Total Gold），于 2000 年改名时加入了 "玩家分层"（player tiers）。到 2004 年，有 3000 万会员卡持有者加入了这一项目，今天这一数字更达到了 4000 万。

21 Press release for G2E institute conference, February 7, 2006.

22 关于 RFID 在商业领域的应用，相关讨论见 Andrejevic 2007, 89–90, 122–23。

23 Barrettand Gallagher 2004.

24 Brock, Fussell, and Corney 1992.

25 Compudigm International website (www.compudigm.com, accessed June 2007).

26 Javier Saenz of Mariposa (who would become vice president of "strategy for network systems" at IGT), panelist for "Increasing Slot Revenue: New Techniques," G2E 2007.

27 Tracey Chernay of Transact Technologies, panelist for "CRM Part II: Technology and Applications," G2E 2008.

28 Scheri 2005, 145; IGT 2007, 47. 蝴蝶游戏的系统于 2007 年被 IGT 收购。它由 Javier Saenz 开发，过程受到了 Venture Capitalist, Inc. 的资助。

29 Mariposa website (http.mariposa-software.com/software_datavis.html, accessed June 2007).

30 来自计算范式公司的创始人及首席技术官 Andrew Cardno，引自 "Harrah's Sees Success" 2003。

31 Compudigm press release, August 31, 2005. Compudigm executive Rob Berman quoted in "Harrah's Sees Success" 2003.

32 Andrejevic 2007, 4, 33.

33 Thomas Soukup of Konami, panelist for "Casino Operations: Leveraging Analytics Technology," G2E 2007.

34 Panelist for "Bonus Bonanza: How Bonusing Software Is Changing," G2E 2005.

35 Brian Macsymic of Progressive Gaming International Corporation, panelist for "Patron Rating: The New Definition of Customer Value," G2E 2008.

36 Andrejevic 2007, 4. 斯拉夫热 · 齐泽克也有类似的说法："今天我们日常生活的逐渐电子化" 意味着人变得 "越发 '附庸化'（mediatized），表面上他们获得了更多的权力，实际却在不知不觉间被消解了 [自身的] 权力"（in Andrejevic 2007, 22）。

37 Reiner 2009.

38 Tim Stanley of Harrah's, panelist for "CRM Part II: Technology and Applications," G2E 2008.

39 Bruce Rowe of Bally, panelist for "Increasing Slot Revenue: New Techniques," G2E 2007.

40 Jeff Cohen of Konami, panelist for "Patron Rating: The New Defini of Customer Value," G2E 2008. "新近度"（recency）、"频率"（frequency）和 "金钱"（monetary）

三个值组合起来就是所谓的 RFM 分数，用于预测客户的未来行为。

41 Richard Mirman, quoted in Nickell (2002).

42 Binkley 2008, 174, 194.

43 Ibid., 175.

44 Ibid., 177; Kontzer 2004; Freeman 2006.

45 Quoted in Freeman (2006).

46 Kontzer 2004. 根据内华达州的法律，赌场要想改变赌博机的胜率设置，必须先让它待机 4 分钟，改变后，还要再等 4 分钟才能让新玩家使用。

47 蝴蝶游戏的“玩家联络”（play contact）组件引入了一个类似的功能，用颜色来标记玩家的头像，以表示他们的预期价值会升高（绿色）、降低（红色）还是保持不变（黄色）。

48 Wilson 2007. 虽然有人赞成视觉分析工具的情绪移除能力，但我们需要注意，正如人类学家 Zaloom（2009）在“产出曲线”的案例中指出的，这些工具会给分析者带来焦虑及其他形式的情感影响。关于金融从业者如何利用视觉工具进行市场建模以便更好地干预市场，更多信息可见 Knorr Cetina and Breugger 2002; Mackenzie 2006; Preda 2006; Zaloom 2006。市场分析的可视化工具反映了当代更为广泛的一种潮流：“叙事、模型和场景 [的设计是用于] 有效地捕捉不确定性和偶发性，并对复杂的技术与人机互动所必然产生的风险加以计算。”（Fischer 2003, 2）

49 IGT's Andy Ingram, quoted in Green (2007, 34). 米高梅–海市蜃楼酒店的金银岛赌场在 2006 年测试了可下载赌博游戏，2009 年该公司的 Aria 赌场开业，标志着这一技术的首次大规模使用。欧洲各司法辖区对可下载赌博游戏的接受速度更快。这一技术虽然最初是为视频赌博机设计的，但现在也用于机械转轮老虎机，因为有了一种天才的技术发明，可以将图案高保真地投影到空白的机械转轮上（如第二章所言）。

50 Richtel 2006.

51 Macomber and Student 2007a, 28.

52 Quoted in Green (2007, 34).

53 Legato 2005b, 47.

54 Neil Crossman of IGT, panelist for “Evolution or Revolution: How Technology Will Impact Asian Casinos,” G2E Asia 2010.

55 关于灵活专业化及资本主义组织原则的相应变化，见 Piore and Sabel 1984; Harvey 1989; Martin 2004.

56 在像“游戏王”（Game King）这样能为玩家提供数十种不同游戏的机型上，这种响应性已经是“内置”的了。而“灵活扑克”（Flex Play Poker）则允许玩家选择扑克的种类以及同时玩几手牌（1、2、3、5、10 手几种选择）。该游戏的广告写道：“灵活扑克：只为自由选择”（www.actiongaming.com, accessed August 2009）。

57 Justin Beltram, quoted in Richtel (2006).

58 Todd Elsasser of Cyberview Technology, panelist for “Server Based Gaming II: The State of the Industry,” G2E 2007.

59 Macomber and Student 2007a, 28.

60 Ibid., 30.

61 Ibid., 28. Macomber and Student 还这样描绘这些微环境：“附近的食品窗口会渐与目标细分市场或目标人群的文化背景一致，播放的音乐也是一样。结果就分出了大量的区域，有基础广泛的亚洲区或拉美区，也有更微观的区域专门服务于越南人或墨西哥人。”（同上，30）针对这些小区域，赌博游戏制造商会想着把游戏设计成带西班牙语选项的“拉丁机器”，或服务犹太人群的“犹太面丸汤奖励关”，以及针对非裔美国人群的“灵魂列车”主题游戏。2005 年的 G2E 上，一位研讨嘉宾提到：“我们有一大群黑人客户，他们看到我们开发的东西会说：‘我对这些玩意儿不感兴趣，它们没有触动我的心弦。’我们必须愿意去挑战极限，要对文化敏感，又不能像在幸运饼干游戏中那样被指为种族主义。”他继续道，幸运饼干游戏是一款以华人群体为目标的失败之作。还有人说应该为盲人准备带盲文按钮的赌博机，以及播放盲人歌手 Ray Chalers 歌曲的机器（Cooper 2004, 121）。

62 Macomber and Student 2007a, 30.

63 Peter Ing, director of slot operations at Fallsview Casino Resort and Casino Niagara, panelist for “Boosting Machine Productivity: Creating an Environment,” G2E 2007.

64 Javier Saenz of IGT, panelist for “Server-Based Gaming: Beginning to Begin,” G2E 2008.

65 Christopher Strano of AC Coin, panelist for “Boosting Machine Productivity: Creating an Environment,” G2E 2007.

66 Todd Elsasser of Cyberview Technology, “Slot Systems: New Innovations, New Experiences, New Efficiencies,” G2E 2006.

67 Sylvie Linard of Cyberview, panelist for “Slot Systems: New Innovations, New Experiences, New Efficiencies,” G2E 2006.

68 Macomber and Student 2007b.

69 David Durst of IGT, panelist for “Slot Systems: New Innovations, New Experiences, New Efficiencies,” G2E 2006. Andrejevic 发现了市场营销中的一个普遍改变：不再把客户看作一个同质性的整体，甚至不再看作粗分出的各种偏好群体的集合，而是转向了“个性化反馈”的方法，“在个体水平上发挥控制力”（2007, 37）。

70 Macomber and Student 2007b.

71 Rich Schneider of IGT, panelist for “Slot Systems: New Innovations, New Experiences, New Efficiencies,” G2E 2006.

72 Sylvie Linard of IGT, panelist for “Slot Systems: New Innovations, New Experiences, New Efficiencies,” G2E 2006.

73 Butch Witcher, moderator for “Games and Expectations: The Slot Floor of the Future,” G2E 2004.

74 Mick Roemer, moderator for “Slot Appeal: Applying New Technologies,” G2E 2007.

75 Panelist for “Games and Expectations: The Slot Floor of the Future,” G2E 2004.

76 Bruce Rowe of Bally, panelist for “Server-Based Gaming III: The Potential,” G2E 2007.

77 Al Thomas of WMS, panelist for “Brave New World: Emerging Games and Alternative Technologies,” G2E 2008. Callon 与同事们在写到电商卖家时表示：“供货商们可以记录客户以前的购买行为及对新品的反应，因此最终对客户欲望、期望的了解会与客户自己一样多。这种共享的知识会随着新的购物经历而累积，其基础是消费者与‘社会科技’设备的接触、互动和共同演化。”（Callon, Méadl, and Rabeharisoa 2002, 210）

78 Green 2010, 28.

79 Larry Hodgson, quoted in Grochowski (2010).

80 Velotta 2009. 塔洛公司的“波动性设备”专利（US Patent No. 20100004047）由 John Acres 开发，它与赌场的客户追踪系统协作，一起监控赌博时的各种状况，从而判断出最佳的波动性水平：“被追踪的赌博状况可能包含玩家选择的下注模式，近几次游戏事件的产出模式，基于时间的考量，以及其他与玩家个性或赌博方式相关的状况。”例如，“这一机器会自动改变游戏事件的波动性水平，以满足玩家在特定时刻的一般性偏好”。这一专利提出，该设备不仅可以匹配一般性的市场偏好，也能通过在游戏过程中改变波动性来满足个体玩家的偏好。例如，如果玩家连续很多局都没有赢，“在预先设定好的未来几局中，或者在玩家获得赢钱组合之前，赌博机会使用更低波动性（更高赢率）的支付表；玩家可以选择接受或拒绝这种对波动性的改变，或者由机器来自动决定”。游戏中途改变支付表是合法的，因为它可以在不改变游戏的整体胜率（赔付比率）的情况下完成。

81 Rich Schneider of IGT, panelist for “Server-Based Gaming III: The Potential,” G2E 2007.

82 Kathleen McLaughlin of The McLaughlin Gaming Group, moderator for “Host in a Box: Interface to the World,” G2E 2010.

83 Mark Pace of WMS, panelist for “The Possibilities: The Impact of Networked Gaming, Part II,” G2E 2009.

84 内华达州博彩管理委员会于 2006 年批准了由 Cantor Gaming 生产的无线手持设备（该设备基于华尔街的无线证券交易软件开发），进而该设备开始在拉斯维加斯的威尼斯人酒店（Venetian）有限试运行（Weingarten 2006, 4）。IGT 也获得了其生产与分销权。IGT 发言人 Ed Rogich 说：“我们认为这种移动赌博应用与我们整体的基于服务器的产品策略相符。”引自 Stutz（2007b）。

85 Robert Bittman of IGT, panelist for “Future Watch: Electronic Gaming in the 21st Century,” G2E 2007.

86 Kevin Kerr of Microsoft, panelist for “Future Watch: Electronic Gaming in the 21st Century,” G2E 2007.

87 在赌场代表们的眼中，移动化赌博反映了世界商业的更大趋势，即由个人移动设备 GPS 功能引发的时间与地点特异化营销。这一趋势让我们想起了 Deleuze 的描述：“在开放环境中的任意时刻，给出任意元素的位置（不论是自然保护区中的 [一只] 动物还是企业的一个人员，就像用了电子项圈那样），可能已经不是……科幻小说的情节了。”（1992, 6）

88 “Player Tracking” 1990, 6.“操纵上的控制力”（control in steering）一词让人想起控制论领域。控制论（cybernetics）一词来自希腊语的 kybernetikos，意为“善于驾驶”。这种联想是恰当的，因为控制论关心的正是“循环因果”或说反馈关系。

89 德勒兹对“控制”这一概念的进一步解释是，它兼具指向性和非限制性：“例如高速公路，它并不把人圈在其中，但还是增加了控制手段。我并不是说这是高速公路的唯一目标，但是人在高速公路上可以无止境地‘自由’开车、不受任何限制的同时，仍是被完全控制的。这就是我们的未来。”（Deleuze 1998, 18, 强调来自笔者）Andrejevic 在研究当今各种监控手段时写道：“其目标不是限制行动，而是开发行动的生产潜力。”（2007, 106）

90 Parets 1999, 19.

91 例如，赌场是第一批将生物识别系统用于监控的地方，远早于执法机构、机场安保和主流商业区（Schwartz 2003, 216–17）。而“不明显关系察觉”（non-obvious relationship awareness，NORA）软件先是用于赌场反作弊，后来才被美国国土安全局用于探究潜在恐怖分子间的关联（见 Kaplan 2010）。然而这种技术流通是双向的，例如基于服务器的赌博采用的加密系统，就出自美国国家安全局。

92 Lars Klander of Tech Results, moderator for “CRM and Data Analytics: Make Me Money

or Save Me Money," G2E 2009.

93 这种递归过程与 Beck 对当代资本主义社会的判断一致。Beck 认为在当代社会中，技术系统的影响力会持续地反馈回系统自身，从而带来系统的改进（Beck, Giddens, and Lash 1994）。而 Thrift 认为，今天的产品设计师们想要"将用户更全面地拉入设计流程中，滤出用户对商品的认识，再把这些认识添加回系统中去"（2006, 282; see also Callon, Méadl, and Rabeharisoa 2002）。两位澳大利亚学者写道："[电子赌博机]技术系统设置出现后，很可能塑造和界定消费模式和玩家体验。同时，赌博者的行为也很可能反馈回技术系统的设置之中。"（Livingstone and Woolley 2008, 156）关于当今利用消费者数据抓取技术进行的控制论式行为"操纵"，进一步讨论可见 Andrejevic 2007。

第六章 完美的偶发性

1 Csikszentmihalyi 1993, 184; see also 1985; 1994. 契克森米哈伊（Csikszentmihalyi）认为"心流"是一种普遍现象："不论文化、现代化阶段、社会阶级、年龄或性别，研究参与者们对它的描述基本一致。"（1994, 48）在他看来，心流不仅对我们自身的幸福起关键作用，对集体福祉亦是如此。他引用涂尔干对集体狂热的研究、Victor Turner 对仪式的研究以及阿尔伯特·爱因斯坦认为艺术与科学可以用于逃避现实并创造新现实的观点，提出心流体验是文化演化的途径。在形成这一概念的早期，Csikszentmihalyi 曾使用"迷境"一词来描述心流（1975）。

2 契克森米哈伊澄清道："在心流状态中，人实际上并没有完全的控制权……相反，实际情况是，这时人只是知道控制在原则上是可能的。但在日常生活中，发生的事情太多了，任何人都难以感到控制的可能性。"（Csikszentmihalyi, 1993, 182）

3 Griffiths 1993, 1999; Morgan et al. 1996; Parke and Griffiths 2006. 游戏研究者 Calleja 提出过类似的观点："在数字游戏中，心流的概念特别重要，是设计的核心方面，如根据玩家技能调整难度、设定清晰的目标、给出即时反馈等，[这]使得游戏成为体验心流状态的理想手段。"（2007, 255）

4 Csikszentmihalyi 1994, 62–66.

5 在德勒兹的意义上，心流也可以描述为一种"形成"（becoming）："形成并不是获得某种形式（身份、模仿、拟态），而是找到一个切近的、无可分辨的、无差别的迷境，身处其中的人无法与一个女人、一只动物或一个分子区别开来。"（Deleuze 1997, 1; see also Deleuze and Guattari 1987, 262）。形成包含着自我之外的运动、躯体性根基的消融和严格时序的解除；存在者失去其主体的质地，形成为不同速度、情感、强度、流动和力量的交汇点。与心流一样，"形成"关乎丰足、肯定、创新、变革和开放性。而机器赌博与之相反，是一种石化：在这种活动中，不被打断的重复不再向生活及其中的事件敞开，从中也不太可能出现创造性行为（对病理性赌博及心流概念的研究，见 Wanner et al. 2006）。

6 Csikszentmihalyi 1985, 495; 1994, 69, 61. Csikszentmihalyi 把"精神熵"定义为"信息处理系统中的噪音，体验上表现为恐惧、无聊、冷漠、焦虑、迷惑与嫉妒"（1988, 24）。心流可以减少这种噪音，因为此时人是在"以和谐的方式使用精神能量"（1993, 176）。这种和谐产生了"一种结构化的体验……它的美妙几乎令人上瘾"（1975, xii）。他写道："可以说，作为一个物种，我们人类对心流是上瘾的。"（1993, 198）

7 Csikszentmihalyi 1993, 30. 他写道："体验的质量并不取决于客观、外在的条件，而在于我们如何响应它们。"（同上，203）他对主观性的强调，一定意义上可以解读为对行为主义的机械主义倾向和"刺激—反应"范式的反对，在他提出"心流"

概念的时候，行为主义是心理学中占统治地位的分支（1975, 7）。

8 Csikszentmihalyi 1975, 18; 1994, 5. 契克森米哈伊对心流的客观条件一直缄口不言，而他与 Robert Kubey 在一次电视节目中（Kubey and Csikszentmihalyi 1990, 2002）的对话是个例外。

9 Cummings 1997, 74.

10 语出 Kent Young，贵族游戏前 CEO，引自 “Super Slots” 2005。

11 Mick Roemer, quoted in Legato (2005b, 58).

12 Gregg Soloman of IGT, panelist for “Sensory Overload: Light, Sound and Motion in Slot Machines,” G2E 2005 .

13 Panelist for “Games and Expectations: The Slot Floor of the Future,” G2E 2004.

14 语出一位不愿具名的高管，来自作者 2005 年对其的访谈。在一讨论“意外后果”的专栏短文中，一位赌场营销顾问回忆说，当他和团队决定去接近老虎机的玩家，自我介绍并提出可以就玩家的一切所需提供帮助时，“很多客人只想让我们别烦他们，让他们自己玩老虎机”（Conrad 2009, 40）。

15 Kathleen McLaughlin, panelist for “Harnessing the Market: The Potential of Server-Based Gaming,” G2E 2008.

16 Bruce Rowe of Bally, panelist for “Server-Based Gaming III: The Potential,” G2E 2007. 一位行业分析师也提出类似观点：“玩家浪费越多的时间来阅读发送到机器上的所有这些指导信息，就会花越少的时间把钱放进机器，这也就意味着玩的次数会变少，赌场和制造商赚的钱也更少。”（Royer 2010）

17 Rameesh Srinivasan of Bally, panelist for “Host in a Box: Interface to the World,” G2E 2010.

18 Kathleen McLaughlin, panelist for “Harnessing the Market: The Potential of Server-Based Gaming,” G2E 2008.

19 Dickerson 1996, 147. 类似的态度还可见 Walker 1992, 259。

20 Calleja 2007, 256. Csikszentmihalyi 写道：“在心流状态中，行动的前后相继服从一种内在逻辑，似乎无须行为者的有意识介入。”（1975, 36）在金融交易中也会出现类似的“融合”与“丧失自我”之感，正如人类学家 Zaloom 所描述的：“交易员们经常说自己身处‘迷境’或‘心流’体验之中。在迷境中，经济方面的判断和行为似是毫不费力地从交易员的直觉中流出。市场和交易员融为一体，让交易员对金融波动的固有节奏产生了一种特殊的把握。”（2006, 135–36）随着交易员的工作从熙攘喧闹、空间形制‘具身化’的交易大厅转移到了电脑屏幕背后的在线交易中，这种“特殊的把握”变得更紧密、更结构化了。Zaloom 指出：“与交易大厅中过载的感官信息相比，基于屏幕的技术实际上收窄了交易员接收信息的范围。”（2006, 151; see also Knorr Cetinaand Bruegger 2000, 2002; Zwick 2005; Zaloom 2010）与信息范围的收窄同时发生的，还有身体运动和社交行为的收窄，这带来了一种‘去身化’（disembodied）、非社会化的沉浸形式，很像机器赌博者描述的那种融入屏内世界的过程。

21 Ito 2005, 85.

22 Ibid., 96. Zwick（2005）写道，在线金融交易的技术界面和流程，让股票市场有了电子游戏的特征，创造出一种“股票市场现象性自我感知的变化”，从而“屏幕的美学 [将交易] 构造成了一种现时互动或现时响应的消费客体……使得线上投资的个体获得一种（消费者）能动感和自我实现感。”按 Ito 的说法，与现时响应的客体进行重复性互动，会使得能动感变为融合感。

23 Turkle 1984, 4, 14.

24 Winnicott 1971. 根据温尼科特的说法，连接内与外的任务是永远完不成的。成年人只是在艺术和成瘾等体验性领域中寻求解脱。婴儿在成长过程中会从融合状进入关系型存在状态，这种幻灭与“镜像阶段”（mirror stage）中的异化类似。“镜像阶段”是 Jacques Lacan（1977）提出的一个概念，用于描述儿童进入充满（语言的、他者性的、关系的）交换的符号世界的过程。

25 在接受父母养育和社会互动中，儿童如果反复经历突然的失控，就也会倾向于退回基于自我的“完美的偶发性”中，以此作为情感调节的模式。不过与孤独症儿童不同，这种状态是暂时的而非持久的。

26 Calleja 2007, 241. 一个更早的机械时代例子是撞球，摇滚音乐剧电影《汤米》（*Tommy*, Ken Russell, 1975）中有过刻画。电影描写了一个名为汤米的角色，虽然“又聋又哑又瞎”，却把撞球游戏玩到完美，有如神助。《撞球巫师》（“Pinball Wizard”）一首的歌词中，汤米“变成了机器的一部分”。让人颇感讽刺的是，今天如果在互联网上搜索“撞球巫师”字样，我们会发现这个名字已经被 IGT 注册为旗下一个主题老虎机系列的商标了。

27 Post by William Huber on March 31, 2004, at http://ludonauts.com/archives/000038.shtml, accessed April 2008. 社会学家 Daniel Sahl 在一次个人通信中写道：比如，《魔兽世界》的玩家，用“肝”（grind）一词来描述为了获得特殊物品或技术而必须进行的重复性循环操作，如“一次一次又一次地”杀怪。“一个高级玩家重复地杀这些虚拟怪物，根本没有挑战或技术可言，只用一次次地重复执行三四种操作。”此类情况中，玩家不再进行社会或叙事认知，而是被交互的循环捕获，这就与游戏研究中所谓“叙事对游戏”（narratology-ludology）的争论联系了起来。这一争论的核心问题是，视频游戏的玩家到底是投入游戏叙事的意义展开中，还是为玩而玩（为游戏的“游戏性”而玩）。支持“为玩而玩”的“游戏学家”（ludologist）强调，在讨论中必须同时考虑特定游戏活动的物质特性和交互特性，而不仅是其中的叙事元素（Malaby 2007; see also Calleja 2007）。

28 Ito 2005, 95.

29 Turkle 1984, 70.

30 Tim Stanley of Harrah's, panelist for “Future Watch: Technology and the Drive for Improved Customer Experience,” G2E 2006.

31 Tim Stanley of Harrah's, panelist for “CRM Part II: Technology and Applications,” G2E 2008.

32 Ihde 1990.

33 Ibid., 74. 艺术史学家及媒体理论家 Oliver Grau 提出过相似的观点，他写道：“在艺术作品与技术实现手段、信息与感知媒介各自汇聚为不可分割的整体时，沉浸体验就产生了。作为一般规律，可以说沉浸体验的原理是用来将实现错觉的媒介手段从观察者的感知中抽离，从而使其传递的信息强度最大化的。此时，媒介变得不可见了。”（2003, 349）

34 Deleuze and Guattari（1987）认为毒品成瘾者是“没有器官的身体”，比起没有器官但仍“完整”的身体（二位作者给予了后者积极的评价），前者是“空”的，其特征是石化而非流动（另见 Keane 2002, 34）。

35 Turkle 1984, 4.

36 视频扑克中的自动留牌功能加快了游戏速度，因为它在提高了每小时可玩手数的同时仍能保证最优游戏策略（虽然过去自动留牌功能的程序使用的是“不尽完美”

的策略，就像鲍勃·丹瑟对我说过的："赌场为玩家提供这种功能，是为了'教'他们如何玩得差。"）

37 马拉比提出，所有游戏都包括"设计和计算出多种偶发性，以产出一系列结果，有的可预测，有的不可预测"（Malaby 2007, 106）。他所说的偶发性包含"操作偶发性"，即玩家有策略的行动带来的不可预测性；"社交（social）偶发性"，即其他玩家之策略的不可预测性；"符号（semiotic）偶发性"，即游戏结果可能引发的意义的不可预测性；以及最后，"纯粹偶发性"，即游戏本身的不可控的随机性。遵循这套术语（马拉比提出它们，部分地是参考了 MacIntyre 1984），我们可以说，机器赌博中充满了纯粹偶发性或说"完美"偶发性，而操作偶发性、社交偶发性及符号偶发性要么缺席，要么极大地削弱了。

38 Haraway 1991. 关于赛博格的更多文献可见 Gray 1995; Balsamo 1996; Downey and Dumit 1997; Jain 1999。

39 数字媒体及其他当代技术的分析者常常为哈拉维设想的赛博格社会的可能面貌而欢呼，却没有顾及她对这种社会的担忧，也没有认真考察当今已经存在的人机结合案例带来的危害。Suchman 注意到，Jain（1999）对产品设计与人类伤害的研究是一个例外。关于该研究，他认为："[它]考虑了义肢在赋能的同时也在伤害的多种情况，从而给了所有'拥抱义肢化'的观念一针解毒剂。与那些对人体增强的轻易许诺相反，很多时候人与物的结合并没有修辞中暗示的那么完美，相反要痛苦得多。此种认识不是要妖魔化此前大获称赞的义肢技术，而是想让大家意识到，人机结合的过程中，不匹配不可避免。"（Suchman 2007a, 148–49）

40 Comments made as moderator for "The Problem Gambler: Emphasis on Machine Gambling," 11th International Conference on Gambling, 2000.

41 Livingstone and Woolley 2008, 18.

42 Csikszentmihalyi 1985, 491. 人类学家 Robert Desjarlais 在对国际象棋的研究中，区分了真人对弈与线上游戏。真人对弈是一种媒介，在其中，玩家可以主动地"修订真实生活的经验基础"，并"依自己的主张重建一个富有挑战性的世界"，而"在线国际象棋会强调固定类型的警觉，让它们不断重复地循环"，"玩家动作重复，注意力集中，很容易一局接一局地玩下去，这会让他们进入一种出神般的状态"。在线国际象棋的技术形式改变了游戏的交互，变成了"玩家被游戏玩"（Desjarlais 2010, 43, 191）。

43 Legato 1998a, 98. 一位赌场前员工（老虎机服务员）曾写过一篇幽默纪实，描绘了老虎机玩家愚蠢的身体行为，见 Goldberg 2006。

第七章 渐赌渐远

1 Huizinga 1950 [1938], 8; see also Caillois 1979 [1958], 43.

2 Goffman 1961, 27, 34.

3 Csikszentmihalyi and Bennet 1971, 49.

4 Malaby 2003, 147. 马拉比认为"经济波动、社会张力、个人危机和游戏本身"具有同样的不确定性。

5 Malaby 2009, 208.

6 Rose 1999, 164. See also Burchell 1993; Miller 2001; Martin 2002; Reith 2007.

7 Rose 1999, 152, 214. See also Weber 1978 [1956], 86–90; Miller 2001; Martin 2002.

8 O'Malley 1996, 198. 关于当代社会的风险性思维，更多内容可见 Giddens 1991, 1994; Beck 1992, 1994, 2006; Luhmann 1993; Lupton 1999。并不是说我们生活的不确

定性比过去明显地增加了，而是说现在渐渐出现了新型的不确定性，被囊括在“风险”的框架之下，同时我们对人应该如何担起责任管理这些风险，也有了新的期待。社会学家 David Garland 写道：“要说我们处在风险社会，那是因为我们对所冒的风险更有意识，在测量和管理风险的尝试中也付出了更多努力。”（2003, 71）

9 Engin Isin 对精算型自我的描绘是：一种“仿生公民”，他们“自足、精明、负责、自主、没有财务负担”，是“足够理性和精明的主体，足以校准自己的行为”（2004, 217, 222）。这种风险评估型自我的模型，可以认为是人类学家 Emily Martin（1994）提出的“灵活自我”（flexible self）的一种变体。她提出，这样的自我，与更广泛的政治、经济环境的不安相关，包括当代资本主义积累的灵活模式，这关涉着不断加速的产品创新、特定利基市场的创造、对市场的剧烈重构甚至废弃、短期合同劳动、持续的失业风险以及个体责任伦理对社会保护的取代（另见 Harvey 1989; Lears 2003, 21, 321）。

10 Hunt 2003, 169. 亨特解释说：“责任化的机制要求我们……将人生当作一个应当长期、精心地为之付出计算性努力的项目……这进一步加重了这些选择的重要性。”

11 Rose 1999, 87. See also Giddens 1991, 3; 1994, 76; Beck 1994, 14, 20, 25. Alberto Melucci 也有相似的提法，认为“选择是我们这个时代逃不开的宿命”（1996, 44）。

12 Schwartz 2005, 44. 施瓦茨在其畅销书《选择的悖论》（在本书前面的章节曾中被赌博业的代表引用）中提出，尽管经济学家、政策制定者、社会科学家和普通公民都认为选择和自由之间具有极为正向的文化联系，但选择变多并不一定会给社会带来好处。在其他作品中，施瓦茨提出，美国的上层和中产阶级倾向于把选择与自由、行动及控制力联系起来，而工人阶级则倾向于认为选择与恐惧、疑虑及困难相关（Schwartz, Markus, and Snibbe 2006, 14–15）。另见 Rosenthal 2005。

13 顺着这些思路，斯拉夫热·齐泽克发现了理论家们的隐含假设，即“风险社会”的公民在面对经济和生存的偶然性时，实际上把自己当作了理性的行动者，而齐泽克则对这一假设提出了质疑（Žižek, 1998, 1999; see also Giddens 1991, 1994; Lash 1994）。Isin 也认为有些学者也存在类似的错误，因为他们试图通过福柯式的“治理术”（governmentality）框架去理解风险。Isin 提出，“处于治理行为中心的主体不［应该］被理解为理性、精于计算、能力充足的人，可以比较成功地评估各种可能性以规避或消除风险；而更该被理解为焦虑、有压力、安全感越来越低的人，还被要求管理好自己的神经症”，就是说对这样的主体的治理，既要通过对其理性能力的动员，同样也要“通过用情感管理其自身焦虑”来进行（2004, 225）。另见 Hunt 2003。

14 Goffman 1961, 18.

15 Bell 1973.

16 Hochschild 1983, 5, 11. 其他研究者将这一分析推广到更宽泛的“情感劳动”或说“非物质劳动”上。这两个词意在将服务型劳动、无报酬的照护型劳动以及智力和认知劳动囊括在一起（Hardt 1999; Negri 1999; Terranova 2000; Dibbell 2006, 2007, 2008; Andrejevic 2009）。

17 Quoted in Benston (2009).

18 Davis 2002.

19 Goffman 1967; Lesieur 1977; Custer 1984, 35–38. 在 20 世纪 80 年代机器赌博者开始寻求治疗帮助之前，研究问题赌博的文献大都忽略了女性。病理性赌博“似乎只影响中年的白人中产阶级商人，他们多是犹太人，少是天主教徒或新教徒，通常已婚，有三个孩子”。他们的典型赌博方式是“赛马、扑克、商品或期权，以及赌场的游戏”（Lorenz 1987）。Bergler 在 1957 年从精神分析视角出发的文章是个例外。在文章中，他把女性赌博者描述为“性冷淡且歇斯底里的女性，她们对待赌博的方式似乎与对待男人的方式一样，冷淡而又物欲贪婪”（引自 Mark and Lesieur 1992, 553；另一个例外是 Reik [1951] 对女性强迫性扑克玩家的案例研究）。

20 勒西厄尔（Lesieur, 1988）在 20 世纪 80 年代后期访谈了 50 名女性赌博者，而后最早将赌博者区分为追求行动（action-seeking）和追求逃避（escape-seeking）两类（关于逃避型赌博，更多研究见 Jacobs 1988, 2000; Lesieur and Blume 1991; Mark and Lesieur 1992; Diskin and Hodgins 1999, 18）。Hing and Breen（2001）将女性的机器赌博模式和男性做了对比后发现，女性更喜欢持续型赌博，且不太追求赢的机会，而是更想让赌博时间最大化。其他研究者还发现，女性更偏好那些能提供安全、可预测环境的赌博，这能让她们从日常生活中暂得解脱（Dixey 1987; Brown and Coventry 1998）。虽然男性已经越来越多地参与逃避式赌博，但是女性却没有向行动式赌博做同等规模的迁移。关于性别与赌博，更多研究可见 Koza 1984; Lesieur and Blume 1991; Specker et al. 1996; Trevorrow and Moore 1998; McLaughlin 2000; Boughton and Falenchuk 2007。

21 人类学家和游戏研究者发现，在线的虚拟世界也可以是一片丰富的社交舞台，其中充满了商业交易、统治管理、浪漫关系、职业活动及公认的意义和价值（Dibbell 2006; Malaby 2006; Taylor 2006; Boellstorff 2008; Turkle 2011）。但机器赌博的迷境却不是一个类似的社交世界，在这个世界中，传统价值观消弭于无形。

22 Reith 1999, 146. 鲍德里亚则写道：“赌博的秘密在于，钱不作为价值而存在。”（Baudrillard 1990, 86）

23 在澳大利亚一项关于老虎机赌博的定性研究中，参与者们认为“立即赢钱一点都不好”。一名参与者说：“天啊，我才不想赢，我想一直玩下去！”（Livingstone and Woolley 2008, 107）关于大额赢钱怎样干扰机器赌博的节奏，相关的行为研究见 Dickerson et al. 1992, 246。

24 Reith 2007, 42. Kocurek（2012）提出，20 世纪七八十年代投币式视频游戏机的盛行，反映出点数文化（credit culture）及其推动的新消费习惯的兴起。

25 Livingstone 2005, 533.

26 Adams, n.d., 35.

27 Livingstone 2005, 530; see also Adams, n.d.

28 “追”是赌博者对“追损”（chasing losses）的简称，用于描述通过进一步下注，把输掉的钱再赢回来的赛跑式过程（相对立的词是“止损”）。关于赌博者的“追损”，更深入的讨论可见勒西厄尔的同名著作，他在其中写道：“赌博者会渐渐投入某种螺旋，而这个螺旋的最初推动力及其速度，都是追损行为给的。”（Lessieur, 1977, 2）。勒西厄尔如此描述对赌博者逐渐收窄的“选择螺旋”（spiral of options），这不由得让人想起更早时候 Devereux 提出的“绝望循环”（circle of despair）一词，他这样描述赌博者：“他看到自己越陷越深；但如果他现在收手，所有的损失就无可挽回了。回本的唯一办法，就是接着玩下去。”（1949, 729）

29 Livingstone 2005, 533.

30 Lears 2003, 8; see also Lears 2008.

31 Reith 写到赌博时说：“这种消费形式很古怪，似乎什么都没有消费。”（2007, 51）

32 相比于 Lesieur（1977）描写的真人扑克玩家和赌体育比赛的人，当代的机器赌博者更少卷入非法捞钱的勾当之中，这很大程度上是因为后者不属于赌博圈的某个社交或文化群体。机器成瘾者的日常生活更加孤立，获取金钱的方法也与消费端银行业务及信贷等领域的各种合法机制整合得更紧密。

33 关于高额金融操作如何把金钱与它的日常社会锚定物分割开，相关的近期民族志研究可见 LiPuma and Lee 2004; Zaloom 2006, 2009; Ho 2009; Lepinay 2011。

34 Livingstone 2005, 527.

35 Deleuze and Guattari 1987, 262.

36 Csikszentmihalyi 1994, 66, 67.

37 Reith 1999, 124, 122.

38 Ibid., 140.

39 Benjamin 1968 [1939], 178–79n11.

40 Goffman 1967, 156.

41 Borrell 2008, 213.

42 Thompson 1967.

43 See Harvey 1989; Giddens 1990; Virillio 1995; Castells 1996; Wacjman 2008.

44 Lesieur 1977, 14, 强调来自笔者。

45 Benjamin 1968 [1939], 155–200.

46 Turkle 也曾针对视频游戏提出过类似的观点："[视频游戏] 之所以有吸引力，是因为它们包含了规则、程序和结构；游戏是结构化的，遵从一种'要么 / 要么'的框架，这种框架简化了生活。"（1984, 5, 13）她访谈过的一位玩家告诉她："你知道你应该做什么。没有来自外部的迷惑，没有相互冲突的目标，没有真实世界中无处不在的复杂性。这里好简单。你要么就穿过小迷宫，这样怪物就不会吃了你，要么就相反。"

47 France 1902, 397, 强调来自笔者。契克森米哈伊理论的一位追随者试图将对确定性的渴望与特定的社会语境联系起来，提出："如果日常生活具有威胁性且不确定，如果生存在这世界并不安全，那么我们对娱乐的追求就会发生在另一领域——我们会追求的状态是……行动者很大程度上可以从必须做选择的处境中解放出来。"（Mitchell 1988, 45）他接着从社会学概念"异化"和"失范"（anomie）的角度来重述自己的观点："那些在生活中体验到过多确定性的人、那些被异化的人，会在游戏中寻求不确定性。而另一方面，那些认为世界大体没有确定性的人，即体验到社会失范的人，则会在娱乐中追求确定性。"

48 Goffman 1961, 261.

49 Terranova 2000, 54.

第八章　过载

1 经伊莎贝拉的允许，我把她手写的自传作业的一部分摘录于此。

2 Burke 1969, 14.

3 Freud 1961 [1920]. 虽然精神分析流派的超历史主义和全面心理化倾向存在问题，但弗洛伊德对"强迫性重复"（repetition compulsion）的研究为我们思考本章内容提供了有用的洞察，基于这样的认同，我援引这一理论。需要注意的是，我的分析不同于弗洛伊德自己的解读，他认为强迫性赌博反映的是围绕自慰而产生的恐惧和负罪感（Freud 1966 [1928]）。

4 Freud 1961[1920], 9–15.

5 Ibid., 55–56. Loose 提出，虽然常被人误读，但"死亡驱力不能简单地等同于死亡意愿"（2002, 135）。

6 William Burroughs 提到过死亡驱力，他写道，海洛因"悬置了紧张—释放—休止的整个循环”（2004 [1959], 31）。Loose 在写到 Burroughs 时说：“在他身上，有些东西是享乐原则的调节与牵制作用不足以平抚的。他不是想从紧张中解脱出来，而是想从整个人生进程中解脱出来。”（2002, 185, 强调来自笔者）这个意义上，“成瘾是‘超越享乐的境界’的化身和对它的公开展示”（同上，110）。

7 Freud 1961 [1920], 32.

8 虽然有些研究赌博成瘾的学者把迷境解读为一种有着丰富符号性的内在空间，承载着欲望与想象的游戏；但是我访谈过的赌瘾者描述迷境的方式，更贴合死亡驱力的解释：那是一种纯粹的过程和融合性的体验，没有相应的内在空间、关系空间或意义空间（Livingstone 2005; Adams n.d.）。用拉康式的措辞说，它拒斥“经由‘他者’的弯路”（或说摒弃了蜿蜒曲折的语言之路），寻求直达“归一”境界（the One，或者说“纯几率”）的途径，想要为“生活的命数这一问题”找到一个直接的答案（Loose 2002, 159）。Loose 接着说：“追求归一而非他者，意味着抹除所有‘他者’，并且或说因此也消除了处在这个领域中的主体。在此意义上，这样的追求就是一种死亡驱力。”（同上）

9 Loose 2002, 153.

10 Loose 在写到赌博成瘾者说：“他们的游戏中，‘输’一定会打败‘赢’。游戏的结局终将到来，而这个结局正是他们渴求的。在人生归宿这个问题上，死亡也是他们的根本答案，游戏最后揭示给他们的也是这一点。”（2002, 157）

11 澳大利亚的一项针对问题赌博者的定性研究写道：“参与调查的人中，没人有停止赌博游戏的成功策略。占显著多数的参与者说，他们只有在钱花完时才会停止赌博。典型的回答有：‘你只能去取更多的钱，再回来’，以及‘[我]不花完所有的钱是不会满意的’。大多数参与者告诉我们，他们离开赌场时手中还有钱的情况很少或说不普遍；而那些有足够自控力带着赢来的钱离开的人，通常说他们第二天或一有机会（常常是同一天）就会回来把所有钱都赌光。”（Livingstone and Woolley 2008, 106）

12 Bataille 1991, 25–26.

13 Loose 写道，赌博成瘾者的生活是“与死亡紧密纠缠的”，但与没有成瘾问题的人的生活又不是全然不同（2002, 138）。

14 按拉图尔的说法，人造物的运作机理通常是隐蔽的，但会在人造物损坏后展现出来（Latour 1994; 1999）。计算机科学家 Rosalind Picard 在她的一项关于“情感计算”（affective computing）的研究中证实了这一观点，该研究显示，用户情感的最大波动并不产生于与游戏的互动中，而是出现在技术突然停摆或发生功能故障，扰乱了游戏节奏的时候（1997, 163）。

15 回到我们引言中的讨论：成瘾的归因，多大程度在于主体的内在动力，多大程度又在于与他们相互作用的物质或活动的外部机制。Loose 对此的思考是：“药物确实有其效果，这无法否认。问题是这一效果源自哪里？源自药物本身还是人的心理？如果说源自心理，那到底是心理中的什么与药物起了反应，或说发生了互动？”（2002, 116）对这一问题，我自己的答案强调机器与心理的互动（包括这一互动实现的环境），而 Loose 则认为药物的效果最终出自主体之内：“这种力量一旦启动就会自行获取动力，而这些动力又依赖于个体的精力特质。”（同上，119）

第九章　平衡行为

1 拉斯维加斯拥有全美国最稳健的匿名戒赌互助会系统，但该州政府提供的问题赌博干预项目资助，比起其他州只是零头，而这部分资金也是到 2005 年才开始拨付：

当年起，每台老虎机每年须缴 2 美元年费用于赌博成瘾的治疗与预防项目（Skolnik 2011）。最近，参议员们已经开始重新规划这笔资金的用途，改用于填补财政赤字和向市民提供其他服务。问题赌博干预项目的资助已经减半（Coolican 2009）。

2 从早 8 点到晚 9 点都有互助会安排，其中 15 场是西班牙语的。这些互助会安排在医院、沿街商场、荣军医院、教堂甚至发电厂。

3 见本书引言。该公司的一位发言人在一篇新闻通稿中写道："像在很多资本主义国家一样，私人部门在赌瘾治疗的设计与实施中已走在前列。"（Franklin n.d.）

4 虽然没有证明再普乐（通用名奥氮平，olanzapine）可以减轻视频扑克成瘾者的赌博行为，且研究结果也从未发表，但此举是达到了三顶点的主要目标：向一家大型医药公司（礼来）证明其有能力组织药物试验。

5 Simpson 2000; Strow 2000. 这家诊所提供一项为期六周的治疗项目，每周四个晚上。项目获得了来自车站赌场的 5 万美金启动资金。

6 泰伯在 20 世纪 90 年代制作的这些材料，用他的话说，来源于"一种盘点所有成瘾行为的需要"（Taber 2001）。他使用的"库存单"（inventory）一词是呼应了戒酒互助会的"道德清单"（moral inventory）及"金融存货"（financial inventory）的传统，作为自我价值"库存清点"的方法。

7 在一本题为《我买故我在：强迫性购物与追寻自我》（*I Shop Therefore I Am: Compulsive Buying and the Search for Self*）的著作中，作者同样在各种形式的病理性购物中，对"花钱失调"和"购物失调"做了区分（Benson 2000）。

8 Hunt 2003, 185. 到 20 世纪 90 年代，借鉴戒酒互助会的组织方式，出现了超过 200 种自助团体，用于解决大家自认为的各种成瘾问题，如购物成瘾、看电视成瘾、运动成瘾、饮食成瘾、电脑成瘾、性瘾等。一些学者认为，成瘾问题的扩大化是一面透镜，我们能借由它看到晚期资本主义中更为广泛的社会困境。Eve Sedgwick 在其文章《意志的流行病》（"Epidemics of the Will"）中就提到了"成瘾问题与国际资本主义的消费阶段之间似有着特别相呼应的关系"（1992）。类似地，Frederic Jameson 在写到美国时也说："还没有哪个社会像这样成瘾泛滥，像这样与成瘾状况密不可分。诚然，赌博并不是美国发明的，但美国发明了强迫性消费。"（2004, 52）

9 洛基这里用到的"均衡"（equilibrium）概念可以引发很多专业意义，从物理学的热力学平衡、经济学的纳什均衡，到控制论的控制与调制，生态学的系统性平衡，再到精神分析中对享乐原则和死亡驱力如何熄止激动、使人回到平静状态的理解（Freud 1961 [1920]; Bateson 1972）。均衡状态虽然乍看起来与成瘾状况格格不入（因为成瘾关联着"过度"），但其实在成瘾过程中扮演了关键角色（见第四章）。

10 当代神经科学反映出的观念是，正常的人类心理倾向始终有成瘾问题伴随，令我们越发相信，所有人类都有潜在的依赖性。这些将成瘾问题正常化的科学研究提出，药物和某些行为之所以会让人成瘾，是因为它们刺激了或说"劫持了"一些行为的奖赏通路，而这些行为都与生存有关，如性爱、饮食，以及对人和地点形成依恋等（Bozarth 1990; Breiter et al. 2001; Vrecko 2010）。Nikolas Rose 提出，因为"判断'何为正常'的逻辑发生突变"，因此成瘾不再背负离经叛道的道德重担，而被理解为一种神经化学机制上的差错（2003, 419）。

11 Reith 2007, 48. 人类学家 Emily Martin（2004, 2007）曾研究对个体的情绪障碍的心理治疗干预，在相关著作中，她也提出了类似看法。而 Rose 写道，负责任的公民必须"持续监控自己的健康"（1999, 234）。

12 "十二步法"的项目都要求戒断中的成瘾者采取特定的步骤来克服成瘾问题，比如第一步就是“承认自己有问题”。

13 我们期望这些戒赌者的“自我调节”（self-modulation），与 Foucault 所说的古希腊式或基督教体制中的“自我转变”（self-transformation）不同，后者是通过“关于自我的技巧”使个体“转变自身，以获达到某种幸福、纯洁、智慧或不朽的状态”（Foucault 1988, 1990）。Rose（2003）指出了这种从“自我转变”到“自我调节”的变迁。关于“如何生活”这个经典的伦理学问题在当代技术社会中获得了怎样的寄望，进一步的内容可见 Collier and Lakoff（2005）对“生活体制”（regimes of living）的讨论（另见 Rabinow 1996; 1999; Fischer 1999, 2003; Biehl, Coutinho, and Outeiro 2004; Ong and Collier 2005, 8）。

14 Dumit 2002, 126. 另有一种类似的论述使用了“神经化学自我”（neurochemical self）一词，见 Rose 2003。按 Vrecko 的说法，当代精神治疗类药物的目标并不是“治愈”，而是调节冲动的强度和频率（2010, 45）。

15 在分析情绪障碍人群用于自我调节的情绪图表时，Martin 描述了某支持小组的一位访客的自我介绍。按规矩，每个发言的人都要从 -5 到 5 之间选一个数字来表示自己当前的情绪状态，而这位访客说：“我叫 Brad，我猜我肯定是 0。”（Martin 2007, 187）他的话表达出，所谓健康就是某种零度状态。

16 Valverde 1998, 175; see also Miller 2001. Peter Miller（2001）描述了管理会计（management accounting）领域的实践如何移植进了主体的生活领域，以至于我们都在用这种方式、用某种负责任的“自我会计”的方式来管理自己的内心状态（另见 Martin 2004, 2007）。治疗师泰伯鼓励大家进行盘点库存式的练习，就是自我审计的一例。

17 在被收治时，每位新的来访者都要做一系列测验，用来对他们的行为进行编码、评估和管理。这些测验包括人类行为问卷（Human Behavior Questionaire），成瘾程度量表（Addiction Severity Index），家庭环境量表（Family Environment Scale），Barratt 冲动性量表（Barrat Impulsivity Scale），状态–特质焦虑问卷（State-Trait Anxiety Inventory），贝克抑郁问卷（Beck Depression Inventory），解离经验量表（Dissociative Experences Scale），以及一系列针对赌博的测验工具。

18 人类学家与控制论专家 Gregory Bateson 在其 20 世纪 60 年代针对酗酒者的研究中指出，他们喝酒是一种“通往更为正确的心理状态的捷径”（1972, 309）。Bateson 认为均衡是与成瘾相关的，这种观点与赌博成瘾的“需求状态”理论有相通之处（见 Jacobs 1988, 2000）：需求状态理论提出，赌博者借赌博行为逃避个人的麻烦，并对消极感受进行自我治疗。

19 赌博者提到的这些药物，针对的症状包括焦虑、抑郁、疼痛和注意障碍。他们还没有提阿片拮抗剂（如纳曲酮 [naltrexone]），这类药物在 20 世纪 90 年代开始试验，相应的处方会特为管理成瘾、包括管理病理性赌博而开具。按 Vrecko 的说法，这种最新发展是“范式的变迁”（Vrecko 2010, 42; see also Potenza 2001; Grant, Kim, and Potenza 2003; Grant et al. 2006）。在三顶点的药物试验中，再普乐（Zyprexa®）试用于视频扑克成瘾者，这是我在研究中唯一一次遇到抗精神病药物用于赌瘾治疗（即使在这个案例中，我们也不清楚试验设计者希望用来减轻强迫性赌博的，是该药物的抗精神病特性本身，还是它改变情绪的副作用）。

20 对神经性厌食症案例的类似分析，见 Gremillion 2001。在厌食症的案例中，失调的严重化，恰恰是因为自我控制和计算性的行为（计算卡路里、选择菜单、持续的自我监控、控制摄入等），而治疗需要的也是这些。她说：“医治过程可能再次引发各种形式的身体控制，而最初正是这些行为催生了厌食症。”（同上，385）

21 Deleuze 2007, 153.

22 Lovell 2006, 138. 类似地，人类学家 Philippe Bourgois 也描述了美沙酮病人是怎样将其与很多其他药品“混用”的，包括“可卡因、酒、处方药甚至海洛因”（2000, 170）：“一般来说，美沙酮的愉悦效果不强或说很模糊，但通过使用多种药物组合，有策略地改变、增强原有剂量的效果或破坏其稳定性，美沙酮成瘾者可以加大愉悦效果。”（Ibid., 180; see also Lovell 2006, 153）

23 Derrida 1981, 100.

24 See Rivlin 2004, 45. 鉴于拉斯维加斯地区的人口 20% 是老年人，很多服务本地客人的赌场发现，运营来往于敬老院与赌场的摆渡小巴有利可图；有家赌场每月运送 8000 ～ 10000 名老人。亚利桑那州查理赌场的一位摆渡车司机说：“不论有何种残疾，我们都愿意接待，氧气罐、步行车都行。这种我们接待过很多。我们也有很多轮椅。”（引自 Rivera 2000）

25 在对“边缘资本主义”（limbic capitalism）的研究中，Courtwright 提醒我们注意，很多新的商品和服务，是从与食品、药品等消费品相关的坏习惯中获得次级利润的（如减肥餐行业、戒毒业、尼古丁贴等），他提出：“逻辑上，这两类产品的需求曲线应是相关的。”（2005, 212）

26 Rose 1999, 259, 263. 类似地，Keane 也把成瘾刻画为“各健康领域的‘构成性外在’（constructive outside）”（2002, 8）。

27 Rose 2003, 431. Vrecko 把此类干预称为“文明化技术”（civilizing technology），因为它们为的是“产出各种心理状态，使个体更健康、更负责、更能坚守岗位、更能遵从来自社会和家庭的期望与义务”（2010, 45）。

28 历史学家 Colin Gordon 提醒我们：“虽然‘经济人’（homo economicus）最初的意义是，其活动永远不受政府干预，但美国的新自由主义经济人则是可被操控的人，也永远要对所处环境的改动负责。”（1991, 43）我们不妨称这一模型为“瘾人”（homo addictus），以区别于关切自身的“经济人”形象（Schüll 2006）。

第十章　修复再修复

1 Panelist for “Games and Expectations: The Slot Floor of the Future,” G2E 2004. 按 Jan McMillen 的说法，赌博在澳大利亚没有在北美那么重的道德包袱；相反，澳洲的重点是“哪类赌博应该允许，哪类该被限制”（2009, 93）。

2 PC 1999. 2001 年昆士兰政府颁布法令，规定电子赌博机不能接受面额超过 20 澳元的钞票。2002 年维多利亚州的“赌博立法法案”（Gaming Legislation Act）则禁止了 100 澳元的接收口和自动玩功能，禁止机器转轮的转速快于 2.14 秒，并强制要求两次旋转之间留 1.5 秒的“空闲时间”，规定下注上限为 10 澳元，并要求赌博机显示胜率、显示玩家投入到时间和金钱等信息（见 Blaszczynski, Sharpe, and Walker 2001; SACES 2005; Livingstone and Woolley 2008）。南澳州则在 2003 年颁布了“赌博业审批指导方针”（Gaming Approval Guidelines），要求赌博游戏所有“可能加重问题赌博”的新功能或特性上线前须经评估（www.iga.sa.gov.au, Appendix 5.0, accessed July 2008）。

3 PC 2010. 目前澳大利亚各州的监管措施包含机器数量上限、赌博场所夜间停业、不定时关闭老虎机游戏区、连续两小时游戏后强制休息 20 分钟、下注金额上限、在赌场限制 ATM 数量或禁止安装 ATM，下调 ATM 取款上限、兑换 300 澳元以上奖金须以支票形式（以防赢钱马上回去赌）等。

4 关于当代资本主义社会中“风险管理”这一监管逻辑的兴起，更多讨论见 Ewald

1991; Castel 1991; O'Malley 1996; Garland 2003。专门探讨这一监管逻辑与赌博业关系的文章，见 Reith 2008; Cosgrave 2009, 2010。

5 语出 2010 年的一份名为《打破老虎机神话》(“Demystifying Slot Machines”)的白皮书（Stewart 2010, 18），作者是一位律师，来自代表 AGA 的事务所。

6 See Reith 2008, 150; Volberg and Wray 2007, 67; Borrell 2008.

7 现代“风险社会”研究领域的杰出社会学家 Ulrich Beck，在他自己的思考中也提出了一系列类似的问题：“谁来定义和判定产品的有害性、危险性和风险？谁来为它们承担责任：是造成风险的人，从风险中获益的人，可能会被风险影响的人，还是公共机构？”（Beck 2006, 78; see also Orford 2005）

8 研究结项时，委员会建议暂停合法赌博的扩展，以便对其后果进行更多的研究（Gerstein et al. 1999）。但是由于赌博业的说客及 AGA 这类团体的施压，还因为委员会解散后不再有领导力，该建议未获采纳。更详细的讨论见 Volberg 2001。

9 弗兰克·法伦科普夫曾担任了很久的共和党全国委员会主席。在他的领导下（他每年获得超过 200 万美元的薪酬及福利等综合回报），赌博业通过大量的游说和政治献金，成为全国政治舞台上最重要的玩家之一。1992—2002 年，赌博业的政治献金增加了 10 倍，达 1500 万美元。2002 年，在“竞选筹款改革法”通过后，软献金被越来越多的个人及政治行动委员会（PAC）的捐款所取代（Smith 2003; Benston 2004）。2008 年，赌博业在联邦层面的游说活动上花费了 2600 万美元，为各 PAC 和联邦立法部门候选人花费了 1700 万美元，出资最多的三家是米高梅-海市蜃楼，哈拉斯和车站赌场（Skolnik 2011）。法伦科普夫指出，近期的最高法院裁决已经抹消了筹款改革运动的成果，使赌博企业在政治领域中的触手越伸越长；他说：“从今往后，AGA 可以间接资助政治候选人，而不必顾及对 AGA 政治行动委员会的献金限额。此外，AGA 还可以参加或资助其他政治联盟，从而间接资助独立政治广告。”（Fahrenkopf 2010, 18）

10 AGA website, www.americangaming.org/Press/speeches/speeches_detail.cfv?ID=88 (accessed January 2008). 行业分析师和批评者通常都会将赌博成瘾形容为行业的“阿喀琉斯之踵”。

11 一位赌博行业的研究者指出：“美国今日赌博研究的状况，可视为 20 世纪四五十年代酒领域研究的延续。当时酒品行业与寻求其资助的科研转化企业家达成了一项默契：将研究的重点局限在‘酗酒’的成因上，将酗酒视为只影响一小部分人口的神秘疾病”（Room 2005; see also Volberg 2001, 87–91）。他指出，这个群体的规模之所以一直不大，一部分原因是达到病理性赌博诊断标准的阈值越来越高，1980 年时标准是 3 项，1987 年是 4 项，1994 年是 5 项（APA 1980; 1987; 1994）。一群广受尊敬的学者曾发表一份 299 页的报告，报告这样描述赌博行业的立场：“通常的立场是，病理性赌博是一种罕见的精神障碍，最主要地是由生理和 / 或心理因素决定的。”（Abbott et al. 2004, 53）另见 Vrecko 2007, 57。

12 Bybee 1988, 304; Castellani 2000, 130, 125.

13 1980 版的 *DSM* 使用了“不能（unable）抗拒冲动”这样的表述，而在 1987 年版中，该表述变成了“抗拒冲动失败（failure）”（APA 1987）。按 Castellani 的观点，这种表述上的变化（姑且不提它最初被归入“冲动控制障碍”分类中），是不希望这类诊断被用于法庭上的精神病抗辩（2000, 125）。关于“病理性赌博”的诊断，更多信息可见本书引言。

14 关于烟草行业与其对烟瘾问题立场的详尽历史，可见 Brandt（2007）。这种立场的一个体现是烟草行业研究委员会（Tobacco Industry Research Council）的成立，它是在 1954 年被当作“行业的挡箭牌”而设立的（同上，333）。后来，该委员会曾鼓励针对尼古丁成瘾的遗传学研究，希望找到遗传联系，将公众的视线从对产品的接触和使用上转移开。

15 NCRG website (www.ncrg.org/, accessed January 2009).

16 Gary Loveman, speaker for keynote panel “State of the Industry,” G2E 2003.

17 Shaffer, Hall, and Vander Bilt 1999. 关于准确测量赌博成瘾问题普遍程度的难度和挑战，包括是测量“当前”还是测量“终身”，相关讨论可见引言部分的尾注。

18 Howard Shaffer, quoted in Gold and Ferrell (1998, A1, A8–A10).

19 虽然 AGA 鼓吹其委员会的组成平衡了业内与业外人士，但《波士顿环球报》（*Boston Globe*）发现：“非赌博业人士中，10 个中有 4 个与赌博行业有金钱关系，且未以 NCRG 出版物或联邦税务的形式进行披露。”（Mishra 2004）

20 AGA website (www.americangaming.org/programs/responsiblegaming/ history.cfm, accessed January 2009).

21 来自与勒西厄尔（2008 年）和罗森塔尔（2000 年）的私人交流；另见 Mishra（2004）。

22 有批评指出，哈佛大学“与赌博业的合作完全不同于”医学院接受药企资助进行研究，因为后种情况有着“找到治疗方法的共同目标”（Mishra 2004）。相反，赌博业的产品“与治愈病人毫无关系”。2009 年，NCRG 将其提供资助的机构更名为“赌博障碍研究所”（Institute for Research on Gambling disorders，IRGD），且不再受谢弗领导的哈佛大学下属部门的管辖（IRGD 目前位于华盛顿，与 AGA 在同一栋大楼，距白宫不远）；虽然作为屈指可数的享有“赌博研究的卓越核心人物”头衔的人之一，谢弗仍收到不菲的资助。

23 NCRG fact sheet (http.ncrg.org/press_room/factsheet.cfm, accessed January 2009). NCRG 虽然模仿了美国国立卫生研究院（National Institute of Health，NIH）的同行评审及基金资助结构，但它多次拒绝支持国会的一项法案。该法案如获批准，将为 NIH 提供 2000 万美元用于赌瘾研究及额外的 5000 万美元用于赌瘾防治。

24 Henry Lesieur, quoted in Strickland (2008). Vrecko 指出，虽然没有明说其他类型的研究不会获得资助，但明显存在一种结构上的根本偏向：“那些看起来有望得出与 NCRG 及赌博业的期待相符的结果的项目，才很可能被选中。”（2007, 59）

25 Christine Reilly, quoted in Strickland (2008).

26 在 NCRG 成立的同时，霍华德·谢弗和他在哈佛的团队成为了《赌博研究》（*Journal of Gambling Studies*）期刊的编辑，该刊在领域内最具声望。2000 年，有人对该期刊上发表的文章进行了统计分析，发现它们极少关注心理、社会、经济、政治和文化因素；相反，“赌博研究的对象是神经递质、神经缠结、生化失衡和认知损伤”（Castellani 2000, 51–52; 60; see also Borrell 2008, 69–71）。关于赌博行业与神经科学的关系，包括 NCRG 在研究资助中的角色，相关的当代社会学角度的分析可见 Vrecko 2007。

27 Shaffer, Hall, and Vander Bilt 1999; Shaffer, LaBrie, and LaPlante 2004a; Shaffer 2005; LaPlante and Shaffer 2007. “适应（adaptation）假说”的提出，是希望在“接触（exposure）假说”之外找到另一种解释。接触假说也称“接近”（access）假说或“可得”（availability）假说，它预测，人接触赌博机越多，赌瘾问题会越严重。而适应假说虽然承认一个地区的人在新接触赌博机时，赌博成瘾问题会陡增，但它也提出：“在初次接触的新鲜感褪去之后，人们会逐渐适应潜在成瘾物的风险和危害。”（Shaffer 2005, 1228）然而，大多数的研究不断证实，问题赌博的普遍性与赌博的可得性或说可接近性有直接的关系。近期，由三位研究者（其中一位一度支持适应假说）进行的荟萃分析研究发现："统计分析表明，[问题赌博的]普遍程度与人均[赌博机]密度有很强的、意义明确的关系，符合接近假说。"（Storer, Abbott, and Stubbs 2009, 225）虽然他们发现，在赌博机密度不变时，问题赌博的普遍程度有微幅下降（但与这一下降有关的不是"自然适应"，而是治疗与预防项目的增多），但他们也发现，没有证据表明随着接触赌博机次数的增加，问题的普遍程度会维持平稳或转而下滑（同上，239）。另见 Abbott and Volberg 1996; Volberg 1996; Room, Turner, and Ialomiteanu 1999; National Research Council 1999; PC 1999; Gerstein et al. 1999; Grun and McKeigue 2000; Gambling Review Body 2001; Welte et al. 2004; Orford 2005。普遍程度的测量方法会加深这一争论的复杂性，相关的更多讨论可见引言。

28 Gold and Ferrell 1998, A-1.

29 Quoted in Dyer (2001); Rivlin 2004, 47.

30 Shaffer 2004, 10.

31 伦茨是"词语医生"（The Word Doctors）这家公司的老板，他说自己的技能是"考查语言并找到合适的词语，让词语帮助客户售卖产品或扭转某议题上的公共意见"（"Interview with Frank Luntz," 2007, PBS Frontline, www.pbs.org/wgbh/pages/frontline/shows/persuaders/interviews/ luntz.html, accessed March 2007）。

32 他援引的研究是 Vander Bilt et al. 2004；另见 Shaffer 2005。一位批评人士指出："我敢肯定，还有很多方法可以提升心率，但不是所有都值得提倡。"（Orford 2005）

33 Phil Satre, quoted in AGA (2006, n.p.). 从 2011 年开始，NCRG 和 G2E 的会场就选在了同一个会展空间。

34 不只是我，其他赌博研究者也指出，对负责任赌博的论述与"问题赌博是一种疾病"的观点背道而驰，因为前者提示的是"所有人都有不负责地赌博的风险"，"正常地赌博"是消费者必须练习的事（Campbell and Smith 2003, 14; Cosgrave 2009, 60; 2010, 128）。医学化的语言是决定论式的，而责任的语言又基于行为主体，两者看似矛盾，实则都顺应了赌博业提出的论述，即把问题赌博归因于个体。

35 Shaffer 2005, 1229; appear also in LaPlante and Shaffer 2007, 621. 负责任赌博的论述寻求借一定程度地面向风险来塑造赌博者的行为，而对该方法的批评可见 Cosgrave 2009。Rose（1999）提出，这种面向风险的逻辑要求将个体"责任化"；而在 Reith 看来，这种将责任向下分散到赌博者身上的做法反映了更大的政治和财政政策，它们聚焦于"个体消费者的选择、自由、偏好和习惯"，而忽视了产品设计、供给和可得性，"最终，渐成为责任概念最主要承担者的一方，是赌博的个体"（2008, 151; see also Campbell and Smith 2003）。

36 见引言。

37 Schellinck and Schrans 1998, 11.

38 Tracy Schrans, interviewed by Lane, 2006.

39 Cosgrave 2009, 60.

40 有四位这种方法的支持者写道："要做出最优的选择，个体必须有机会获得最充分的信息，了解每种可行的选项。"（Blaszczynski et al. 2008）

41 Eggert 2004, 286.

42 Eggert 2004, 220, 233–38, 266; 另见第三章。理论赔付比率或说玩家回报率通常都是基于百万转得出的。

43 Eggert 2004, 267. 澳大利亚政府 2010 年的调查委员会在测试一台视频老虎机时确认了"单是把游戏时间从 1 小时延长到 16 小时"，赢率就会从 30% 降到 7%，而"玩到 64 个小时后，只有不到 1% 的人会赢，且赢钱不多”（PC 2010, 11.8）。虽然这种流失效应在玩家中了“改变人生的大奖”、大到不会在同一次游戏中再输光的情况下不会发生，但更可能出现的场景是玩家赢钱相对不多，会用它们继续赌博，直到输光为止。另见 Turner and Horbay 2004, 20; Turner 2011; 本书第四章。

44 See Weatherly et al. 2004; Turner 2011.

45 Blaszczynski et al. 2008, 114–15. Eggert 是一名律师，也是消费者权益代言人，他认为教育性披露和“信息补救法”虽可预防个人变为问题赌博者，但可能帮助不到已经深陷机器赌博的玩家。虽然如此，还是有一些证据表明，通过重构认知来修正非理性预期，在赌瘾治疗中可以取得成功（如 Ladouceur et al. 2001; Ferland, Ladouceur, and Vitaro 2002）。

46 例子及批评可见 Gaboury and Ladouceur 1989; Walker 1992; Ladouceur and Walker 1996; Eggert 2004, 255–56; Delfabbro 2004; Livingstone and Woolley 2008, 139; Blaszczynski et al. 2008; Bennis n.d.; Adams n.d.. 社会学家 Reith 指出：“问题赌博的认知角度解释及以此为基础的治疗形式，都立足于一种理性经济活动的模型，即认为个体会计算各种活动的风险和收益，并基于此做出信息充分的决策。”（2007, 43）

47 Blaszczynski et al. 2008, 112.

48 Ibid., 109. 对老虎机赌博的监管应采用“预防性”而非“基于证据”的方法，相关论述见 MacNeil 2009; PC 2010, Overview. 预防性方法遵循的理念是“在有确定性证据表明某产品会造成伤害之前，即采取行动保护消费者及社群”（McMillen 2009, 111），且有责任证明产品安全性的，是从该产品获利的那方，而非公众。

49 一位研究者在探讨与赌博环境及技术相关的问题时，提出了这一想法。他写道：“对环境结构的认真研究发现，很多被我们称为失误的判断，实际上是适应性的……这些错误的产生，并非因为思考不足，而是受了环境特征的误导。”（Bennis n.d., 3）同一作者和同事们在另一篇文章中指出，赌博者的认知能力短板的来源“并不太在于他们思考的偏差或非理性，而在于赌博者身处的环境及他们与该环境的互动；具体来说，赌博者采用的心理启发（其他情况下通常是适合的）与赌场环境结构存在一种不匹配”。他们提出，这种不匹配之所以出现，“是因为它的存在符合赌场的利益，所以赌场才把环境打造成如此这般。”（Bennis et al. n.d.）

50 虽然像产品警告标签这类信息型方法可能隐含了要向赌博行业追责这一立场，但是它们不仅保护了消费者，也保护了制造商（Jain 2006, 164n31; Brandt 2007, 277, 322）。一位烟草业的律师曾指出：“一旦购买者被告知了产品的危险性，那么这一危险无论引发何种伤害，责任都转到了购买者身上。”（引自 Brandt 2007, 322）

51 两位研究者汇报说，在观看他们对弹出消息的演示时，有数位业内人士表达了此种担心（Monaghan and Blaszczynski 2009）。

52 Bernhard, Lucas, and Jang 2006, 516. 伯恩哈德与其合著者 Fred Preston 写道：“如果问题赌博者在赌博活动中确实出现了严重的非理性认知扭曲，则我们可以推论，此时引入理性机制去干预他们，不是最佳时机。”（Bernhard and Preston 2004, 1402–3）另见 Sharpe et al. 2005; Borrell 2008, 210。Ladouceur 发现：“在赌博者的心智中，针对赌博，可能存在两套截然不同的认知，赌博之外是一套理性的认知，而游戏的各种特性则会触发另一套非理性的认知。”（2004, 557）

53 Dickerson 2003, 40. 人类学家 Jain 在研究产品追责方面的法律时指出：一些产品“违反了理性行为的定义”，损害了消费者的负责任行动能力。她接着写道：这些产品“对选项和偏好的扭曲，与自由选择的期盼格格不入”（2006, 127, 17）。Brandt 在其研究尼古丁的论述中也问道：“如果产品本身具有成瘾属性，那么这会怎样改变我们对责任的感知？”（2007, 355）Reith 指出，责任的定义是“有主导权或控制权；有理性行为的能力”（2008, 149）。

54 Dickerson 2003, 40. Livingstone and Woolley 2008, 29.

55 关于伤害最小化策略，相关研究可见 Blaszczynski, Sharpe, and Walker 2001, 2003; SACES 2005; Sharpe et al. 2005; Livingstone and Woolley 2008。

56 IPART 2003; PC 2010, 13.4.

57 PC 2010 11.38.

58 Comments made as moderator for “Bells, Whistles, and Warnings: The Safe Gambling Machine,” G2E 2006. 伯恩哈德也在别处用过汽车类比：“就像一代人以前汽车工业所做的那样，全球赌博业越来越着力于寻找基于研究的安全策略，为有需要的消费者提供保护。”（引自 Allen 2006）在其对安全性改进的研究中，伯恩哈德提出了行业对此的恐惧，他推测：“这些机制可能会给主流的‘正常’赌博者造成太大的干扰，使他们完全放弃赌博。”（Bernhard and Preston 2004, 1403）澳大利亚赌博机制造商协会（AGMMA）的执行官评论说：“很多烂好人似乎认为，问题赌博的解决，答案在于逼赌博业设计出没人想玩的机器。”（Ferrar 2004, 29）

59 Bernhard and Preston 2004.

60 Bernhard 2006, 22.

61 AGA 2008b, 1, 5.

62 Tracy Schrans, interviewed by Lane, 2006. Schrans 的“按期望的方式（使用）”的说法，令人想起产品责任法方面的措辞。

63 PC 2009, xxvii.

64 Livingstone and Woolley 2008, 154. See also Hancock, Schellinck, and Schrans 2008, 61, 64.

65 Techlink website (www.techlinkentertainment.com, accessed June 2007). 科联现在把 RGD 称为“游戏规划”（Gameplan），新斯科舍博彩公司采用了这套系统，称其为“知情玩家选择系统”（Informed Player Choice System）。

66 Livingstone and Woolley 2008, 31.

67 挪威采用了一套类似的系统，要求所有赌博者注册一个账号（可注销），在账号中设置自己的赌博时间与金额上限。区别在于，挪威政府自己也设置了一个默认上限，赌博者不得逾越（合每天 70 美元，每月 400 美元），达到这一限额后，游戏就会被中断。应澳大利亚特定司法辖区的要求，贵族公司也生产了带有负责任赌博功能的机器。与科联的系统一样，这些功能聚焦于帮赌博者进行信息管理及自我管理，而并未改变机器的结构特性。国际上其他此类系统，见 PC 2010；本书第十章。

68 Hancock, Schellinck, and Schrans 2008, 65. See also Schellinck and Schrans 2007, 101–4.

69 Bernhard 2006, 27. 加拿大一项针对此系统的研究也发现，玩家更常使用自愿功能——但被询问时，同样这群赌博者却表示喜欢更加非自愿的功能，如设置上限、更少办法关闭这些限制功能等。例如，他们建议，账户余额应该强制显示给他们，而不是由自己来选择是否显示；弹出提示应在屏幕上保留一段时间，或等他们对消息做出响应后再关闭（Omnifacts Bristol Research 2007, 66–68）。

70 Bernhard 2006, 11, 20.

71 PC 2010, xxx.

72 Schellinck and Schrans 2007.

73 Ibid., 48; vii (see also 44, 53). See also Hancock, Schellinck, and Schrans 2008, 65.

74 Schellinck and Schrans 2007, 12, 强调出自原文。

75 Ibid., 49.

76 Global Cash Access website (www.globalcashaccess.com/press_apr19_06 .html, accessed July 2007).

77 Crevelt and Crevelt 1988, 106.

78 Hildebrand 2006, 39.

79 Schellinck and Schrans 2007, 83, 84, 强调来自笔者。另一份关于 RGD 的报告也发现，玩家偏好把游戏信息告知自己的功能，而不是那些“主动控制游戏过程”的功能 (Omnifacts Bristol Research 2007, 21)。

80 Ibid., 34.

81 随着电子化赌博在国际范围的扩张，负责任赌博项目及相伴的监管逻辑也在随之传播，甚至来到了东方。例如，中国的一家主要彩票运营商，其业务包含赌博机制造，它求助于 IGT，希望后者帮忙设计一套负责任赌博策略，尤其明确请求 IGT 设计一种出技术机制，以鼓励负责任赌博行为，并帮玩家“通过使用先进软件来管理并有效限制自己的花费，以养成自律的赌博习惯” (China LotSynergy website, www.chinalotsynergy.com/en/Social.html, accessed July 2009)。

82 瑞典在其国营的在线赌博网络中引入了一个系统，其工作方式与加拿大萨省的风险追踪算法类似。在互联网赌博即将大范围合法化这一预期之下，很多流行的在线赌博网站也开发或运行了类似的系统。

83 Hancock, Schellinck, and Schrans 2008, 61.

84 Austin 2007, 4.

85 Ibid., 13.

86 Hancock, Schellinck, and Schrans 2008, 63 (quoting Sasso and Kalajdzic 2007).

87 Ferguson 2008.

88 Austin 2007, 8. 在其宣传材料中，iView 警告赌博业：“未来，赌博运营者有义务向公众、甚至可能向法院证明，我们已经实施了所有可行的负责任赌博‘最佳实践’来保护‘易感人群’。我们必须准备好，对外展示我们的尽职举措和对消费者的保护，[这样才能] 减少在问题赌博上的法律责任。”

89 Binkley 2008, 192. 在无法以这一方式直接获取客人的银行信息后，美国的一些赌场开始向 ATM 服务商购买在其赌场取款的客人的姓名信息，以用于赌场的营销活动。伊利诺伊州曾有一家赌场被罚款 80 万美元，原因是它的经理向一些问题赌博者推送促销活动，而这些人本已自愿冻结了自己的赌博账号；而他们以名单购自 ATM 服务商为由，为自己辩护。

90 Benston 2006. 与其“幸运大使”系统不同，哈拉斯的负责任赌博大使们不使用玩家追踪信息来指导自己去“拦截”客户；相反，他们依赖对赌博者的状况更为主观的印象。

结论　加大赌注

1 Quoted in Rotstein (2009).

2 Quoted in Rivlin (2004, 74).

3 Quoted in Binkley (2008, 184, 197).

4 Binkley 2008, 194–95.

5 Ibid., 198.

6 Ibid.

7 格劳特反思了自己的职业转变：“让我感到奇怪的事情是，从设计老虎机到为小孩子设计游戏软件这个转变，并没有太大的跳跃，实际上两者相当类似。这让我非常震撼。我看，两者吸引的都是心灵的同一个地方，一种非常单纯的散心本能。蹒跚学步的小孩和赌客，是同一类型的客户。”

8 关于核武器科学家们在知道他们打造的武器造成的伤害效果后是如何承受的，相关讨论见 Gusterson 1996。与武器不同，赌博业的产品显得有趣又无害，这使其得以使用娱乐业和健康经济等说辞。

9 Schuetz 2000.

10 Smith and Campbell 2007, 98.

11 Buttereld 2005. See also Goodman 1995b.

12 Quoted in Green (2004).

13 Smith 2008. See also Borrell 2008, 213.

14 见引言。

15 Stewart 2010, 2. 他还说，赌博业的“监管比银行、证券和保险业还严苛”（同上，5）。

16 Ibid., 13. 关于“近失”效应，更多内容可见第三章。

17 Stewart 2010,12.

18 “不是普通商品”这一措辞被 Babor（2003）用在了他的酒问题研究著作的书名中。

19 见第三章。

20 Borrell 用“系统合谋”（system collusion）来形容赌博业与其监管者之间的亲密关系（2008, 116, 152）。

21 Michael Cruz at the Pennsylvania gaming lab, quoted in Mangels (2011).

22 Mark Pace of WMS, panelist for “Slot Appeal: Applying New Technologies,” G2E 2007.

23 Rose 1989.

24 人类学家 Gregory Bateson 曾在加州对成瘾者展开研究，并在相应的著作中写道，如果没有与之抗衡的监管机制，那些以利益最大化为目标的系统“一定会以越来越高的速度或强度运行”；就像没有了调节阀的蒸汽机，它们很容易进入疯狂增长的状态，甚至自我毁灭（1972, 447）。Bateson 发现这一倾向不仅在他研究的加州成瘾者身上，也在资本主义经济系统和全球政治事态中，军备竞赛就是一例。此后，学者和记者们经常回到这一“控制论—生态论”框架来解释今日的系统性动态问题，如成瘾、肥胖、全球变暖和石油依赖。虽然我们不能粗率地把所有这些相当不同的现象都归入这一套诊断和分析框架下，但每种现象背后的支撑都是 Bateson 所描述的利益最大化的逻辑和基础结构。

25 这一描述从 2009 年开始就不断地出现在 AGA 的年度报告和其官网上（http://americangaming.org/industry-resources/research/fact-sheets/gaming-equipment-manufacturing, accessed May 2011）。

26 Panelist for “Selling the Sizzle: Slot Manufacturers Roundtable,” G2E 2010.

27 2012 年，12 个州中出现了跑马赌场。

28 Panelist for “Gaming Expansion: Push and Pull Factors in 2008 and Beyond,” G2E 2008.

29 关于 20 世纪 90 年代赌博行业的全球化，更多内容见 McMillen 1996。类似地，国内监管抬头后烟草消费转向了发展中国家，对此的说明见 Brandt 2007, part V.

30 Burke 2005. 为了变通对老虎机的限制，墨西哥政府把这些机器归类为“电子宾果终端”，将其描述为“玩宾果游戏的技术辅助设备”，而不是独立的游戏设备（同上，18）。这些机器到底是宾果游戏终端，还是拉斯维加斯式老虎机（当地称为 tragamonedas），这一问题还存在争议。

31 Rutherford 2005b, 20. 上世纪 90 年代末的俄罗斯，因为高额税收的预期，地方政府随意发放赌场牌照；于是，赌博机进入俄罗斯仅仅十年后，数量就达到了 50 万台，出现在各类公共设施，如火车站、汽车站、杂货店、诊所、社区中心甚至公寓楼的大厅中。2009 年，为对抗肆虐的机器赌博问题，普京重新启动了对赌博业的政府监管，从俄罗斯各城市的大街上清理赌场和赌博机，将赌博限制在四个位置偏远的地方性赌博聚集地中。

32 上一章我们仔细研究了澳洲和加拿大的监管政策；同样值得关注的还有英国的监管政策，在英国，赌场的推广营销是严厉削减的（理念是只允许‘未经刺激的需求’存在）。还有挪威，挪威政府对国营赌场中的赌博时间和金额设了严格的默认上限。在瑞士，老虎机在 20 世纪 90 年代开始广泛铺开，但在 2005 年被瑞士政府在广大社区中完全禁绝。新加坡与美国一样，推行赌博者自我戒断策略，但同时让监管者和警察禁止领取救济和宣布破产的人赌博，此外政府还强制推行“家庭戒断”的政策，允许个人的赌场不接待亲属，而其他公民要进赌场也必须支付高额入场费。在韩国，只有 1/14 的赌场对本地人开放，且须在停车场设赌瘾治疗中心。朝鲜和埃及则禁止本国公民进赌场。另外也有很多地方的监管比美国宽松得多。借用人类学家 Adriana Petryna 在另一个话题上提出的概念来说，在这些不同的监管环境下，老虎机制造商和赌博公司表现了“伦理多样性”（Petryna 2009）。

33 Hancock 及其同事提出，虽然不同州、不同地区或全国性的赌博机监管标准和指导方针各有不同的细则，“但在不同司法辖区，赌博产品的相似性大于差异性”（Hancock, Schellinck, and Schrans 2008, 63; see also McMillen 2009）。

34 Mike Macke of Cadillac Jack casino, quoted in Burke (2005, 19, 强调来自笔者).

35 Sheldon Adelson, quoted in Fasman (2010, 5).

36 Anderer 2006, 4.

37 Panelist for “Future Watch: Electronic Gaming in the 21st Century,” G2E 2007.

38 Lindsey Stewart, panelist for “A Growing Game: Slot Operators Roundtable,” G2E Asia 2010.

39 Simon Liu, Vice President of Business Development at Jumbo Technology, panelist for “Faux Tables: New Intersection of Electronic Gaming,” G2E 2010. 机器被看作“饥饿的老虎”，其内部隐藏的工作过程无法被信任（另见 Jalal 2008）。

40 Legato 2008. 收入统计来自澳门博彩监察协调局（DICJ）。

41 Lindsey Stewart, panelist for “A Growing Game: Slot Operators Round-table,” G2E Asia 2010.

42 Grochowski 2007, 36.

43 Simon Liu, vice president of Business Development at Jumbo Technology, panelist for “Faux Tables: New Intersection of Electronic Gaming,” G2E 2010.

44 Jasbir Hsu, president of Jumbo Technology, panelist for “Evolution or Revolution: How Technology Will Impact Asian Casinos,” G2E Asia 2010.

45 Catherine Burns, vice president and managing director of Asia Pacific Bally Technologies, panelist for “Evolution or Revolution: How Technology Will Impact Asian Casinos,” G2E Asia 2010.

46 Macomber and Student 2007b.

47 例如 Shuffle Master 的机器牌桌 Table Master 和 Lightning Poker，可将每小时的游戏手数翻倍。机器牌桌在那些限制赌场机器数量的司法辖区尤其有利可图，因为机器牌桌有多个座位，但通常只计为一台巨型老虎机。

48 Downey 2007.

49 Ibid.

50 AGA 2009; see also Skolnik 2011, especially chapter 5. 世界第一个在线赌博网站上线于 1995 年，十年之内，已有超过 2000 家在线赌场运营。虽然在美国，在线赌博的合法性和管理标准一直存在高度争议，在联邦层面依然如此，但 2011 年司法部的一项政策调整使得各州建立在线扑克网站变得合法。业内分析师认为，近期的金融危机将对在线赌博的合法化起到推动作用。

51 Grochowski 2007, 37.

52 Ibid., 36.

53 除了可以同时参与多个牌桌之外，在线赌博者还能在两局扑克的空闲时间内在屏幕右下角玩在线老虎机，电子牌桌也模仿了这一策略。有人说："这种多任务方式可以保持未来玩家的兴趣，对玩家来说，它的吸引力巨大。"（Peter Shoebridge of Blue Yonder Gaming, panelist for "Networked Gaming, Part II: State of the Industry," G2E 2010）

54 关于互联网赌博的研究可见 Shaffer 2004。在另一项研究中，参与研究的大学生在线赌博者中，1/4 符合病理性赌博的临床定义（Griffiths and Barnes 2008）。

55 Schwartz 2006, 55.

56 Cotte and Latour 2009. 除了这一研究，对在线赌博消费者体验的研究少之又少。

57 Quoted in Rivlin (2007). See also Roemer 2007, 40; Russell 2007, 94.

58 Ryan Griffin of IGT, panelist for "Brave New World: Emerging Games and Alternative Technologies," G2E 2008. 行业专家 Andrew MacDonald 预测："对于在相对高科技的环境中成长起来、惯于沉迷电脑游戏的几代人来说，未来的游戏会是量身定制的……会着眼于让消费者重温童年体验。"（引自 Ward 2005, 26）而这一趋势的另一面，是儿童玩具对成人赌博的模仿，在玩具反斗城（Toys-R-Us），我们可以找到给 8 岁及以上儿童玩的"大屏扑克"和"大屏老虎机"玩具，以及有"5 个转轮、9 条中奖线外加奖励丰厚的动画奖励关"的视频老虎机玩具。这些玩具将"去赌场玩老虎机的快乐直接送到你掌中"（该公司官网，accessed June 2007）。

59 "WMS Showcases" 2008.

60 Gene Johnson Spectrum Gaming, moderator for "The Hand-Held Casino: How Wireless Gaming Can Increase Revenues," G2E 2010.

61 Goffman 1967, 27.

62 Hannigan 1998, 71.《风险的生意》（*The Business of Risk*）一书的作者们写道："赌博的吸引力不在于风险，而在于确定性；它让人逃入秩序之中。"（Abt, Smith, and Christiansen 1985, 122）还记得心理学家 Clemens France 在 1902 年提出了这样的观点：虽然表面上看起来是相反的，但是赌博的冲动其实反映了一种想要驱散不确定性的愿望，内含着"渴望能对安全保障有坚定的确信"（1902, 397）。

63 Cosgrave 2008, 3, 85. Turner 写道："赌博业从不赌博。"（2011, 609）另见 Smith and Campbell 2007, 97。

64 Hacking 1990. Lears 在他对 20 世纪产业管理者的史学分析中提出了类似观点，他注意到，这些管理者虽然试图"将风险最小化，并掌控住稳定的利润流"，但这并不意味着他们逃避风险和经济不确定性，相反，他们将"真正的风险"转嫁到工人身上，从而使自身与风险绝缘（2003, 322）。他描述的场景与赌博业将风险转嫁给赌博者的这种不对称性，不无相似之处。

65 Reiner 2007, 3; 另见第四章。需要注意，赌博与保险从法律角度来说，并不是一直彼此有别的。直到 19 世纪 70 年代，人寿保险才被看作一种合法的投资行为，而非一种赌博形式（Zelizer 1979; O'Malley 2003）。O'Malley 写道："风险和确定性从管理技术的角度来说，似是两个不同的物种，但两者很容易捆绑在一起，甚至产生杂交。"（2003, 250）

66 Ibid., 124–25.

67 技术哲学家 Jonas 曾经提出，技术性的"创新从供求平衡的角度来看，并不带来均衡，而是破坏均衡"（2010 [1979]）。

参考文献

Abbott, Max. 2006. "Do EGMs and Problem Gambling Go Together like a Horse and Carriage?" *Gambling Research* 18: 7–38.

Abbott, Max, and D. Clarke. 2007. "Prospective Problem Gambling Research: Contribution and Potential." *International Gambling Studies* 7 (1): 123–44.

Abbott, Max, and R. Volberg. 1996. "The New Zealand National Survey of Problem and Pathological Gambling." *Journal of Gambling Studies* 12 (1): 43–160.

———. 2000. "Taking the Pulse on Gambling and Problem Gambling in New Zealand: A Report on Phase One of the 1999 National Prevalence Survey." Wellington, New Zealand: Department of Internal Affairs.

———. 2006. "The Measurement of Adult Problem and Pathological Gambling." *International Gambling Studies* 6 (2): 175–200.

Abbott, Max. M., R. Volberg, M. Bellringer, and G. Reith. 2004. "A Review of Research on Aspects of Problem Gambling: Final Report." Prepared for the Responsibility in Gambling Trust, UK. Auckland, New Zealand: Gambling Research Centre, Auckland University of Technology.

Abt, Vicki, J. F. Smith, and E. M. Christiansen. 1985. *The Business of Risk: Commercial Gambling in Mainstream America*. Lawrence: University Press of Kansas.

Adams, Peter. N.d. "Gambling, Finitude, and Transcendence: Explaining the Psychological 'Zone' Generated during Frequent Gambling." Unpublished article.

AGA (American Gaming Association). 2003. "State of the States: The AGA Survey of Casino Entertainment." A survey prepared by Luntz Research Co. and Peter D. Hart Associates, Washington, DC.

———. 2006. "NCRG Conference to Focus on Turning Research into Best Practices." *Responsible Gaming Quarterly*, Fall, www.americangaming.org/rgq/rgq_detail.cfv?id=411, accessed July 2007.

———. 2007. "State of the States: The AGA Survey of Casino Entertainment." A survey conducted for the American Gaming Association, Washington, DC.

———. 2008a. "State of the States: The Survey of Casino Entertainment." A sur-

vey conducted for the American Gaming Association, Washington, DC.
———. 2008b. "Comments of the American Gaming Association Poker Machine Harm Minimization Bill." Community Affairs Committee of the Australian Senate, www.aph.gov.au/senate/committee/clac_ctte/poker_machine_harm_minimisation/submissions/sub02.pdf, accessed August 2008.
———. 2009. "State of the States: The AGA Survey of Casino Entertainment." A survey conducted for the American Gaming Association, Washington, DC.
———. 2010. "Taking the Mystery out of the Machines: A Guide to Understanding Slot Machines." A brochure produced by the AGA, Washington, DC.
———. 2011. "State of the States: The Survey of Casino Entertainment." A survey conducted for the American Gaming Association, Washington, DC.
AIGR (Australian Institute for Gambling Research). 2001. *Survey of the Nature and Extent of Gambling and Problem Gambling in the ACT*. University of Western Sydney, Australia.
Akrich, Madeline. 1992. "The Description of Technical Objects." In *Shaping Technology / Building Society: Studies in Sociotechnical Change*, edited by W. Bijker and J. Law, 205–24. Cambridge, MA: MIT Press.
Akrich, Madeline, and B. Latour. 1992. "A Summary of a Convenient Vocabulary for the Semiotics of Human and Nonhuman Assemblies." In *Shaping Technology / Building Society: Studies in Sociotechnical Change*, edited by W. Bijker and J. Law, 259–64. Cambridge, MA: MIT Press.
Allen, Todd D. 1992. "Successful New Gambling Entries: Planning, Execution, and Competitive Response." In *Essays in Business, Economics, Philosophy and Science*, edited by W. Eadington and J. Cornelius, 3–12. Reno: University of Nevada Press.
Allen, Tony. 2006. "High Stakes Research." *Innovation* (Winter): 20–23.
Anderer, Charles. 2006. "As the World Turns." *International Gaming and Wagering Business* 27 (2): 4.
Anderson, Kurt. 1994. "Las Vegas, USA." *Time*, January 10.
Andrejevic, Mark. 2007. *iSpy: Surveillance and Power in the Interactive Era*. Lawrence: University Press of Kansas.
———. 2009. "Exploitation in the Digital Enclosure." Paper presented at The Internet as Playground and Factory, The New School for Social Research. New York City.
APA (American Psychiatric Association). 1980. DSM-III: *Diagnostic and Statistical Manual of Mental Disorders*, 3rd ed. Washington, DC: American Psychiatric Association.
———. 1987. DSM-III-R: *Diagnostic and Statistical Manual of Mental Disorders*, 3rd ed., rev. Washington, DC: American Psychiatric Association.
———. 1994. DSM-IV: *Diagnostic and Statistical Manual of Mental Disorders*, 4th ed. Washington, DC: American Psychiatric Association.
———. 2000. DSM-IV-TR: *Diagnostic and Statistical Manual of Mental Disorders*, 4th ed., text-revision. Washington, DC: American Psychiatric Association.
Arendt, Hannah. 1958. *The Human Condition*. Chicago: University of Chicago Press.
"Aristocrat Technologies to Display 140 Innovative Games and Products at 2003 Global Gaming Expo." 2003. *PRNewswire*, August 18, http2.prnewswire.com/cgi-bin/stories.pl?ACCT=104&STORY=/http/story/08-18-2003/0002002765&EDATE=, accessed June 2007.

"Aristocrat Technologies, Inc. Receives Key Product Approvals in Nevada, GLI Jurisdictions." 2005. *PRNewswire*, April 26, http.prnewswire.com/news-releases/aristocrat-technologies-inc-receives-key-product-approvals-in-nevada-gli-jurisdictions-54413047.html, accessed June 2007.

Austin, Michelle. 2007. "Responsible Gaming: The Proactive Approach / Integrating Responsible Gaming into Casino Environments." Prepared by iView Systems in Cooperation with the Saskatchewan Gaming Corporation, www.iviewsystems.com/assets/products/iCare_Responsible_GamingWhitepaper_V2.pdf, accessed August 2008.

Australian Bureau of Statistics. 2008. "Population by Age and Sex Australian States and Territories." Cat. No. 32010. A report prepared by the Office of Economic and Statistics, Queensland, Australia.

Australian Gambling Council. 2008. *Australian Gambling Statistics 1981–82 to 2006–07, 25th edition*. Australian Gambling Statistics, Queensland, Australia.

Babor, Thomas. 2003. *Alcohol and Public Policy: No Ordinary Commodity*. Oxford: Oxford University Press.

Bachelard, Gaston. 1969 [1958]. *The Poetics of Space*. Boston: Beacon Press.

Bacon, Katie. 1999. "The Net's Next Vice." *The Atlantic Online*, www.theatlantic.com/unbound/citation/wc990729.htm, accessed June 2007.

Balsamo, Anne. 1996. *Technologies of the Gendered Body: Reading Cyborg Women*. Durham, NC: Duke University Press.

Barash, Meyer. 1979 [1958]. Foreword to *Man, Play, and Games*. New York: Free Press of Glencoe.

Barrett, Larry, and S. Gallagher. 2004. "What Sin City Can Teach Tom Ridge." *Baseline Magazine*, April, http.baselinemag.com/c/a/Past-News/What-Sin-City-Can-Teach-Tom-Ridge/, accessed June 2007.

Barry, Andrew. 2006. "Technological Zones." *European Journal of Social Theory* 9 (2): 239–53.

Bataille, Georges. 1991. *The Accursed Share*. Vol. 1, *Consumption*. Translated by R. Hurley. New York: Zone Books.

Bateson, Gregory. 1972. *Steps to an Ecology of the Mind: Collected Essays in Anthropology, Psychiatry, Evolution, and Epistemology*. New York: Ballantine Books.

Baudrillard, Jean. 1988. "The System of Objects." *Art Monthly* 15 (April): 5–8.

Bauman, Zygmunt. 1991. *Modernity and Ambivalence*. Oxford: Polity.

Baumeister, Roy F. 1991. *Escaping the Self: Alcoholism, Spiritualism, Masochism, and Other Flights from the Burden of Selfhood*. New York: Basic Books.

Bechara, A. 2003. "Risky Business: Emotion, Decision-Making, and Addiction." *Journal of Gambling Studies* 19: 23–52.

Beck, Ulrich. 1992. *Risk Society: Towards a New Modernity*. London: Sage.

———. 1994. "The Reinvention of Politics: Towards a Theory of Reflexive Modernization." In *Reflexive Modernism: Politics, Tradition, and Aesthetics in Modern Social Order*, edited by U. Beck, A. Giddens, and S. Lash, 1–55. Stanford, CA: Stanford University Press.

———. 2006. "Risk Society Revisited: Theory, Politics, and Risk Programmes." In *The Sociology of Risk and Gambling Reader*, edited by J. F. Cosgrave, 61–84. New York: Routledge.

Beck, Ulrich, W. Bonss, and C. Lau. 2003. "The Theory of Reflexive Modernization: Problematic, Hypotheses, and Research Programme." *Theory, Culture, and Society* 20 (2): 1–33.

Beck, Ulrich, A. Giddens, and S. Lash. 1994. *Reflexive Modernism: Politics, Tradition, and Aesthetics in Modern Social Order*. Stanford, CA: Stanford University Press.

Becker, Howard. 1986. "Consciousness, Power, and Drug Effects." In *Doing Things Together: Selected Papers*, edited by H. Becker. Evanston, IL: Northwestern University Press.

Bell, Daniel. 1973. *The Coming of Post-Industrial Society: A Venture in Social Forecasting*. New York: Basic Books.

———. 1976. *The Cultural Contradictions of Capitalism*. New York: Basic Books.

Benjamin, Walter. 1968 [1939]. "On Some Motifs in Baudelaire." In *Illuminations: Essays and Reflections*, edited by H. Arendt, translated by H. Zohn, 155–200. New York: Schocken.

———. 1999. *The Arcades Project*. Translated by H. Eiland and K. McLaughlin. Prepared on the basis of the German volume edited by R. Tiedemann. Cambridge, MA: Belknap Press of Harvard University Press.

Bennett, William. 1996. *The Book of Virtues: A Treasury of Great Moral Stories*. New York: Simon and Schuster.

Bennis, William. N.d. "Environmental Design and Rational Choice: The Case of Casino Gambling," northwestern.academia.edu/WillBennis/Papers/111745/Environmental_Design_and_Rational_Choice_The_Case_of_Casino_Gambling, accessed November 2010.

Bennis, W. M., K. V. Katsikopoulos, D. G. Goldstein, A. Dieckmann, and N. Berg. N.d. "Designed to Fit Minds: Institutions and Ecological Rationality. In *Ecological Rationality: Intelligence in the World*, edited by P. M. Todd, G. Gigerenzer, and The ABC Research Group. New York: Oxford University Press. Forthcoming.

Benson, April Lane, ed. 2000. *I Shop, Therefore I Am: Compulsive Buying and the Search for Self*. Northvale, NJ: Jason Aronson.

Benston, Liz. 2004. "Political Donations Flow from Gaming Industry." *Business Las Vegas* October 15: 1.

———. 2006. "When Casinos Decide You're Losing Too Much Money." *Las Vegas Sun*, August 28, http.casinocitytimes.com/news/article/when-casinos-decide-youre-losing-too-much-money-160709, accessed November 2009.

———. 2009. "Illness Theory Gaining Ground for Gambling Addiction." *Las Vegas Sun*, November 23, http.lasvegassun.com/news/2009/nov/23/illness-theory-gaining-ground/, accessed November 2009.

Bergler, Edmund. 1957. *Psychology of Gambling*. New York: Hill and Wang.

Bernhard, Bo, D. R. Dickens, and P. D. Shapiro. 2007. "Gambling Alone: An Empirical Study of Solitary and Social Gambling in America." *Gaming Research and Review Journa*l 11 (2), 1–13.

Bernhard, Bo, A. Lucas, and D. Jang. 2006. "Responsible Gaming Device Research." A report prepared by the Las Vegas International Gaming Institute. Las Vegas: University of Nevada.

Bernhard, Bo, and F. W. Preston. 2003. "On the Shoulders of Merton: Potentially Sobering Consequences of Problem Gambling Policy." *American Behavioral Scientist* 47 (11): 1395–405.

Berridge, Virginia, and G. Edwards. 1981. *Opium and the People: Opiate Use in Nineteenth-Century England*. London: St. Martin's Press.

Biehl, João. 2005. *Vita: Life in a Zone of Social Abandonment*. Berkeley: University of California Press.

Biehl, João, D. Coutinho, and A. L. Outeiro. 2004. "Technology and Affect: HIV/

AIDS Testing in Brazil." *Culture, Medicine, and Psychiatry* 25: 87–129.

Biehl, João, B. Good, and A. Kleinman, eds. 2007. *Subjectivity: Ethnographic Investigations*. Berkeley: University of California Press.

Biehl, João, and A. Moran-Thomas. 2009. "Symptom: Subjectivities, Social Ills, Technologies. *Annual Review of Anthropology* 38: 267–88.

Biggs, Lindy. 1995. "The Engineered Factory." *Technology and Culture* 36 (2): S174–S188.

Bijker, Wiebe E., and John Law, eds. 1992. *Shaping Technology / Building Society: Studies in Sociotechnical Change*. Cambridge, MA: MIT Press.

Binkley, Christina. 2008. *Winner Takes All: Steve Wynn, Kirk Kerkorian, Gary Loveman, and the Race to Own Las Vegas*. New York: Hyperion Press.

Blaszczynski, Alex. 2005. "Harm Reduction, Secondary Prevention and Approaches, and Trying to Make a Machine a Safer Product." *Journal of Gambling Issues* 15, jgi.camh.net/doi/full/10.4309/jgi.2005.15.4, accessed August 2008.

———. 2008. "Expert Report of Professor Alex Blaszczynski: In the Matter of Jean Brochu v. Loto Québec et al.—Class action. Available online at media.cleveland.com/metro/other/Blaszczynski%20expert%20deposition%20on%20slots%20addictiveness.pdf, accessed October 2011.

Blaszczynski, Alex, R. Ladouceur, L. Nower, and H. Shaffer. 2008. "Informed Choice and Gambling: Principles for Consumer Protection." *Journal of Gambling Business and Economics* 2 (1): 103–18.

Blaszczynski, Alex, N. McConaghy, and A. Frankova. 1990. "Boredom Proneness in Pathological Gambling." *Psychological Reports* 67 (1): 35–42.

Blaszczynski, A. and L. Nower. 2002. "A Pathways Model of Problem and Pathological Gambling." *Addiction* 97 (5): 487–99.

Blaszczynski, Alex, L. Sharpe, and M. Walker. 2001. "The Assessment of the Impact of the Configuration on Electronic Gaming Machines as Harm Minimization Strategies for Problem Gambling." A report prepared for the Gaming Industry Operator's Group. Sydney: University Printing Service.

———. 2003. "Harm Minimization in Relation to Gambling on Electronic Gaming Machines." Submission to the IPART (Independent Pricing and Regulatory Tribunal) Review. Sydney: University of Sidney Gambling Research Unit.

Boellstorff, Tom. 2008. *Coming of Age in Second Life: An Anthropologist Explores the Virtually Human*. Princeton, NJ: Princeton University Press.

Borrell, Jennifer. 2004. "Critical Commentary by an EGM Gambler." *International Journal of Mental Health and Addiction* 4 (2): 181–88.

Borgmann, Albert. 1984. *Technology and the Character of Contemporary Life: A Philosophical Inquiry*. Chicago: University of Chicago Press.

Borrell, Jennifer. 2008. "A Thematic Analysis Identifying Concepts of Problem Gambling Agency: With Preliminary Exploration of Discourses in Selected Industry and Research Documents." *Journal of Gambling Studies* 22: 195–217.

Boughton, Roberta, and O. Falenchuk. 2007. "Vulnerability and Comorbidity Factors of Female Problem Gambling." *Journal of Gambling Studies* 23: 323–34.

Bourgois, Philippe. 2000. "Disciplining Addictions: The Bio-Politics of Methadone and Heroin in the United States." *Culture, Medicine, and Psychiatry* 24: 165–95.

Bourgois, Philippe, and Jeffrey Schonberg. 2009. *Righteous Dopefield*. Berkeley: University of California Press.

Bourie, Steve. 1999. "Are Slot Machines Honest?" *American Casino Guide*, http.americancasinoguide.com/Tips/Slots-Honest.shtml, accessed December 2006.

Bozarth, Michael. 1990. "Drug Addiction as a Psychobiological Process." In *Addiction Controversies*, edited by D. Warburton, 112–34. London: Harwood Academic.
Brandt, Allan M. 2007. *The Cigarette Century: The Rise, Fall, and Deadly Persistence of the Product That Defined America*. New York: Basic Books.
Breen, Robert B. 2004. "Rapid Onset of Pathological Gambling in Machine Gamblers: A Replication." *eCommunity: The International Journal of Mental Health and Addiction* 2 (1): 44–49.
Breen, Robert B., and M. Zimmerman. 2002. "Rapid Onset of Pathological Gambling in Machine Gamblers." *Journal of Gambling Studies* 18 (1): 31–43.
Breiter, H. C., I. Aharon, D. Kahneman, A. Dale, and P. Shizgal. 2001. "Functional Imaging of Neural Responses to Expectancy and Experience of Monetary Gains and Losses." *Neuron* 30: 619–39.
Brigham, Jay. 2002. "Lighting Las Vegas: Electricity and the City of Glitz." In *The Grit beneath the Glitter: Tales from the Real Las Vegas*, edited by H. Rothman and M. Davis, 99–114. Berkeley: University of California Press.
Brock, Floyd J., G. L. Fussell, and W. J. Corney. 1992. "Predicting Casino Revenue Using Stochastic Migration Simulation." In *Gambling and Commercial Gaming: Essays in Business, Economics, Philosophy, and Science*, edited by W. Eadington and J. Cornelius. Reno: University of Nevada Press.
Brodie, Janet F., and M. Redfield, eds. 2002. *High Anxieties: Cultural Studies in Addiction*. Berkeley: University of California Press.
Brown, Sarah., and L. Coventry. 1997. "Queen of Hearts: The Needs of Women with Gambling Problems." Melbourne: Financial and Consumer Rights Council.
Bulkeley, William. 1992. "Video Betting, Called Crack of Gambling, Is Spreading." *Wall Street Journal*, July 14, B1.
Burbank, Jeff. 2005. *License to Steal: Nevada's Gaming Control System in the Megaresort Age*. Las Vegas: University of Nevada Press.
Burchell, Graham. 1993. "Liberal Government and the Techniques of the Self." *Economy and Society* 22 (3): 266–82.
Burke, Anne. 2005. "Que Pasa en Mexico? Quite a Lot." *International Gaming and Wagering Business* (December): 16–19.
Burke, Kenneth. 1969. *A Grammar of Motives*. Berkeley: University of California Press.
Burroughs, William. 2004 [1959]. *Naked Lunch*. New York: Grove Press.
Burton, Bill. N.d. "Slot Machine Ergonomics: Preventing Repetitive Stress Injury," casinogambling.about.com/od/slots/a/Ergonomics.htm, accessed June 2010.
Butterfield, F. 2005. "As Gambling Grows, States Depend on Their Cut." *New York Times*, March 31.
Bybee, Shannon. 1988. "Problem Gambling: One View from the Gaming Industry." *Journal of Gambling Studies* 4 (4): 301–8.
Caillois, Roger. 1979 [1958]. *Man, Play, and Games*. Translated by M. Barash. New York: Free Press of Glencoe.
Calabro, L. 2006. "Station Casino's Glenn Christenson," *CFO Magazine*, July 1, www.cfo.com/printable/article.cfm/7108950/c_7129649?f=options, accessed June 2007.
Calleja, Gordon. 2007. "Digital Game Involvement: A Conceptual Model." *Games and Culture* 2: 236–60.
Callon, Michel, and B. Latour. 1981. "Unscrewing the Big Leviathan: How Actors

Callon, Michel, and B. Latour. 1981. "Unscrewing the Big Leviathan: How Actors Macrostructure Reality and How Sociologists Help Them to Do So." In *Advances in Social Theory and Methodology: Toward an Integration of Micro- and Macro-Sociologies*, edited by K. Knorr-Cetina and A. V. Cicourel, 277–303. Boston: Routledge and Kegan Paul.

Callon, Michel, C. Méadl, and V. Rabeharisoa. 2002. "The Economy of Qualities." *Economy and Society* 31 (2): 194–217.

Campbell, Colin. 1987. *The Romantic Ethic and the Spirit of Consumerism*. New York: Blackwell.

Campbell, C. S., and G. J. Smith. 2003. "Gambling in Canada: From Vice to Disease to Responsibility: A Negotiated History." *Canadian Bulletin of Medical History* 20: 121–49.

Cardno, Andrew, A. K. Singh, and R. Thomas. 2010. "Gaming Floors of the Future, Part 1: Downloadable Games." *Casino Enterprise Management*, July, http .casinoenterprisemanagement.com/articles/july-2010/gaming-floors-future -part-1-downloadable-games, accessed February 2011.

Carroll, Amy. 1987a. "Casino Construction: The Nuts and Bolts of the Industry." *Casino Gaming Magazine*, November: 15–19.

———. 1987b. "Step Inside: A Look at Interior Design in the Casino Industry." *Casino Gaming Magazine*, October: 18–22.

Casey, Maura. 2002. "An Equal Opportunity Addiction." *The Day: A Special Report on Problem Gambling*. Reprinted from the edition of March 17.

"Cashless Slot Machines: The Industry's View." 1985. *Casino Gaming Magazine*, August: 11–16.

Castel, Robert. 1991. "From Dangerousness to Risk." In *The Foucault Effect: Studies in Governmentality*, edited by G. Burchell, C. Gordon, and P. Miller, 281–98. Chicago: University of Chicago Press.

Castellani, Brian. 2000. *Pathological Gambling: The Making of a Medical Problem*. New York: University of New York Press.

Castells, Manuel. 1996. *The Rise of the Network Society*. Cambridge, MA: Blackwell Publishers.

Clough, Patricia Ticineto. 2000. *Autoaffection: Unconscious Thought in the Age of Teletechnology*. Minneapolis: University of Minnesota Press.

———. 2007. *The Affective Turn: Theorizing the Social*. Durham, NC: Duke University Press.

Collier, Roger. 2008. "Doctored Spins," *Ottawa Citizen*, July 26, http.canada. com/ottawacitizen/news/observer/story.html?id=df9b06d4-005a-4303-b351 -794c75171a05, accessed October 2009.

Collier, Stephen, and Andrew Lakoff. 2005. "On Regimes of Living." In *Global Assemblages: Technology, Politics, and Ethics as Anthropological Problems*, edited by A. Ong and S. Collier, 22–39. Oxford: Blackwell.

Collins, A. F. 1969. "The Pathological Gambler and the Government of Gambling." *History of the Human Sciences* 9: 69–100.

Conrad, Dennis. 2009. "Marketing: Unintended Consequences." *Casino Journal*, November: 40.

Coolican, Patrick. 2011. "Severing Lifeline for Gambling Addicts Would Be a Shame." *Las Vegas Sun*, February 18, http.lasvegassun.com/news/2011/feb/18/ severing-lifeline-gambling-addicts-would-be-shame/, accessed February 2011.

Cooper, Marc. 2004. *The Last Honest Place in America: Paradise and Perdition in the New Las Vegas*. New York: Nation Books.

———. 2005. "Sit and Spin: How Slot Machines Give Gamblers the Business." *Atlantic Monthly* 296: 121–30.

Coser, Lewis. 1977. *Masters of Sociological Thought: Ideas in Historical and Social Context*. New York: Harcourt Brace Jovanovich.

Cosgrave, James F. 2008. "Goffman Revisited: Action and Character in the Era of Legalized Gambling." *International Journal of Criminology and Sociological Theory* 1 (1): 80–96.

———. 2009. "Governing the Gambling Citizen: The State, Consumption, and Risk." In *Casino State: Legalized Gambling in Canada*, edited by J. F. Cosgrave and T. Klassen, 46–68. Toronto: University of Toronto Press.

———. 2010. "Embedded Addiction: The Social Production of Gambling Knowledge and the Development of Gambling Markets." *Canadian Journal of Sociology / Cahiers Canadiens de Sociologie* 35 (1): 113–34.

Cosgrave, James F., ed. 2006. *The Sociology of Risk and Gambling Reader*. New York: Routledge.

Costa, Nic. 1988. *Automatic Pleasures: The History of the Coin Machine*. London: Kevin Francis.

Cote, Denis, A. Caron, J. Aubert, V. Desrochers, and R. Ladouceur. 2003. "Near Wins Prolong Gambling on a Video Lottery Terminal." *Journal of Gambling Studies* 19: 380–407.

Cotte, June, and K. A. Latour. 2009. "Blackjack in the Kitchen: Understanding Online versus Casino Gambling." *Journal of Consumer Research* 35: 742–58.

Courtwright, David T. 2001. *Forces of Habit: Drugs and the Making of the Modern World*. Cambridge, MA: Harvard University Press.

———. 2005. "Mr. ATOD's Wild Ride: What Do Alcohol, Tobacco, and Other Drugs Have in Common?" *Social History of Alcohol and Drugs* 20: 105–40.

Coventry, Kenny R., and B. Constable. 1999. "Physiological Arousal and Sensation-Seeking in Female Fruit Machine Gamblers." *Addiction* 94 (3): 425–30.

Crary, Jonathan. 1999. *Suspensions of Perception: Attention, Spectacle, and Modern Culture*. Cambridge, MA: MIT Press.

Crawford, Margaret. 1992. "The World in a Shopping Mall." In *Variations on a Theme Park: The New American City and the End of Public Space*, edited by M. Sorkin, 3–30. New York: HarperCollins.

Crevelt, Dwight E., and L. G. Crevelt. 1988. *Slot Machine Mania*. Grand Rapids, MI: Gollehon.

Cristensen, Jon. 2002. "Build It and the Water Will Come." In *The Grit beneath the Glitter: Tales from the Real Las Vegas*, edited by H. Rothman and M. Davis, 115–25. Berkeley: University of California Press.

Croasmun, Jeanne. 2003. "Ergonomics Makes the Slot Player More Productive." *Ergonomics Today*, September 26, www.ergoweb.com/news/detail.cfm?id=806, accessed June 2007.

Csikszentmihalyi, Mihaly. 1975. *Beyond Boredom and Anxiety: Experiencing Flow in Work and Play*. San Francisco: Jossey-Bass.

———. 1985. "Reflections on Enjoyment." *Perspectives in Biology and Medicine* 28 (4): 489–97.

———. 1988. "The Flow Experience and its Significance for Human Psychology." In *Optimal Experience: Psychological Studies of Flow in Consciousness*, edited by M. Csikszentmihalyi and I. S. Csikszentmihalyi, 15–35. Cambridge: Cambridge University Press.

———. 1993. *The Evolving Self: A Psychology for the Third Millennium*. New

York: HarperCollins.

———. 1994. *Flow: The Psychology of Optimal Experience*. New York: HarperCollins.

Csikszentmihalyi, Mihaly, and S. Bennet. 1971. "An Exploratory Model of Play." *American Anthropologist* 73 (1): 45–58.

Cummings, Leslie E. 1997. "A Typology of Technology Applications to Expedite Gaming Productivity." *Gaming Research and Review Journal* 4 (1): 63–79.

Cummings, Leslie E., and K. P. Brewer. 1994. "An Evolutionary View of the Critical Functions of Slot Machine Technology." *Gaming Research and Review Journal* 1 (2): 67–78.

Custer, R. 1984. "Profile of the Pathological Gamblers." *Journal of Clinical Psychiatry* 45: 35–38.

"Cyberview Technology Introduces New Gaming Cabinet and Operating Systems at G2E." 2007. *Global Gaming Business*, November 9.

Dancer, Bob. 2001. "Beginners Corner: How Do You Know When to Quit?" *Strictly Slots*, October, 26.

Davis, M. P. 1984. "A 'Virtual' Success." *Gaming and Wagering Business*, October 18.

Davis, Mike. 2002. "Class Struggle in Oz." In *The Grit beneath the Glitter: Tales from the Real Las Vegas*, edited by H. Rothman and M. Davis, 176–85. Berkeley: University of California Press.

Deleuze, Gilles. 1990. *The Logic of Sense*. Translated by M. Lester and C. Stivale. New York: Columbia University Press.

———. 1992. "Postscript on the Society of Control." *October* 59: 3–8.

———. 1997. *Essays Critical and Clinical*. Translated by D. W. Smith and M. A. Greco. Minneapolis: University of Minnesota Press.

Deleuze, Gilles. 1998. "Having an Idea in Cinema." In *Deleuze and Guattari: New Mappings in Politics, Philosophy, and Culture*, edited by E. Kaufman and K. J. Heller, translated by E. Kaufman, 14–22. Minneapolis: University of Minnesota Press.

———. 2007. "Two Questions on Drugs." In *Two Regimes of Madness*, edited by D. Lapoujade, translated by A. Hodges and M. Taormina, 151–55. Cambridge, MA: MIT Press.

Deleuze, Gilles, and Félix Guattari. 1987. *A Thousand Plateaus: Capitalism and Schizophrenia*. Translated by Brian Massumi. Minneapolis: University of Minnesota Press.

Delfabbro, Paul. 2004. "The Stubborn Logic of Regular Gamblers: Obstacles and Dilemmas in Cognitive Gambling Research." *Journal of Gambling Studies* 20 (1): 1–21.

———. 2008. "Australian Gambling Review June 2007." A report prepared for the Independent Gambling Authority of South Australia.

Delfabbro, P. H., K. Falzon, and T. Ingram. 2005. "The Effects of Parameter Variations in Electronic Gambling Simulations: Results of a Laboratory-Based Pilot Study." *Gambling Research* 17: 7–25.

Delfabbro, P. H., and A. H. Winefield. 1999. "Poker-Machine Gambling: An Analysis of Within-Session Characteristics." *British Journal of Psychiatry* 90: 425–39.

Derrida, Jacques. 1981. "The Pharmakon." In *Dissemination*, by Jacques Derrida, edited by B. Johnson, 95–116. Chicago: University of Chicago Press.

"Design/Construction Firms: Providing a Return on Casino Investment." 1985.

Casino Gaming Magazine, November: 24–26, 39–41.
Desjarlais, Robert. 2003. *Sensory Biographies: Lives and Deaths among Nepal's Yolmo Buddhists*. Berkeley: University of California Press.
———. 2010. *Counterplay: An Anthropologist at the Chessboard*. California: University of California Press.
Dettre, Stephen. 1994. "Profile: Big Changes at Aristocrat." *Slotworld* (3): 3–4.
Devereux, E. C. 1980 [1949]. *Gambling and the Social Structure*. New York: Arno Press.
Dibbell, Julian. 2006. *Play Money; Or, How I Quit My Day Job and Made Millions Trading Virtual Loot*. New York: Basic Books.
———. 2007. "The Life of the Chinese Gold Farmer." *New York Times Magazine*, June 17: 36–40.
———. 2008. "The Chinese Game Room: Play, Productivity, and Computing at Their Limits." *Artifact* 2 (3): 1–6.
Dichter, Ernest. 1960. *The Strategy of Desire*. New York: Doubleday Press.
Dickerson, Mark. 1993. "Internal and External Determinants of Persistent Gambling: Problems in Generalizing from One Form to Another." In *Gambling Behavior and Problem Gambling*, edited by W. R. Eadington and J. Cornelius. Reno, NV: Institute for the Study of Gambling and Commercial Gaming.
———. 1996. "Why 'Slots' Equals 'Grind' in Any Language: The Cross-Cultural Popularity of the Slot Machine." In *Gambling Cultures: Studies in History and Interpretation*, edited by J. McMillen, 140–52. London: Routledge.
———. 2003. "Exploring the Limits of Responsible Gambling: Harm Minimization or Consumer Protection?" *Gambling Research: Journal of the National Association for Gambling Studies* (Australia) 15: 29–44.
Dickerson, M., J. Haw, and L. Shepherd. 2003. *The Psychological Causes of Problem Gambling: A Longitudinal Study of At Risk Recreational EGM Players*. Sydney: University of Western Sydney, School of Psychology, Bankstown Campus, www.austgamingcouncil.org.au/images/pdf/eLibrary/1575.pdf, accessed June 2007.
Dickerson, M., J. Hinchy, S. L. England, J. Fabre, and R. Cunningham. 1992. "On the Determinants of Persistent Gambling Behaviour. I. High-Frequency Poker Machine Players." *British Journal of Psychology* 83: 237–48.
Diskin, Katherine M., and D. C. Hodgins. 1999. "Narrowing of Attention and Dissociation in Pathological Video Lottery Gamblers." *Journal of Gambling Studies* 15: 17–28.
Dixey, Rachael. 1987. It's a Great Feeling When You Win: Women and Bingo. *Leisure Studies* 6 (2): 199–214.
Dixon, M. J., K. A. Harrigan, R. Sandhu, K. Collins, and J. A. Fugelsang. 2010. "Losses Disguised as Wins in Modern Multi-Line Video Slot Machines." *Addiction* 105 (10): 1819–24.
Dixon, M. R., and J. E. Schreiber. 2004. "Near-Miss Effects on Response Latencies and Win Estimations of Slot Machine Players." *Psychological Record* 54 (3): 335–48.
Dostoyevsky, Fyodor. 1972 [1867]. *The Gambler*. Translated by H. Alpin. London: Hesperus Press.
Doughney, James R. 2002. *The Poker Machine State: Dilemmas in Ethics, Economics, and Governance*. Melbourne: Common Ground.
———. 2007. "Ethical Blindness, EGMs, and Public Policy: A Tentative Essay Comparing the EGM and Tobacco Industries." *International Journal of Mental Health and Addiction* 5 (4): 311–19.

Dowling, N., D. Smith, and T. Thomas. 2005. "Electronic Gaming Machines: Are They the 'Crack-Cocaine' of Gambling?" *Addiction* 100: 33–45.

Downey, G. L., and J. Dumit, eds. 1997. *Cyborgs and Citadels: Anthropological Interventions in Emerging Sciences and Technologies*. Santa Fe, NM: School of American Research Press.

Downey, John. 2007. "PokerTek Betting on Expansion." *Charlotte Business Journal*, October 19, bizjournals.com/charlotte/stories/2007/10/22/story1.html ?page=2, accessed July 2009.

Dumit, Joseph. 2002. "Drugs for Life." *Molecular Interventions* 2: 124–27.

Dyer, Scott. 2001. "Professor Says Video Poker 'Crack Cocaine' of Gambling." *Capital City Press, The Advocate*, February 16.

Eadington, William R. 2004. "Gaming Devices, Electronic Money, and the Risks Involved." *GamCare News* 19 (Winter): 10–12.

Eadington, William R., and J. Cornelius, eds. 1992. *Gambling Commercial Gaming: Essays in Business, Economics, Philosophy, and Science*. Reno: University of Nevada Press.

Eggert, K. 2004. "Truth in Gaming: Toward Consumer Protection in the Gambling Industry." *Maryland Law Review* 63: 217–86.

Eisenberg, Bart. 2004. "The New 'One-Arm Bandits': Today's Slot Machines Are Built like PCs, Programmed like Video Hames." *Software Design*, January, gihyo.jp/admin/serial/01/pacific/200402, accessed March 2006.

Ellul, Jacques. 1964. *The Technological Society*. Translated by J. Wilkinson. New York: Knopf.

Elster, Jon. 1999. "Gambling and Addiction." In *Getting Hooked: Rationality and Addiction*, edited by J. Elster and O. J. Skog, 208–34. Cambridge: Cambridge University Press.

Emerson, Dan. 1998a. "Virtual Money." *Casino Executive Magazine*, January 31.

———. 1999b. "Will Cashless Be King?: Casino Gambling Debates a Future without Bills and Coins." *Casino Executive Magazine*, October 3.

Ernkvist, Mirko. 2009. "Creating Player Appeal: Management of Technological Innovation and Changing Pattern of Industrial Leadership in the U.S. Gaming Machine Manufacturing Industry, 1965–2005." PhD diss., Department of Economic History, School of Business, Economics and Law, University of Gothenburg.

Epstein, William M., and W. N. Thompson. 2010. "The Reluctance to Tax Ourselves: Nevada's Depravity." *Las Vegas Review*, May 2, http.lvrj.com/opinion/nevada-s-depravity-92614189.html, accessed January 2011.

Ewald, Francois. 1991. "Insurance and Risk." In *The Foucault Effect: Studies in Governmentality*, edited by G. Burchell, C. Gordon, and P. Miller, 197–210. Chicago: University of Chicago Press.

Fabian, Ann. 1999. *Card Sharps and Bucket Shops: Gambling in Nineteenth-Century America*. New York: Routledge.

Fahrenkopf, Frank J. 2003. "State of the Industry Keynote Panel." Global Gaming Expo (G2E), Las Vegas, Nevada.

———. 2010. "The Changing Game in D.C." *Global Gaming Business*, March: 18.

Falkiner, Tim, and Roger Horbay. 2006. "Unbalanced Reel Gaming Machines," www.gameplanit.com/UnbalancedReels.pdf, accessed June 2007.

Fasman, Jon. 2010. "Shuffle Up and Deal: A Special Report on Gambling." *The Economist*, July 8, www.economist.com/node/16507670, accessed July 2010.

Ferguson, Adele. 2008. "Screw Problem Gamblers: Tatts." *The Australian*, February 13, http.theaustralian.news.com.au/story/0,25197,23205436-2702,00.html, accessed April 2008.

Ferland, F., R. Ladouceur, and F. Vitaro. 2002. "Prevention of Problem Gambling: Modifying Misconceptions and Increasing Knowledge." *Journal of Gambling Studies* 18: 19–29.

Ferrar, Ross. 2004. "Challenging Times Ahead for Australia: Jobs and Tax Revenues on the Line as Governments in Oz Crackdown." *Global Gaming Business*, August: 28–29.

Ferster, C. B., and B. F. Skinner. 1957. *Schedules of Reinforcement*. New York: Appleton-Century-Crofts.

Fey, Marshall. 1983. *Slot Machines: An Illustrated History of America's Most Popular Coin-Operated Gaming Device*. Reno: Nevada Publications.

———. 2006. *Slot Machines: America's Favorite Gaming Device*. Reno, NV: Liberty Belle Books.

Findlay, J. M. 1986. *People of Chance: Gambling in American Society from Jamestown to Las Vegas*. New York: Oxford University Press.

Finlay, Karen, V. Kanetkar, J. Londerville, and H. Marmurek. 2006. "The Physical and Psychological Measurement of Gambling Environments." *Environment and Behavior* 38: 570–81.

Fischer, Michael. 1999. "Wording Cyberspace: Toward a Critical Ethnography in Time, Space, and Theory." In *Critical Anthropology Now: Unexpected Contexts, Shifting Constituencies, Changing Agendas*, edited by G. E. Marcus, 245–304. Santa Fe, NM: School of American Research Press.

———. 2003. *Emergent Forms of Life and the Anthropological Voice*. Durham, NC: Duke University Press.

Forrest, David V. 2012. *Slots: Praying to the Gods of Chance*. Harrison, NY: Delphinium Books.

Foucault, Michel. 1979. *Discipline and Punish: The Birth of the Prison*. Translated by. A. Sheridan. New York: Vintage Books.

———. 1988. "Technologies of the Self." In *Technologies of the Self: A Seminar with Michel Foucault*, edited by L. H. Martin, H. Gutman, and P. H. Hutton, 16–49. Amherst: University of Massachusetts Press.

———. 1990. *The History of Sexuality*. Vol. 3, *The Care of the Self*. New York: Vintage Books.

France, Clemens, J. 1902. "The Gambling Impulse." *American Journal of Psychology* 13: 364–407.

Franklin, Joanna. N.d. Press release, www.responsiblegambling.org/articles/Problem_and_Pathological_Gambling_A_view_from_the_States.pdf, accessed October 2011

Freeman, Mike. 2006. "Data Company Helps Wal-Mart, Casinos, Airlines Analyze Customers." *Consumer Reports / San Diego Union-Tribune*, February 4, www.signonsandiego.com/uniontrib/20060224/news_1b24teradata.html, ac-

Freud, Sigmund. 1961 [1920]. *Beyond the Pleasure Principle*. New York: W. W. Norton.

———. 1966 [1928]. "Dostoevsky and Parricide." In *Standard Editions of the Complete Psychological Works of Sigmund Freud*. Vol. 11. Edited by J. Strachey. London: Hogarth.

———. 1989. *Introductory Lectures on Psychoanalysis*. Translated by J. Strachey. New York: W. W. Norton.

Friedman, Bill. 1982 [1974]. *Casino Management*. New York: Lyle Stuart Publishers.

———. 2000. *Designing Casinos to Dominate the Competition*. Reno, NV: Institute for the Study of Gambling and Commercial Gaming.

———. 2003. "Casino Design and Its Impact on Player Behavior." In *Stripping Las Vegas: A Contextual View of Casino Resort Architecture*, edited by K. Jaschke and S. Otsch. Weimar: Bauhaus Weimar University Press.

Fullweily, Duana. 2008. "The Biologistical Construction of Race: 'Admixture' Technology and the New Genetic Medicine." *Social Studies of Science* 38 (5): 695–735.

Gaboury, A., and R. Ladouceur. 1989. "Erroneous Perceptions and Gambling." *Journal of Social Behavior and Personality* 4: 411–20.

Gambling Review Body. 2001. "Gambling Review Report." A report prepared for the UK government. Norwich: The Stationary Office.

"Gaming Laboratory International: The Testing Standard." 2007. Company Profile: G2E Overview, 72.

Garcia, Angela. 2010. *The Pastoral Clinic: Addiction and Dispossession along the Rio Grande*. Berkeley: University of California Press.

Garland, D. 2003. "The Rise of Risk." In *Risk and Morality*, edited by R. V. Ericson and A. Doyle, 48–86. Toronto: University of Toronto Press.

Garrett, T. A. 2003. "Casino Gambling in America and Its Economic Impacts." August, www.stls.frb.org/community/assets/pdf/CasinoGambling.pdf, accessed January 2004.

Geertz, Clifford. 1973. *The Interpretation of Cultures: Selected Essays*. New York: Basic Books.

Gerstein, D., et al. 1999. "Gambling Impact and Behavior Study." A report to the US Congress National Gambling Impact Study Commission. Chicago: National Opinion Research Center.

Giddens, Anthony. 1990. *The Consequences of Modernity*. Cambridge: Polity.

———. 1991. *Modernity and Self-Identity*. Cambridge: Polity.

———. 1994. "Living in a Post-Traditional Society." In *Reflexive Modernization: Politics, Tradition, and Aesthetics in the Modern Social Order*, edited by U. Beck, A. Giddens, and S. Lash, 56–109. Stanford, CA: Stanford University Press.

"Global Cash Access to Discontinue Arriva Credit Card." 2008. *Business Wire*, February 28, findarticles.com/p/articles/mi_m0EIN/is_2008_Feb_28/ai_n24354292, accessed October 2009.

"Global Games 2005." 2005. *Global Gaming Business*, September: 58–76.

GLS Research. 1993. "1992 Clark County Resident's Study: Survey of Leisure Activities and Gaming Behavior." A report prepared for the Las Vegas Convention and Visitors Authority.

———. 1995. "1994 Clark County Resident's Study: Survey of Leisure Activities and Gaming Behavior." A report prepared for the Las Vegas Convention and Visitors Authority.

———. 1997. "1996 Clark County Resident's Study: Survey of Leisure Activities and Gaming Behavior." A report prepared for the Las Vegas Convention and Visitors Authority.

———. 1999. "1998 Clark County Resident's Study: Survey of Leisure Activities and Gaming Behavior." A report prepared for the Las Vegas Convention and Visitors Authority.

———. 2001. "2000 Clark County Resident's Study: Survey of Leisure Activities and Gaming Behavior." A report prepared for the Las Vegas Convention and

Visitors Authority.
———. 2003. "2002 Clark County Resident's Study: Survey of Leisure Activities and Gaming Behavior." A report prepared for the Las Vegas Convention and Visitors Authority.
———. 2005. "2004 Clark County Resident's Study: Survey of Leisure Activities and Gaming Behavior." A report prepared for the Las Vegas Convention and Visitors Authority.
———. 2007. "2006 Clark County Resident's Study: Survey of Leisure Activities and Gaming Behavior." A report prepared for the Las Vegas Convention and Visitors Authority.
———. 2009. "2008 Clark County Resident's Study: Survey of Leisure Activities and Gaming Behavior." A report prepared for the Las Vegas Convention and Visitors Authority.
———. 2011. "2010 Clark County Resident's Study: Survey of Leisure Activities and Gaming Behavior." A report prepared for the Las Vegas Convention and Visitors Authority.
Goddard, L. 2000. "S. C. Video Poker Ban Energizes Gaming Friends, Foes," September 7, www.stateline.org/live/printable/story?contentId=14114, accessed June 2007.
Goffman, Erving. 1961. "Fun in Games." In *Encounters: Two Studies in the Sociology of Interaction*, edited by E. Goffman. Indianapolis: Bobbs-Merrill Educational Publishing.
———. 1967. *Where the Action Is: Three Essays*. London: Allen Lane.
Gold, Matea, and D. Ferrell. 1998. "Casino Industry Fights an Emerging Backlash." *Los Angeles Times*, December 14, articles.latimes.com/1998/dec/14/news/mn-54012, accessed June 2007.
Goldberg, David. 2006. *Stupidity and Slot Machine Players in Las Vegas*. Maryland: Publish America.
Golub, Alex, and K. Lingley. 2008. "Just Like the Qing Empire." *Games and Culture* 3: 59–75.
Gomart, E. 1999. "Surprised by Methadone: Experiments in Substitution." PhD thesis, Centre de Sociologie de l'Innovation, École des Mines, Paris.
Gomart, Emilie, and A. Hennion. 1999. "A Sociology of Attachment: Music Amateurs, Drug Users." In *Actor Network Theory and After*, edited by J. Law and J. Hassard, 220–47. Malden, MA: Blackwell Publishers.
Goodman, Robert. 1995a. "Gamble Babble." *Washington Post*, November 12.
———. 1995b. *The Luck Business: The Devastating Consequences and Broken Promises of America's Gambling Explosion*. New York: Free Press.
Gordon, Colin. 1991. "Governmental Rationality: An Introduction." In *The Foucault Effect: Studies in Governmentality*, edited by C. Gordon, G. Burchell, and P. Miller, 1–52. Chicago: University of Chicago Press.
Gorman, Tom. 2003. "Casinos Bet on High-Tech Slots to Improve Returns." *Los Angeles Times*, February 16, articles.latimes.com/2003/feb/16/nation/na-slots16, accessed June 2007.
Gottdiener, Mark, C. C. Collins, and D. R. Dickens. 1999. *Las Vegas: The Social Production of an All-American City*. Malden, MA: Blackwell Publishers.
Grant, J. E., S. W. Kim, and M. N. Potenza. 2003. "Advances in the Pharmacological Treatment of Pathological Gambling." *Journal of Gambling Studies* 19 (1): 85–109.
Grant, J. E., M. N. Potenza, E. Hollander, R. Cunningham-Williams, T. Nurminen, G. Smits, and A. Kallio. 2006. "Multicenter Investigation of the Opioid An-

85–109.
Grant, J. E., M. N. Potenza, E. Hollander, R. Cunningham-Williams, T. Nurminen, G. Smits, and A. Kallio. 2006. "Multicenter Investigation of the Opioid Antagonist Nalmefene in the Treatment of Pathological Gambling." *American Journal of Psychiatry* 163 (2): 303–12.
Grau, Oliver. 2003. *Virtual Art: From Illusion to Immersion*. Cambridge, MA: MIT Press.
Gray, C. H. 1995. *The Cyborg Handbook*. New York and London: Routledge.
Green, Joshua. 2003. "The Bookie of Virtue: William J. Bennett Has Made Millions Lecturing People on Morality and Blown It on Gambling." *Washington Monthly*, June, www.washingtonmonthly.com/features/2003/0306.green.html, accessed July 2007.
Green, Marian. 2006. "Player's Choice." *Slot Manager* (Winter): 8–13.
———. 2007. "Station Casinos Carefully Rolls Out Guaranteed Play Option to Video Poker Crowd." *Slot Manager*, November/December.
———. 2009. "Top 20 Most Innovative Gaming Technology Products of 2009." *Casino Journal*, May, www.casinojournal.com, accessed July 2010.
———. 2010. *Casino Journal* (May): 24–30.
Green, Rick. 2004. "Long-Shot Slots, Part I." *Hartford Courant*, May 9, articles.courant.com/2004-05-09/news/0405090003_1_gambling-machines-long-shot-slots-problem-gambling/2, accessed July 2007.
Greeno, James. 1994. "Gibson's Affordances." *Psychology Review* 101 (2): 336–42.
Gremillion, Helen. 2001. "In Fitness and in Health: Crafting Bodies in the Treatment of Anorexia Nervosa." *Signs: Journal of Women in Culture and Society* 27 (2): 381–414.
Griffiths, Mark. 1993. "Fruit Machine Gambling: The Importance of Structural Characteristics." *Journal of Gambling Studies* 9 (2): 101–20.
———. 1996. "Gambling on the Internet: A Brief Note." *Journal of Gambling Studies* 12: 471–73.
———. 1999. "Gambling Technologies: Prospects for Problem Gambling." *Journal of Gambling Studies* 15 (3): 265–83.
———. 2003. "The Environmental Psychology of Gambling." In *Gambling: Who Wins? Who Loses?*, edited by G. Reith, 277–92. Amherst, NY: Prometheus Books.
Griffiths, Mark, and A. Barnes. 2008. "Internet Gambling: An Online Empirical Study among Student Gamblers." *International Mental Health Addiction* 6: 194–204.
Grint, Keith, and S. Woolgar. 1997. *The Machine at Work: Technology, Work, and Organization*. Cambridge: Polity Press.
Grochowski, John. 2000. "Video Poker Drawn Into a Multihand Revolution." *Casino City Times*, January 12, grochowski.casinocitytimes.com/articles/791.html, accessed October 2006.
———. 2003. "The Faster the Game, the Faster You Stand to Lose Your Bankroll." *Detroit News*, January 23.
———. 2006. "Technology Spurs Improved Functionality in Next Generation ATMs." *International Gaming and Wagering Business* 27 (5): 28, 32.
———. 2007. "Beyond the Green Felt Jungle: Electronic Multiplayer Games Broaden the Appeal of Traditional Table Products, Finding a Home on the Slot Floor as well as the Pit." *Slot Manager*, November 1.
———. 2010. "Slots Let You Choose Volatility." *Casino City Times*, February 16,

grochowski.casinocitytimes.com/article/slots-let-you-choose-volatility-57751, accessed May 2010.

Grun, L., and P. McKeigue. 2000. "Prevalence of Excessive Gambling before and after Introduction of a National Lottery in the United Kingdom: Another Example of the Single Distribution Theory." *Addiction* 95: 959–66.

Gusterson, Hugh. 1996. *Nuclear Rites: A Weapons Laboratory at the End of the Cold War*. Berkeley: University of California Press.

Hacking, Ian. 1990. *The Taming of Chance*. Cambridge: Cambridge University Press.

———. 1998. *Mad Travelers Reflections on the Reality of Transient Mental Illnesses*. Charlottesville: University Press of Virginia.

Hancock, Linda, T. Schellinck, and T. Schrans. 2008. "Gambling and Corporate Social Responsibility (CSR): Re-Defining Industry and State Roles on Duty of Care and Risk Management." *Policy and Society* 27: 55–68.

Hannigan, John. 1998. *Fantasy City: Pleasure and Profit in the Postmodern Metropolis*. New York: Routledge.

Hanson, Zia, and M. Hong. 2003. "Interview with Ötsch." In *Stripping Las Vegas: A Contextual Review of Casino Resort Architecture*, edited by K. Jaschke and S. Ötsch. Weimar: Bauhaus Weimar University Press.

Haraway, Donna. 1991. "A Cyborg Manifesto: Science, Technology, and Socialist-Feminism in the Late Twentieth Century." In *Simians, Cyborgs, and Women: The Reinvention of Nature,* edited by D. Haraway, 149–81. New York: Routledge.

Hardt, Michael. 1999. "Affective Labor." *Boundary* 2 (26): 89–100.

Hardt, Michael, and A. Negri. 2001. *Empire*. Cambridge, MA: Harvard University Press.

"Harrah's Sees Success with Compudigm's Advanced Retail Visualization Solution Running on Teradata." 2003. *Business Wire*, June 10, http.businesswire.com/news/home/20030610005463/en/Harrahs-Sees-Success-Compudigms-Advanced-Retail-Visualization, accessed June 2007.

Harrigan, K. A. 2007. "Slot Machine Structural Characteristics: Distorted Player Views of Payback Percentages." *Journal of Gambling Issues* (June): 215–34.

———. 2008. "Slot Machine Structural Characteristics: Creating Near Misses Using High Symbol Award Ratios." *International Journal of Mental Health and Addiction* 6: 353–68.

———. 2009a. "Comments and Suggestions Regarding $120 Hourly Losses." A report to Australian Government, Productivity Commission.

———. 2009b. "Slot Machines: Pursuing Responsible Gaming Practices for Virtual Reels and Near Misses." *International Journal of Mental Health and Addiction* 7: 68–83.

Harrigan, Kevin A., and M. Dixon. 2009. "PAR Sheets, Probabilities, and Slot Machine Play: Implications for Problem and Non-Problem Gambling." *Journal of Gambling Issues* 23: 81–110.

Harvey, David. 1989. *The Condition of Postmodernity: An Enquiry into the Origins of Cultural Change*. Oxford: Blackwell.

Haw, John. 2008a. "Random-Ratio Schedules of Reinforcement: The Role of Early Wins and Unreinforced Trials." *Journal of Gambling Issues* 21: 56–67.

———. 2008b. "The Relationship between Reinforcement and Gaming Machine Choice." *Journal of Gambling Studies* 24: 55–61.

Heidegger, Martin. 1977 [1954]. *The Question concerning Technology and Other*

Essays. New York: Harper.
Hellicker, Kevin. 2006. "How a Gamble on Defibrillators Turned Las Vegas into the Safest Place to Have Your Heart Give Out." *Wall Street Journal*, January 28, A1.
Hess, Alan. 1993. *Viva Las Vegas: After Hours Architecture*. San Francisco: Chronicle Books.
Hevener, Phil. 1988. "Video Poker." *International Gaming and Wagering Business*, October 10.
Hildebrand, James. 2006. "Knowledge Is Power: The More You Know, the Better Off You Are." *Strictly Slots*, January: 38–39.
Hing, Nerilee, and H. Breen. 2001. "Profiling Lady Luck: An Empirical Study of Gambling and Problem Gambling amongst Female Club Members." *Journal of Gambling Studies* 17 (1): 47–69.
Hirsch, Alan R. 1995. "Effects of Ambient Odors on Slot-Machine Usage in a Las Vegas Casino." *Psychology and Marketing* 12: 585–94.
Ho, Karen. 2009. *Liquidated: An Ethnography of Wall Street*. Durham, NC: Duke University Press.
Hochschild, Arlie. 1983. *The Managed Heart*. Berkeley: University of California.
Hodl, James. 2008. "Cashing Out." *Casino Journal*, November 1, http.casinojournal.com/Articles/Products/2008/11/01/Cashing-Out.
———. 2009. "World of Slots 2009: The Great Game Search Is On." *Slot Manager*, November/December.
Holtmann, Andy. 2004. "The Sound of Music: Hi-Tech Audio Systems Are Giving Casinos a Wider Variety of Musical Offerings to Choose From; and More Control over Them." *Casino Journal*, July: 3–49.
Huhtamo, Erkki. 2005. "Slots of Fun, Slots of Trouble: An Archaeology of Arcade Gaming." In *Handbook of Computer Game Studies*, edited by J. Raessens and J. Goldstein, 3–23. Cambridge, MA: MIT Press.
Huizinga, Johan. 1950 [1938]. *Homo Ludens: A Study of the Play Element in Culture*. Boston: Beacon Press.
Hunt, Alan. 2003. "Risk and Moralization in Everyday Life." In *Risk and Morality*, edited by R. V. Ericson and A. Doyle, 165–92. Toronto: University of Toronto Press.
IGT (International Gaming Technology). 2005. "Introduction to Slots and Video Gaming," media.igt.com/Marketing/PromotionalLiterature/IntroductionToGaming.pdf, accessed July 2007.
———. 2007. "SlotLine: Special Show Edition." Company promotional material G2E 2007, 47.
———. 2008. "The Right Choice." Company Annual Report, homson.mobular.net/thomson/7/2831/3632/, accessed August 2009.
"IGT Product Profile." 2000. *Casino Journal* (February): 39.
"IGT Unveils New Line of Video Gaming Equipment." 1983. *Public Gaming Magazine* (November): 31.
Ihde, Don. 1990. *Technology and the Lifeworld*. Bloomington: Indiana University Press.
———. 2002. *Bodies in Technology*. Minnesota: University of Minnesota Press.
IPART (Independent Pricing and Regulatory Tribunal). 2003. "Review into Gambling Harm Minimization Measures Issues Paper." New South Wales, Australia, www.ipart.nsw.gov.au/welcome.asp, accessed July 2007.
Isin, Engin F. 2004. "The Neurotic Citizen." *Citizenship Studies* 8 (3): 217–35.

Ito, Mitzuko. 2005. "Mobilizing Fun in the Production and Consumption of Children's Software." *Annals of the American Academy of Political and Social Science* 597 (1): 82–102.

Izenour, Steven, and D. A. Dashiell III. 1990. "Relearning from Las Vegas." *Architecture* 10: 46–51.

Jacobs, D. F. 1988. "Evidence for a Common Dissociative-Like Reaction among Addicts." *Journal of Gambling Behavior* 4: 27–37.

———. 2000. "Response to Panel: Jacob's General Theory of Addiction." The 11th International Conference on Gambling and Risk-Taking. Las Vegas, Nevada.

Jain, Sarah S. Lochlann. 1999. "The Prosthetic Imagination: Enabling and Disabling the Prosthesis Trope." *Science, Technology, and Human Values* 24: 31–54.

———. 2006. *Injury: The Politics of Product Design and Safety Law in the United States*. Princeton, NJ: Princeton University Press.

Jalal, Kareen. 2008. "A New Slot." *International Gaming and Wagering Business*, February, http.igwb.com/Articles/Games_And_Technology/BNP_GUID_9-5-2006_A_10000000000000261686, accessed July 2011.

Jameson, Frederic. 1991. *Postmodernism; Or, the Cultural Logic of Late Capitalism*. Durham, NC: Duke University Press.

———. 2004. "The Politics of Utopia." *New Left Review* 25: 35–54.

Jaschke, Karin. 2003. "Casinos Inside Out." In *Stripping Las Vegas: A Contextual Review of Casino Resort Architecture*, edited by K. Jaschke and S. Ötsch. Weimar: Bauhaus Weimar University Press.

Jaschke, Karin, and S. Ötsch, eds. 2003. *Stripping Las Vegas: A Contextual Review of Casino Resort Architecture*. Weimar: Bauhaus Weimar University Press.

Jenkins, Richard. 2000. "Disenchantment, Enchantment, and Re-Enchantment: Max Weber at the Millennium." *Max Weber Studies* 1 (1): 11–32.

Jonas, Hans. 2010 [1979]. "Toward a Philosophy of Technology." In *Technology and Values: Essential Readings*, edited by C. Hanks, 11–25. Malden, MA: Wiley-Blackwell Publishing.

Kaplan, Michael. 2010. "How Vegas Security Drives Surveillance Tech Everywhere." *Popular Mechanics*, January 1, http.popularmechanics.com/technology/how-to/computer-security/4341499, accessed August 2009.

Kassinove, J., and M. Schare. 2001. "Effects of the 'Near Miss' and the 'Big Win' at Persistence in Slot Machine Gambling." *Psychology of Addictive Behavior* 15: 155–58.

Kaufman, Sharon R. 2005. *And a Time to Die: How American Hospitals Shape the End of Life*. New York: Scribner.

Keane, Helen. 2002. *What's Wrong with Addiction?* New York: New York University Press.

Keane, H., and K. Hamill. 2010. "Variations in Addiction: The Molecular and the Molar in Neuroscience and Pain Medicine." *Biosocieties* 5 (1): 52–69.

King, Rufus. 1964. "The Rise and Decline of Coin-Machine Gambling." *Journal of Criminal Law, Criminology, and Police Science* 55 (2): 99–207.

Klein, N. K. 2002. "Scripting Las Vegas: Noir Naïfs, Junking Up, and the New Strip." In *The Grit beneath the Glitter: Tales from the Real Las Vegas*, edited by H. Rothman and M. Davis, 17–29. Berkeley: University of California.

Kleinman, Arthur, and E. Fitz-Henry. 2007. "The Experimental Basis for Subjectivity: How Individuals Change in the Context of Societal Transformation." In *Subjectivity: Ethnographic Investigations*, edited by J. Biehl, B. Good, and

A. Kleinman, 52–65. Berkeley: University of California Press.
Knorr Cetina, Karin, and U. Bruegger. 2000. "The Market as an Object of Attachment: Exploring Post-Social Relations in Financial Markets." *Canadian Journal of Sociology* 25 (2): 141–68.
———. 2002. "Traders' Engagement with Markets: A Postsocial Relationship." *Theory, Culture and Society* 19 (5–6): 161–85.
Knutson, Chad. 2006. "Please Remain Seated." *Casino Enterprise Management* (March): 32.
Kocurek, Carly. 2012. "Coin-Drop Capitalism: Economic Lessons from the Video Game Arcade." In *Before the Crash: An Anthology of Early Video Game History*, edited by Mark J. P. Wolf. Detroit, MI: Wayne State University Press.
Kontzer, Tony. 2004. "Caesars and Harrah's Have Big Plans—If Their Merger Gets Approved." *Information Week*, August 23, http.informationweek.com/news/global-cio/showArticle.jhtml?articleID=29112699, accessed August 2008.
Korn, David A., and H. J. Shaffer. 1999. "Gambling and the Health of the Public: Adopting a Public Health Perspective." *Journal of Gambling Studies* 15 (4): 289–365.
Koza, J. 1984. "Who Is Playing What: A Demographic Study (part 1)." *Public Gaming Magazine*.
Kranes, David. 1995. "Playgrounds." *Journal of Gambling Studies* 11: 91–102.
———. 2000. "The Sound of Music: Is Your Slot Floor a Deafening Experience?" *Casino Executive Magazine* 6 (5): 32–33.
Kubey, Robert, and Mihaly Csikszentmihalyi. 1990. *Television and the Quality of Life: How Viewing Shapes Everyday Experience*. Mahwah, NJ: Lawrence Erlbaum.
———. 2002. "Television Addiction Is No Mere Metaphor." *Scientific American:* 48–55.
Kuley, Nadia B., and Durand F. Jacobs. 1988. "The Relationship between Dissociative-Like Experiences and Sensation Seeking among Social and Problem Gamblers." *Journal of Gambling Behavior* 4 (3): 197–207.
Kushner, H. I. 2010. "Toward a Cultural Biology of Addiction." *Biosocieties* 5 (1): 8–24.
Kusyszyn, Igor. 1990. "Existence, Effectance, Esteem: From Gambling to a New Theory of Human Motivation." *Substance Use and Misuse* 25 (2): 159–77.
Lacan, Jacques. 1977. "The Mirror Stage as Formative of the Function of the I." In *Écrits: A Selection*, translated by A. Sheridan, 3–9. New York: W. W. Norton.
Ladouceur, R. 2004. "Perceptions among Pathological and Nonpathological Gamblers, Addictive Behavors." *Addictive Behaviors* 29, 555–65.
Ladouceur, R., and S. Sévigny. 2005. "Structural Characteristics of Video Lotteries: Effects of a Stopping Device on Illusion of Control and Gambling Persistence." *Journal of Gambling Studies* 21 (2): 117–31.
Ladouceur, R., C. Sylvain, C. Boutin, S. Lachance, C. Doucet, J. Leblond, and C. Jacques. 2001. "Cognitive Treatment of Pathological Gambling." *Journal of Nervous and Mental Disease* 189 (11): 774–80.
Ladouceur, R., and M. Walker. 1996. "A Cognitive Perspective on Gambling." In *Trends in Cognitive and Behavioural Therapies*, edited by P. M. Salkovskis. London: John Wiley and Sons.
Lakoff, Andrew. 2007. "Preparing for the Next Emergency." *Public Culture* 19 (2): 247–71.
Lane, Terry. 2006. "Canadian Pokie Lessons." Radio interview with Tracy Schrans

on ABC National Radio, Australia, January 8.
LaPlante, D. A., and H. J. Shaffer. 2007. "Understanding the Influence of Gambling Opportunities: Expanding Exposure Models to Include Adaptation." *American Journal of Orthopsychiatry* 77 (4): 616–23.
Lash, Scott. 1994. "Reflexivity and Its Doubles: Structure, Aesthetics, Community." In *Reflexive Modernization: Politics, Tradition, and Aesthetics in the Modern Social Order*, edited by Ulrich Beck, A. Giddens, and S. Lash. Stanford, CA: Stanford University Press.
Latour, Bruno. 1988. "The Prince for Machines as Well as Machinations." In *Technology and Social Process*, edited by B. Elliott, 20–43. Edinburgh: Edinburgh University Press.
———. 1992. "Where Are the Missing Masses? The Sociology of a Few Mundane Artifacts." In *Shaping Technology / Building Society: Studies in Sociotechnical Change*, edited by W. E. Bijker and J. Law, 225–58. Cambridge, MA: MIT Press.
———. 1994. "On Technical Mediation." *Common Knowledge* 3 (2): 29–64.
———. 1997. "The Trouble with Actor-Network Theory." *Philsophia* 25: 47–64.
———. 1999. "A Collective of Humans and Non-Humans." In *Pandora's Hope: Essays on the Reality of Science Studies*, edited by B. Latour, 174–215. Cambridge, MA: Harvard University Press.
———. 1999. *Pandora's Hope: Essays on the Reality of Science Studies*. Cambridge, MA: Harvard University Press.
Law, John. 1987. "Technology, Closure, and Heterogeneous Engineering: The Case of the Portuguese Expansion." In *The Social Construction of Technological Systems: New Directions in the Sociology and History of Technology*, edited by W. E. Bijker, T. P. Hughes, and T. J. Pinch, 111–34. Cambridge, MA: MIT Press.
Lears, J. 2003. *Something for Nothing: Luck in America*. New York: Viking Press.
———. 2008. "Fortune's Wheel." *Lapham's Quarterly, About Money* 1 (2): 192–99.
Lefebvre, Henri. 1991 [1974]. *The Production of Space*. Edited by R. Tiedeman. Translated by H. Eiland and K. McLaughlin. Oxford: Blackwell.
Legato, Frank. 1987. "Right Down to the Finest Detail." *Casino Gaming Magazine* (October): 14–16.
———. 1998a. "Future Shock." *Strictly Slots* (December): 98.
———. 1998b. "Weighing Anchor." *Strictly Slots* (December): 74.
———. 2004. "The 20 Greatest Slot Innovations." *Strictly Slots* (March), www.strictlyslots.com/archive/0403ss/SS0304_Innovative.pdf, accessed June 2007.
———. 2005a. "Penny Arcade." *Strictly Slots* (June): 68–76.
———. 2005b. "Super Slots." *Global Gaming Business* (September): 30–76.
———. 2006. "Newfangled Gadgetry: The Brave New World of Techno-Slots Is Here." *Strictly Slots* (May): 114.
———. 2007a. "Paying to Play: 'Guaranteed Play' Gives Video Poker Fans Their Money's Worth, Win or Lose." *Casino Player Reprint*, November.
———. 2007b. "Triple Play Poker: The First Real Change to Video Poker Revolutionized the Game." *Strictly Slots*, www.strictlyslots.com/archive/0707ss/hall.htm, accessed August 2009.
———. 2008. "Tough Crowd: Operating and Selling Slots in Table-Heavy Macau Is a Tall Order—but Things Are Improving." *Global Gaming Business*, August, ggbmagazine.com/issue/vol__7_no__8__august_2008/article/tough_crowd, accessed August 2009.
Legato, Frank, and Roger Gros. 2010. "Ten Years of Innovation: Marketing and

Game Technology during the First Decade of G2E." An IGT White Paper.
Lehman, Rich. 2007a. "Game Selection Criteria, Part IV: Payout Frequency." *Casino Enterprise Management*, December, http.casinoenterprisemanagement.com/articles/december-2007/game-selection-criteria-part-iv-payout-frequency, accessed May 2010.
———. 2007b. "Time, TITO, and Bonus Games: Where Do We Go from Here?" *Casino Enterprise Management*, June, http.casinoenterprisemanagement.com/articles/july-2007/time-tito-and-bonus-games-where-do-we-go-here, accessed May 2010.
———. 2009. "How Can Free Play Be So Misunderstood?" *Casino Enterprise Management*, November, http.aceme.org/articles/november-2009/how-can-free-play-be-so-misunderstood, accessed May 2010.
Lehrer, Jonah. 2007. "Your Brain on Gambling: Science Shows How Slot Machines Take Over Your Mind," Boston Globe, August 19, www.boston.com/news/globe/ideas/articles/2007/08/19/your_brain_on_gambling/, accessed May 2010.
Leibman, Bennet. 2005. "Not All That It's Cracked Up to Be." *Gaming Law Review* 9 (5): 446–48.
Lepinay, Vincent. 2011. *Codes of Finance: Engineering Derivatives in a Global Bank*. Princeton, NJ: Princeton University Press.
Lesieur, H. R. 1977. *The Chase: Career of the Compulsive Gambler*. Garden City, NY: Anchor Press.
———. 1988. "The Female Pathological Gambler." In *Gambling Research: Proceedings of the Seventh International Conference on Gambling and Risk-Taking*, vol. 5, edited by W. R. Eadington. Reno: Bureau of Business and Economic Research, University of Nevada.
———. 1998. "Costs and Treatment of Pathological Gambling." *Annals of the American Academy of Political and Social Sciences* (March): 153–71.
Lesieur, H. R., and S. B. Blume. 1991. "When Lady Luck Loses: Women and Compulsive Gambling." In *Feminist Perspectives on Addictions*, edited by N. Van Den Bergh, 181–97. New York: Springer.
Lesieur, Henry R., and R. Rosenthal. 1991. "Pathological Gambling: A Review of the Literature." *Journal of Gambling Studies* 7 (1): 5–39.
Lipton, Michael, and Kevin Weber. 2010. "Ontario Court Rejects Certification of Class Action." *Gaming Legal News* 3 (11), law-articles.vlex.com/vid/gaming-legal-news-volume-number-199183983, accessed January 2011.
LiPuma, E. and B. Lee. 2004. *Financial Derivatives and the Globalization of Risk*. Durham, NC: Duke University Press.
Littlejohn, David. 1999. "Epilogue: Learning More from Las Vegas." In *The Real Las Vegas: Life beyond the Strip*, edited by D. Littlejohn, 281–90. Oxford: Oxford University Press.
Livingstone, Charles. 2005. "Desire and the Consumption of Danger: Electronic Gaming Machines and the Commodification of Interiority." *Addiction Research and Theory* 13 (6): 523–34.
Livingstone, Charles, and R. Woolley. 2007. "Risky Business: A Few Provocations on the Regulation of Electronic Gaming Machines." *International Gambling Studies* 7 (3): 361–76.
———. 2008. "The Relevance and Role of Gaming Machine Games and Game Features on the Play of Problem Gamblers." A report to Independent Gambling Authority of South Australia.
Logan, Frank A., and A. R. Wagner. 1965. *Reward and Punishment*. Boston: Allyn

and Bacon.
Lorenz, Valerie C. 1987. "Family Dynamics of Pathological Gamblers." In *The Handbook of Pathological Gambling*, edited by T. Galski, 71–88. Springfield, IL: Charles C. Thomas.
Loose, Rik. 2002. *The Subject of Addiction: Psychoanalysis and the Administration of Enjoyment*. London: Karnac Press.
Lovell, Anne M. 2006. "Addiction Markets: The Case of High-Dose Buprenorphine in France." In *Global Pharmaceuticals: Ethics, Markets, Practices*, edited by A. Petryna, A. Lakoff, and A. Kleinman, 136–70. Durham, NC: Duke University Press.
———. 2007. "Hoarders and Scrappers: Madness and the Social Person in the Interstices of the City." In *Subjectivity: Ethnographic Investigations*, edited by J. Biehl, B. Good, and A. Kleinman, 215–39. Berkeley: University of California Press.
Luhmann, Niklas. 1993. *Risk: A Sociological Theory*. Berlin: Walter De Gruyter.
Luhrmann, Tanya. M. 2000. *Of Two Minds: The Growing Disorder in American Psychiatry*. New York: Alfred A. Knopf.
———. 2004. "Metakinesis: How God Becomes Intimate in Contemporary US Christianity." *American Anthropologist* 106 (3): 518–28.
———. 2005. "The Art of Hearing God: Absorption, Dissociation, and Contemporary American Spirituality." *Spiritus: A Journal of Christian Spirituality* 5 (2): 133–57.
———. 2006. "Subjectivity." *Anthropological Theory* 6 (3): 345–61.
Lupton, Deborah. 1999. *Risk*. New York: Routledge.
Lyng, S. G. 1990. "Edgework: A Social Psychological Analysis of Voluntary Risk Taking." *American Journal of Sociology* 95: 851–86.
Lyotard, Jean François. 1993. *Libidinal Economy*. Bloomington: Indiana University Press.
MacIntyre, Alasdair. 1984. *After Virtue: A Study in Moral Theory*. South Bend, IN: University of Notre Dame Press.
Mackenzie, Donald. 2006. *An Engine, Not a Camera: How Financial Models Shape Markets*. Cambridge, MA: MIT Press.
MacNeil, Ray. 2009. "Government as Gambling Regulator and Operator: The Case of Electronic Gambling Machines." In *Casino State: Legalized Gambling in Canada*, edited by J. F. Cosgrave and T. Klassen, 140–60. Toronto: University of Toronto Press.
Macomber, Dean, and R. Student. 2007a. "Floor of the Future I." *Global Gaming Business* 6 (11).
———. 2007b. "Floor of the Future II." *Global Gaming Business* 6 (12), www.ggbmagazine.com/articles/Floor_of_the_Future_part_II, accessed August 2009.
Maida, J. R. 1997. "From the Laboratory: No More Near Misses." *International Gaming and Wagering Business* (July): 45.
Malaby, Thomas M. 2003. *Gambling Life: Dealing in Contingency in a Greek City*. Urbana: University of Illinois Press.
———. 2006. "Parlaying Value: Capital in and Beyond Virtual Worlds." *Games and Culture* 1 (2): 141–62.
———. 2007. "Beyond Play: A New Approach to Games." *Games and Culture* 2 (2): 95–113.
———. 2009. "Anthropology and Play: The Contours of Playful Experience." *New Literary History* 40: 205–18.

Mangels, John. 2011. "Pennsylvania's Gaming Lab Improves Accountability of Slot Machines." *The Plain Dealer*, May 15, blog.cleveland.com/metro/2011/05/pennsylvanias_gaming_lab_impro.html, accessed May 2011.
Marcus, George E. 1998. *Ethnography through Thick and Thin*. Princeton, NJ: Princeton University Press.
Marcus, George E., and M. Fischer. 1986. *Anthropology as Cultural Critique: An Experimental Moment in the Human Sciences*. Chicago: University of Chicago Press.
Marcuse, Herbert. 1982 [1941]. "Some Social Implications of Modern Technology." In *The Essential Frankfurt School Reader*, edited by A. Arato and E. Gebhardt, 138–62. New York: Continuum.
Mark, Marie E., and H. R. Lesieur. 1992. "A Feminist Critique of Problem Gambling Research." *British Journal of Addiction* 87: 549–65.
Marriott, Michel. 1998. "Luck Be a Microchip Tonight: Gambling Goes Digital," *New York Times Magazine*, December 17.
Martin, Emily. 1994. *Flexible Bodies*. Boston: Beacon Press.
———. 2004. "Taking the Measure of Moods." Paper presented at the Society for Social Studies of Science annual meeting. Paris, France.
———. 2007. *Bipolar Expeditions*. Princeton, NJ: Princeton University Press.
Martin, Randy. 2002. *Financialization of Daily Life*. Philadelphia, PA: Temple University Press.
Marx, Karl. 1992 [1867]. *Capital: A Critique of Political Economy*, vol. 1. Edited by B. Fowkes. Translated by E. Mandel. New York: Penguin Classics.
Masco, Joseph. 2008. "Survival Is Your Business: Engineering Ruin and Affect in Nuclear America." *Cultural Anthropology* 23 (2): 361–98.
Massumi, Brian. 1995. "The Autonomy of Affect." *Cultural Critique*, no. 31, *The Politics of Systems and Environments, Part II* (Autumn): 83–109.
———. 2002. *Parables for the Virtual: Movement, Affect, Sensation*. Durham, NC: Duke University Press.
Mayer, K. J., and L. Johnson. 2003. "Casino Atmospherics." *UNLV Gaming and Review Journal* 7: 21–32.
Mazarella, William. 2008. "Affect: What Is It Good For?" In *Enchantments of Modernity: Empire, Nation, Globalization*, edited by S. Dube, 291–309. New Delhi and New York: Routledge.
McGarry, Caitlin. 2010. "Casinos & Cash." *Global Gaming Business* 9 (5), ggbmagazine.com/issue/vol-9-no-5-may-2010, accessed June 2010.
McGregor, Douglas. 1960. *The Human Side of Enterprise*. New York: McGraw-Hill.
McLaughlin, S. D. 2000. "Gender Differences in Disordered Gambling." Paper presented at the National Council on Problem Gambling, Philadelphia.
McMillen, Jan. 1996. "From Glamour to Grind: The Globalisation of Casinos." In *Gambling Cultures: Studies in History and Interpretation*, edited by J. McMillen, 240–62. London: Routledge.
McMillen, Jan. 2009. "Gambling Policy and Regulation in Australia." In *Casino State: Legalized Gambling in Canada*, edited by J. F. Cosgrave and T. Klassen, 91–118.
Meister, David. 1999. *The History of Human Factors and Ergonomics*. Mahwah, NJ: Lawrence Erlbaum.
Melucci, Alberto. 1996. *The Playing Self: Person and Meaning in the Planetary Society*. Cambridge: Cambridge University Press.

Miers, David. 2003. "A Fair Deal for the Player? Regulation and Compensation as Guarantors of Consumer Protection in Commercial Gambling." In *Gambling: Who Wins? Who Loses?*, edited by G. Reith, 155–74. Amherst, NY: Prometheus Books.

Miller, Peter. 2001. "Governing by Numbers: Why Calculative Practices Matter." *Social Research* 68 (2): 379–96.

Mishra, Raja. 2004. "Gambling Industry Link to Harvard Draws Questions." *Boston Globe*, November 6, www.boston.com/news/local/articles/2004/11/06/gambling_industry_link_to_harvard_draws_questions/, accessed August 2008.

Mitchell, Richard. 1988. "Sociological Implications of the Flow Experience." In *Optimal Experience: Psychological Studies of Flow in Consciousness*, edited by M. Csikszentmihalyi and I. S. Csikszentmihalyi, 36–59. Cambridge: Cambridge University Press.

Moehring, Eugene. 2002. "Growth, Services, and the Political Economy of Gambling in Las Vegas, 1970–2000." In *The Grit beneath the Glitter: Tales from the Real Las Vegas*, edited by H. Rothman and M. Davis, 73–98. Berkeley: University of California Press.

Monaghan, Sally, and A. Blaszczynski. 2009. "Impact of Responsible Gambling Signs for Electronic Gaming Machines on Regular Gamblers: Mode of Presentation and Message Content." Paper presented at the 14th International Conference on Gambling and Risk Taking. Lake Tahoe.

Morgan, Timothy, L. Kofoed, J. Buchkoski, and R. D. Carr. 1996. "Video Lottery Gambling: Effects on Pathological Gamblers Seeking Treatment in South Dakota." *Journal of Gambling Studies* 12 (4): 451–60.

Nadarajan, Gunalan. 2007. "Islamic Automation: A Reading of al-Jazari's *The Book of Knowledge of Ingenious Mechanical Devices* (1206)," MediaArt HistoriesArchive, hdl.handle.net/10002/469, accessed September 2009.

Nassau, David. 1993. *Going Out: The Rise and Fall of Public Amusements*. New York: Basic Books.

National Research Council. 1999. "Pathological Gambling: A Critical Review." A report prepared by the Committee on the Social and Economic Impact of Pathological Gambling. Washington, DC: National Academy Press.

Negri, Antonio. 1999. "Value and Affect." *Boundary* 2 (26): 2.

Nelson, S. E., L. Gebauer, R. A. Labrie, and H. J. Shaffer. 2009. "Gambling Problem Symptom Patterns and Stability across Individual and Timeframe." *Psychology of Addictive Behaviors* 23 (3): 523–33.

Nevada Gaming Commission. 1989. Hearing to Consider: Universal's Motion for Reconsideration/Rehearing of the Decision of Nevada Gaming Commission Made on December 1, 1988 in the Matter of Universal Company, Ltd. and Universal Distributing of Nevada, Inc., Case No. 88-4, pp. 256–300. February 23. Sierra Nevada Reporters. Las Vegas.

———. 2010a. "Manufacturers, Distributors, Operators, of Intercasino Linked Systems, Gaming Devices, New Games Inter-Casino Linked Systems and Associated Equipment." *Regulations of the Nevada Gaming Commission and State Gaming Control Board*. Regulation 14.040, gaming.nv.gov/stats_regs.htm#regs, accessed July 2008.

———. 2010b. "Provision on Unlawful Acts and Equipment within Chapter on Crimes and Liabilities concerning Gaming." *Regulations of the Nevada Gaming Commission and State Gaming Control Board*. Regulation 465.015, gaming.nv.gov/stats_regs.htm#regs, accessed July 2008.

———. 2010b. "Provision on Unlawful Acts and Equipment within Chapter on Crimes and Liabilities concerning Gaming." *Regulations of the Nevada Gaming Commission and State Gaming Control Board*. Regulation 465.015, gaming.nv.gov/stats_regs.htm#regs, accessed July 2008.

Nevada State Gaming Control Board. 1983. Agenda Item 6, "New Games/Devices (Request for Approval) Device: Virtual Reel Slot Machine." Transcript of discussions, i, ii, iii, 2–97, August 10. Sierra Nevada Reporters. Carson City, Nevada.

"The New Generation of Slots." 1981. *Public Gaming Magazine*, March: 26–38.

Nickell, Joe A. 2002. "Welcome to Harrah's: You Give Us Your Money. We Learn Everything about You. And Then You Thank Us and Beg for More. How's That for a Business Model?" *Business 2.0*, April, faculty.msb.edu/homak/homahelp site/webhelp/Harrahs_-__Welcome_to_Harrah_s_Biz_2.0_April_2003.htm, accessed August 2008.

North American Gaming Almanac. 2010. Casino City Press.

O'Malley, Pat. 1996. "Risk and Responsibility." In *Foucault and Political Reason: Liberalism, Neo-Liberalism, and Rationalities of Government*, edited by A. Barry, T. Osborne, and N. Rose, 189–208. Chicago: University of Chicago Press.

———. 2003. "Moral Uncertainties: Contract Law and Distinctions between Speculation, Gambling, and Insurance." In *Risk and Morality*, edited by R. V. Ericson and A. Doyle, 231–57. Toronto: University of Toronto Press.

Omnifacts Bristol Research. 2007. "Nova Scotia Player Card Research Project: Stage III Research Report." A report prepared for the Nova Scotia Gaming Commission.

Ong, Aihwa, and S. Collier. 2005. Introduction to *Global Assemblages: Technology, Politics, and Ethics as Anthropological Problems*, edited by A. Ong and S. Collier, 1–2, 8. Malden, MA: Blackwell.

Orford, Jim. 2005. "Complicity on the River Bank: The Search for the Truth about Problem Gambling: Reply to the Commentaries." *Addiction* 100: 1226–39.

Osborne, Thomas, and N. Rose. 2004. "Spatial Phenomenotechnics: Making Space with Charles Booth and Patrick Geddes." *Environmental and Planning D: Society and Space* 22: 209–28.

Ötsch, Silke. 2003. "Earning from Las Vegas." In *Stripping Las Vegas: A Contextual Review of Casino Resort Architecture*, edited by K. Jaschke and S. Ötsch. Weimar: Bauhaus Weimar University Press.

Palmeri, Christopher. 2003. "Hit a Jackpot? You Won't Need a Bucket." *Business Week Online*, www.businessweek.com/magazine/content/03_13/b3826076.htm, accessed August 2006.

Panasitti, Mike, and N. Schüll. 1993. "A Discipline of Leisure: Engineering the Las Vegas Casino." Honors thesis, Anthropology, University of California, Berkeley.

Pandolfo, Stefania. 1997. *Impasses of the Angels: Scenes from a Moroccan Space of Memory*. Chicago: University of Chicago Press.

———. 2006. "Nibtidi mnin il-hikaya [Where Are We to Start the Tale?]": Violence, Intimacy, and Recollection." *Social Science Information* 45 (3): 349–71.

Parets, Robyn Taylor. 1996. "Cash Is No Longer King." *International Gaming and Wagering Business* 17 (12): 64–65.

———. 1999. "Advances in Linked Gaming Technology." *International Gaming and Wagering Business* (Special Issue for World Gaming Congress and Expo) (September): 19–20.

Parke, J., and M. Griffiths. 2004. "Gambling Addiction and the Evolution of the

'Near Miss.'" *Addiction Research and Theory* 12 (5): 407–11.

———. 2006. "The Psychology of the Fruit Machine: The Role of Structural Characteristics (Revisited)." *International Journal of Mental Health and Addiction* 4: 151–79.

Parke, Jonathan, J. Rigbye, and A. Parke. 2008. "Cashless and Card-Based Technologies in Gambling: A Review of the Literature." A report prepared for the Gambling Commission, Great Britain.

Patterson, Judy. 2002. "Harm Minimization: A Call to Action for the International Gaming Community," June 28, www.americangaming.org/Press/speeches/speeches_detail.cfv?id=111, accessed October 2006.

PC (Productivity Commission). 1999. "Australia's Gambling Industries." A report prepared for the Australian Government.

———. 2009. "Australia's Gambling Industries: Draft Report." A report prepared for the Australian Government.

———. 2010. "Australia's Gambling Industries." A report prepared for the Australian Government.

Petryna, Adriana. 2002. *Life Exposed: Biological Citizens after Chernobyl*. Princeton, NJ: Princeton University Press.

———. 2009. *When Experiments Travel: Clinical Trials and the Global Search for Human Subjects*. Princeton, NJ: Princeton University Press.

Picard, Rosalind. 1997. *Affective Computing*. Cambridge, MA: MIT Press.

Pickering, Andrew. 1993. "The Mangle of Practice: Agency and Emergence in the Sociology of Science." *American Journal of Sociology* 99: 559–89.

Pine, J., and J. Gilmore. 1999. *The Experience Economy*. Boston: Harvard Business School Press.

Piore, Michael J., and C. F. Sabel. 1984. *The Second Industrial Divide: Possibilities for Prosperity*. New York: Basic Books.

"Player Tracking ... It's a Service Business." 1990. *Casino Gaming Magazine* (April): 6–7.

Plotz, David. 1999. "Busted Flush: South Carolina's Video-Poker Operators Run a Political Machine." *Harpers* (August): 63–72.

Poel, Ibo van de, and Peter-Paul Verbeek. 2006. "Editorial: Ethics and Engineering Design." *Science, Technology, and Human Values* 31: 223–36.

Polzin, P. E., J. Baldridge, D. Doyle, J. T. Sylvester, R. A. Volberg, and W. L. Moore. 1998. *The 1998 Montana Gambling Study: Final Report to the Montana Gambling Study Commission*. Helena: Montana Legislative Services Division.

Potenza, M. N. 2001. "The Neurobiology of Pathological Gambling." *Seminars in Clinical Neuropsychiatry* 6: 217–26.

Preda, Alex. 2006. "Socio-Technical Agency in Financial Markets: The Case of the Stick Ticker." *Social Studies of Science* 36: 753–82.

Putnam, Robert. 2000. *Bowling Alone: The Collapse and Revival of American Community*. New York, NY: Simon & Schuster.

Rabinbach, Anson. 1992. *The Human Motor: Energy Fatigue, and the Origins of Modernity*. Berkeley: University of California Press.

Rabinow, Paul. 1996. *Essays on the Anthropology of Reason*. Princeton, NJ: Princeton University Press.

———. 1999. *French DNA: Trouble in Purgatory*. Chicago: University of Chicago Press.

———. 2003. *Anthropos Today: Reflections on Modern Equipment*. Princeton, NJ: Princeton Press.

Raikhel, Eugene, and W. Garriott. 2013. "Addiction Trajectories: Tracing New Paths in the Anthropology of Addiction." In *Addiction Trajectories*, edited by E. Raikhel and W. Garriott. Durham, NC: Duke University Press.

Rapp, Rayna. 2000. *Testing Women, Testing the Fetus: The Social Impact of Amniocentesis in America*. New York: Routledge.

Reich, Kenneth. 1989. "Misleading Slot Machines Retrofitted, Nevada Says." *Los Angeles Times*, June 4, articles.latimes.com/1989-06-04/news/mn-2501_1_slot-machines-international-game-technology-near-miss, accessed June 2007.

Reid, R. L. 1986. "The Psychology of the Near Miss." *Journal of Gambling Behavior* 2: 32–39.

Reik, Theodor. 1951. *Dogma and Compulsion: Psychoanalytic Studies of Religion and Myths*. Translated by B. Miall. New York: International Universities Press.

Reiner, Krista. 2007. "Jay Walker: A Step Ahead." *Casino Enterprise Management*, October 31, http.casinoenterprisemanagement.com/articles/november-2007/jay-walker-step-ahead, accessed August 2008.

———. 2009. "The 2009 Casino Enterprise Management Slot Floor Technology Awards." *Casino Enterprise Management*, April 30, http.casinoenterprisemanagement.com/articles/may-2009/2009-cem-slot-floor-technology-awards, accessed May 2010.

Reisman, David. 1950. *The Lonely Crowd: A Study of the Changing American Character*. In collaboration with N. Glazer and R. Denney. New Haven, CT: Yale University Press.

Reith, Gerda. 1999. *The Age of Chance: Gambling in Western Culture*. New York: Routledge.

———. 2003. "Pathology and Profit: Controversies in the Expansion of Legalized Gambling." In *Gambling: Who Wins? Who Loses?*, edited by G. Reith, 9–29. Amherst, NY: Prometheus Books.

———. 2006. "The Pursuit of Chance." In *The Sociology of Risk and Gambling Reader*, edited by J. F. Cosgrave, 125–43. New York: Routledge.

———. 2007. "Gambling and the Contradictions of Consumption: A Genealogy of the 'Pathological' Subject." *American Behavioral Scientist* 51 (1): 33–55.

———. 2008. "Reflections on Responsibility." *Journal of Gambling Issues* 22: 149–55.

Richtel, Matt. 2006. "From the Back Office, a Casino Can Change the Slot Machine in Seconds." *New York Times*, April 12, www.nytimes.com/2006/04/12/technology/12casino.html.

Ritzer, George. 2001. *Explorations in the Sociology of Consumption: Fast Food, Credit Cards, and Casinos*. London: Sage.

———. 2005. *Enchanting a Disenchanted World: Revolutionizing the Means of Consumption*. Thousand Oaks, CA: Pine Forge Press.

———. 2007. *Culture and Enchantment, and Enchanting a Disenchanted World*. Thousand Oaks, CA: Pine Forge Press.

Rivera, Geraldo. 2000. "Geraldo Rivera Reports: Las Vegas, the American Fantasy." National Broadcast Company.

Rivlin, Gary. 2004. "The Tug of the Newfangled Slot Machines." *New York Times Magazine*, May 9: 42–81.

———. 2007. "Slot Machines for the Young and Active." *New York Times*, December 10, www.nytimes.com/2007/12/10/business/10slots.html, accessed December 2007.

Roberts, Elizabeth. 2006. "God's Laboratory: Religious Rationalities and Modernity in Ecuadorian In-Vitro Fertilization." *Culture Medicine and Psychiatry* 30 (4): 507–36.

———. 2007. "Extra Embryos: The Ethics of Cryopreservation in Ecuador and Elsewhere." *American Ethnologist* 34 (1): 188–99.

Roberts, Patrick. 2010. "Slot Sense." *Global Gaming Business* 9 (8), August 2, ggbmagazine.com/issue/vol-9-no-8-august-2010/article/slot-sense, accessed September 2010.

Robertson, Campbell. 2009. "Video Bingo Has Alabamians Yelling Everything But." *New York Times*, November 12, www.nytimes.com/2009/11/12/us/12 bingo.html, accessed November 2009.

Robison, John. 2000. "Ask the Slot Expert: Casino Random Number Generators." *Casino City Times*, robison.casinocitytimes.com/articles/349.html, accessed March 2005.

Roemer, Mick. 2007. "Guest Column: Skill-Based Gaming—the New Frontier." *Slot Manager*, November, www.roemergaming.com/articles.html, accessed December 2007.

Rogers, Michael. 1980. "The Electronic Gambler." *Rocky Mountain Magazine*, 19–30.

Room, Robin. 2005. "The Wheel of Fortune: Cycles and Reactions in Gambling Policies." *Addiction* 100: 1226–39.

Room, Robin, N. E. Turner, and A. Ialomiteanu. 1999. "Community Effects of the Opening of the Niagara Casino." *Addiction* 94: 1449–66.

Rose, I. Nelson. 1989. "Nevada Draws the Line at Near-Miss Slots." *Casino Journal* (July): 51. Also available at *Gambling and the Law Columns*, www .gamblingandthelaw.com/columns/13.htm.

Rose, Nikolas. 1996. *Inventing Our Selves: Psychology, Power, and Personhood*. Cambridge: Cambridge University Press.

———. 1999. *Powers of Freedom: Reframing Political Thought*. Cambridge: Cambridge University Press.

———. 2003. "The Neurochemical Self and Its Anomalies." In *Risk and Morality*, edited by R. V. Ericson and A. Doyle, 407–37. Toronto: University of Toronto Press.

Rosenthal, Edward C. 2005. *The Era of Choice: The Ability to Choose and Its Transformation of Contemporary Life*. Cambridge, MA: MIT Press.

Rosenthal, Richard J. 1992. "Pathological Gambling." *Psychiatric Annals* 22 (2): 72–78.

Rothman, Hal. 2003. *Neon Metropolis: How Las Vegas Started the Twenty-First Century*. New York: Routledge.

Rothman, Hal, and M. Davis, eds. 2002. *The Grit beneath the Glitter: Tales from the Real Las Vegas*. Berkeley: University of California Press.

Rotstein, Gary. 2009. "Some Say Slots Gambling Most Addictive." *Pittsburgh Post-Gazette*, September 6, http.post-gazette.com/pg/09249/995723-455.stm.

Royer, Victor. 2010. "Manufacturer Maladies." *Casino Enterprise Management*, March, http.casinoenterprisemanagement.com/articles/march-2010 /manufacturer -maladies.

Russell, Rob. 2007. "Fun and Games: Convergence of the Slot Machine with the Arcade Experience." *Global Gaming Business*, November/December.

Rutherford, James. 1996. "Creative Alliance." *Casino Journal* 9 (3): 80–85.

———. 2005a. "Games of Choice." *International Gaming and Wagering Business*,

January.

———. 2005b. "Russia Grows Up: Political Uncertainty Clouds the Future, but It Hasn't Dimmed the Possibilities." *International Gaming and Wagering Business* (December): 16–22.

Ryan, T. P., and J. F. Speyrer. 1999. "Gambling in Louisiana: A Benefit/Cost Analysis 99." A report prepared for the Louisiana Gambling Control Board.

SACES (South Australian Centre for Economic Studies). 2003. "Community Impact of Electronic Gaming Machine Gambling." Discussion Paper 1: Review of Literature and Potential Indicators. Victoria: Gambling Research Panel.

Sanders, Barbara. 1973. "A History of Advertising and Promotion in the Reno Gaming Industry." Master's thesis, Journalism, University of Nevada, Reno.

Sasso, W. and J. Kalajdzic. 2007. "Do Ontario and Its Gaming Venues Owe a Duty of Care to Problem Gamblers?" *Gaming Law Review* 10 (6): 552–70.

Schellinck, Tony, and T. Schrans. 1998. "The 1997/98 Nova Scotia Regular VL Players Study Highlight Report." A report prepared by Focal Research Consultants, Ltd., Nova Scotia.

———. 2002. "The Nova Scotia Video Lottery Responsible Gaming Features Study." A final report prepared by Focal Research Consultants, Ltd., for the Atlantic Lottery Corporation, Nova Scotia.

———. 2003. "Nova Scotia Prevalence Study: Measurement of Gambling and Problem Gambling in Nova Scotia." A final report prepared by Focal Research Consultants, Ltd., Nova Scotia, for the Atlantic Lottery Corporation, Nova Scotia.

———. 2004. "The Nova Scotia Video Lottery Self-Exclusion Process Test, NS VLSE Responsible Gaming Features Enhancements." A report prepared for the Nova Scotia government.

———. 2007. "VLT Player Tracking System: Nova Scotia Gaming Corporation Responsible Gaming Research Device Project." A final report prepared by Focal Research Consultants, Ltd., Nova Scotia, for the Atlantic Lottery Corporation, Nova Scotia.

Scheri, Saverio. 2005. *The Casino's Most Valuable Chip: How Technology Changed the Gaming Industry*. Institute for the History of Technology.

Schneider, Mark A. 1993. *Culture and Enchantment*. Chicago: University of Chicago Press.

Schrans, Tracy. 2006. Interview with Terry Lane. ABC Radio National, January 8, www.abc.net.au/rn/nationalinterest/stories/2006/1533815.htm, accessed July 2006.

Schuetz, Richard. 2000. "In Search of the Holy Grail (in Las Vegas): Love and Addiction from Both Sides of the Table." Keynote speech delivered at the 11th International Conference on Gambling and Risk-Taking, Las Vegas.

Schüll, Natasha. 2006. "Machines, Medication, Modulation: Circuits of Dependency and Self-Care in Las Vegas. *Culture, Medicine, and Psychiatry* 30: 1–25.

Schwartz, Barry. 2005. *The Paradox of Choice: Why More Is Less*. New York: ECCO.

Schwartz, Barry, H. R. Markus, and A. C. Snibbe. 2006. "Is Freedom Just Another Word for Many Things to Buy? That Depends on Your Class Status." *New York Times Magazine*, February 26: 14–15.

Schwartz, David G. 2003. *Suburban Xanadu: The Casino Resort on the Las Vegas Strip and Beyond*. New York: Routledge.

Schwartz, Mattathias. 2006. "The Hold-'Em Holdup." *New York Times*, June 11:

55–58.
Scoblete, Frank. 1995. "The God in the Machine." *Casino Player* (March): 5.
Sedgwick, Eve. 1992. "Epidemics of the Will." In *Incorporations*, edited by J. Crary and S. Kwinter, 582–95. New York: Zone Books.
Shaffer, Howard. 1996. "Understanding the Means and Objects of Addiction, the Internet, and Gambling." *Journal of Gambling Studies* 12 (4): 461–69.
———. 2003. "Shifting Perceptions on Gambling and Addiction." *Journal of Gambling Studies* 19: 1–6 (editor's introduction).
———. 2004. "Internet Gambling and Addiction." A report prepared for Mark Mendel and Robert Blumenfeld, of Mendel Blumenfeld, LLP, www.divisiononaddictions.org/html/publications/shafferinternetgambling.pdf.
———. 2005. "From Disabling to Enabling the Public Interest: Natural Transitions from Gambling Exposure to Adaptation and Self-Regulation." *Addiction* 100: 1227–30.
———. N.d. "What Is Addiction? A Perspective," www.divisiononaddictions.org/html/whatisaddiction.htm, accessed November 2009.
Shaffer, Howard, M. N. Hall, and J. Vander Bilt. 1999. "Estimating the Prevalence of Disordered Gambling Behavior in the United States and Canada: A Research Synthesis." *American Journal of Public Health* 89: 1369–76.
Shaffer, Howard, and D. A. Korn. 2002. "Gambling and Related Mental Disorders: A Public Health Analysis." *Annual Review of Public Health* 23: 171–212.
Shaffer, Howard, R. A. LaBrie, and D. LaPlante. 2004a. "Laying the Foundation for Quantifying Regional Exposure to Social Phenomena: Considering the Case of Legalized Gambling as a Public Health Toxin." *Psychology of Addictive Behaviors* 18 (1): 40–48.
———. 2004b. "Toward a Syndrome Model of Addiction: Multiple Expressions, Common Etiology." *Harvard Review of Psychiatry* 12: 367–74.
Sharpe, Louise, M. Walker, M. Coughlan, K. Emerson, and A. Blaszczynski. 2005. "Structural Changes to Electronic Gaming Machines as Effective Harm Minimization Strategies for Non-Problem and Problem Gamblers." *Journal of Gambling Studies* 21: 503–20.
Shoemaker, S. and D.M.V. Zemke. 2005. "The 'Local Market': An Emerging Gaming Segment." *Journal of Gambling Studies* 21: 379–410.
Simpson, Jeff. 2000. "Evening the Odds: Station Casinos Helps Fund Clinic for Problem Gamblers." *Las Vegas Review Journal*, February 7.
Simurda, Stephen J. 1994. "When Gambling Comes to Town: How to Cover a High-Stakes Story." *Journalism Review* (January/February): 36–38.
Singh, A. K., A. Cardno, and A. Gewali. 2010. "The Long and Short of It: Slot Games from a Player's Perspective." *Casino Enterprise Management*, April, www.bis2.net/LinkClick.aspx?fileticket=2PieHrl5%2FAU%3D&tabid=1974.
Singh, A. K., and A. F. Lucas. 2011. "Estimating the Ability of Gamblers to Detect Differences in the Payback Percentages of Reel Slot Machines: A Closer Look at the Slot Player Experience." *UNLV Gaming Research and Review Journal* 15 (1): 17–36.
Skinner, B. F. 1953. *Science and Human Behavior*. New York: Free Press.
———. 2002 [1971]. *Beyond Freedom and Dignity*. New York: Knopf.
Skolnik, Sam. 2011. *High Stakes: The Rising Costs of America's Gambling Addiction*. Boston: Beacon Press.
"Slot Machines and Pinball Games." 1950. *Annals of the American Academy of*

Political and Social Science 269: 62–70.
"A Slot Maker for All Seasons." 1996. *International Gaming and Wagering Business*, September 18.
Slutske, W. S. 2007. "Longitudinal Studies of Gambling Behavior." In *Research and Measurement Issues in Gambling Studies*, edited by G. Smith, D. C. Hodgins, and R. J. Williams, 127–54. London: Elsevier.
Smith, Garry. 2008. "Accountability and Social Responsibility in the Regulation of Gambling in Ontario." Paper presented at the Alberta Gaming Research Institute Annual Conference. Banff.
Smith, Garry, and C. S. Campbell. 2007. "Tensions and Contentions: An Examination of Electronic Gaming Issues in Canada." *American Behavioral Scientist* 51: 86–101.
Smith, Garry, D. Hodgins, and R. Williams, eds. 2007. *Research and Measurement Issues in Gambling Studies*. Boston: Elsevier/Academic Press.
Smith, Garry, and H. J. Wynne. 2004. "VLT Gambling in Alberta: A Preliminary Analysis," hdl.handle.net/1880/1632, accessed August 2008.
Smith, Rod. 2003. "Seeking Power and Influence, Gaming Interests Contribute Increasingly to Election Campaigns." *Las Vegas Review Journal*, February 9, http.reviewjournal.com/lvrj_home/2003/Feb-09-Sun-2003/news/20655447.html, accessed May 2010.
Sojourner, Mary. 2010. *She Bets Her Life: A Story of Gambling Addiction*. Berkeley: Seal Press.
Specker, S. M., G. A. Carlson, K. M. Edmonson, P. E. Johnson, and M. Marcotte. 1996. "Psychology in Pathological Gamblers Seeking Treatment." *Journal of Gambling Studies* 12: 67–81.
Stewart, David. 2010. "Demystifying Slot Machines and Their Impact in the United States." American Gaming Association White Paper, http.americangaming.org/industry-resources/research/white-papers, accessed May 2011.
Stewart, Kathleen. 2007. *Ordinary Affects*. Durham, NC: Duke University Press.
Storer, John, M. W. Abbott, and J. Stubbs. 2009. "Access or Adaptation? A Meta-Analysis of Surveys of Problem Gambling Prevalence in Australia and New Zealand with Respect to Concentration of Electronic Gaming Machines." *International Gambling Studies* 9 (3): 225–44.
Strickland, Eliza. 2008. "Gambling with Science: Determined to Defeat Lawsuits over Addiction, the Casino Industry Is Funding Research at a Harvard-Affiliated Lab." June 16, www.salon.com/news/feature/2008/06/16/gambling_science/.
Strow, David. 2000. "Station Casinos Grant Aids in Opening Problem Gambling Clinic." *Las Vegas Sun*, February 3, http.lasvegassun.com/news/2000/feb/03/station-casinos-grant-aids-in-opening-problem-gamb/, accessed October 2006.
Stutz, Howard. 2007a. "Debit-Slot Plan Gets No Votes: Bank Plastic Won't Be Connected with Slips for Ticket In–Ticket Out." *Las Vegas Review-Journal*, September 21, www.lvrj.com/business/9914897.html, accessed July 2007.
———. 2007b. "A Step Closer to Going Mobile." *Las Vegas Review Journal*, October 30, www.lvrj.com/business/10884801.html, accessed July 2007.
Suchman, Lucy. 2007a. "Feminist STS and the Sciences of the Artificial." In *The Handbook of Science and Technology Studies*, 3rd. ed., edited by E. Hacket, O. Amsterdamska, M. Lynch, and J. Wajcman, 139–64. Cambridge, MA: MIT Press.

———. 2007b. *Human-Machine Reconfigurations: Plans and Situated Actions*, 2nd exp. ed. New York: Cambridge University Press.

"Suicide Rates by State." 1997. *Associated Press*, August 28.

Taber, Julian I. 2001. *In the Shadow of Chance: The Pathological Gambler*. Reno: University of Nevada Press.

Taylor, Frederick W. 1967 [1911]. *The Principles of Scientific Management*. New York: W. W. Norton.

Taylor, T. L. 2006. *Play Between Worlds: Exploring Online Game Culture*. Cambridge, MA: MIT Press.

Terranova, Tiziana. 2000. "Free Labor: Producing Culture for the Digital Economy." *Social Text* 18 (8): 33–58.

Thomas, Anna C., G. B. Sullivan, and F.C.L. Allen. 2009. "A Theoretical Model of EGM Problem Gambling: More Than a Cognitive Escape." *International Journal of Mental Health and Addiction* 7 (8): 97–107.

Thomas, Anna C., S. Moore, M. Kyrios, G. Bates, and D. Meredyth. 2011. "Gambling Accessibility: A Scale to Measure Gambler Preferences." *Journal of Gambling Studies* 27 (1): 129–43.

Thompson, E. P. 1967. "Time, Work-Discipline, and Industrial Capitalism." *Past & Present* 38 (1): 56–97.

Thompson, Gary. 1999. "Video Slots Taking Over Casino Floors." *Las Vegas Sun*, September 14.

Thompson, Isaiah. 2009. "Meet Your New Neighbor: How Slot Machines Are Secretly Designed to Seduce and Destroy You, and How the Government Is in on It." *Philadelphia City Paper*, January 7, citypaper.net/articles/2009/01/08/foxwoods-sugarhouse-pennsylvania-gaming-control-board, accessed February 2009.

Thrift, Nigel. 2006. "Re-Inventing Invention: New Tendencies in Capitalist Commodification." *Economy and Society* 35: 279–306.

Tilley, Alvin R. 2002. *The Measure of Man and Woman: Human Factors in Design*. New York: Wiley.

Tita, Bob. 2008. "Casino fined $800K for Marketing to Banned Gamblers." *Chicago Business*, May 19, http.chicagobusiness.com/cgi-bin/news.pl?id=29493&seenIt=1, accessed July 2009.

TNS Consultants. 2011. "World Count of Gaming Machines 2008: A Marketing Research Report." A report prepared for the Gaming Technologies Association in Australia.

Trevorrow, K., and S. Moore. 1998. "The Association between Loneliness, Social Isolation, and Women's Electronic Gaming Machine Gambling." *Journal of Gambling Studies* 14: 263–84.

Turdean, Cristina. 2012. "Betting on Computers: Digital Technologies and the Rise of the Casino (1950–2000)." PhD diss., Hagley Program, Department of History, University of Delaware.

Turkle, Sherry. 1984. *The Second Self: Computers and the Human Spirit*. New York: Simon and Schuster.

———. 1997. *Life on the Screen: Identity in the Age of the Internet*. New York: Touchstone.

———. 2011. *Alone Together: Why We Expect More from Technology and Less from Each Other*. New York: Basic Books.

Turner, Nigel. 1999. "Chequered Expectations: Predictors of Approval of Opening a Casino in the Niagara Community." *Journal of Gambling Studies* 15:

45–70.

———. 2011. "Volatility, House Edge and Prize Structure of Gambling Games." *Journal of Gambling Studies* 27: 607–23.

Turner, Nigel, and R. Horbay. 2004. "How Do Slot Machines and Other Electronic Gambling Machines Actually Work?" *Journal of Gambling Issues* 11, http.gh southern.org.au/infobase/JGI-Issue11-turner-horbay.pdf, accessed April 2007.

United Way of Southern Nevada and Nevada Community Foundation. 2003. *Southern Nevada Community Assessment*. September 2003. Las Vegas.

Valenzuela, Terence D., D. J. Roe, G. Nichol, L. L. Clark, D. W. Spaite, and R. G. Hardman. 2000. "Outcomes of Rapid Defibrillation by Security Officers after Cardiac Arrest in Casinos." *New England Journal of Medicine* 343: 1206–9.

Valverde, Mariana. 1998. *Diseases of the Will: Alcohol and the Dilemmas of Freedom*. Cambridge: Cambridge University Press.

Vander Bilt, J., H. H. Dodge, R. Pandav, H. J. Shaffer, and M. Ganguli. 2004. "Gambling Participation and Social Support among Older Adults: A Longitudinal Community Study." *Journal of Gambling Studies* 20 (4): 373–89.

Velotta, Richard N. 2009. "Manufacturer of Slot That Can Match Gambler's Desired Pace Is Licensed." *Las Vegas Sun*, September 25, http.lasvegassun.com/staff/richard-n-velotta/, accessed May 2010.

Venturi, Robert, S. Izenour, and D. S. Brown. 1972. *Learning from Las Vegas*. Cambridge, MA: MIT Press.

Verbeek, Peter-Paul. 2005a. "Artifacts and Attachment: A Post-Script Philosophy of Mediation." In *Inside the Politics of Technology: Agency and Normativity in the Co-Production of Technology and Society*, edited by H. Harbers, 125–46. Amsterdam: Amsterdam University Press.

———. 2005b. *What Things Do: Philosophical Reflections on Technology, Agency, and Design*. University Park: Pennsylvania State University Press.

Villano, Matt. 2009. "Daniel Lee: A Music Man of Slot Machines." *SFGate, San Francisco Chronicle*, December 3, articles.sfgate.com/2009-12-03/entertainment/17183069_1_slot-machines-igt-music, accessed May 2010.

Vinegar, Aron, and M. J. Golec, eds. 2008. *Relearning from Las Vegas*. Minneapolis: University of Minnesota Press.

Virillio, Paul. 1995. *The Art of the Motor.* Minneapolis, MN: University of Minnesota Press.

Volberg, Rachel. 1996. "Gambling and Problem Gambling in New York: A Ten-Year Replication Survey, 1986–1996." Report to the New York Council on Problem Gambling.

———. 2001. *When the Chips Are Down: Problem Gambling in America*. New York: The Century Foundation.

———. 2002. "Gambling and Problem Gambling in Nevada." Report to the Nevada Department of Human Resources. Gemini Research, Ltd.

———. 2004. "Fifteen Years of Problem Gambling Prevalence Research: What Do We Know? Where Do We Go?" *Journal of Gambling Issues* 10: 1–19.

Volberg, Rachel, and M. Wray. 2007. "Legal Gambling and Problem Gambling as Mechanisms of Social Domination? Some Considerations for Future Research." *American Behavioral Scientist* 51: 56–85.

Vrecko, Scott. 2007. "Capital Ventures into Biology: Biosocial Dynamics in the Industry and Science of Gambling." *Economy and Society* 37 (1): 50–67.

———. 2010. "Civilizing Technologies and the Control of Deviance." *Biosocieties*

5 (1): 36–51.

Wajcman, Judy. 2008. "Life in the Fast Lane? Towards a Sociology of Technology and Time." *The British Journal of Sociology* 59 (1): 59–77.

Wakefield, J. K. 1997. "Diagnosing DSM-IV—Part I: DSM-IV and the Concept of Disorder." *Behaviour Research and Therapy* 35: 633–49.

Walker, Michael. B. 1992. "Irrational Thinking among Slot Machine Players." *Journal of Gambling Studies* 8 (3): 245–61.

Wanner, Brigitte, R. Ladouceur, A. V. Auclair, and F. Vitaro. 2006. "Flow and Dissociation: Examination of Mean Levels, Cross-Links, and Links to Emotional Well-Being across Sports and Recreational and Pathological Gambling." *Journal of Gambling Studies* 22 (3): 289–304.

Ward, Matt. 2005. "The Gaming Crystal Ball." *Global Gaming Business* (September): 25–28.

Weatherly, J. N., and A. Brandt. 2004. "Participants' Sensitivity to Percentage Payback and Credit Value When Playing a Slot-Machine Simulation." *Behavior and Social Issues* 13: 33–50.

Weber, Max. 1946 [1922]. "Science as a Vocation." In *From Max Weber: Essays in Sociology*, edited and translated by H. H. Gerth and C. Wright Mills, 129–56. New York: Oxford University Press.

———. 1978 [1956]. *Economy and Society: An Outline of Interpretive Sociology.* Berkeley: University of California Press.

Weinert, Joe. 1999. "High Profits for Low Denominations." *International Gaming and Wagering Business*, G2E Edition.

Weingarten, Marc. 2006. "In Las Vegas, the Wagering is Going Mobile." *New York Times*, May 3: 4.

Welte, J. W., W. F. Wieczorek, G. M. Barnes, M. C. Tidwell, and J. H. Hoffman. 2004. "The Relationship of Ecological and Geographic Factors to Gambling Behavior and Pathology." *Journal of Gambling Studies* 20: 405–23.

Williams, Rosalind H. 1982. *Dream Worlds: Mass Consumption in Late Nineteenth-Century France*. Berkeley: University of California Press.

Williams, R. J., and R. T. Wood. 2004. "Final Report: The Demographic Sources of Ontario Gaming Revenue." Report prepared for the Ontario Problem Gambling Research Centre.

Wilson, John. 2003. "Slot Machine Volatility Index." *Slot Tech Magazine*, December: 10–17.

———. 2004a. "Virtual Reels? Physical Reels? Just the Real Truth." *Slot Tech Magazine* (January): 18–22.

———. 2004b. "PAR Excellence: Improve Your Edge." *Slot Tech Magazine* (February): 16–23.

———. 2004c. "PAR Excellence: Part 2." *Slot Tech Magazine* (March): 16–21.

———. 2004d. "PAR Excellence: Part 3." *Slot Tech Magazine* (April): 20–26.

———. 2004e. "PAR Excellence—Improving your Game, Part IV." *Slot Tech Magazine* (May): 21–24.

———. 2004f. "PAR Excellence—Part V: The End Is Here!" *Slot Tech Magazine* (June): 24–29.

———. 2007. "Visual Analytics Part 3: The Power of Mariposa." *Casino Enterprise Management*, May, http.casinoenterprisemanagement.com/articles/june-2007/visual-analytics-part-3-power-mariposa.

———. 2008. "The Slot Mathemagician Presents: Tapping the True Potential of Predictive Analytics." *Casino Enterprise Management*, http.casinoenterprise management.com/articles/july-2007/slot-mathemagician-presents-mathematical-magic-behind-producing-progressive-payou.

———. 2009a. "The Vicious Cycle, Part II: Volatility." *Casino Enterprise Management*, April, http.casinoenterprisemanagement.com/articles/may-2009/vicious-cycle-part-ii-volatility.

———. 2009b. "The Vicious Cycle, Part IV: The Balancing Act." *Casino Enterprise Management*, July, http.casinoenterprisemanagement.com/articles/july-2009/vicious-cycle-part-iv-balancing-act.

———. 2010a. "Meaningful Hit Frequency, Pt. I: An Operator's Guide to Player Satisfaction." *Casino Enterprise Management*, January, http.casinoenterprisemanagement.com/articles/january-2010/meaningful-hit-frequency-pt-i-operator%E2%80%99s-guide-player-satisfaction.

———. 2010b. "Meaningful Hit Frequency, Pt. II: Significant and Insignificant Wins." *Casino Enterprise Management*, February, http.casinoenterprisemanagement.com/articles/february-2010/meaningful-hit-frequency-part-ii-significant-and-insignificant-wins.

Winner, Langdon. 1977. *Autonomous Technology: Technics Out-of-Control as a Theme in Political Thought*. Cambridge, MA: MIT Press.

———. 1986. "Do Artifacts Have Politics?" In *The Whale and the Reactor: A Search for Limits in an Age of High Technology*, edited by L. Winner, 19–39. Chicago: University of Chicago Press.

Winnicott, D. W. 1971. *Playing and Reality*. London: Tavistock Publications.

Wiser, Rob. 2006. "Running the Floor: Red Rock Casino Offers Cutting Edge Product." *Strictly Slots* (May): 36.

Witcher, Butch. 2000. "Top 10 To-Do List for Slot Operations." *Casino Journal* (July): 24–25.

"WMS Showcases Casino Evolved at 2007 Global Gaming Expo with Innovation, Technology, and Networked Capabilities." 2007. *Business Wire*, November 8, findarticles.com/p/articles/mi_m0EIN/is_2007_Nov_8, accessed December 2007.

Woo, G. 1998. "UNLV Las Vegas Metropolitan Poll." Cannon Center for Survey Research. Las Vegas: University of Las Vegas.

Wood, R.T.A., and M. D. Griffiths. 2007. "A Quantitative Investigation of Problem Gambling as an Escape-Based Coping Strategy." *Psychology and Psychotherapy: Theory, Research, and Practice* 80: 107–25.

Woolgar, Stephen. 1991. "Configuring the User: The Case of Usability Trials." In *A Sociology of Monsters: Essays on Power, Technology, and Domination*, edited by J. Law, 58–99. London: Routledge.

Woolley, Richard. 2008. "Economic Technologies: The Liberalizing and Governing of Poker Machine Gambling Consumption." *New Zealand Sociology* 23: 135–53.

———. 2009. "Commercialization and Culture in Australian Gambling." *Continuum* 23 (2): 183–96.

Woolley, Richard, and C. Livingstone. 2009. "Into the Zone: Innovation in the Australian Poker Machine Industry." In *Global Gambling: Cultural Perspectives on Gambling Organizations*, edited by S. Kingma, 38–63. New York: Routledge.

Wray, Matt, M. Miller, J. Gurvey, J. Carroll, and I. Kawachi. 2008. "Leaving Las Vegas: Does Exposure to Las Vegas Increase Risk for Suicide?" *Social Science and Medicine* 67: 1882–88.

Young, Martin, M. Stevens, and W. Tyler. 2006. *Northern Territory Gambling*

Prevalence Survey 2005. School for Social and Policy Research, Charles Darwin University.

Zaloom, Caitlin. 2006. *Out of the Pits: Traders and Technology from Chicago to London*. Chicago: University of Chicago Press.

———. 2009. "How to Read the Future: The Yield Curve, Affect, and Financial Prediction." *Public Culture* 21: 2.

———. 2010. "The Derivative World." *The Hedgehog Review* (Summer).

Zangeneh, Masood, and T. Hason. 2006. "Suicide and Gambling." *International Journal of Mental Health and Addiction* 4 (3): 191–93.

Zangeneh, Masood, and E. Haydon. 2004. "Psycho-Structural Cybernetic Model, Feedback and Problem Gambling: A New Theoretical Approach." *International Journal of Mental Health and Addiction* 1 (2): 25–31.

Zelizer, Viviana. 1979. *Markets and Morals*. Princeton, NJ: Princeton University Press.

Žižek, Slavoj. 1998. "Risk Society and Its Discontents." *Historical Materialism* 2 (1): 143–64.